# IL GIURISTA EUROPEO

Collana diretta da Luigi Garofalo

PERCORSI FORMATIVI

13

LETIZIA VACCA

# POSSESSO E ACQUISTO DELLA PROPRIETÀ

## SAGGI ROMANISTICI

*a cura di*

Giulietta Rossetti

G. GIAPPICHELLI EDITORE – TORINO

VIA PO 21 - TEL. 011-81.53.111 - FAX: 011-81.25.100

http://www.giappichelli.it

ISBN/EAN 978-88-921-0013-8

*Composizione*: Voxel Informatica s.a.s. - Chieri (To)

*Stampa*: Stampatre s.r.l. - Torino

# INDICE SOMMARIO

## Capitolo Terzo

## OSSERVAZIONI IN TEMA DI ACQUISTO DEL POSSESSO PER INTERMEDIARIO

CAPITOLO QUARTO

USUCAPIONE
(DIRITTO ROMANO)



CAPITOLO QUINTO

*DERELICTIO* E *TRADITIO IN INCERTAM PERSONAM*

## Capitolo Sesto

## OSSERVAZIONI IN TEMA DI *IUSTA CAUSA* E *BONA FIDES* IN RELAZIONE ALL'*USUCAPIO PRO DERELICTO*



## Capitolo Settimo

## *IUSTA CAUSA* E *BONA FIDES* NELL'*USUCAPIO* ROMANA A PROPOSITO DEL TITOLO *PRO SUO*

CAPITOLO OTTAVO

LA RIFORMA DI GIUSTINIANO IN MATERIA DI *USUCAPIO* E *LONGI TEMPORIS PRAESCRIPTIO* FRA CONCEZIONI DOMMATICHE CLASSICHE E PRASSI POSTCLASSICA



CAPITOLO NONO

*DOMINIUM, IN BONIS,* PROPRIETÀ PROVINCIALE(I)

# PRESENTAZIONE

Il titolo *Possesso e acquisto della proprietà. Saggi romanistici* tende a porre in evidenza la particolare prospettiva che orienta i singoli saggi, tutti volti ad analizzare l'elaborazione giurisprudenziale degli elementi oggettivi e soggettivi del possesso in rapporto alla struttura degli atti traslativi della proprietà. Tale prospettiva caratterizza anche le ricerche più recenti contenute nella raccolta: il contributo, ad oggi inedito, riportato nel capitolo secondo, nel quale l'Autrice torna sul tema dell'*actio Publiciana* con riguardo al problema dell'acquisto *a non domino*; le osservazioni sull'acquisto del possesso per intermediario, che costituiscono il capitolo terzo; le recenti riflessioni su *La proprietà e le proprietà nell'esperienza giuridica romana*, che, nel capitolo decimo, chiudono il volume.

Le lezioni del corso di Diritto romano, che ho tenuto in questi ultimi anni, mi hanno permesso di apprezzare nel rapporto diretto con gli studenti l'importante 'contributo formativo' del testo *Possesso e tempo nell'acquisto della proprietà. Saggi romanistici*, edito nel 2012, oggetto della 'parte speciale' del corso. L'esperienza così maturata mi ha peraltro suggerito di adottare un nuovo criterio di sistemazione della materia, inserendo i singoli saggi, anziché nel rispetto del loro ordine cronologico di pubblicazione, secondo un criterio di affinità degli argomenti, in modo da rendere più evidente l'interconnessione dei problemi trattati nelle singole indagini.

Ringrazio la professoressa Letizia Vacca per la stima dimostratami nell'affidarmi la curatela di questo volume.

Giulietta Rossetti

Capitolo Primo

# IL C.D. *DUPLEX DOMINIUM* E L'*ACTIO PUBLICIANA**

Sommario: 1. *Actio Publiciana*, *traditio* di *res mancipi* e *possessio bonae fidei*. – 2. Il problema del rapporto fra legittimazione all'*actio Publiciana* e *in bonis habere*. – 3. La compravendita consensuale e la tutela del compratore di buona fede. – 4. L'editto Publiciano fu introdotto a protezione della *causa emptionis* quale titolo idoneo all'acquisto della proprietà. – 5. *Traditio ex causa emptionis, usucapio pro emptore* e *actio Publiciana*: il compratore di buona fede ha il diritto di usucapire purché in buona fede anche al momento dell'acquisto del possesso. – 6. L'opponibilità del titolo *ex causa emptionis* nell'acquisto *a domino* e nell'acquisto *a non domino*: Ner. D. 19.1.31.2; Ulp. D. 6.2.9.4; Pomp. D. 21.3.2; Ulp. D. 44.4.4.32. – 7. La nozione di *duplex dominium* non rispecchia la finalità e gli effetti dell'introduzione dell'*actio Publiciana*, volta piuttosto a conciliare la struttura degli atti di trasferimento della proprietà con l'emergere della rilevanza della causa negoziale e dei principi che impongono la tutela della buona fede e dell'affidamento.

## 1. *'Actio Publiciana', 'traditio' di 'res mancipi' e 'possessio bonae fidei'*.

In due celebri passi delle Istituzioni Gaio afferma che mentre un tempo la proprietà era unica, e quindi si poteva solo o essere o non essere *dominus* di un determinato bene, nella sua epoca invece il *dominium* poteva essere *divisum* (o *duplex*) per i cittadini romani; infatti, poteva avvenire che un soggetto fosse *dominus* avendo il *nudum ius Quiritium*, mentre un altro soggetto aveva la stessa cosa *in bonis*. Ciò, ad esempio, nel caso in cui una *res mancipi* fosse stata trasferita dal *dominus* con una semplice *traditio*, sicché l'acquirente avrebbe avuto la cosa solo *in bonis* sino all'*usucapio*, che lo faceva divenire *dominus ex iure Quiritium*.

---

*Il saggio è pubblicato in *La proprietà e le proprietà. Atti del Convegno della Società Italiana di Storia del diritto (Pontignano, 30 settembre-3 ottobre 1985)*, a cura di E. Cortese, Milano, 1988, 39 ss.

Gai 2.40: *Sequitur ut admoneamus apud peregrinos quidem unum esse dominium; nam aut dominus quisque est, aut dominus non intellegitur. Quo iure etiam populus Romanus olim utebatur: aut enim ex iure Quiritium unusquisque dominus erat, aut non intellegebatur dominus. Sed postea divisionem accepit dominium, ut alius possit esse ex iure Quiritium dominus, alius in bonis habere.* 41. *Nam si tibi rem mancipi neque mancipavero neque in iure cessero, sed tantum tradidero, in bonis quidem tuis ea res efficitur, ex iure Quiritium vero mea permanebit, donec tu eam possidendo usucapias; semel enim impleta usucapione proinde pleno iure incipit, id est et in bonis et ex iure Quiritium, tua res esse, ac si ea mancipata vel in iure cessa (esset).*

Gai 1.54: *Ceterum cum apud cives Romanos duplex sit dominium (nam vel in bonis vel ex iure Quiritium vel ex utroque iure cuiusque servus esse intellegitur). Ita demum servum in potestate domini esse dicemus, si in bonis eius sit, etiamsi simul ex iure Quiritium eiusdem non sit: nam qui nudum ius Quiritium in servo habet, is potestatem habere non intellegitur.*

È facile il collegamento fra queste affermazioni ed il regime che si era venuto a creare in seguito all'introduzione dell'*actio Publiciana* nell'editto del pretore[1].

L'*intentio* della formula di questa azione è riportata dallo stesso Gaio, nella struttura che trovava applicazione in favore del compratore che avesse acquistato la *res mancipi* mediante semplice *traditio*:

Gai 4.36: *<Item usucapio fingitur in ea actione quae Publiciana vocatur>. Datur autem haec actio ei qui ex iusta causa traditam sibi rem nondum usucepit eamque amissa possessione petit. Nam qui non potest eam ex iure*

---

[1] La dottrina colloca generalmente la data di introduzione di questo editto in un periodo che va dalla fine del II alla metà del I sec. a.C. Dominante è l'attribuzione al Publicio pretore nel 67 a.C.: cfr., per esempio, F. GALLO, voce *'Actio Publiciana in rem'*, in *Noviss. dig. it.*, I, Torino, 1957, 269; F. STURM, *Zur ursprünglichen Funktion der 'actio Publiciana'*, in *RIDA III S.*, IX, 1962, 357, nt. 1; F. SERRAO, *La 'iurisdictio' del pretore peregrino*, Milano, 1954, 111 e nt. 19; G. DIÓSDI, *Ownershiph in ancient and preclassical Roman Law*, Budapest, 1970, 156 e nt. 44; C.A. CANNATA, *Profilo istituzionale del processo privato romano. II. Il processo formulare*, Torino, 1982, 63, nt. 9. A. WATSON, *Some Remarks on the Dating of the 'actio Publiciana'*, in *Estudios en Honor Prof. Sanchez del Rio y Peguero*, Saragoza, 1967, 194, collega invece l'editto con Publicio Certo, pretore nel 93 d.C.; alla stessa epoca, ma con argomentazioni diverse, fa riferimento L. DI LELLA, *'Formulae ficticiae'. Contributo allo studio della riforma giudiziaria di Augusto*, Napoli, 1984, 110 ss. (si veda *infra*, nt. 5).

*Quiritium suam esse intendere, fingitur rem usucepisse et ita quasi ex iure Quiritium dominus factus esset intendit, veluti hoc modo: Iudex esto. Si quem hominem A. Agerius emit (et) is ei traditus est, anno possedisset, tum si eum hominem, de quo agitur, eius ex iure Quiritium esse oporteret, et reliqua.*

Nell'ipotesi in cui taluno, che non avesse ancora usucapito la *res* che gli era stata tradita *ex iusta causa*, agisse per recuperarne il possesso, il giudice era chiamato a giudicare come se il tempo necessario all'*usucapio* fosse già trascorso[2].

L'accipiente era inoltre tutelato mediante una *exceptio* nei confronti del suo dante causa, anche se questi era ancora *dominus ex iure Quiritium*[3].

Per altro, dal commentario dei giuristi classici all'editto Publiciano[4] ri-

---

[2] Il che però, va rilevato, è cosa diversa dal dire, come invece fa Gaio sbrigativamente, che il giudice doveva giudicare come se l'attore avesse già usucapito, e che quindi colui che poteva esperire la Publiciana era come se fosse già divenuto *dominus ex iure Quiritium*: essendo la *fictio* relativa al solo decorso del tempo, spettava comunque al giudice di verificare gli altri requisiti necessari al compiersi dell'*usucapio*, e cioè la buona fede e il titolo (cfr. C.A. CANNATA, *Profilo*, II, cit., 85 s.). Ciò, come vedremo, ha una precisa rilevanza nel rapporto fra compravendita e *usucapio pro emptore*.

[3] Secondo P. BONFANTE, *Sulla 'exceptio rei venditae et traditae'*, in *Scritti giuridici varii*, II, Torino, 1918, 450 ss., in origine questa eccezione trovava applicazione solo a favore dell'acquirente di *res mancipi* mediante *traditio a domino*, mentre l'*exceptio doli* si applicava: *a)* quando il non proprietario tradente diveniva successivamente proprietario ed agiva in revindica; *b)* quando il vero proprietario succedeva a titolo universale al non proprietario. In altri termini, mentre l'*exceptio rei venditae et traditae* era lo strumento di tutela passiva del solo proprietario bonitario, l'*exceptio doli* soccorreva nell'ipotesi di acquisto *a non domino*, ove attore fosse lo stesso alienante divenuto successivamente proprietario, od un suo avente causa.

La dottrina dominante è invece orientata nel senso che l'*exceptio rei venditae et traditae*, introdotta originariamente per i soli casi in cui vi fosse stata *traditio a domino* della *res mancipi*, venne poi successivamente estesa anche ai casi di vendita *a non domino*, nell'ipotesi in cui il venditore *non dominus* avesse acquistato la proprietà successivamente alla vendita e alla *traditio*, o il vero proprietario fosse erede del venditore *non dominus*; l'*exceptio doli*, o un'altra *exceptio in factum*, avrebbe invece paralizzato tutte le altre pretese verso l'acquirente *a non domino*. Per una interessante rassegna della dottrina e delle fonti cfr. J. GONVERS, *L''exceptio rei venditae et traditae'*, Thèse-Lausanne, 1939.

[4] Gaio non menziona espressamente questo caso a proposito dell'*actio Publiciana*, ma afferma comunque «*Ceterum etiam earum rerum usucapio nobis competit, quae a non domino nobis traditae fuerint, sive mancipi sint eae res sive nec mancipi, si modo eas bona fide acceperimus, cum crederemus eum qui traderet dominum esse*» (Gai 2.43). Va sottolineato però che, come osserva lo stesso Gaio, non potendosi usucapire le *res vi possessae* e le *res furtivae*, per le cose mobili difficilmente avrebbe potuto configurarsi l'*usucapio*, in quanto «*qui alienam*

sulta attestato senza possibilità di dubbio che la tutela del pretore si estendeva anche ai casi in cui una *res* – *mancipi* o *nec mancipi* – fosse stata *tradita ex iusta causa* da colui che non era *dominus* ad un acquirente di buona fede[5]. La tutela del possessore di buona fede si arrestava solo di fronte ad una *exceptio iusti dominii* opposta dal *dominus ex iure Quiritium* estraneo al negozio di trasferimento.

*rem vendidit et tradidit, furtum committit*» (Gai 2.50): il che a rigore significa solo che al vero proprietario della *res* mobile alienata dolosamente senza il suo consenso non si potrà mai opporre l'intervenuto acquisto per usucapione. Resterebbe da chiedersi se il compratore di buona fede avrebbe potuto comunque esperire utilmente l'*actio Publiciana* nei confronti dei terzi: la struttura della *intentio* della formula sembrerebbe escludere questa possibilità, ma Ulpiano osserva che il dolo del venditore non può nuocere al compratore (D. 6.2.7.11).

[5] Il testo dell'editto è riportato, indubbiamente alterato, in D. 6.2.1 pr. (Ulp. 16 *ad ed.*): *Si quis id quod traditur ex iusta causa non a domino et nondum usucaptum petet, iudicium dabo*. La dottrina dominante ritiene che l'editto originario contemplasse solo il caso in cui la *res mancipi* fosse stata alienata mediante semplice *traditio* dal *dominus*, e che sia successiva la estensione alle ipotesi di acquisto *a non domino* in buona fede. Variano tuttavia le ricostruzioni del testo edittale. O. LENEL, *Nachträge zum 'Edictum perpetuum'*, in *ZSS*, XX, 1899, 111 ss., per esempio, lo restituisce così: *Si id quod mancipio datur traditum ex iusta causa et nondum usucaptum petet, iudicium dabo* (cfr. anche ID., *Das 'Edictum Perpetuum'*[3], Leipzig, 1927, 170). Altri autori invece, collegando esplicitamente l'origine dell'editto alla compravendita consensuale e alle esigenze della prassi che ne derivarono, danno una lettura più ampia: *Si quis rem bona fide emptam et traditam sibi et nondum usucaptam petet, iudicium dabo*, comprensiva di qualsiasi caso di compravendita, di *res mancipi* o *nec mancipi*, in buona fede: in questo senso, per esempio, L. LOMBARDI, *Dalla 'fides' alla 'bona fides'*, Milano, 1961, 237 ss. Più generalmente accettata è tuttavia la lettura di P. BONFANTE, *L'editto Publiciano*, (1888), in *Scritti*, II, cit., 389 s.: *Si quis rem ex iuxta causa traditam sibi et nondum usucaptam petet, iudicium dabo*: in questo senso, da ultimo, B. ALBANESE, *Le situazioni possessorie nel diritto privato romano*, Palermo, 1985, 117, nt. 445. Secondo L. DI LELLA, *'Formulae ficticiae'*, cit., 67 ss., invece, l'*actio Publiciana* sarebbe stata introdotta in età augustea a tutela originariamente solo dell'ipotesi di *traditio a non domino*, in quanto l'acquirente di *res mancipi* mediante *traditio* sarebbe stato già sufficientemente tutelato dalle azioni che discendevano dalla compravendita e dai normali rimedi possessori; l'*actio Publiciana* sarebbe stata introdotta quindi per assicurare una protezione all'*emptor*, ritenuto degno di tutela anche nei confronti del *dominus* che non fosse stato l'alienante (ID., *'Formulae ficticiae'*, cit., 83); ma v. *contra* G. PROVERA, *Recensione* a L. DI LELLA, *'Formulae ficticiae'. Contributo allo studio della riforma giudiziaria di Augusto*, Napoli, 1984, in *SDHI*, LI, 1985, 584. L'andamento del commentario ulpianeo lascia invece supporre l'esistenza di due diverse formule edittali, una relativa alla *traditio* di *res mancipi ex causa emptionis* (D. 6.2.3.1) e l'altra al compratore di buona fede *a non domino* (D. 6.2.7.1): su questi problemi cfr. L. VACCA, *Osservazioni in tema di 'iusta causa' e 'bona fides' in relazione all''usucapio pro derelicto'*, in *Studi in onore di C. Sanfilippo*, IV, Milano, 1983, 783, nt. 24, [in questo volume, cap. VI]; EAD., *'Iusta causa' e 'bona fides' nell''usucapio' romana a proposito del titolo 'pro suo'*, in *'Sodalitas'. Studi in onore di A. Guarino*, IV, Napoli, 1984, 1955 ss., [in questo volume, cap. VII]. V. ivi per ulteriore letteratura.

Inoltre Gaio parla di '*in bonis esse*' anche in relazione al *bonorum possessor* (senza tuttavia distinguere fra *bonorum possessio cum re* e *bonorum possessio sine re*) ed in relazione al *bonorum emptor*, a favore dei quali l'editto del pretore prevedeva altre azioni fittizie[6].

Tutto ciò è ben noto; la dottrina romanistica, dopo la scoperta del Gaio Veronese e dopo gli studi dedicati a questi problemi in particolare dal Bonfante[7] e dall'Appleton[8], non ha mai posto in discussione che i giuristi classici conoscessero effettivamente una contrapposizione fra due tipi di proprietà, il *dominium ex iure Quiritium* e la proprietà bonitaria o pretoria. In seguito all'introduzione dell'*actio Publiciana* e delle altre azioni fittizie la dottrina giuridica romana avrebbe ammesso il coesistere nell'ambito dell'ordinamento di due nozioni di proprietà, una civile e una pretoria, e correlativamente la possibilità di due proprietari dello stesso bene, uno secondo il *ius civile*, uno secondo il *ius honorarium*.

Mentre questa interpretazione del passo di Gaio è indiscussa, le divergenze sorgono a proposito della estensione che nel diritto classico può essere riconosciuta alla c.d. proprietà pretoria. Alcuni autori, infatti, seguendo la ricostruzione dell'Appleton, tendono ad identificare il dominio bonitario con ogni caso di *possessio bonae fidei* acquistato *ex iusta causa*, quindi con tutti i casi in cui il possessore è tutelato *erga omnes* con azioni fittizie che gli danno la possibilità di agire nei confronti di tutti i terzi[9]. Altri, sulla

---

[6] Gai 3.80; v. anche 3.32; 4.34; 4.35. Al *bonorum possessor* infatti si accordava un'altra azione fittizia *in rem* (il giudice era chiamato a giudicare se il *bonorum possessor* si trovava in posizione tale che, se fosse stato erede secondo il *ius civile*, avrebbe potuto affermarsi *dominus* delle *res* controverse) per la restituzione delle *res* di cui era stato immesso nel possesso dal pretore; al *bonorum emptor* venne invece data protezione mediante l'*actio Serviana in rem* (concessa per l'ipotesi in cui il debitore fosse morto), e l'*actio Rutiliana in rem*, (azione a trasposizione di soggetti per il caso in cui il debitore era vivo). Sulla evoluzione dell'ambito di applicazione di queste azioni cfr. L. DI LELLA, *'Formulae ficticiae'*, cit., *passim*; e da ultimo B. ALBANESE, *Le situazioni possessorie*, cit., 105 ss.; 119 ss.

[7] Fra le varie opere dedicate da P. BONFANTE a questo tema cfr., in particolare, *Sul cosiddetto dominio bonitario e in particolare sulla denominazione 'in bonis habere'*, (1885-1890), in *Scritti*, II, cit., 370 ss.; *L'editto Publiciano*, cit., 389 ss.

[8] CH. APPLETON, *Histoire de la propriété prétorienne et de l'action Publicienne*, Paris, 1889.

[9] In questo senso, per esempio: P. CIAPESSONI, *Studi su Gaio. 'Duplex dominium'*, Padova, 1940, 93 ss.; F. WUBBE, *'Res aliena pignori data'*, Thèse-Leyde, 1960, 11 ss.; ID., *Quelques remarques sur la fonction et l'origine de l'action Publicienne*, in *RIDA III S.*, VIII, 1961, 417 ss.; F. WIEACKER, *Zur Verpfändung fremder Sachen*, in *TR*, XXX, 1962, 65; M. KASER, *'In bonis esse'*, in *ZSS*, LXXVIII, 1961, 173 ss.; R. FEENSTRA, *'Duplex dominium'*, in *Symbolae iuridicae et historicae M. David dedicatae*, I, Leiden, 1968, 55 ss.; da ultimo B. ALBANESE, *Le si-*

scia della ricostruzione del Bonfante, segnano la linea di confine fra proprietà pretoria e *possessio bonae fidei* nella possibilità accordata al possessore di recuperare la cosa anche presso lo stesso *dominus ex iure Quiritium*, o di opporre a quest'ultimo il titolo di acquisto: solo in questo caso infatti, la difesa processuale del c.d. proprietario bonitario sarebbe veramente una difesa assoluta, eguale a quella del *dominus ex iure Quiritium*, ed anzi più forte nell'ipotesi di confronto fra i due titoli, mentre nel caso del possessore di buona fede si avrebbe solo una tutela relativa, e non *erga omnes*, in quanto non opponibile al proprietario civile[10].

Così parte della dottrina trasferisce sulla proprietà pretoria il requisito dell'assolutezza del dominio, giungendo ad affermare che il nuovo istituto prevale nella pratica del diritto classico, sino a svuotare di contenuto la stessa nozione di *dominium ex iure Quiritium*: ciò anche in conseguenza della progressiva perdita di rilevanza della distinzione fra *res mancipi* e *nec*

*tuazioni possessorie*, cit., 118 ss. (su cui v. *infra*, nt. 15 e nt. 57); secondo P. Apathy, che ha dedicato diversi studi all'*actio Publiciana* e al suo ambito di applicazione (*Die Publizianische Klage, Das relative Dingliche Recht des Rechtmässigen Besitzers*, Wien, 1981; *Schutz des Ersitzungsbesitz durch die 'Actio Publiciana'?*, in *Studi in onore di C. Sanfilippo*, cit., I, 23 ss.; *Die 'actio Publiciana' beim Doppelkauf vom Nichteigentümer*, in *ZSS*, IC, 1982, 158 ss.; *'Actio Publiciana' ohne Ersitzungsbesitz*, in *'Sodalitas'. Studi in onore di A. Guarino*, cit., II, 749 ss.), vi è una netta contrapposizione fra l'espressione '*in bonis esse*', che comprende qualsiasi possesso di buona fede, e l'espressione 'bonitarisches Eigentum', che implica un diritto assoluto.

[10] In questo senso, da ultimo, H. Ankum, *Le droit romain classique a-t-il connu un droit de propriété bonitaire relatif?*, in *Satura Roberto Feenstra oblata*, Fribourg, 1985, 125 ss., che, ricollegandosi anche alle ricerche di E. Pool, *Lateinische Syntax und juristische Begriffsbildung: 'in bonis «alicuius» esse' und bonitarisches Eigentum im klassichen römischen Rechtsquellen*, in *ZSS*, CII, 1985, 470 ss., dà la seguente definizione: «La propriété bonitaire est un pouvoir absolu sur une chose corporelle, distinct de la propriété quiritaire mais ayant un caractèr de propriété, reservé aux citoyens romains et protégé par des moyens prétoriens contre tout prétendant y compris le propriétaire quiritaire» (H. Ankum, *Le droit romain classique*, cit., 136); l'autore dà anche una lista dei 'proprietari bonitari' che non sono nel contempo proprietari quiritari: *a) Res mancipi* e *nec mancipi*: il *bonorum possessor cum re*; il *bonorum emptor*; colui al quale è stata restituita una eredità o parte di essa in virtù del SC Trebelliano; colui al quale è stata venduta e *tradita* una *res* dal non proprietario, se il venditore è successivamente divenuto proprietario; colui che, autorizzato dal pretore, ha acquistato una cosa ereditaria, se il prezzo è destinato al pagamento dei funerali del defunto; colui al quale, in un *iudicium imperio continens*, per un'*actio familiae erciscundae* o *communi dividundo*, ha ricevuto la cosa per *adiudicatio*. *b)* Solo *res mancipi*: colui che acquista *a domino* una *res mancipi* per *traditio ex iusta causa*; colui che ha la *missio in possessionem ex secundo decreto 'damni infecti nomine'*; colui che occupa una *res mancipi* derelitta dal proprietario; colui che, vittima di un delitto, ottiene la *ductio* del servo *ex noxali causa*; il possessore di *res mancipi* che, soccombente nella *rei vindicatio*, paghi la *litis aestimatio*.

*mancipi*, con la conseguente tendenza ad eliminare ogni differenza fra i modi di trasferimento delle une e delle altre[11]. Il culmine di questo processo si avrebbe nell'età giustinianea, quando Giustiniano, eliminata la *mancipatio*, afferma anche l'unità del *dominium*[12].

## 2. *Il problema del rapporto fra legittimazione all''actio Publiciana' e 'in bonis habere'.*

Il quadro che così viene delineato appare a prima vista lineare e coerente. Eppure a me sembra che il considerare la problematica posta dall'*actio Publiciana* e dalle altre azioni fittizie, che accordavano tutela processuale ai possessori ove ricorressero determinati presupposti, nell'ottica di una doppia nozione di proprietà sia in qualche modo fuorviante rispetto alla concezione dei giuristi classici in tema di proprietà, ed alla prospettiva dalla quale gli stessi giuristi hanno esaminato l'ambito di applicazione di queste azioni.

Se si prescinde dai testi gaiani, sulla cui lettura ed interpretazione occorrerà tornare alla fine delle nostre considerazioni, nessun giurista classico parla mai di *duplex dominium*, né prospetta l'idea di un dominio pretorio affiancato o addirittura sovrapposto al *dominium civile*. Del resto, nelle fonti giuridiche classiche non è dato riscontrare un significato tecnico unitario della locuzione '*in bonis esse*' o '*in bonis habere*'[13]. Essa di per sé si-

---

[11] Su questi problemi v. F. GALLO, *'Actio Publiciana'*, cit., 268; ID., *Studi sulla distinzione fra 'res mancipi' e 'res nec mancipi'*, Torino, 1958, 197 ss., specialmente 227 ss.

[12] C. 7.25: *De nudo ex iure Quiritium tollendo*: 1. *Imp. Justinianus A. Juliano p.p.*: *Antiquae subtilitatis ludibrium per hanc decisionem expellentes nullam esse differentiam patimur inter dominos, apud quos vel nudum ex iure Quiritium vel tantummodo in bonis reperitur, quia nec huiusmodi esse volumus distinctionem nec ex iure Quiritium nomen, quod nihil aenigmate discrepat nec umquam videtur neque in rebus apparet, sed est vacuum et superfluum verbum, per quod animi iuvenum, qui ad primam veniunt legum audientiam, perterriti ex primis eorum cunabulis inutiles legis antiquae dispositiones accipiunt. sed sit plenissimus et legitimus quisque dominus sive servi sui sive aliarum rerum ad se pertinentium.*

[13] Ciò era stato rilevato da P. BONFANTE, *Sul cosiddetto dominio bonitario*, cit., 386, che sottolinea come nelle fonti non vi sia alcuna corrispondenza fra titolarità dell'*actio Publiciana* e titolarità dell'*in bonis* inteso come proprietà pretoria o bonitaria. M. KASER, *'In bonis esse'*, cit., 173 ss., individua la situazione di *in bonis* in ogni caso in cui il pretore offre al possessore di buona fede una protezione processuale mediante azioni nei confronti dei terzi ponendolo quindi in una posizione processuale più forte del semplice possessore *ad usucapionem*. In questa ottica il concetto di *in bonis* ha dunque una sua rilevanza esclusivamente nell'ambito del *ius honorarium*, e non incide sul concetto di *dominium*. Più oltre va G.

gnifica solo che un determinato bene è, o può essere, nella piena disponibilità patrimoniale di un soggetto, il che può o meno avvenire in coincidenza con la titolarità del dominio.

Ma vi è di più: nei numerosi testi in cui i giuristi classici esaminano l'ambito di applicazione dell'*actio Publiciana* (o delle altre azioni fittizie) non si pone mai un rapporto diretto fra la legittimazione all'*actio* e la titolarità di una situazione di *in bonis*. Caso mai, in un testo, che esamineremo fra breve[14], si afferma implicitamente che il *dominus*, nei cui confronti può essere esperita vittoriosamente l'*actio Publiciana* e al quale può essere opposta l'*exceptio rei venditae et traditae*, non ha più la sua cosa *in bonis*, non ne ha più cioè la disponibilità patrimoniale: il che descrive esattamente la situazione giuridica che si viene a creare.

Un punto preliminare va chiarito: non si intende in questa sede negare che in determinate situazioni concrete, un soggetto, pur non potendo essere qualificato *dominus ex iure Quiritium*, potesse avere riguardo alla cosa un potere di disposizione e di tutela nei confronti dei terzi di tale ampiezza da porlo in una posizione equivalente a quella di un proprietario, né che in tale situazione l'effettivo proprietario divenisse di fatto, rispetto alla cosa, solo un *nudus dominus*[15]; una costruzione di questo genere non è affatto

---

Diòsdi, *'In bonis esse' und 'nudum ius Quiritium'*, in *Studi in onore di E. Volterra*, II, Milano, 1971, 125 ss. (Cfr. anche Id., *Ownership*, cit., 166 ss.), il quale, dall'analisi puntuale di tutte le fonti in cui compare l'espressione *in bonis esse*, conclude: «*in bonis esse* in der römischen Rechtssprache kein technischer Begriff war. Bald wurde er in einem engeren Sinne angewendet, ohne eine genau umgrenzte Rechtslage zu bezeichnen. Er bedeutet, entsprechend dem Wortlaut, die Zugehörigkeit zu einem Vermögen, und nischts meher» (Id., *'In bonis esse'*, cit., 135).

[14] Ulp. D. 44.4.4.32.

[15] Sotto questo angolo visuale effettivamente possono essere poste sullo stesso piano tutte le situazioni concrete tutelate dal pretore mediante *actiones ficticiae* o *utiles* nei confronti dei terzi, e passivamente, mediante *exceptiones, replicationes* etc. Va sottolineato che tali situazioni non coincidono perfettamente con i diversi casi di *possessio ad usucaptionem*. Questa tesi però è stata di recente sostenuta da B. Albanese, *Le situazioni possessorie*, cit., 126, che giunge ad affermare che la *possessio ad usucapionem* si trasformò, quando il pretore apprestò per la sua tutela varie *actiones in rem*, in un diritto sostanzialmente analogo al diritto di proprietà del *ius civile*. A parte la obiezione che indubbiamente non si può equiparare alla situazione del diritto di proprietà quella in cui il possessore non abbia strumenti processuali tali da assicurargli la prevalenza sul proprietario (in questo senso F. Gallo, *Recensione* a B. Albanese, *Le situazioni possessorie nel diritto privato romano*, Palermo, 1985, in *SDHI*, LI, 1985, 576), quindi quando il possessore *ad usucapionem* non può recuperare la cosa presso il proprietario, né può vittoriosamente opporsi alla sua *reivindicatio*, mi sembra che ancora in diritto classico sopravvivano delle situazioni che, pur non essendo tutelate da *actiones in rem* in quanto non fondate su una *iusta causa*, possono tuttavia portare

anomala nell'ordinamento romano, che ben conosce situazioni concrete tutelate in via processuale dal *ius honorarium*, con finalità integrative o anche correttive del *ius civile*. In questo senso, come del resto è ben noto, la duplicità dell'ordinamento romano si estende a tutto il diritto privato dell'età classica, dalle obbligazioni alle successioni.

Ciò che invece desta problemi e perplessità è l'interpretazione secondo cui i testi di Gaio dimostrano che secondo i giuristi romani esistevano due distinte nozioni di *dominium*[16]: infatti, dire che in alcuni casi particolari co-

---

all'usucapione, giustificata dalla *iusta possessio* (in quanto non viziosa), dalla buona fede e dalla inerzia del proprietario rispetto al suo bene: si tratta dei casi in cui i giuristi ammettono il procedere dell''*usucapio pro suo*': per questi problemi, con ampia esegesi dei testi, cfr. L. VACCA, *'Iusta causa'*, cit., *passim*.

[16] Forse nel considerare questi problemi la dottrina romanistica si può essere lasciata in parte prendere la mano da fraintendimenti successivi dei testi gaiani che parlano di *duplex dominium*, fraintendimenti già percepibili nell'età postclassica-giustinianea, sia nella costituzione con la quale Giustiniano dichiarava orgogliosamente di voler ripristinare un unico concetto di dominio dopo le inutili e pericolose distinzioni del diritto classico (C. 7.25 riportato *supra*, nt. 12) sia soprattutto nella parafrasi di Teofilo, nella quale l'*in bonis* di Gaio viene addirittura identificato con un *dominium naturale* in contrapposizione al *dominium legitimum*:

Theoph. *paraphr.* 1.5.4: Ἔστι παρὰ Ῥωμαίοις ... φυσκὴ δεσποτεία καὶ ἔννομος δεσποτεία. Καὶ ἡ μέν φυσικὴ λέγεται *in 'bonis* καὶ ὁ δεσπότης βονιτάριος, ἡ δέ ἔννοηος λέγεται *ex iure Quiritium'* ... ὁ δέ δεσπότης [*ex iure*] *quiritario*. Εἰ δέ τις ἀμφοτέρας ἔσχε τὰς δεσποτείας ἐλέγετο *pleno iure dominus,* τουτέστι τελείω δικαί δεσπότης, ὡς, ἔχων ἀμφοτέρας, τὴν ἔννομον καὶ τὴν φυσικὴν (ed. Ferrini, 25: *Est apud Romanos ... naturale dominium et legitimum dominium. Naturale autem dicitur in bonis, et dominus bonitarius; legitimus autem dicitur ex iure Quiritium, ... dominus vero quiritarius. Si quis autem utrumque haberet dominium, pleno iure dominus dicebatur, utpote qui utrumque, legitimum et naturale, haberet dominium*).

In relazione a questi testi sembra suggestiva l'interpretazione di R. FEENSTRA, *'Duplex dominium'*, cit., 65 s., secondo il quale la lettura delle istituzioni gaiane presente nella parafrasi di Teofilo è antecedente alla costituzione giustinianea sul dominio unico, che per altro avrebbe una portata limitata al problema specifico trattato dallo stesso Gaio, e cioè al *duplex dominium* sullo schiavo. In altri termini, eliminata la distinzione fra *ius civile* e *ius honorarium*, e ristretto l'ambito di applicazione dell'*actio Publiciana* all'acquisto *a non domino*, la disponibilità del bene così acquistato poteva facilmente essere intesa come una 'proprietà naturale', in contrapposto con la proprietà 'civile o legittima' che si sarebbe acquistata *a domino*. Così sparita la distinzione fra *res mancipi e res nec mancipi*, fra *mancipatio* e *traditio*, tutti gli altri casi dovevano essere ovviamente ricondotti alla nozione di proprietà legittima, ed è ciò che afferma Giustiniano in relazione all'ipotesi descritta da Gaio.

Nella tradizione successiva queste affermazioni sarebbero state generalizzate e radicalizzate, anche in quanto apparentemente vicine alla concezione di diverse nozioni di *dominium* del periodo medioevale.

La suggestione della idea della duplicità del dominio ebbe infatti un riscontro presso i giuristi medioevali, che talvolta avvicinarono l'ambito di applicazione della *Publiciana* (in

lui che è *dominus* è solo un *nudus dominus*, in quanto in concreto non può più disporre di quanto pure ancora gli appartiene, dato che tale potere di disposizione spetta ora ad un terzo, è ben diverso dal dire che in certi casi possono esistere due proprietari del medesimo bene, uno civile ed uno pretorio.

3. *La compravendita consensuale e la tutela del compratore di buona fede.*

A ben guardare la stessa funzione ed ambito di applicazione dell'*actio Publiciana* costituisce la prova più evidente del fatto che per i giuristi romani la concezione dell'appartenenza è univoca, è uno schema semplice che non ammette la coesistenza di un altro proprietario sul medesimo bene.

Non è discutibile che la *Publiciana* sia stata introdotta non a tutela di un proprietario diverso dal proprietario *ex iure Quiritium*, ma con la funzione di tutelare chi avesse acquistato un bene con un negozio non idoneo di per sé a trasferire il *dominium*, finché non fosse divenuto proprietario secondo il *ius civile*: Nerazio dice espressamente che «*Publiciana actio non ideo comparata est, ut res domino auferatur*»[17], e Ulpiano precisa che, dal momento in cui l'acquirente avrà usucapito, dovrà agire con l'azione di revindica e non con la *Publiciana*[18]. Ciò può significare solo che in ogni momento titolare del *dominium* è uno solo, e che, se sdoppiamento vi è fra *ius civi-*

---

contrapposizione al *dominium ex iure Quiritium)* alle situazioni che essi riportavano alla contrapposizione dominio utile/dominio diretto: cfr. R. FEENSTRA, *Action Publicienne et preuve de la proprieté principelment d'après quelques romanistes du Moyen Age,* in *Mélanges P. Meylan*, I, Lausanne, 1963, 1 ss.; F. STURM, *Zur ursprunglichen Funktion*, cit., 357 ss. Ed è su questi filoni che probabilmente si radica una tradizione interpretativa che ricollega all'*actio Publiciana* la introduzione di un dominio naturale (bonitario o pretorio), contrapposto a quello civile, e che trova nuovo respiro dopo la scoperta del Gaio veronese, e gli studi di Appleton, Bonfante e Ciapessoni (v. *supra*, ntt. 7 e 8).

Le considerazioni che precedono spiegano anche perché rispetto al problema del dominio bonitario o pretorio rivesta a tutt'oggi una importanza centrale l'analisi dell'ambito di applicazione dell'*actio Publiciana*: gli altri casi di possesso *ad usucapionem* tutelati *erga omnes* mediante *actiones in rem* sono stati attratti nel concetto di proprietà pretoria solo successivamente, in base alla considerazione della analogia di tutela, ma tutta l'elaborazione interpretativa più antica si è svolta sui testi in tema di *actio Publiciana*.

[17] Ner. D. 6.2.17 su cui v. *infra*.

[18] Ulp. D. 6.2.1.1: *Merito praetor ait 'nondum usucaptum': nam si usucaptum est, habet civilem actionem nec desiderat honorariam*. Il pretore protegge il possessore fino a che egli non ha usucapito, e solo in quanto siano presenti tutti i requisiti necessari per usucapire, cioè per divenire proprietario *ex iure Quiritium*.

*le* e *ius honorarium*, questo riguarda non la titolarità della proprietà, o la sua nozione concettuale, ma i suoi modi di trasferimento, e gli effetti dei negozi traslativi.

Questa considerazione può sembrare abbastanza ovvia, ma acquista rilievo e concretezza se si tiene conto dell'origine e della funzione dell'*actio Publiciana* in rapporto alla struttura della compravendita consensuale.

La dottrina è pressoché concorde nel ritenere che l'introduzione dell'*actio Publiciana* abbia risposto alle esigenze che si prospettavano nella pratica commerciale in seguito al riconoscimento del contratto di compravendita consensuale, con effetti meramente obbligatori [19].

---

[19] Cfr., per esempio, L. LOMBARDI, *Dalla 'fides'*, cit., 209 ss., specialmente 237 s., che ritiene che il caso dell'*emptio* di buona fede fosse l'unico caso originariamente contemplato dall'editto istitutivo dell'*actio Publiciana*, e che anzi la buona fede sia divenuta requisito dell'*usucapio* proprio partendo dalla particolare struttura del contratto di compravendita, nel momento in cui questa viene considerata *iusta causa* della *usucapio* stessa. Cfr. anche F. GALLO, *'Actio Publiciana'*, cit., 1 ss.

Secondo F. WUBBE, *Quelques remarques*, cit., 417 ss., l'introduzione della *Publiciana* avrebbe avuto invece la finalità di proteggere tutti coloro che avessero ricevuto una *res (mancipi* o *nec mancipi)* con una *traditio ex iusta causa*, indipendentemente dalla circostanza che l'alienante fosse o meno *dominus*. L'*actio Publiciana* sarebbe stata cioè destinata ad evitare all'attore in rivendica di un bene ricevuto per *traditio ex iusta causa*, l'onere di provare il titolo di proprietà del suo dante causa. Sembrerebbe però che anche l'ipotesi di Wubbe sia in qualche modo falsata da prospettive proprie di interpreti successivi, sia medioevali che moderni, per i quali, venuta meno ovviamente la rilevanza della tutela di acquirenti di *res mancipi* con *traditio*, ed accentuatasi la rilevanza del possesso come mezzo di prova di una situazione di diritto, l'*actio Publiciana* poteva apparire come uno strumento atto a rispondere all'esigenza di semplificare per il possessore in base a giusto titolo la prova del suo diritto come poziore rispetto al terzo, senza ricorrere alla difficile prova del diritto di proprietà. La tesi del Wubbe è stata criticata sotto diversi punti di vista, in particolare da F. STURM, *Zur ursprügliche Funktion*, cit., 357 ss., da G. DIÓSDI, *Ownership*, cit., 161, da P. APATHY, *Schutz des Ersitzungsbesitz*, cit., 23, ss., da F. BENEDEK, *Zur Frage des «Diabolischen Beweises»*, in *Studi in onore di A. Biscardi*, IV, Milano, 1983, 445 ss., ai quali rimando anche per un'ampia analisi della letteratura precedente. Secondo R. FEENSTRA, *Action Publicienne*, cit., 1 ss., proprio la testimonianza degli interpreti del medioevo, che dedicano grande attenzione al problema della prova nell'*actio Publiciana*, e alla circostanza della sua maggiore facilità rispetto a quella della *rei vindicatio*, può portare invece a ritenere non del tutto priva di fondamento l'ipotesi di Wubbe.

In questa sede sono possibili solo alcune brevi considerazioni: nei testi dei giuristi classici l'*actio Publiciana* non è mai considerata sotto il profilo della prova, in rapporto alla *rei vindicatio*. Ciò di per sé potrebbe non essere determinante, in quanto è noto che ben di rado i giuristi si sono occupati della teoria delle prove. Tuttavia, se l'editto fosse stato introdotto in relazione alla specifica esigenza di semplificare la prova nel processo di revindica, ciò sarebbe stato probabilmente rilevato. Peraltro, tutto il ragionamento di Wubbe prescinde dalla considerazione abbastanza ovvia che sull'attore incombeva comunque l'onere di

Infatti, a differenza dell'antica *mancipatio*, compravendita reale, l'*emptio venditio* non solo non trasferiva di per sé la proprietà, ma non creava neanche necessariamente un obbligo del venditore in tal senso[20]: unica obbligazione tipica era – come affermano espressamente i giuristi[21] – quella di porre la cosa nella materiale disponibilità del compratore; in altri termini quella di compiere la *traditio* della cosa e di garantirne la pacifica disponibilità.

La compravendita consensuale romana era dunque irrimediabilmente «zoppa» – per usare la terminologia dell'Arangio-Ruiz[22] – in quanto la sua struttura non era di per sé idonea a realizzare proprio quello che era il suo scopo economico-sociale tipico, e cioè l'efficace trasferimento della cosa contro il pagamento del prezzo.

I problemi pratici, che derivavano dal riconoscimento di questo nuovo negozio, erano duplici: l'impossibilità in alcuni casi di compiere la *mancipatio*[23] faceva sì che l'acquirente di *res mancipi* venisse a trovarsi di fronte

---

provare che egli sarebbe stato *dominus ex iure Quiritium* se avesse effettivamente posseduto per il tempo necessario all'*usucapio* (cfr. C.A. Cannata, *Profilo*, II, cit., 85 s.): doveva cioè dare la prova sia della *traditio*, sia della *iusta causa* sottostante, sia della buona fede al momento dell'immissione nel possesso (v. *infra*). Questi erano infatti gli elementi richiesti dall'ordinamento affinché al possessore fosse data tutela *quasi ex iure Quiritium dominus esset*. Ciò significa che nell'ambito del giudizio instaurato mediante *Publiciana* non è che la prova sia 'più facile' rispetto a quella richiesta nel giudizio di revindica, ma solo che in questo giudizio l'attore fa valere una situazione 'diversa'. Turto ciò del testo è detto espressamente dai giuristi romani; il commentario di Ulpiano all'editto Publiciano, e tutti i passi che ne analizzano il regime – in particolare quelli di Gaio – sottolineano che l'*actio Publiciana* è stata istituita non a difesa del proprietario, ma di chi proprietario non è ancora divenuto in quanto non sono trascorsi i termini dell'*usucapio*. È vero che niente impedisce a colui che abbia acquistato una *res nec mancipi* mediante *traditio* di esperire la *Publiciana*, se non è sicuro che il suo dante causa fosse proprietario, e che questo rende più agevole e sicura la sua difesa processuale, ma è anche vero che questa è una conseguenza, non l'obiettivo principale dell'introduzione dell'azione, diretta esplicitamente a tutelare situazioni differenti da quelle già operanti nell'ambito del *ius civile*.

[20] Cfr. per tutti V. Arangio-Ruiz, *La compravendita in diritto romano*, Napoli, 1954, 149 ss.

[21] D. 19.4.1 pr. (Paul. 32 (33) *ad ed.*): ... *multum differunt praestationes. emptor enim, nisi nummos accipientis fecerit, tenetur ex vendito, venditori sufficit ob evictionem se obligare, possessionem tradere et purgari dolo malo: itaque si evicta res non sit, nihil debet.*

[22] Cfr. V. Arangio-Ruiz, *La compravendita*, cit., 176 ss.

[23] Bisogna sottolineare che è probabile che nei casi in cui la compravendita si svolgeva tra cittadini romani si sia continuata ad utilizzare la *mancipatio*, che offriva maggiori garanzie al compratore. È tuttavia discusso in dottrina se nei contratti di compravendita relativi a *res mancipi* vi fosse per il venditore anche l'obbligo di *mancipio dare*: questa tesi è stata confutata soprattutto dall'Arangio-Ruiz, *La compravendita*, cit., 168 ss., ma non mancano tuttora voci discordi: v., per esempio, G. Pugliese, *Istituzioni di diritto romano*, Padova, 1985,

ai terzi nella stessa posizione di un qualunque possessore di buona fede, nonostante il suo possesso fosse 'titolato', nel senso che era giustificato da una causa di per sé idonea all'acquisto della proprietà; in secondo luogo – e questo problema si poneva anche ove mediante la *traditio* fossero state trasferite *res nec mancipi* – lo stesso principio della tutela della *fides*, su cui si imperniava il nuovo contratto, rendeva necessario dare protezione processuale al compratore di buona fede, anche oltre gli effetti della *traditio*, che, se compiuta *a non domino*, non poteva rendere proprietario l'acquirente[24].

4. *L'editto Publiciano fu introdotto a protezione della 'causa emptionis' quale titolo idoneo all'acquisto della proprietà.*

Attraverso l'*actio Publiciana* in realtà i giuristi giungono ad avvicinare gli effetti della compravendita consensuale obbligatoria agli effetti della compravendita reale, creando un meccanismo che – fondato sulla rilevanza della causa sinallagmatica della compravendita – tiene conto nel contempo sia dell'esigenza di tutelare e garantire l'acquisto del compratore nei confronti del venditore e dei terzi, sia della necessità di contemperare il prin-

617. Dal nostro angolo visuale interessa soprattutto sottolineare che in ogni caso la prassi era sicuramente orientata nel senso di affidare al contratto meramente obbligatorio solo le ipotesi in cui fosse necessario differire le prestazioni di consegna della cosa e di pagamento del prezzo, mentre in tutti gli altri casi si procedeva direttamente allo scambio di merce e denaro; ciò è testimoniato in modo univoco dai documenti della prassi del periodo ancora tardo classico: cfr. F. GALLO, *Il principio «emptione dominium transfertur» nel periodo pregiustinianeo*, Milano, 1960, *passim*, specialmente 17 ss. e nt. 5. È evidente che nella pratica la *traditio ex causa emptionis* tende gradualmente ad assumere effetti reali del tutto analoghi alla *mancipatio*. V. *infra*, § 4.

[24] Ulp. D. 41.1.20: *Traditio nihil amplius transferre debet vel potest ad eum qui accepit, quam est apud eum qui tradit. Si igitur quis dominium in fundo habuit, id tradendo transfert, si non habuit, ad eum qui accipit nihil transfert*; Gai 2.19: *Nam res nec mancipi ipsa traditione pleno iure alterius fiunt, si modo corporales sunt et ob id recipiunt traditionem.* 20. *Itaque si tibi vestem vel aurum vel argentum tradidero sive ex venditionis causa sive ex donationis sive quavis alia ex causa, statim tua fit ea res, si modo ego eius dominus sim*; Gai 2.43: *Ceterum etiam earum rerum usucapio nobis competit, quae a non domino nobis traditae fuerint, sive mancipi sint eae res sive nec mancipi, si modo eas bona fide acceperimus, cum crederemus eum qui traderet dominum esse.* L'ordinamento del *ius civile* interviene dunque a sanare gli effetti della *traditio ex iusta causa*, se questa è stata fatta *a non domino*, mediante l'usucapione in un breve lasso di tempo. Ma la particolare rilevanza della *fides* e della causa inducono il pretore ed i giuristi a far sì che in base al titolo gli effetti della *traditio* siano opponibili ai terzi come lo sarebbero se si fosse già compiuto il tempo dell'*usucapio*, con l'unica eccezione del *dominus* estraneo all'atto di trasferimento.

cipio che non è valido l'atto di disposizione di un bene che non sia compiuto per volontà del suo proprietario, o con il suo assenso, con il principio che chiede la tutela dell'affidamento del terzo incolpevole.

Ciò si ottiene collegando gli effetti del negozio consensuale obbligatorio con gli effetti dell'atto di trasferimento reale. L'*actio Publiciana* infatti non è volta a tutelare il possesso derivante dalla *traditio* di per sé, nel suo aspetto materiale e apparente di consegna della cosa, né è volta a tutelare in assoluto e in ogni caso la buona fede di colui che acquista il possesso mediante la *traditio*: l'azione è volta invece a garantire il realizzarsi in concreto della *causa adquirendi* attuata mediante la *traditio* stessa.

Va infatti considerato che l'atto di trasferimento compiuto mediante *traditio* si presentava nella sua struttura completamente diverso dalla *mancipatio*, che recava espressa in sé la causa dell'acquisto della proprietà in capo all'accipiente, tanto da assorbire completamente qualsiasi contratto preesistente[25], e da essere autosufficiente nel garantire l'acquisto.

Non è possibile in questa sede approfondire l'indagine circa la nozione di *iusta causa traditionis* e delle sue connessioni con la *iusta causa usucapionis*, come non è possibile affrontare la questione del carattere causale o astratto della *traditio*[26]. È del resto molto difficile ricostruire le fasi ed i passaggi attraverso cui i giuristi romani sono giunti a distinguere chiaramente le cause di acquisizione del dominio dagli atti traslativi dello stesso, né peraltro è sempre pacifico se siano giunti già nel periodo classico ad astrarre la nozione di *titulus* dell'acquisto, quale elemento tipico preordinato dall'ordinamento giuridico a fondamento del trasferimento, differenziandolo concettualmente dalla volontà concreta delle parti in relazione al singolo atto di trasferimento. Certo è che l'indagine casistica dei giuristi circa il campo di applicazione dell'*actio Publiciana*, e quindi dei casi in cui l'ordinamento debba dare tutela alla causa della *traditio*, ha degli evidenti riflessi sulla elaborazione degli elementi qualificanti dell'*usucapio* classica, e sulla progressiva attribuzione ad essa della funzione prevalente di modo di acquisto della proprietà civile, a sanatoria di situazioni già riconosciute rilevanti ed operanti nell'ambito del *ius honorarium*[27].

In questa ottica assume grande rilievo la circostanza che la differenza

---

[25] Cfr. V. Arangio-Ruiz, *La compravendita*, cit., specialmente 182 ss.; F. Gallo, *Il principio*, cit., 26 ss.

[26] Per questi problemi rimando al mio precedente lavoro *'Iusta causa'*, cit., *passim*.

[27] Cfr. G. Diòsdi, *Ownership*, cit., 144 ss.; cfr. ancora L. Vacca, *Osservazioni*, cit., 775 ss.; Ead., *'Iusta causa'*, cit., 1955 ss.

sostanziale posta dai giuristi fra una situazione possessoria idonea a portare all'usucapione ed una situazione in cui devono individuarsi i presupposti per la concessione della *Publiciana* sta nel riconoscimento di una *iusta causa* effettiva non dell'acquisto del possesso, ma dell'acquisto della proprietà[28]; così, mentre ai fini dell'*usucapio* si ammette da alcuni giuristi – sia pure non senza incertezze e oscillazioni – la sufficienza della buona fede e di una situazione oggettiva, idonea di per sé a creare il convincimento della *iusta possessio*[29], ai fini della *Publiciana* il titolo deve sempre esistere effettivamente, sia pure *a non domino*.

## 5. *'Traditio ex causa emptionis', 'usucapio pro emptore' e 'actio Publiciana': il compratore di buona fede ha il diritto di usucapire purché in buona fede anche al momento dell'acquisto del possesso.*

Analizzando il caso tipico in cui la *iusta causa* della *traditio* consiste in una compravendita di cui la *traditio* è appunto adempimento, è facile rendersi conto della circostanza che in questa ipotesi il nesso genetico fra causa obbligatoria e atto traslativo è in ogni caso più stretto che nelle altre ipotesi di attuazione di un rapporto obbligatorio mediante la stessa *traditio*.

Il primo elemento, che acquista rilevanza in questo senso, è costituito dalla circostanza che i giuristi romani richiedono ai fini della *Publiciana* che il compratore fosse in buona fede sia al momento in cui ha compiuto la compravendita, sia al momento in cui è stato immesso nel possesso del bene.

---

[28] Ciò è detto chiaramente da Gaio: D. 6.2.13 pr. (7 *ad ed. prov.*): *Quaecumque sunt iustae causae adquirendarum rerum, si ex his causis nancti res amiserimus, dabitur nobis earum rerum persequendarum gratia haec actio.* E da Ulpiano: D. 6.2.3.1 (16 *ad ed.*): *Ait praetor 'ex iusta causa petet'. qui igitur iustam causam traditionis habet, utitur Publiciana: et non solum emptori bonae fidei competit Publiciana, sed et aliis, ...*; D. 6.2.7.6 (16 *ad ed.*): *Publiciana actio ad instar proprietatis non ad instar possessionis respicit.* La *Publiciana* è concessa cioè esclusivamente a tutela della *iusta causa adquirendi dominii*, tende cioè a tutelare il realizzarsi degli effetti traslativi del *dominium*, propri della *traditio ex iusta causa* (cfr. Paul. D. 41.1.31).

[29] Va sottolineato che la *traditio* effettuata sulla base di una *iusta causa* solo apparente, mentre non può portare all'acquisto della proprietà e parallelamente alla concessione della *Publiciana*, può tuttavia fondare una *iusta possessio*, giustificata obiettivamente dal solo convincimento di avere acquistato la proprietà. Tale possesso *pro suo*, secondo alcuni giuristi e per alcuni casi particolari, è idoneo a portare all'acquisto per usucapione: Ner. D. 41.10.5; Paul. D. 41.10.3: per l'analisi di questo problema v. L. VACCA, *'Iusta causa'*, cit., *passim*.

D. 6.2.7.18 (Ulp. 16 *ad ed.*): *Iulianus libro septimo digestorum scripsit traditionem rei emptae oportere bona fide fieri: ideoque si sciens alienam possessionem adprehendit, Publiciana eum experiri non posse, quia usucapere non poterit. nec quisquam putet hoc nos existimare sufficere initio traditionis ignorasse rem alienam, uti quis possit Publiciana experiri, sed oportere et tunc bona fide emptorem esse.*

D. 41.3.10 pr. (Ulp. 16 *ad ed.*): *Si aliena res bona fide empta sit, quaeritur, ut usucapio currat, utrum emptionis initium ut bonam fidem habeat exigimus, an traditionis. et optinuit Sabini et Cassii sententia traditionis initium spectandum.*

D. 41.3.48 (Paul. 3 *ad Ner.*): *Si existimans debere tibi tradam, ita demum usucapio sequitur, si et tu putes debitum esse. aliud, si putem me ex causa venditi teneri, et ideo tradam: hic enim nisi emptio praecedat, pro emptore usucapio locum non habet. diversitatis causa in illo est, quod in ceteris causis solutionis tempus inspicitur neque interest, cum stipulor, sciam alienum esse nec ne: sufficit enim me putare tuum esse, cum solvis: in emptione autem et contractus tempus inspicitur et quo solvitur: nec potest pro emptore usucapere, qui non emerit, nec pro soluto, sicut in ceteris contractibus*[30].

D. 41.4.2 pr. (Paul. 54 *ad ed.*): *Pro emptore possidet, qui re vera emit, nec sufficit tantum in ea opinione esse eum, ut putet se pro emptore possidere, sed debet etiam subesse causa emptionis. si tamen existimans me debere tibi ignoranti tradam, usucapies. quare ergo et si putem me vendidisse et tradam, non capies usu? scilicet quia in ceteris contractibus sufficit traditionis tempus, sic denique si sciens stipuler rem alienam, usucapiam, si, cur traditur mihi, existimem illius esse: at in emptione et illud tempus inspicitur, quo contrahitur: igitur et bona fide emisse debet et possessionem bona fide adeptus esse.*

---

[30] Cfr. anche D. 41.10.3 (Pomp. 22 *ad Sab.*): *Hominem, quem ex stipulatione te mihi debere false existimabas, tradidisti mihi: si scissem mihi nihil debere, usu eum non capiam: quod si nescio, verius est, ut usucapiam, quia ipsa traditio ex causa, quam veram esse existimo, sufficit ad efficiendum, ut id quod mihi traditum est pro meo possideam, et ita Neratius scripsit idque verum puto.* Per l'esegesi di questi testi e la citazione della dottrina precedente cfr. L. VACCA, '*Iusta causa*', cit., *passim*.

Nonostante i diversi sospetti che sono stati avanzati sulla genuinità di questi testi[31], non mi sembra che fra di essi vi siano contraddizioni tali da far dubitare della genuinità sostanziale del loro enunciato. Il parere dei diversi giuristi segue una logica unitaria, sia pure nell'esaminare il problema del rapporto fra *emptio venditio*, concessione della *Publiciana* e *usucapio pro emptore* da diversi angoli visuali.

Ulpiano nel suo commentario all'editto sull'*actio Publiciana* riporta il parere di Sabino, Cassio (D. 41.3.10 pr.) e Giuliano (D. 6.2.7.18) sul momento in cui rileva la buona fede ai fini della concessione della *Publiciana* e dell'*usucapio*. Come aveva sottolineato poco prima lo stesso Ulpiano, il testo dell'editto richiedeva che la *traditio* fosse intervenuta non a seguito di un qualsiasi contratto di compravendita, ma a seguito di una compravendita in cui il compratore fosse in buona fede: «*Praetor ait: 'qui bona fide emit': non igitur omnis emptio proderit, sed ea, quae bonam fidem habet: proinde hoc sufficit me bonae fidei emptorem fuisse, quamvis non a domino emerim, licet ille callido consilio vendiderit*» (Ulp. D. 6.2.7.11). Nessun dubbio vi poteva essere quindi che al momento della compravendita il compratore dovesse essere in buona fede: questo punto non era discusso, ed il tono reciso di Ulpiano nel sottolinearlo lo conferma. Il problema posto da Sabino, Cassio e Giuliano, e su cui vi era stata evidentemente una controversia, era diverso: se la *traditio* non era contestuale alla compravendita, poteva avvenire che l'acquisto del possesso non fosse in buona fede, in quanto nel frattempo il compratore aveva appreso che la cosa non era nella disponibilità del venditore[32]; il problema derivava dalla circostanza che, proprio per influenza del regime della *Publiciana*, andavano mutando i requisiti necessari per l'*usucapio*. Posto che questo istituto aveva avuto in origine la funzione principale di rendere certo e inattaccabile l'acquisto tramite *mancipatio*, e che in questo caso non era certo necessaria la buona fede dell'acquirente, in quanto la *mancipatio* come negozio formale recava

---

[31] Cfr., in particolare, H. Hausmaninger, *Die 'bona fides' des Ersitzungsbesitzers im klassichen röm. Recht*, Wien-München, 1963, 82 ss. e letteratura ivi citata.

[32] Bisogna ritenere che ai fini della buona fede, sia negoziale sia possessoria, non fosse richiesto il convincimento che il dante causa fosse *dominus*, ma bastasse il convincimento che l'atto di alienazione avvenisse '*volente et concedente domino*' (Pomp. D. 41.7.5 pr.); ne discende che poteva usucapire *pro emptore* colui che acquistava con il convincimento che l'alienante avesse comunque la piena disponibilità della cosa, per esempio in base ad una *iusta causa* tutelata mediante *Publiciana*. Ciò è confermato dal regime dell'*actio Publiciana* e dell'*exceptio doli* o *rei venditae et traditae* concesse anche agli aventi causa a titolo particolare dal precedente acquirente (v. *infra*, § 6).

in sé tutti gli elementi dell'atto traslativo, le difficoltà sorgevano nel momento in cui si voleva raccordare la stessa funzione dell'*usucapio* alla *traditio ex causa emptionis*[33].

Infatti, per un verso la compravendita, quale negozio obbligatorio, non implicava necessariamente né che il venditore fosse proprietario né che il compratore ne fosse convinto, né del resto che le parti avessero pattuito il trasferimento del dominio[34]; per altro verso gli effetti della *traditio* potevano essere determinati solo dalla causa che vi era collegata; ma la *traditio* di *res mancipi*, di per sé, in nessun modo poteva essere traslativa del *dominium*, come non lo poteva essere la *traditio a non domino*. Ne discendeva la necessità che in ogni caso l'acquisto fosse perfezionato dalla usucapione, per la quale però a quel punto si richiedevano i requisiti del titolo di acquisto, in precedenza intrinseci alla *mancipatio*. Sulla base degli stessi elementi, il compiersi di questa usucapione era inoltre tutelato dall'*actio Publiciana*, che nell'arco di tempo intermedio permetteva che alla *traditio ex iusta causa* fossero di fatto collegati gli stessi effetti della *mancipatio*. Ovviamente ciò poteva avvenire solo ove *a*) contenuto della compravendita fosse stato effettivamente quello del trasferimento della proprietà del bene quale corrispettivo del pagamento del prezzo, cioè del tutto simmetrico a quello della *mancipatio*; *b*) che almeno il compratore ritenesse in buona fede che questo fosse il risultato che avrebbe conseguito.

Sino a questo punto la simmetria degli effetti della *mancipatio* e della *traditio ex causa emptionis* (di buona fede) è perfetta. Il problema sorge però quando il meccanismo dell'usucapione e dell'*actio Publiciana*, o di altre azioni fittizie, viene utilizzato per tutelare e perfezionare altri casi di acquisto: mediante *traditio*, o di *res mancipi* o *a non domino*, in cui la stessa *traditio* ed il conseguente inizio del possesso non appaiono più così inscindibilmente collegati alla struttura della causa di cui costituiscono attuazione[35]. I requisiti necessari perché la *possessio* porti alla *usucapio* acquistano

---

[33] Cfr., per esempio, P. COLLINET, *'Iusta causa' et 'bona fides' dans l'usucapion d'après les Istitutes de Gaius*, in *Mélanges Paul Fournier*, Paris, 1929, 71 ss.; J. FAURE, *'Iusta causa' et bonne foi. Essai d'explication des singularités de l'usucapion 'pro emptore' en droit romain classique*, Thèse-Lausanne, 1927, specialmente 194 ss.; L. LOMBARDI, *Dalla 'fides'*, cit., 209 ss. Si veda ivi per un'ampia analisi della letteratura precedente. Cfr. anche TH. MAYER-MALY, *Der Ersitzungsbesitz am Sachbestandteil*, in *SDHI*, XXVI, 1960, 176 ss.; ID., *Studien zur Frühegenschicte der 'usucapio'*, in *ZSS*, LXXVII, 1960, 16 ss.

[34] Cfr. per tutti V. ARANGIO-RUIZ, *La compravendita*, cit., 149 s.

[35] Per la individuazione dei due momenti negoziali, *iusta causa* di tipo obbligatorio, e *traditio*, consegna materiale della cosa in base alla comune volontà di trasferirla e di ricever-

così autonomia, e la riflessione della giurisprudenza sposta la sua attenzione sulla elaborazione della buona fede[36].

Nel momento in cui requisito minimo essenziale per ogni acquisto mediante usucapione è che vi sia la convinzione – obiettivamente fondata[37] – da parte di colui che si immette nel possesso che ciò non avvenga contro la volontà del *dominus* – lo stesso requisito viene individuato come autonomo nella *usucapio pro emptore*, e quindi anche ai fini della possibilità di esperire utilmente l'*actio Publiciana*, con la quale si instaura un *iudicium* in cui si devono verificare tutti i presupposti della *usucapio*, meno il decorso del tempo.

Coerentemente con questa impostazione era prevalsa l'opinione di Sabino, Cassio e Giuliano per cui la buona fede del compratore doveva sussistere sia al momento del contratto di compravendita (perché in caso diverso non vi sarebbe stata la *iusta causa*), sia al momento dell'inizio del possesso (ai fini della possibilità del compiersi della *usucapio*).

Il giurista Paolo, che dà per scontata la stessa soluzione, accenna anche una spiegazione del diverso rapporto che, nella compravendita, intercorre fra *traditio* e contratto, rispetto agli altri negozi meramente obbligatori[38].

---

la, e sulla relativa autonomia dei due momenti nel pensiero di alcuni giuristi classici, cfr. L. VACCA, *'Iusta causa'*, cit., *passim*.

[36] Sull'emergere del requisito della *bona fides* come autonomo e sovrastante quello stesso della *iusta causa* nella giurisprudenza della fine dell'età repubblicana e della prima parte del periodo classico cfr. P. BONFANTE, *La 'iusta causa' dell'usucapione e il suo rapporto colla 'bona fides'*, (1893), in *Scritti*, II, cit., 469 ss. Su alcuni aspetti di questi problemi, e per una ampia citazione della letteratura in materia, cfr. L. VACCA, *Osservazioni*, cit., *passim*.

[37] Va sottolineato che la buona fede non può essere intesa come un requisito di carattere meramente soggettivo circa la qualità di *dominus* dell'alienante, ma significa convinzione di acquistare legittimamente il possesso del bene, ovvero la proprietà, ove concorrano determinate circostanze concrete che giustificano tale convincimento, e che possono o meno coincidere con il sussistere di un valido rapporto negoziale preesistente fra le parti. Cfr. ancora L. VACCA, *'Iusta causa'*, cit., *passim*.

[38] Può rilevarsi che in D. 41.4.2 pr. il problema trattato da Paolo non è tanto quello della buona fede e del momento in cui essa deve essere presente ai fini della *usucapio pro emptore*, quanto quello della *iusta causa*; il giurista infatti esordisce dicendo che la *possessio pro emptore* è presente solo nell'ipotesi in cui vi sia effettivamente una compravendita, e che non è sufficiente che tale compravendita esista solo nella *existimatio* del compratore. Secondo lo stesso Paolo tuttavia ciò non è sufficiente ad usucapire, in quanto *possidere pro emptore* è cosa diversa dall'usucapire *pro emptore*: possiede *pro emptore* anche colui che acquista con la consapevolezza che si tratta di un bene altrui; usucapisce *pro emptore* solo colui che al momento del contratto è in buona fede: «*Separata est causa possessionis et usucapionis; nam vere dicitur quis emisse sed mala fide, quemadmodum qui sciens alienam rem emit, pro emptore possidet, licet usu non capiet*» (Paul. D. 41.4.2.1); ne discende la differenza

L'aspetto più rilevante è dato dall'affermazione che nell'ambito della compravendita la *traditio* della *res* non può essere considerata titolo *pro soluto*, a differenza di quanto avviene per esempio nella *traditio* in adempimento di una stipulazione di *dare*; ne discende che la *traditio* collegata ad una compravendita non ha alcuna autonomia causale a differenza della *traditio*-adempimento che Paolo ritiene sufficiente a fondare l'*usucapio*.

Lo stesso Paolo tuttavia motiva espressamente questa soluzione: la compravendita può essere causa dell'acquisto per usucapione, può cioè essere un *titulus adquirendi*, solo quando al momento del contratto il compratore è in buona fede, ritiene cioè che il venditore possa trasmettergli la proprietà del bene. In caso diverso, il venditore è tenuto soltanto a *possessionem tradere* (Paul. D. 19.4.1 pr.) e il compratore non potrà né usucapire *pro emptore*, né esperire l'azione negoziale contro il venditore, a meno che non subisca l'evizione[39].

---

rispetto agli altri contratti, perché l'accipiente ha la *iusta causa* rilevante ai fini della *usucapio (pro emptore)* solo se era compratore di buona fede.

Come ha rilevato S. Tondo, *Convalida del pegno e concorso di pegni successivi*, Milano, 1959, 43 ss., inoltre non può essere posta sullo stesso piano la vendita di cosa aliena e la vendita di cosa furtiva; è lo stesso giurista Paolo che afferma che la vendita di cosa furtiva è nulla: D. 18.1.34.3 (33 *ad ed.*): *Item si et emptor et venditor scit furtivum esse quod venit, a neutra parte obligatio contrahitur: si emptor solus scit., non obligabitur venditor, nec tamen ex vendito quicquam consequitur, nisi ultro quod convenerit praestet: quod si venditor scit., emptor ignoravit, utrumque obligatio contrahitur, et ita Pomponius quoque scribit*.

Il fondamento delle diverse soluzioni adottate da Paolo in tema di vendita della cosa furtiva riposa ancora una volta sulla funzione economico-sociale della compravendita «che non è funzione meramente obbligatoria ma anche traslativa, in quanto tende a far sì che il diritto del compratore si affermi in guisa definitiva sulla cosa, se non per effetto diretto, per lo meno col sussidio del tempo attraverso l'usucapione» (S. Tondo, *Convalida*, cit., 57). La furtività della cosa avrebbe sicuramente impedito il realizzarsi di questa funzione, stante l'impossibilità di usucapire le cose *furtivae*; la struttura obbligatoria del contratto impedisce però che la compravendita sia nulla a meno che entrambe le parti siano a conoscenza della furtività; se ne è a conoscenza il solo compratore, il venditore non sarà obbligato, ma se il compratore è in buona fede mentre il venditore ne è a conoscenza, l'obbligazione sorgerà validamente per entrambi. La soluzione di Paolo è perfettamente coerente con il principio per cui non può identificarsi un contratto di compravendita ove il contenuto dell'accordo sia tale da escludere che il compratore possa mai acquistare la proprietà (Lab. D. 18.1.80.3): viene infatti a mancare la stessa causa del contratto. Nelle altre ipotesi il sorgere delle obbligazioni è determinato dall'atteggiarsi della volontà delle parti che determina il contenuto dell'accordo e quindi delle reciproche obbligazioni, nonché dalla tutela della *fides* del compratore.

[39] È il principio affermato categoricamente in una costituzione di Caracalla (a. 210), C. 8.44.3: *Qui rem emit et possidet, quamdiu evicta non est, auctorem suum propterea quod aliena vel obligata esse dicatur convenire non potest*. Viceversa, se il compratore era in buona

In conclusione: il compratore ha il diritto di usucapire, cioè di acquistare la proprietà del bene acquistato, solo se in buona fede egli ha ritenuto che questa fosse la *causa* della sua controprestazione e solo se con la stessa convinzione ha acquistato il possesso del bene. Il concorrere di questi due elementi, *iusta causa* e acquisto del possesso in buona fede, perfezionano la compravendita nel senso che a partire da quel momento l'ordinamento deve tutelare nei confronti di tutti i terzi il diritto del compratore ad avere definitivamente la cosa[40].

## 6. *L'opponibilità del titolo 'ex causa emptionis' nell'acquisto 'a domino' e nell'acquisto 'a non domino': Ner. D. 19.1.31.2; Ulp. D. 6.2.9.4; Pomp. D. 21.3.2; Ulp. D. 44.4.4.32.*

Il tipo di problematica pratica affrontata dai giuristi classici in tema di effetti della compravendita consensuale e dei suoi rapporti con l'*actio Publiciana* emerge con ancora maggiore chiarezza in una serie di testi in cui si tratta il caso di una doppia vendita del medesimo bene a compratori diversi.

Infatti, la concezione per cui l'acquirente di buona fede, che acquisti anche il possesso del bene mediante *traditio*, diviene titolare di una situazione giuridicamente rilevante in quanto il suo titolo è opponibile *erga omnes*, pone inevitabilmente la questione concreta dei limiti di questa tutela, non solo nei confronti del *dominus ex iure Quiritium*, ma anche di tutti gli altri terzi, che possono essere a loro volta acquirenti di buona fede. Ovviamente tale problema si pone in termini differenti a seconda che l'atto di trasmissione del bene sia stato compiuto dal *dominus*, o sia invece avvenuto *a non domino*.

---

fede, poteva agire *ex empto* contro il venditore, nei limiti del '*quanti mea intersit meam esse factam*': D. 19.1.30.1 (Afric. 8 *quaest.*): *Si sciens alienam rem ignoranti mihi vendideris, etiam priusquam evincatur utiliter me ex empto acturum putavit (Iul.) in id, quanti mea intersit meam esse factam: quamvis enim alioquin verum sit venditorem hactenus teneri, ut rem emptori habere liceat, non etiam ut eius faciat, quia tamen dolum malum abesse praestare debeat, teneri eum qui sciens alienam, non suam vendidit: id est maxime si manumissuro vel pignori daturo vendiderit.* V. ARANGIO-RUIZ, *La compravendita*, cit., 176, nt. 1, tende a limitare l'efficacia probatoria del testo al caso specifico in cui il venditore dolosamente tace della sua condizione di *non dominus*, inducendo in errore il compratore; l'*actio empti* non avrebbe invece trovato applicazione nell'ipotesi in cui il venditore si astenesse dal compiere l'atto traslativo del *dominium*, in quanto ciò non era richiesto dall'ordinamento.

[40] Cfr. F. GALLO, *Il principio*, cit., *passim*.

D. 19.1.31.2 (Ner. 3 *membr.*): *Uterque nostrum eandem rem emit a non domino, cum emptio venditioque sine dolo malo fieret, traditaque est: sive ab eodem emimus sive ab alio atque alio, is ex nobis tuendus est, qui prior ius eius adprehendit, hoc est cui primum tradita est. si alter ex nobis a domino emisset, is omnimodo tuendus est.*

D. 6.2.9.4 (Ulp. 16 *ad ed.*): *Si duobus quis separatim vendiderit bona fide ementibus, videamus quis magis Publiciana uti possit, utrum is cui priori res tradita est an is qui tantum emit. et Iulianus libro septimo digestorum scripsit, ut, si quidem ab eodem non domino emerint, potior sit cui priori res tradita est, quod si a diversis non dominis, melior causa sit possidentis quam petentis. quae sententia vera est.*

Per il caso di due acquirenti, entrambi *a non domino*, le soluzioni di Nerazio e di Giuliano sembrano almeno in parte differenti[41].

Infatti, secondo Nerazio se la medesima cosa viene venduta *a non domino* e *tradita* a due diversi acquirenti di buona fede, prevale sempre colui al quale per primo è stata fatta la *traditio*: ciò sia se entrambi hanno acquistato dal medesimo venditore, sia se hanno acquistato da due venditori differenti, nessuno dei quali però era *dominus*. Se invece uno dei due ha acquistato *a non domino*, e l'altro *a domino*, deve prevalere quest'ultimo, anche se la *traditio* è successiva. Il testo di Nerazio non parla dell'*actio Publiciana*, ma, come è dimostrato anche dal testo di Ulpiano, è proprio la considerazione del regime di questa azione che sta alla base della soluzione del giurista. Posto che ai fini della *Publiciana* la fattispecie si perfeziona solo con la *traditio*, «*qui prior ius eius adprehendit*» non può essere altri – dice espressamente Nerazio – che colui al quale per primo si è fatta la *traditio*: infatti da quel momento l'acquisto sarà opponibile a tutti i terzi, compreso eventualmente colui che, pur avendo compiuto prima il contratto di compravendita, solo successivamente abbia acquistato il possesso del bene: ed è evidente che in quest'ottica è del tutto irrilevante che quest'ultimo abbia ricevuto la cosa dallo stesso *non dominus* che l'ha venduta e *tradita* al primo, o da uno diverso. Nel caso invece vi sia un acquirente *a domino*, il suo titolo prevale sempre, anche se eventualmente abbia acquistato il possesso in un momento successivo rispetto all'acquirente di buona fede *a non domino*; anche in questo caso la *ratio* della soluzione di Nerazio è chiara: la tutela del titolo dell'acquirente di buona fede si ferma di fronte al *dominus*

[41] Per la letteratura su questi testi cfr. P. APATHY, *Die 'actio Publiciana'*, cit., 158 ss.

*ex iure Quiritium*, rispetto al quale il contratto di compravendita è comunque *res inter alios acta*; di conseguenza il titolo *a non domino* non può essere opposto neanche agli aventi causa dal *dominus*.

Il testo di Ulpiano prospetta il caso in cui il medesimo *non dominus* venda separatamente la stessa cosa a due diversi compratori, entrambi in buona fede, e il giurista si chiede se la *Publiciana* competa comunque a colui al quale per primo è stata fatta la *traditio*, o se debba essere concessa in via prevalente a colui che per primo ha compiuto la compravendita (e che abbia acquistato il possesso in un momento successivo: diversamente non potrebbe in nessun caso utilizzare la *Publiciana*[42]): la soluzione di Giuliano, con la quale Ulpiano concorda, coincide con quella di Nerazio solo per l'ipotesi in cui gli acquirenti vantino il titolo dal medesimo *non dominus*: infatti questi, al momento della *traditio* ad uno qualunque dei due compratori, perde definitivamente la disponibilità patrimoniale del bene, ed anche se dovesse successivamente riacquistarne il possesso non può più trasferire validamente l'"*in bonis*" al secondo compratore. Viceversa, se i due compratori hanno acquistato da due diversi danti causa, prevale comunque il possessore attuale su colui che esperisce la *Publiciana*, in quanto può eccepire all'attore un titolo altrettanto forte[43], in relazione al quale la causa di acquisto del vendicante non ha alcuna interferenza. In realtà, quindi, il ragionamento di Giuliano appare giustamente correttivo di quello di Nerazio, che non distingueva, come si è visto, fra l'ipotesi di acquisto dal medesimo *non dominus* e l'ipotesi di acquisto da diversi *non domini*.

Giuliano spinge il rigore del suo ragionamento più oltre, fino a far prevalere l'acquisto *a non domino* di un primo acquirente sull'acquisto da parte di un terzo dallo stesso venditore, divenuto nel frattempo *dominus*.

Questo parere di Giuliano è riportato e recepito sia da Pomponio sia da Ulpiano:

---

[42] D. 6.2.7.16 (Ulp. 16 *ad ed.*): *Ut igitur Publiciana competat, haec debent concurrere, ut et bona fide quis emerit, et ei res empta eo nomine tradita sit: ceterum ante traditionem, quamvis bonae fidei quis emptor sit, experiri Publiciana non poterit*. In D. 6.2.9.4 si deve pertanto accettare la correzione «*quis magis Publiciana uti possit, utrum is cui priori res tradita est an is qui prior emit*» senza la quale il testo è privo di senso. Cfr. M. KASER, *'In bonis esse'*, cit., 188 ss.

[43] Si deve pensare cioè ad una *exceptio in factum* in cui si oppone la finzione di una usucapione uguale, sempre *ex iusta causa*: CH. APPLETON, *Propriété pretorienne*, II, cit., 11 ss.; M. KASER, *'In bonis esse'*, cit., 190, nt. 58.

D. 21.3.2 (Pomp. 2 *ex Plaut.*): *Si a Titio fundum emeris qui Sempronii erat isque tibi traditus fuerit, pretio autem soluto Titius Sempronio extiterit et eundem fundum Maevio vendiderit et tradiderit: Iulianus ait aequius esse priorem te tueri, quia et si ipse Titium eum possideres, Publiciana peteres.*

D. 44.4.4.32 (Ulp. 76 *ad ed.*): *Si a Titio fundum emeris qui Sempronii erat isque tibi traditus fuerit pretio soluto, deinde Titius Sempronio heres extiterit et eundem fundum Maevio vendiderit et tradiderit: Iulianus ait aequius esse praetorem te tueri, quia et si ipse Titius fundum a te peteret, exceptione in factum comparata vel doli mali summoveretur et, si ipse eum possideret et Publiciana peteres, adversus excipientem 'si suus non esset' replicatione utereris, ac per hoc intellegeretur eum fundum rursum vendidisse, quem in bonis non haberet*[44].

La versione del responso di Giuliano appare più completa nel testo di Ulpiano. A parte la ovvia correzione di '*priorem*' in '*praetorem*', nella lezione di D. 44.4.4.32 viene esplicato il meccanismo della tutela pretoria nei confronti del compratore di buona fede, sia mediante l'*actio Publiciana*, sia mediante anche le eccezioni e repliche, nell'ipotesi in cui il compratore di buona fede sia possessore attuale. Il caso è semplice: Caio compra da Tizio un fondo che era invece di Sempronio; il fondo viene tradito ed il prezzo pagato. Successivamente lo stesso Tizio, divenuto proprietario del bene in quanto erede di Sempronio, vende il medesimo fondo a Mevio, immettendolo nel possesso. A rigore quindi Caio ha acquistato *a non domino*, mentre Mevio ha acquistato – successivamente – *a domino*. Ciò nonostante, dice Giuliano, il pretore deve dare la prevalenza all'acquisto di Caio, dato che con la seconda vendita Tizio ha trasferito un bene di cui non aveva più l'*in bonis*, poiché l'aveva già venduto e trasferito prima.

Quindi, nell'ipotesi in cui Caio, non avendo più il possesso, intenti la *Publiciana* verso Mevio, sarà vittorioso, poiché all'eccezione di Mevio circa

[44] Una versione abbreviata dello stesso caso e dello stesso responso di Giuliano è data da Ulpiano anche nel commentario all'editto Publiciano (cfr. O. Lenel, *'Palingenesia'*, II, cit., Ulp. 564); D. 6.1.72 (Ulp. 16 *ad ed.*): *Si a Titio fundum emeris Sempronii et tibi traditus sit pretio soluto, deinde Titius Sempronio heres extiterit et eundem alii vendiderit et tradiderit, aequius est ut tu potior sis. nam et si ipse venditor eam rem a te peteret, exceptione eum summoveres. sed et is ipse possideret et tu peteres, adversus exceptionem dominii replicatione utereris.*

la provenienza del suo titolo *a domino*[45] sarà opponibile la stessa *replicatio doli* o *in factum* che avrebbe paralizzato la pretesa del dante causa Tizio, in quanto quest'ultimo non poteva che trasferire la cosa con le stesse limitazioni alla disponibilità che si erano prodotte in capo a lui in seguito alla prima vendita. Per converso, nell'ipotesi in cui Mevio esperisca la *Publiciana* nei confronti di Caio possessore, sarà opponibile a lui la stessa *exceptio* che sarebbe stata opponibile a Tizio, suo dante causa[46].

Questi testi sollevano tuttavia un'altra questione particolare: Giuliano, ai fini dell'opponibilità del primo acquisto (*a non domino*) a quello successivo (*a domino*), richiede espressamente che il prezzo sia stato pagato.

Come è noto, la questione della rilevanza del pagamento del prezzo ai fini del passaggio della proprietà del bene nella compravendita è una delle più controverse nella dottrina[47]. Questione diversa, ma collegata alla prima, è quella se il pagamento del prezzo sia necessario ai fini del procedere dell'*usucapio pro emptore* e della concessione dell'*actio Publiciana*.

Gaio ci dice solo che l'editto del pretore non prevedeva espressamente questo requisito, e che ciò avrebbe potuto avvalorare la congettura che ai fini della *Publiciana* non fosse richiesto che il prezzo fosse stato pagato:

---

[45] La dottrina quasi concorde sostituisce '*mancipaverit*' al '*tradiderit*' relativo alla seconda vendita: in questo modo il testo verrebbe a significare che nel conflitto fra il primo compratore divenuto proprietario bonitario ed il secondo, al quale il fondo sarebbe stato solo mancipato ma non tradito, dovrebbe prevalere il proprietario bonitario, che potrebbe opporre agli aventi causa dal *dominus* la stessa *exceptio rei venditae et traditae* che sarebbe stata opponibile al venditore. In questo modo sarebbe possibile eliminare la contraddizione con il principio che nel confronto fra due aventi causa, uno *a domino* ed uno *a non domino*, prevale sempre quello *a domino* (Cfr. P. APATHY, *'Actio Publiciana'*, cit., 176 ss. e letteratura ivi citata). V. COLORNI, *Per la storia della pubblicità immobiliare e mobiliare*, Milano, 1954, 95 ss., ritiene invece che non sia ipotizzabile che il conflitto fra 'proprietario bonitario' e '*dominus ex iure Quiritium*' si risolva con la vittoria del primo, in quanto in questo particolare caso non sarebbe opponibile all'avente causa a titolo particolare la stessa tutela opponibile al *dominus*. Il testo per altro è stato preso in considerazione particolarmente a proposito della rilevanza del pagamento del prezzo per il passaggio della proprietà o per la tutela mediante *Publiciana*. V. *infra*, nt. 47.

[46] E cioè l'*exceptio rei venditae et traditae*: D. 21.3.3.1 (Herm. 6 *iur. ep.*): *Pari ratione venditoris etiam successoribus nocebit, sive in universum ius sive in eam dumtaxat rem successerint.*

[47] Per una analisi critica della dottrina in materia cfr. V. ARANGIO-RUIZ, *La compravendita*, cit., 276 ss.; è tuttavia ormai pacifica la conclusione per cui il requisito del pagamento del prezzo ai fini del passaggio della proprietà, presente da tempo nella prassi provinciale, venne per la prima volta sancito per l'Occidente in una Novella del 451 di Valentiniano III: v. F. GALLO, *Il principio*, cit., 108 ss.

D. 6.2.8 (Gai. 7 *ad ed. prov.*): *De pretio vero soluto nihil exprimitur: unde potest coniectura capi, quasi nec sententia praetoris ea sit, ut requiratur, an solutum sit pretium.*

Tuttavia la stessa formulazione di Gaio manifesta chiaramente che il problema era per lo meno stato posto, anche se non è dato ricostruire a quale proposito. Possiamo in primo luogo rilevare che il dubbio sulla necessità del pagamento del prezzo ai fini della concessione della *Publiciana* può essere rilevante in una ottica parzialmente differente da quella generale della necessità di questo requisito per il passaggio di proprietà. L'*actio Publiciana* è sorta, come si è visto, a tutela del realizzarsi della *iusta causa* nella compravendita di buona fede, in una fattispecie di trasferimento mediante *traditio*.

Poiché l'attenzione dei giuristi è concentrata sulla tutela dell'*emptor*, può apparire naturale che in determinati casi la *causa* del diritto all'acquisto della proprietà sia identificata nell'avere lo stesso *emptor* già adempiuto alla sua prestazione, o comunque avere prestato adeguate garanzie in questo senso [48]. Ciò avviene non nelle ipotesi in cui l'*actio Publiciana* è accordata contro i terzi, estranei all'originale contratto, ma quando devono porsi a confronto le reciproche posizioni del venditore e del compratore [49]. È in questa ipotesi infatti che assume tutta la sua rilevanza la struttura sinallagmatica della *emptio venditio*, in cui il diritto a pretendere il trasferimento del bene è funzionalmente dipendente dal trasferimento del prezzo.

Se si tiene conto di questo elemento si spiega anche facilmente perché nei testi di Ulpiano e di Pomponio, in cui si accetta il parere di Giuliano circa il prevalere del primo acquirente sul secondo, anche se il primo acquisto era avvenuto *a non domino* ed il secondo *a domino*, si ponga sempre il requisito dell'avvenuto pagamento del prezzo da parte del primo acquirente. L'avvenuto pagamento del prezzo da parte dell'acquirente rafforza, per così dire, l'effetto traslativo della *traditio*, rendendola opponibile non solo al primo venditore, ma anche agli aventi causa da lui, sia pure in buona fede.

---

[48] Cfr. L. Lombardi, *Dalla 'fides'*, cit., 224, nt. 43.

[49] Uno spunto in questo senso si trova in G. Archi, *Il trasferimento della proprietà nella compravendita romana*, Padova, 1934, 142 ss.; si veda ivi per la letteratura meno recente.

7. *La nozione di 'duplex dominium' non rispecchia la finalità e gli effetti dell'introduzione dell''actio Publiciana', volta piuttosto a conciliare la struttura degli atti di trasferimento della proprietà con l'emergere della rilevanza della causa negoziale e dei principi che impongono la tutela della buona fede e dell'affidamento.*

A questo punto comincia ad intravedersi in che senso e con quali limiti debba intendersi l'affermazione per cui l'introduzione dell'*actio Publiciana* è in qualche modo espressione dell'avvicinamento fra la costruzione tutta giuridica della compravendita con effetti meramente obbligatori e l'idea per cui la compravendita è comunque un modo di trasferimento della proprietà[50], già indubbiamente sentito come operante nella prassi del diritto classico.

Da un lato, per tutto il periodo classico resta vigente la regola per cui il *dominium* delle *res mancipi* si acquista solo mediante *mancipatio, in iure cessio* o *usucapio*, e il *dominium* delle *res nec mancipi* mediante *traditio ex iusta causa*, in *iure cessio* o *usucapio*.

Per altro verso, però, l'introduzione dell'*actio Publiciana* è la risposta dei giuristi alla tendenza della prassi verso l'osmosi fra la compravendita-contratto consensuale con effetti meramente obbligatori e la compravendita traslativa della proprietà se accompagnata dalla *traditio* e dal pagamento del prezzo, analoga, quanto agli effetti, all'antica *mancipatio*, che pure sopravvive soprattutto con riguardo ai trasferimenti di immobili[51].

---

[50] Sulla evoluzione della compravendita consensuale da obbligatoria a traslativa del *dominium* cfr. A. BISCARDI, *Studi sulla legislazione del basso Impero. Diritti reali e possesso*, Roma, 1942; E. LEVY, *West Roman Vulgar Law: the Law of Property*, Philadelphia, 1951, 127 ss.; ID., *Weströmisches Vulgarrecht: das Obligationenrecht*, Weimar, 1956, 66 ss.; M. KASER, *Das römische Privatrecht*², II, München, 1975, 385 ss.; V. ARANGIO-RUIZ, *La compravendita*, cit., 180 ss.; F. GALLO, *Il principio*, cit., *passim*.

[51] Sulla base dei documenti negoziali pervenutici, sembra possibile ipotizzare che già nella prassi del periodo classico si delinei una differenza fra i modi di trasferimento delle cose immobili e delle cose mobili. Come abbiamo visto, per le *res mancipi* resta in vigore la *mancipatio*, che però tende a trasformarsi in un documento scritto in cui sono attestati gli elementi del negozio (si compie cioè una evoluzione analoga a quella della *stipulatio*). In ogni caso, mentre la redazione del documento perfeziona per gli immobili l'atto di trasferimento, indipendentemente dal trasferimento contestuale del possesso, per le cose mobili, *mancipi* o *nec mancipi*, il trasferimento si perfeziona mediante lo scambio contestuale del possesso della cosa e del prezzo. Cfr. F. GALLO, *Il principio*, cit., 45 ss. Da ciò sarebbe forse possibile dedurre che anche in età postclassico-giustinianea non si arrivi mai alla affermazione del valore traslativo del mero consenso, ma si richieda per le cose immobili l'atto scritto solenne, e per le cose mobili la *traditio* accompagnata dal pagamento del prezzo: Inst.

Con queste considerazioni potrebbe sembrare che ci siamo allontanati eccessivamente dalle prospettive usuali nelle quali viene esaminato tradizionalmente il problema del *duplex dominium* e della 'proprietà pretoria'; eppure io credo che proprio dai testi dei giuristi classici in tema di *actio Publiciana* siano emerse problematiche e soluzioni del tutto incompatibili con l'idea che i giuristi abbiano elaborato l'idea del possibile coesistere di due proprietari sul medesimo bene.

Nei testi che abbiamo letto non ci sono mai due proprietari del medesimo bene: c'è un venditore, che può essere *dominus* o non esserlo, e c'è un compratore di buona fede, e al quale la causa di acquisto del bene dà il diritto di opporre il suo titolo, che non è ancora un diritto di proprietà, ai terzi. Questo punto è inequivocabile.

Il problema che si pongono i giuristi non è quello di tutelare il diritto di un proprietario, sia pure tale solo secondo il *ius honorarium*, ma di tutelare un compratore, che secondo il *ius civile*, al quale il *ius honorarium* fornisce gli strumenti, ha il diritto di acquistare la proprietà. Sino a che punto può essere tutelato questo diritto, e nei confronti di chi? Le esigenze della prassi commerciale spingono nella direzione di riconoscere effetto traslativo della proprietà al trasferimento del bene accompagnato dal contestuale pagamento del prezzo, ma a ciò i giuristi romani classici non sono mai arrivati. Su questo la dottrina romanistica è concorde[52].

---

2.1.41: *Sed si quidem ex causa donationis aut dotis aut qualibet alia ex causa tradantur, sino dubio transferuntur: venditae vero et traditae non aliter emptori adquiruntur, quam si is venditori pretium solverit vel alio modo ei satisfecerit, veluti expromissore aut pignore dato. Quod cavetur quidem etiam lege duodecim tabularum: tamen recte dicitur et iure gentium, id est iure naturali, id effici. Sed si is qui vendidit fidem emptoris secutus fuerit, dicendum est statim rem emptoris fieri.*

[52] Né tantomeno sono arrivati a riconoscere un acquisto originario in capo a colui che acquista il possesso in buona fede, salva l'ipotesi della furtività del bene. Sembrerebbe infatti del tutto estraneo alla tradizione romana il principio sancito dall'art. 1153 cod. civ. secondo il quale «Colui al quale sono alienati beni mobili da parte di chi non ne è proprietario, ne acquista la proprietà mediante il possesso, purché sia in buona fede al momento della consegna e sussista un titolo idoneo al trasferimento della proprietà». Secondo L. Mengoni, *L'acquisto 'a non domino'*, Milano, 1949, 431 ss., in questo caso l'acquirente è tutelato non in quanto tale, ma in quanto possessore di buona fede e con giusto titolo: «In altri termini, non si tratta di un effetto negoziale dell'atto di disposizione, che è e rimane inefficace per difetto di legittimazione dell'alienante, bensì di un acquisto a titolo originario mediante il possesso, nei limiti della *iusta causa* e della *bona fides*»; quindi, mentre l'*actio Publiciana* è fondata sulla necessità di tutelare gli effetti della situazione di diritto che si è costituita in capo a chi ha la cosa *ex iusta causa*, ed in relazione alla quale la consegna del possesso costituisce solo un momento del negozio traslativo, l'art. 1153 cod. civ. sancisce una situazione in cui è il possesso il mezzo tecnico di acquisto, mentre la *iusta causa* rappresenta un limite

In realtà, come si è visto, l'*actio Publiciana*, ben lungi dal rispondere semplicisticamente all'esigenza di eliminare i formalismi del *ius civile* e di dare riconoscimento ai trasferimenti che si attuassero nella forma 'naturale' della mera consegna materiale[53], è il prodotto di una raffinata elaborazione tecnica, assolutamente coerente con gli istituti del *ius civile*, che anzi, in questo caso più che in altri, viene salvaguardato nelle sue strutture, sia pure coordinate con le nuove esigenze.

Nella costruzione giuridica romana la *iusta causa* costituita dalla compravendita consensuale non può essere che un titolo di acquisto relativo: ciò non nel senso che porti al costituirsi di una proprietà relativa, ma nel senso che la posizione giuridica che si crea in capo al compratore non può mai essere predeterminata in assoluto, ma discende dal concreto configurarsi dell'accordo fra le parti, di cui la buona fede costituisce elemento in-

dello stesso modo di acquisto. La diversa struttura di queste situazioni andrebbe ricercata sia nella genesi storica dell'art. 1153 cod. civ., ricollegata più alla 'gewere' germanica che alla tradizione romanistica, sia nella diversa struttura del contratto di compravendita, obbligatorio nel diritto romano, con effetti reali nel nostro diritto. In particolare, da questa diversa struttura deriverebbe: *a)* l'acquisto della cosa mobile *a non domino* ha effetti *erga omnes*, quindi anche nei confronti del precedente proprietario, rispetto al quale il negozio di alienazione sia '*res inter alios acta*' e anche nell'ipotesi in cui la cosa sia rubata o smarrita; *b)* la *iusta causa* va intesa dunque esclusivamente come *iusta causa possessionis*, con la funzione di giustificare il possesso nei confronti del solo dante causa (*non dominus*-possessore *a quo*); *c)* nell'ipotesi di successivi atti di alienazione di un bene mobile, colui che acquista il possesso della cosa per primo, anche se in base ad un titolo successivo, è preferito agli altri (art. 1155 cod. civ.), ma acquista *a non domino*, in quanto il proprietario alienante ha perduto la disponibilità della cosa al momento della prima vendita. Le stesse osservazioni devono farsi per i casi di usucapione abbreviata, disciplinata dall'art. 1159 cod. civ., in relazione alla quale però, trattandosi di beni immobili, la norma va coordinata con i principi che regolano gli effetti della trascrizione. Sarebbe tuttavia necessario ricostruire più compiutamente le vicende storiche e dottrinarie che hanno portato alla formulazione di questi articoli del codice civile, soprattutto al fine di verificare se effettivamente la *causa adquirendi* sia oggi concepita sempre come un negozio giuridico ad effetti reali, di cui non fa parte la consegna della cosa, o se invece, in alcuni casi, la spiegazione di alcune norme potrebbe apparire più coerente ammettendo il sopravvivere della compravendita obbligatoria, *iusta causa* di acquisizione della proprietà al momento in cui venga trasferito il possesso.

[53] Potrebbe semmai apparire più vicina a questa funzione l'introduzione nell'editto dell'*exceptio rei venditae et traditae*, che nell'ambito di applicazione originario ha solo la finalità di rendere inutile la *rei vindicatio* del *dominus*, che abbia venduto e consegnato una *res mancipi* di sua proprietà, e quindi regola esclusivamente i rapporti fra proprietario venditore e acquirente. Il regime di applicazione dell'*actio Publiciana*, almeno nella sua configurazione classica, quale la conosciamo dal commentario dei giuristi, si rivolge invece a tutelare il 'titolo' di acquisto nei confronti di tutti i terzi, anche estranei alla originaria fattispecie acquisitiva, e anche nell'ipotesi in cui il venditore non fosse *dominus*: ciò pone ovviamente dei problemi differenti e ben più complessi.

tegrante. La casistica esaminata dai giuristi tende appunto a tipizzare i casi in cui la posizione giuridica del compratore deve essere tutelata *erga omnes*, e quindi anche nei confronti del venditore proprietario o divenuto tale e dei suoi aventi causa, ovvero nei confronti del solo venditore non proprietario e degli aventi causa da lui e da altri venditori *non domini*. La riflessione su questi problemi si svolge, come è evidente, su un piano del tutto diverso rispetto a quello di una definizione del *dominium* e dei poteri di disposizione inerenti al diritto di proprietà.

L'unico caso in cui alla giurisprudenza si propone il problema di determinare il contenuto del diritto in capo a colui che ha acquistato una *res mancipi* mediante la semplice *traditio* è il caso dello schiavo.

Colui, che ha lo schiavo *in bonis*, per suo tramite acquista *ex omnibus causis*, mentre in nessun caso gli acquisti vanno a vantaggio del *dominus ex iure Quiritium*[54]; così colui, che ha l'*in bonis*, può manomettere lo schiavo, rendendolo latino ma non cittadino romano[55]; ma il *dominus*, che non l'abbia *in bonis*, non può manometterlo rendendolo cittadino romano se prima non vi è stata la manomissione di colui che l'ha *in bonis*[56].

Non è dato sapere come e in che epoca si siano formate queste regole. Certo è, tuttavia, che in questo caso il *dominus ex iure Quiritium* è in concreto solo un *nudus dominus*, mentre colui, che ha lo schiavo *in bonis*, ha su di lui un potere il cui contenuto non è molto dissimile dalla proprietà – anche se proprietà non è – e che è indubbiamente differente da quello di un possessore di buona fede[57].

---

[54] Gai 2.88: *Dum tamen sciamus, si alterius in bonis sit servus, alterius ex iure Quiritium, ex omnibus causis ei soli per eum adquiri, cuius in bonis est.*

[55] Tit. Ulp. 1.16: *Qui tantum in bonis non etiam ex iure Quiritium servum habet, manumittendo Latinum facit*.

[56] Gai 1.35: *Cum autem et in bonis et ex iure Quiritium sit, manumissus, ab eodem scilicet, et Latinus fieri potest et ius Quiritium consequi*; Frag. Dosith. 9: *Sed et illud observandum ut is qui manumittitur in bonis manumittentis sit; et ideo si tantum ex iure Quiritium sit manumittentis non erit Latinus: necesse est ergo servum non tantum ex iure Quiritium, sed etiam in bonis esse manumittentis*.

[57] Il possessore di buona fede infatti può acquistare tramite il servo solo '*ex re sua*' o '*ex operis eius*': in tutti gli altri casi gli acquisti vanno in capo al *dominus*: Gai 2.92: ... *Quod enim placuit de usufructuario, idem probatur etiam de bonae fidei possessore. Itaque quod extra duas causas adquiritur, id vel ad ipsum pertinet, si liber est, vel ad dominum, si servus est*. Questo rilievo sembra sufficiente ad escludere che lo schiavo *in bonis*, di cui Gaio parlava nel § 2.88, possa essere considerato sullo stesso piano di quello che egli indica come oggetto di *possessio bonae fidei* in questi paragrafi: *contra* B. ALBANESE, *Le situazioni possessorie*, cit., 116, per il quale «Sembra certo che il *bonae fidei possessor* di cui Gaio parla per il secondo caso sia soggetto identico a quello di cui Gaio stesso aveva parlato per il primo caso, desi-

Non può allora meravigliare che sotto questo profilo Gaio parli di un *duplex dominium*, o più propriamente di un *dominium divisum*[58]: queste affermazioni non hanno un valore dogmatico generale; nella forma semplificante e riduttiva che gli è propria, il giurista si limita a rilevare che non sempre la potestà sullo schiavo e gli effetti che ne derivano sono inscindibilmente connessi al *dominium ex iure Quiritium*: può avvenire infatti che «*alius possit esse ex iure Quiritium dominus, alius in bonis habere*»: e ciò quando una *res mancipi* sia stata non trasferita mediante *mancipatio* o *in iure cessio*, ma solo *tradita*.

Con questo rilievo siamo apparentemente tornati a quello che era il punto di partenza delle nostre considerazioni: colui al quale viene venduta e *tradita* una *res mancipi* ha la cosa *in bonis*, ed ha una difesa passiva nei confronti del *dominus ex iure Quiritium* con la *exceptio rei venditae et traditae*, nonché una difesa attiva nei confronti di tutti i terzi con l'*actio Publiciana*. Se si tratta di uno schiavo egli acquista per suo tramite, e può manometterlo, sia pure con effetti più limitati rispetto al caso in cui sia *dominus ex iure Quiritium*.

È facile ora concludere che la portata di queste affermazioni è ben più limitata della affermazione di un doppio diritto di proprietà. Nulla osta quindi a concludere nel senso che l'introduzione dell'*actio Publiciana* prima, e l'interpretazione che su di essa si svolge da parte dei giuristi, poi, non aveva la finalità di proteggere un 'proprietario pretorio', creando un duplicato della *rei vindicatio*, ma aveva di mira il realizzarsi di effetti traslativi o comunque acquisitivi del dominio, conformemente alle *causae* tipizzate dall'ordinamento giuridico.

---

gnandolo con la terminologia dell'*in bonis esse*; sicché per Gaio ogni *bonae fidei possessor* è o può essere (ovviamente, se sussistano i requisiti specifici del possesso *ad usucapionem*) titolare dell'*in bonis habere*».

[58] In Gai 1.54, come si è visto, il giurista tratta del *dominium duplex* nell'ambito di una precisazione relativa alla circostanza che in genere i servi sono in potestà dei loro *domini*; nel caso specifico dello schiavo acquistato solo mediante *traditio* (come si deduce dal confronto con Gai 2.40-41) avviene invece che il *dominus ex iure Quiritium* non abbia la potestà sullo schiavo, che compete invece a colui che lo ha *in bonis*: si avrebbe quindi uno sdoppiamento del potere sullo schiavo. Ancora più generiche sono le osservazioni di Gaio sul *dominium divisum* a proposito degli effetti della *traditio* di *res mancipi* nei §§ 2.40-41, in cui afferma che una volta presso i Romani o uno era *dominus ex iure Quiritiium* o non lo era affatto, mentre nella sua epoca può avvenire che persone diverse abbiano l'*in bonis* ed il *dominium*, cosicché colui che ha l'*in bonis* diviene proprietario '*pleno iure*' solo una volta che ha usucapito. Il che significa, però, ancora una volta, che colui che ha l'*in bonis* non è proprietario '*pleno iure*', cioè non è proprietario.

Capitolo Secondo

# OSSERVAZIONI IN TEMA DI *ACTIO PUBLICIANA* E ACQUISTO *A NON DOMINO**

Sommario: 1. Il problema dell'acquisto *a non domino* fra tradizione romanistica e dottrina civilistica moderna: considerazioni introduttive. – 2. La *traditio ex iusta causa a non domino*, l'*actio Publiciana* e il divieto di usucabilità delle *res furtivae*: Gai 2.43-44 e Gai 2.49-51. – 3. L'acquisto *a non domino* e l'*actio Publiciana* nella *interpretatio prudentium*: in particolare il problema della rilevanza della buona fede nell'acquisto del possesso *ex causa emptionis*. Ulp. D. 6.2.7.11 e D. 41.3.10 pr.; Pomp. D. 41.7.5. – 4. Doppia vendita e *actio Publiciana*; alcune soluzioni giurisprudenziali sulla opponibilità del titolo *ex causa emptionis* nell'acquisto *a domino* e nell'acquisto *a non domino*: Ulp. D. 6.2.9.4; Ner. D. 19.1.31.2; Pomp. D. 21.3.2; Ulp. D. 44.4.4.32. – 5. La reintroduzione della *Publiciana* nella compilazione giustinianea è da giustificare in funzione della tutela del possessore di buona fede e *ex iusta causa* di cose mobili: Inst. 2.6 pr. e Inst. 4.6.4.

## 1. *Il problema dell'acquisto 'a non domino' fra tradizione romanistica e dottrina civilistica moderna: considerazioni introduttive.*

La fattispecie dell'acquisto *a non domino*, riferita al caso di alienazione di un bene dal non proprietario, o da chi comunque non sia legittimato, ha presentato e presenta in tutti gli ordinamenti problematiche di difficile soluzione, in quanto l'ammissione di tale acquisto appare derogativa al principio generale secondo cui l'acquisto deve sempre dipendere dal rapporto col precedente titolare e da questo rapporto essere qualificato in base al principio 'romanistico' «*nemo plus iuris transferre potest quam ipse habet*»[1]. La soluzione degli effetti del trasferimento *a non domino* deve risolvere il problema del conflitto degli interessi del proprietario, terzo rispetto al negozio di trasferimento, e di colui che in buona fede acquista il possesso. Va

* Il saggio è in corso di stampa negli *Scritti in onore di Alessandro Corbino*.

[1] Cfr. D. 50.17.54 (Ulp. 46 *ad ed.*); D. 41.1.20 pr. (Ulp. 29 *ad Sab.*).

rilevato che presupposto della tutela dell'acquirente *a non domino* è infatti che egli acquisti il bene mediante 'trasferimento' del possesso. Il conflitto, che deve essere risolto, è quindi sempre fra il titolare del diritto e il possessore[2].

La tutela del possessore può considerarsi ispirata, per un verso, alla *ratio* della certezza delle situazioni di appartenenza, per altro verso, alla *ratio* della 'sicurezza dei traffici commerciali', e alla tutela dell'affidamento[3], *ratio* che tuttavia può giustificare una tutela più o meno ampia a seconda delle tradizioni giuridiche, delle circostanze economico-sociali in cui prevale l'uno o l'altro interesse, ed infine della natura dei beni[4].

---

[2] La fattispecie viene collocata dalla dottrina civilistica moderna nell'ambito della disciplina della circolazione dei beni, ed ha sullo sfondo, per un verso, la disciplina dei contratti, per altro verso, le fattispecie dell'acquisto dei diritti mediante il possesso; cfr., in particolare, A. GAMBARO, *Il diritto di proprietà*, in *Trattato di diritto civile e commerciale*, diretto da A. Cicu e F. Messineo, continuato da L. Mengoni, Milano, 1995, 693 ss. e letteratura ivi citata; secondo l'autore «il problema può essere risolto in base ai seguenti schemi fondamentali: il primo corrisponde grosso modo alla soluzione romana e consente sempre la rivendicazione del proprietario, squalificando di conseguenza giuridica tutti gli acquisti *a non domino*; il secondo corrisponde ad una soluzione intermedia che distingue tra perdite della detenzione involontaria e volontaria; il terzo elimina questa distinzione e protegge gli acquirenti equiparando ai fini dell'effetto traslativo il loro possesso di buona fede alla proprietà del *tradens*». Cfr. anche A. GAMBARO, *La proprietà*, in *Trattato di diritto privato*, a cura di G. Iudica e P. Zatti, Milano, 1990, specialmente 319 ss.

[3] La *ratio* dell'ammissione dell'acquisto della proprietà *a non domino* mediante l'acquisto del possesso può considerarsi la stessa che giustifica l'acquisto per usucapione, che, come ho avuto occasione di rilevare [L. VACCA, voce *Usucapione (dir. rom.)*, in *Enc. dir.*, XLV, Milano, 1992, 989 ss.; in questo volume, cap. IV], si attua necessariamente in un potenziale conflitto fra le ragioni del proprietario, che per effetto dell'acquisto si vede privato del suo diritto – in alcuni casi contro la sua volontà, o comunque indipendentemente da essa – e le ragioni del possessore, che si trova in una situazione di fatto ritenuta giuridicamente degna di tutela, o perché semplicemente consolidatasi nel tempo con l'inerzia del proprietario, o perché derivante da un rapporto giuridico 'imperfetto' con il precedente proprietario o con un terzo, ma comunque qualificato da una 'causa negoziale' di per sé astrattamente idonea a 'giustificare' l'acquisto della proprietà.

[4] L. MENGONI, *Gli acquisti 'a non domino'*[3], Milano, 1994, 33 ss. (v. anche ID., voce *Acquisto 'a non domino'*, in *Dig. disc. priv. - Sez. civ.*, Torino, 1987, con ampia bibliografia); l'Autore, che costituisce il punto di riferimento fondamentale nelle trattazioni civilistiche in materia di acquisto *a non domino*, si sofferma in un'attenta trattazione dello sviluppo storico (a partire dal diritto romano) della regola sancita nel nostro codice agli artt. 1153 ss., individuando l'origine di questo articolo nel codice napoleonico (art. 2279), che fu, come è noto, il modello del codice italiano del 1865. Tuttavia, sottolinea l'autore, il legislatore italiano del 1942 ha delimitato con maggiore rigore la portata della regola dal punto di vista del requisito soggettivo della buona fede e della necessità di dimostrare un titolo a fondamento del suo possesso. L'art. 1153 cod. civ. ha soppresso, peraltro, l'eccezione relativa alle cose rubate o

Scrive Luigi Mengoni che «nella circolazione dei diritti reali la soluzione del conflitto fra il titolare e l'interesse del terzo acquirente di buona fede è collegata a due criteri, il primo dei quali decide sul 'se' della tutela del terzo, il secondo sul 'quanto' (sull'intensità) della tutela». Il primo criterio, secondo lo stesso autore, è costituito dalla circolazione fisica della cosa, oggetto del diritto alienato. Fino a quando l'atto di alienazione non sia seguito dal trasferimento materiale prevale l'interesse del titolare alla conservazione del diritto. Secondo lo stesso autore, le esigenze di equilibrio fra l'interesse del proprietario e l'interesse del terzo possessore sarebbero state tutelate più coerentemente nell'ordinamento romano, in cui l'acquisto del terzo fu subordinato a condizioni molto più rigorose di quanto avvenga nel nostro codice civile agli artt. 1153 ss.[5]; infatti, considerato che per le cose mobili si mantenne il divieto di usucapione delle *res furtivae*, definito alla stregua di un concetto molto ampio di furto, comprendente l'appropriazione indebita, il possessore acquirente *a non domino* poteva diventare proprietario solo in fattispecie particolari e solo mediante usucapione[6].

Rileva Antonio Gambaro[7] che «È frequente che nell'affrontare il problema dell'acquisto *a non domino* la dottrina (civilistica) faccia riferimento

---

smarrite come contraria alle esigenze di una larga e fiduciosa circolazione delle cose mobili, senza tradurre però questa esigenza in una normativa coerente.

[5] Art. 1153 cod. civ. 'Effetti dell'acquisto del possesso': «Colui al quale sono alienati beni mobili da parte di chi non ne è proprietario, ne acquista la proprietà mediante il possesso, purché sia in buona fede al momento della consegna e sussista un titolo idoneo al trasferimento della proprietà. La proprietà si acquista libera da diritti altrui sulla cosa, se questi non risultano dal titolo e vi è la buona fede dell'acquirente. Nello stesso modo si acquistano i diritti di usufrutto, di uso e di pegno». Art.1154 cod. civ. 'Conoscenza dell'illegittima provenienza della cosa': «A colui che ha acquistato conoscendo l'illegittima provenienza della cosa, non giova l'erronea credenza che il suo autore o un precedente possessore ne sia divenuto proprietario».

[6] Secondo L. MENGONI, *Gli acquisti*, cit., 88, l'esigenza della circolazione dovrebbe concernere solo i beni in cui vi è un interesse collettivo alla sicurezza della circolazione e cioè: *a*) le cose per loro natura destinate alla circolazione quali il denaro e i titoli di credito; *b*) le merci, cioè le cose mobili fungibili, che formano oggetto di attività di scambio caratterizzata dalla professionalità della vendita. Le altre ipotesi, in cui con l'interesse del proprietario entra in conflitto solo l'interesse individuale dell'acquirente di buona fede, dovrebbero essere valutate secondo un criterio di giustizia distributiva, con la quale non si concilia la soluzione che spoglia il proprietario del suo diritto per il solo fatto della buona fede del terzo. Il Mengoni ritiene quindi che l'art. 1153 cod. civ. dovrebbe essere valutato nella sua applicazione alla stregua di criteri che permettano di distinguere le situazioni in cui il possesso materiale della cosa non è di per sé idoneo a costituire una situazione di titolarità apparente, ma deve essere accompagnato dalla valutazione di altre circostanze.

[7] A. GAMBARO, *Il diritto di proprietà*, cit., 704.

all'esperienza giuridica romana. Ciò è spiegabile con il dato per cui sembra che in quella esperienza sia stato sempre rigorosamente osservato il principio «*nemo plus iuris transferre potest quam ipse habet*», con la conseguenza che i trasferimenti *a non domino* erano giuridicamente inesistenti. Non è raro quindi che le rievocazioni moderne di quel sistema si tingano con i colori della nostalgia verso un modello giuridico capace di rispettare a livello normativo un assioma apparentemente così logico»[8]. Vi sarebbe infatti una netta contrapposizione fra il modello romano classico, che privilegiava la posizione del proprietario, e le soluzioni adottate dai vari ordinamenti moderni[9], che, limitando la nozione di furto, proteggono più ampiamente chi abbia acquistato un bene mobile da colui al quale era stato affidato dalle eventuali azioni reipersecutorie dello spogliato[10].

Queste osservazioni evidenziano la opportunità di indagare sulle soluzioni romane in materia di acquisto *a non domino* nella prospettiva del regime della circolazione dei beni, nel tentativo di meglio intendere la disciplina di questa fattispecie nel 'sistema' del diritto classico, sistema peraltro alterato nella rappresentazione del *Corpus Iuris*, a seguito della eliminazione nella riforma giustinianea della distinzione fra *dominium* e *in bonis*, e, correlativamente, dei modi di acquisto e trasferimento delle diverse situazioni di 'appartenenza'[11].

---

[8] Il riferimento è, in particolare, a C. ARGIROFFI, *Del possesso di buona fede di beni mobili*, sub artt. 1153-1157, in *Il Codice civile commentato*, diretto da P. Schlesinger, Milano, 1988, in specialmente 148 ss.

[9] Per una panoramica delle diverse soluzioni adottate negli ordinamenti moderni v. da ultimo M.S. CENINI, *Gli acquisti 'a non domino'*, Milano, 2009.

[10] A. GAMBARO, *Il diritto di proprietà*, cit., 712, sottolinea che secondo la tradizione dottrinaria le soluzioni alternative alla regola romanistica, pur nella loro varietà, si muoverebbero tutte sotto le insegne della tutela della sicurezza del commercio. Secondo l'autore però lo scopo della regola dell'art. 1153 cod. civ. «non è altro che un modo di conformare la proprietà al fine di conferirle il valore più elevato nell'interesse dei proprietari medesimi». «Così ad esempio si deve sottolineare che la *ratio* del sistema viene salvaguardata solo se si estende la protezione dell'acquirente *a non domino* a tutti i rimedi che il vero proprietario può esperire a tutela del suo diritto». L'autore mette peraltro in evidenza che la *ratio* e la coerenza del sistema non può essere considerata esclusivamente sotto il profilo della esenzione del possessore *a non domino* dalla rivendica del proprietario, ma si debba tenere in considerazione anche l'esperibilità da parte dell'acquirente di rimedi a tutela della sua situazione possessoria.

[11] Questa ricostruzione è complicata dalla circostanza che il 'sistema romano classico' può essere stato in qualche modo oscurato dal 'sistema giustinianeo', in cui la particolare 'situazione possessoria' derivante dall'esperibilità dell'*actio Publiciana* risultava incongrua, dopo la riforma di Giustiniano, volta per un verso ad eliminare la dualità fra *dominium* e *in*

Credo che la soluzione che la dottrina civilistica attribuisce all'esperienza giuridica romana sia più complessa e articolata di quanto possa sembrare se ci si limita allo schema secondo cui in questo ordinamento il trasferimento *a non domino*, non potendo produrre effetti traslativi della proprietà in base al principio «*nemo plus iuris transferre potest quam ipse habet*», poteva solo trasferire all'acquirente di buona fede il possesso *ad usucapionem*, non tutelato con azione reipersecutoria, e limitatamente ai pochi casi 'speciali' in cui l'alienazione di un bene mobile *a non domino* non costituiva furto, o l'acquisto del possesso dell'immobile avveniva *nec vi nec clam nec precario*.

Nelle osservazioni che seguono non intendo ovviamente proporre una 'comparazione diacronica' fra il modello romano e il modello civilistico attuale, in particolare italiano, della regolamentazione del conflitto fra il proprietario e il possessore per acquisto *a non domino*, ma cercherò di porre in evidenza che anche nell'ambito del diritto romano classico è possibile rinvenire soluzioni – normative e giurisprudenziali – tese ad assicurare l'equilibrio fra l'esigenza di tutelare il *dominus*, che venisse contro la sua volontà spogliato del bene, e l'esigenza di dare sicurezza al traffico commerciale, tutelando l'acquisto di colui che avesse acquistato il possesso del bene con

---

*bonis,* per altro verso a modificare l'ambito di applicazione ed i requisiti dell'*usucapio* e della *longi temporis praescriptio.* Secondo C.A. CANNATA, *Materiali per un corso di fondamenti del diritto europeo*, I, Torino, 2005, 131 ss., Giustiniano «fece un autentico pasticcio» nel momento in cui, avendo unificato in un'unica nozione di *dominium* la proprietà *ex iure Quiritium* e l'*in bonis*, eliminando anche la differenza fra *mancipatio* e *traditio*, e unificato il trasferimento mediante *traditio*, «la prima cosa da fare era quella di abolire l'*actio Publiciana* ed accordare sempre e solo la *rei vindicatio* a tutti i *domini* che la riforma riconosceva come tali. Ciò significava in sostanza riconoscere la *traditio ex iusta causa* come modo di acquisto della proprietà in ogni caso, anche se fosse stata eseguita, purché in favore di accipiente di buona fede, dal non proprietario». In realtà, come vedremo, nel 'sistema giustinianeo', anche se teoricamente si afferma l'unicità del *dominium*, si prende atto nel contempo della forte rilevanza socio-economica delle situazioni possessorie proprie del mondo postclassico, e si tenta di disciplinare il rapporto fra proprietario e possessore mediante la dettagliata regolamentazione dell'acquisto *a non domino* per usucapione delle cose mobili e con la *longi temporis praescriptio* degli immobili. La protezione del possessore *a non domino* nel primo caso avviene mediante il recupero dell'*actio Publiciana*, nel secondo con articolata previsione dei requisiti di titolo, buona fede del momento di acquisizione del possesso, con differenziazione del tempo richiesto ai fini della protezione processuale sia nei confronti dei terzi sia nei confronti dello stesso *dominus.* Su ciò v. già L. VACCA, *La riforma di Giustiniano in materia di 'usucapio' e 'longi temporis praescriptio' fra concezioni dommatiche classiche e prassi postclassica*, in *BIDR*, XXXV-XXXVI, 1998, 147 ss. [in questo volume, cap. VIII] e ancora *infra*.

la convinzione, giustificata dalla presenza della *iusta causa*, di avere il diritto di disporne come proprio [12].

Nella rappresentazione del 'sistema romanistico', come sistema in cui «i trasferimenti *a non domino* erano giuridicamente inesistenti» [13], infatti, manca completamente la considerazione dell'impatto che nell'evoluzione del 'sistema di circolazione dei beni' ebbe l'introduzione dell'*actio Publiciana*, che, pur salvaguardando la tutela del proprietario nel caso di *res furtiva* o *vi possessa*, introdusse un'azione reale esperibile *erga omnes* fino al compiersi dell'*usucapio* a favore di chi avesse acquistato il possesso in buona fede e *ex iusta causa.*

## 2. *La 'traditio ex iusta causa a non domino', l''actio Publiciana' ed il divieto di usucabilità delle 'res furtivae': Gai 2.43-44 e Gai 2.49-51.*

Va rilevato che la dottrina romanistica, mentre ha dedicato largo spazio all'analisi dell'ambito di applicazione dell'*actio Publiciana* nell'ipotesi di trasferimento *a domino* di *res mancipi* mediante *traditio*, minore attenzione ha in genere dedicato alla clausola relativa all'acquisto *a non domino.* Si può notare infatti che la *ratio* e gli effetti dell'introduzione di questa azione nell'ambito dell'ordinamento romano sono stati tradizionalmente esaminati sotto il profilo delle 'situazioni di appartenenza' [14], considerate nel loro assetto statico, e non invece sotto il profilo degli effetti degli atti di trasferimento. In altra sede ho tentato di dimostrare che l'*actio Publiciana* fu introdotta non con la funzione di duplicare le 'situazioni proprietarie' ma

[12] Si può forse ritenere che proprio il particolare regime dell'acquisto *a non domino* introdotto nell'esperienza giuridica romana con l'*actio Publiciana* costuisca la 'radice' del principio – in qualche modo presente in pressoché tutti i codici dei paesi europei di diritto codificato – che 'assicura' la protezione dell'acquisto del possesso in buona fede e *ex iusta causa*, sino a fare coincidere, in alcuni sistemi, per i beni mobili, questo acquisto con l'acquisto della proprietà. Il percorso interpretativo e normativo che dalle soluzioni romane e dalle consuetudini locali arriva alle diverse soluzioni presenti nelle attuali codificazioni è estremamente complesso e articolato e ovviamente non può essere in questa sede ricostruito. Per un significativo *excursus* sulle principali soluzioni adottate sia storicamente, dalla tradizione del diritto comune al Pothier, sia in alcune moderne codificazioni v. in particolare L. MENGONI, *Gli acquisti*, cit., e, in senso diverso, C.A. CANNATA, *Materiali per un corso*, I, cit., 131 ss.

[13] Così A. GAMBARO, *Il diritto di proprietà*, cit., 704.

[14] Si veda, per esempio, B. ALBANESE, *Le situazioni possessorie nel diritto privato romano*, Palermo, 1985, 116 ss.

con la funzione di agevolare il traffico commerciale e di assicurare gli effetti traslativi delle negoziazioni attuate con atti di trasferimento reale 'imperfetti' secondo il *ius civile*, ma collegati a un 'titolo' (*iusta causa*), che secondo l'ordinamento era idoneo a giustificare l'acquisto del bene in capo all'accipiente[15]; l'editto del pretore infatti introdusse la tutela mediante azione reale per il possessore di buona fede non solo nel caso che *ex iusta causa* avesse acquistato una *res mancipi* mediante *traditio*, ma anche nel caso avesse acquistato una *res mancipi* o *nec mancipi* con *traditio a non domino*[16]. Il possessore di buona fede, che acquistasse il possesso con un titolo 'astrattamente valido'[17], si trovava quindi in una situazione di possesso giuridicamente qualificato (*in bonis*), tutelato nei confronti di tutti i terzi, salvo che nei confronti dello stesso proprietario, ove l'acquisto fosse avvenuto *a non domino*. L'acquisto, salvo che si trattasse di *res furtiva* o *vi possessa*,

---

[15] Cfr. già L. VACCA, *Il c.d. 'duplex dominium' e l''actio Publiciana'*, in *La proprietà e le proprietà. Atti del Convegno della Società Italiana di Storia del diritto (Pontignano, 30 settembre-3 ottobre 1985)*, a cura di E. Cortese, Milano, 1988, 39 ss. [in questo volume, cap. I]; EAD., *'Dominium', 'in bonis', proprietà provinciale(i)*, in *Città, territorio, diritto privato nei primi due secoli dell'Impero. Atti del Convegno internazionale di diritto romano (Copanello, 5-8 giugno 2002)*, a cura di F. Milazzo, Napoli, 2010, 58 ss. [in questo volume, cap. IX].

[16] L'acquisto *ex iusta causa a non domino* peraltro risulta essere l'unico ambito di previsione nella redazione dell'editto Publiciano quale figura nel Digesto: D. 6.2.1 pr. (Ulp. 16 *ad ed.*): *Ait praetor: 'si quis id quod traditur ex iusta causa non a domino et nondum usucaptum petet, iudicium dabo'*. Questo testo è indubbiamente il risultato di un intervento giustinianeo, la cui portata è tuttavia di difficile ricostruzione: secondo la ricostruzione del Lenel l'editto originario dovrebbe essere ricostruito così: *Si quis bona fide emptam et traditam sibi et nondum usucaptam petet, iudicium dabo*. Giuliano, nella redazione dell'editto perpetuo, avrebbe preso atto dell'estensione della clausola a tutte le altre ipotesi di *traditio ex iusta causa*: *Si quis rem bona fide emptam vel ex alia causa traditam sibi et nondum usucaptam petet, iudicium dabo*. Che l'editto originario prevedesse espressamente anche la concessione dell'azione al compratore di buona fede *a non domino* risulta chiaramente da D. 6.2.7.11 (Ulp. 16 *ad ed.*): *Praetor ait: 'qui bona fide emit'. non igitur omnis emptio proderit, sed ea, quae bonam fidem habet: proinde hoc sufficit me bonae fidei emptorem fuisse, quamvis non a domino emerim, licet ille callido consilio vendiderit: neque enim dolus venditoris mihi nocebit.*

[17] Questa espressione, ricorrente nelle trattazioni dottrinarie, nasconde in realtà una problematica complessa relativa alla individuazione delle fattispecie in cui può ritenersi sussistere la *iusta causa traditionis* anche se il negozio cui il trasferimento reale è collegato non è valido: questi problemi, che coinvolgono la questione della c.d. 'causa putativa', sono stati oggetto di mie precedenti ricerche, cui rimando per l'analisi dei testi e della letteratura: v., in particolare, L. VACCA, *Osservazioni in tema di 'iusta causa' e 'bona fides' in relazione all''usucapio pro derelicto'*, in *Studi in onore di C. Sanfilippo*, IV, Milano, 1983, 775 ss., [in questo volume, cap. VI]; EAD., *'Iusta causa' e 'bona fides' nell''usucapio' romana a proposito del titolo 'pro suo'*, in *'Sodalitas'. Scritti in onore di A. Guarino*, a cura di V. Giuffrè, IV, Napoli, 1985, 1955 ss. [in questo volume, cap. VII].

diventava definitivo e opponibile allo stesso proprietario decorsi i brevi termini dell'*usucapio*.

Dell'acquisto *a non domino* si occupa diffusamente Gaio nelle sue Istituzioni:

Gai 2.43: *Ceterum etiam earum rerum usucapio nobis conpetit, quae non a domino nobis traditae fuerint, siue mancipi sint eae res siue nec mancipi, si modo eas bona fide acceperimus, cum crederemus eum, qui traderet, dominum esse.* 44. *Quod ideo receptum videtur, ne rerum dominia diutius in incerto essent, cum sufficeret domino ad inquirendam rem suam anni aut biennii spatium, quod tempus ad usucapionem possessori tributum est.*

Gai 4.36: <*Item usucapio fingitur in ea actione quae Publiciana vocatur*>. *Datur autem haec actio ei qui ex iusta causa traditam sibi rem nondum usucepit eamque amissa possessione petit. Nam quia non potest eam ex iure Quiritium suam esse intendere, fingitur rem usucepisse et ita quasi ex iure Quiritium dominus factus esset intendit, veluti hoc modo: Iudex esto. Si quem hominem A. Agerius emit et is ei traditus est, anno possedisset, tum si eum hominem de quo agitur ex iure Quiritium eius esse oporteret, et reliqua.*

L'espressione «*usucapio nobis competit*» esprime chiaramente l'idea che nei casi di *traditio ex iusta causa* (di *res mancipi* o *a non domino*) all'acquirente 'spetta' l'usucapione, nel senso che, come sappiamo, il suo possesso è un possesso qualificato dal titolo e protetto dall'ordinamento contro tutti i terzi con l'*actio Publiciana* in cui «*fingitur rem usucepisse et ita quasi ex iure Quiritium dominus factus esset intendit*». La *ratio* di questo regime è individuata da Gaio «*ne rerum dominia diutius in incerto essent*», nel principio cioè che vuole la certezza dell'appartenenza, e nell'idea che il proprietario sia sufficientemente garantito nel suo diritto di rivendicare il bene dal tempo richiesto al possessore per l'acquisto mediante usucapione.

In realtà in questa esposizione della struttura e dell'ambito di applicazione dell'*actio Publiciana* Gaio opera una semplificazione che mette in ombra la circostanza che la *fictio* della *Publiciana* riguarda il *tempus* necessario all'*usucapio*, ma l'*actio* può essere esperita solo nel caso in cui ricorrano gli altri requisiti richiesti per l'acquisto mediante *usucapio*, e in particolare la *res habilis* e la buona fede [18]. La tutela reale del possessore acqui-

[18] Cfr., per esempio, D. 6.2.7.17 (Ulp. 16 *ad ed.*): *Iulianus libro septimo digestorum scripsit traditionem rei emptae oportere bona fide fieri: ideoque si sciens alienam possessionem adpre-*

rente *a non domino* trova infatti il suo limite nella inusucabilità delle *res furtivae* o *vi possessae*, che, non potendo essere usucapite neanche da colui che le acquisti ignorandone la provenienza furtiva, restano soggette senza limiti di tempo alla rivendica del *dominus*.

Lo stesso Gaio osserva peraltro che per le cose mobili acquistate *a non domino* l'usucapione può procedere difficilmente anche per il possessore di buona fede in quanto, nella generalità dei casi, «*qui alienam rem vendidit et tradidit, furtum committit*»: la *res* è perciò inusucapibile in assoluto e, possiamo aggiungere, il possessore non avrà ovviamente la protezione della *Publiciana*, che, come sappiamo, può essere utilizzata solo nei casi in cui l'acquisto *ex iusta causa* comporti la possibilità dell'usucapione.

Gai 2.49: *Quod ergo vulgo dicitur furtivarum rerum et vi possessarum usucapionem per legem XII tabularum prohibitam esse, non eo pertinet, ut ne ipse fur quive per vim possidet, usucapere possit (nam huic alia ratione usucapio non competit, quia scilicet mala fide possidet), sed nec ullus alius, quamquam ab eo bona fide emerit, usucapiendi ius habeat.* 50. *Unde in rebus mobilibus non facile procedit, ut bonae fidei possessori usucapio competat, quia qui alienam rem vendidit et tradidit, furtum committit; idemque accidit etiam, si ex alia causa tradatur. sed tamen hoc aliquando aliter se habet; nam si heres rem defuncto commodatam aut locatam vel apud eum depositam existimans eam esse hereditariam, vendiderit aut donaverit, furtum non committit; item si is, ad quem ancillae usufructus pertinet, partum etiam suum esse credens vendiderit aut donaverit, furtum non committit; furtum enim sine affectu furandi non committitur. aliis quoque modis accidere potest, ut quis sine vitio furti rem alienam ad aliquem transferat et efficiat, ut a possessore usucapiatur.*

Diversa la situazione dell'acquisto *a non domino* del possesso di un immobile, che in età classica non può essere oggetto di furto. In questo caso non potrà usucapire colui che abbia acquistato il possesso con violenza, o comunque sia in mala fede conoscendo l'alienità del bene; il fondo, il cui acquisto sia avvenuto con violenza, non potrà essere usucapito neanche dal terzo; potrà però usucapire il terzo, che acquisti in buona fede dal possessore che ha occupato senza violenza il fondo vacante per lunga assenza del *dominus*, ma che non può a sua volta usucapire in quanto in mala fede.

---

*hendit, Publiciana eum experiri non posse, quia usucapere non poterit. nec quisquam putet hoc nos existimare sufficere initio traditionis ignorasse rem alienam, uti quis possit Publiciana experiri, sed oportere et tunc bona fide emptorem esse.*

Gai 2.51: *Fundi quoque alieni potest aliquis sine vi possessionem nancisci, quae vel ex neglegentia domini vacet, vel quia dominus sine successore decesserit vel longo tempore adfuerit: quam si ad alium bona fide accipientem transtulerit, poterit usucapere possessor; et quamvis ipse, qui vacantem possessionem nactus est, intellegat alienum esse fundum, tamen nihil hoc bonae fidei possessori ad usucapionem nocet, <cum> inprobata sit eorum sententia, qui putaverint furtivum fundum fieri posse.*

Il quadro complessivo che risulta da questi testi gaiani è chiaro: colui che in buona fede acquista il possesso *a non domino* per una causa negoziale riconosciuta valida è tutelato dall'*actio in rem erga omnes*, modellata sulla *rei vindicatio*, sino al compiersi del suo acquisto della proprietà per usucapione. Il limite al suo acquisto è costituito per le cose mobili dalla possibilità per il *dominus* di rivendicare senza limiti di tempo la *res* nel caso sia di provenienza *furtiva* o *vi possessa*; per gli immobili vi è possibilità del proprietario di rivendicare il bene senza limiti di tempo nei confronti di colui che se ne sia impossessato sia con la violenza sia comunque conoscendo l'alienità del bene stesso (in mala fede); potrà invece usucapire anche con la protezione della *Publiciana* colui che in buona fede acquista per trasferimento del possesso da colui che, pur avendo acquistato senza violenza, non può usucapire in quanto consapevole dell'alienità della *res*.

Può sorprendere la circostanza che in un certo senso il possessore risulti più protetto nel caso di alienazione di un immobile che nel caso di alienazione delle cose mobili: in quest'ultimo caso, infatti, considerata l'ampia nozione di furto, è evidente che prevale l'interesse del proprietario al recupero del bene che gli è stato sottratto non solo dal ladro o dal rapinatore ma anche dal detentore infedele; colui, che ha acquistato in buona fede, nel caso di evizione potrà risultare sufficientemente tutelato dalle azioni contrattuali nei confronti del suo dante causa. Nel caso dei fondi, come dice chiaramente Gaio, l'interesse che risulta prevalente è quello della 'certezza dell'appartenenza', che impone che il proprietario non trascuri per lungo tempo i suoi possedimenti, lasciandoli abbandonati[19].

[19] Va osservato peraltro che la casistica relativa all'acquisto *a non domino* riportata nel Digesto è abbastanza limitata. L'abbandono degli immobili e l'acquisto del possesso dei fondi vacanti presenta una serie di problematiche particolari, che saranno oggetto di specifiche normative in particolare nell'età postclassica, e che già nella tarda età classica fu protetto dalla *longi temporis praescriptio*, che 'puniva' il *longum silentium* del *dominus*. La *ratio* è evidentemente collegata all'esigenza di favorire la coltivazione e l'occupazione di terre che l'abbandono rendeva improduttive. Su questi problemi v. L. VACCA, voce *Usucapione*, cit.,

### 3. *L'acquisto 'a non domino' e l''actio Publiciana' nella 'interpretatio prudentium': in particolare il problema della rilevanza della buona fede nell'acquisto del possesso 'ex causa emptionis'. Ulp. D. 6.2.7.11 e D. 41.3.10 pr.; Pomp. D. 41.7.5.*

Nella esposizione gaiana, che mette in evidenza la diversità di situazioni in cui può avvenire l'acquisto *a non domino* a seconda che si tratti di beni mobili o immobili, si offusca però l'analisi giurisprudenziale sulla interpretazione degli elementi della buona fede e dell'acquisto *ex iusta causa* che nella *ratio* dell'editto pretorio giustifica la tutela mediante azione reipersecutoria del possesso acquistato con questi requisiti.

Nel determinare l'ambito di applicazione della clausola edittale relativa all'acquisto *a non domino* alcuni testi pongono una serie di questioni specifiche, che dimostrano chiaramente lo sforzo dell'*interpretatio* giurisprudenziale di assicurare l'equilibrio fra le ragioni del proprietario e l'interesse del possessore che acquisti in buona fede e *ex iusta causa*, elaborando soluzioni tecnicamente coerenti alle regole 'civilistiche' in materia di trasferimento della proprietà e dei requisiti per l'acquisto della proprietà mediante trasferimento del possesso, ove questo avvenga *a non domino.*

Per quanto concerne il requisito della buona fede, intesa come ignoranza dell'alienità della *res*, si possono citare

D. 6.2.7.11 (Ulp. 16 *ad ed.*): *Praetor ait: 'qui bona fide emit'. non igitur omnis emptio proderit, sed ea, quae bonam fidem habet: proinde hoc sufficit me bonae fidei emptorem fuisse, quamvis non a domino emerim, licet ille callido consilio vendiderit: neque enim dolus venditoris mihi nocebit.*

D. 6.2.7.17 (Ulp. 16 *ad ed.*): *Iulianus libro septimo digestorum scripsit traditionem rei emptae oportere bona fide fieri: ideoque si sciens alienam possessionem adprehendit, Publiciana eum experiri non posse, quia usucapere non poterit. nec quisquam putet hoc nos existimare sufficere initio traditionis ignorasse rem alienam, uti quis possit Publiciana experiri, sed oportere et tunc bona fide emptorem esse.*

D. 41.3.10 pr. (Ulp. 16 *ad ed.*): *Si aliena res bona fide empta sit, quaeritur, ut usucapio currat, utrum emptionis initium ut bonam fidem habeat*

989 ss. e L. Solidoro Maruotti, *Studi sull'abbandono degli immobili nel diritto romano*, Napoli, 1989, 241 ss. e letteratura ivi citata.

*exigimus, an traditionis. et obtinuit Sabini et Cassii sententia traditionis initium spectandum.*

I testi affrontano la questione della rilevanza della buona fede nell'acquisto del possesso *ex causa emptionis*. Il problema dibattuto era evidentemente quello del momento cui si doveva avere riguardo per considerare il requisito della buona fede nell'acquisto del possesso conseguente ad un negozio di buona fede come la compravendita: si trattava cioè di stabilire se fosse sufficiente che al momento della compravendita il compratore fosse convinto di acquistare dal *dominus*, anche se al momento in cui acquistava per *traditio* il possesso sapeva di acquistare *a non domino*. Ulpiano nell'ambito del suo commentario alla clausola edittale della *Publiciana*[20] sottolinea che è stata accettata la soluzione di Sabino, Cassio e Giuliano, secondo cui nel caso di compravendita il requisito della buona fede, ai fini dell'esperibilità dell'azione, deve sussistere non solo al momento del contratto ma anche al momento della *traditio*, in quanto solo se l'acquisto del possesso è avvenuto ignorando l'alienità della *res* potrà procedere l'usucapione[21].

Nella prospettiva delle nostre osservazioni ha un particolare rilievo

D. 41.7.5 (Pomp. 32 *ad Sab.*): *Si id, quod pro derelicto habitum possidebas, ego sciens in ea causa esse abs te emerim, me usucapturum constat nec obstare, quod in bonis tuis non fuerit: nam et si tibi rem ab uxore donatam sciens emero, quia quasi volente et concedente domino id faceres, idem iuris est.*

Il testo tocca solo indirettamente una questione complessa, che concerne la possibilità di usucapire le *res derelictae*[22]. Il problema posto riguarda infatti non l'acquisto di colui che possiede la *res pro derelicto habita*, ma l'acquisto di colui che la compra da lui. La fattispecie descritta è abbastan-

---

[20] Secondo la ricostruzione di O. Lenel, *'Palingenesia Iuris Civilis'*, II, Leipzig, 1889, 511, infatti il libro XVI del commentario all'editto di Ulpiano era relativo a '*De Publiciana in rem actione*'.

[21] V. anche D. 41.4.2 pr. (Paul. 54 *ad ed.*).

[22] Va rilevato che per l'acquisto delle *res derelictae* non può proporsi la questione dell'acquisto *a non domino* e della protezione mediante *Publiciana*, che concerne solo gli acquisti per trasferimento del possesso *ex iusta causa*: per l'esame dei testi e della dottrina cfr. L. Vacca, *Osservazioni in tema di 'iusta causa'*, cit., 775 ss.; Ead., *'Derelictio' e acquisto delle 'res pro derelicto habitae'. Lettura delle fonti e tradizione sistematica*, Milano, 1984, *passim*.

za semplice: A possiede una *res derelicta*, senza essere consapevole dell'abbandono del proprietario, *res* di cui evidentemente si è impossessato senza furto o violenza, ma ritenendo di possedere una *res aliena*; B, che è invece consapevole dell'abbandono del proprietario, compra da A che possiede ma non ha la cosa *in bonis* in quanto possessore di mala fede. B è quindi in buona fede, sapendo che la *res* è stata abbandonata dal *dominus*, e altrettanto in buona fede ne acquista il possesso, potendo quindi usucapire *ex iusta causa*, perché, come sappiamo, la 'mala fede' dell'alienante non impedisce il giusto acquisto e la tutela della *Publiciana*.

La parte del testo più interessante ai fini delle nostre osservazioni è tuttavia la parte in cui si prospetta il caso di una compravendita valida anche se il compratore è consapevole di acquistare *a non domino*: il caso è quello in cui il compratore acquista dal marito un bene che gli è stato donato dalla moglie, e che non può usucapire in quanto vi è il divieto di efficacia delle donazioni fra coniugi *ex lege Cincia*. In questo caso, come nel caso precedente, dice il giurista, il compratore può acquistare ed usucapire *pro emptore* in quanto la sua buona fede si identifica con la consapevolezza di acquistare «*quasi volente et concedente domino*». In altri termini, è possibile l'acquisto *a non domino* quando si configura un acquisto di buona fede in quanto l'acquirente 'sa' che il *dominus*, terzo rispetto al negozio di alienazione, non ha la volontà di mantenere la proprietà di quel bene, o perché lo ha abbandonato o perché lo ha donato al possessore sia pure con una donazione nulla. L'alienante non è proprietario né potrà diventarlo, ma l'accipiente acquista il possesso *ad usucapionem*, tutelato anche dalla *Publiciana* in quanto *ex causa emptionis*.

4. *Doppia vendita e 'actio Publiciana'; alcune soluzioni giurisprudenziali sulla opponibilità del titolo 'ex causa emptionis' nell'acquisto 'a domino' e nell'acquisto 'a non domino': Ulp. D. 6.2.9.4; Ner. D. 19.1.31.2; Pomp. D. 21.3.2; Ulp. D. 44.4.4.32.*

Nel suo commentario all'editto Publiciano Ulpiano affronta un problema particolare, quello del caso in cui qualcuno venda separatamente la medesima *res* a due compratori di buona fede e pone la questione se l'*actio Publiciana* spetti a colui al quale per primo è stato trasferito il possesso con la *traditio* o a colui che ha solo fatto il contratto di compravendita.

D. 6.2.9.4 (Ulp. 16 *ad ed.*): *Si duobus quis separatim vendiderit bona fide ementibus, videamus, quis magis Publiciana uti possit, utrum is cui priori res tradita est an is qui tantum emit. et Iulianus libro septimo digestorum scripsit, ut, si quidem ab eodem non domino emerint, potior sit cui priori res tradita est, quod si a diversis non dominis, melior causa sit possidentis quam petentis. quae sententia vera est.*

Ulpiano aderisce alla soluzione di Giuliano secondo il quale, nel caso i due compratori avessero acquistato dal medesimo *non dominus*, la *Publiciana* spettava al primo al quale il possesso era stato trasferito con la *traditio*: solo con la *traditio* infatti il compratore di buona fede acquistava l'*in bonis* perché nel caso avessero comprato da due diversi *non domini*, il primo possessore sarebbe stato comunque in una posizione più forte rispetto a colui che doveva agire per ottenere il trasferimento. È evidente infatti che il primo compratore di buona fede cui viene effettuata la *traditio* si trova nella situazione tutelata dalla *Publiciana* e potrà opporre il suo acquisto a tutti i terzi, anche eventuali acquirenti di buona fede *a non domino* con titolo antecedente rispetto a quello del possessore[23].

La *ratio* del responso di Giuliano va ricercata nella circostanza che nel caso dei due acquirenti del possesso, *ex iusta causa* e di buona fede, dal medesimo *non dominus*, deve prevalere il principio dell'invalidità del trasferimento compiuto da colui che non ha più la disponibilità del diritto, in quanto il *non dominus*, che vende per la seconda volta, ha perso la disponibilità del bene nel momento in cui ha compiuto la *traditio ex iusta causa* al primo acquirente, quindi non potrà più validamente disporne alienando la cosa al secondo acquirente, anche se fosse in grado di ritrasferire il possesso del bene, fortuitamente riacquistato. Così, secondo Giuliano, nel caso il primo compratore abbia compiuto solo il negozio consensuale («*is qui*

[23] Va rilevato che il problema della doppia vendita si propone in termini differenti a seconda che l'ordinamento di riferimento abbia accolto il modello di trasferimento 'consensuale' ovvero il modello di trasferimento 'astratto', che distingue fra accordo di trasferimento ed atto ad effetti reali, la cui efficacia viene subordinata al trasferimento del possesso ovvero al compimento di formalità atte ad assicurarne la 'certezza'. Anche in questo campo il diritto italiano del secondo codice presenta un modello ibrido, conseguenza della sovrapposizione delle tendenze pandettistiche alla matrice francese. Credo che un esempio tipico possa essere costituito dall'art. 1155 cod. civ. 'Acquisto di buona fede e precedente alienazione ad altri': «Se taluno con successivi contratti aliena a più persone un bene mobile, quella tra esse che ne ha acquistato in buona fede il possesso è preferita alle altre, anche se il suo titolo è di data posteriore», il che, anche secondo il Mengoni (Id., *Gli acquisti*, cit., 14 ss.) «rappresenta un residuo del sistema della *traditio*».

*tantum emit*») ed il secondo abbia anche acquistato il possesso con la *traditio*, prevale il secondo, in quanto solo lui ha acquistato l'*in bonis* tutelato dalla *Publiciana*.

Diversa la soluzione nel caso uno dei due avesse comprato *a domino*:

D.19.1.31.2 (Ner. 2 *membr.*): *Uterque nostrum eandem rem emit a non domino, cum emptio venditioque sine dolo malo fieret, traditaque est: sive ab eodem emimus sive ab alio atque alio, is ex nobis tuendus est, qui prior ius eius adprehendit, hoc est, cui primum tradita est. si alter ex nobis a domino emisset, is omnimodo tuendus est.*

L'acquirente *a domino*, che abbia acquistato il possesso con la *traditio*, prevale sull'acquirente *a non domino*, perché potrà opporre la *exceptio iusti dominii*. Ciò a meno che non si tratti del caso di venditore *non dominus* che diviene successivamente *dominus* ed aliena ad un terzo[24]:

D. 21.3.2 (Pomp. 2 *ex Plaut.*): *Si a Titio fundum emeris qui Sempronii erat isque tibi traditus fuerit, pretio autem soluto Titius Sempronio heres extiterit et eundem fundum Maevio vendiderit et tradiderit: Iulianus ait aequius esse priorem te tueri, quia et si ipse Titius fundum a te peteret, exceptione summoveretur et si ipse Titius eum possideret, Publiciana peteres.*

D. 44.4.4.32 (Ulp. 76 *ad ed.*): *Si a Titio fundum emeris qui Sempronii erat isque traditus fuerit praetio soluto, deinde Titius Sempronio heres extiterit et eundem fundum Maevio vendiderit et tradiderit: Iulianus ait aequius te praetorem tueri, quia et, si ipse Titius a te fundum peteret, exceptione in factum comparata vel doli mali summoveretur et, si ipse eum possideret et Publiciana peteres, adversus excipientem 'si non suus esset', replicatione utereris; ac per hoc intellegeretur eum fundum rursum vendidisse, quem in bonis non haberet.*

Il responso di Giuliano appare in versione più completa nel testo di Ulpiano. A parte la ovvia correzione di *priorem* in *praetorem,* nella *lectio* di D.

---

[24] Per l'esegesi analitica di questi testi cfr. L. VACCA, *Il c.d. 'duplex dominium'*, cit., specialmente 95 ss.; EAD., *La doppia vendita e la rilevanza dell'affidamento nella casistica della giurisprudenza romana*, in *Le situazioni affidanti*, a cura di M. Lupoi, Torino, 2006, 79 ss. (ora anche in L. VACCA, *Appartenenza e circolazione dei beni. Modelli classici e giustinianei*, Padova, 2006, 601 ss.).

44.4.4.32 viene meglio esplicato il meccanismo della tutela pretoria nei confronti del compratore di buona fede, sia mediante l'*actio Publiciana*, sia mediante anche le eccezioni e le repliche, nell'ipotesi in cui il compratore sia possessore attuale.

Il caso è semplice: Caio compra da Tizio un fondo che era invece di Sempronio; il possesso del fondo viene trasferito (non viene quindi compiuta la *mancipatio,* che comunque in questo caso non sarebbe stata idonea a trasferire il dominio, non essendo Tizio *dominus*) ed il prezzo pagato. Successivamente lo stesso Tizio, divenuto proprietario del bene in quanto erede di Sempronio, vende il medesimo fondo a Mevio, trasferendo anche a quest'ultimo il possesso con la *traditio.* A rigore, quindi, Caio ha acquistato il possesso (l'*in bonis*) *a non domino*, Mevio ha successivamente acquistato il possesso *a domino.* Ciononostante, dice Giuliano, il pretore deve dare la prevalenza al primo compratore, dato che con la seconda vendita Tizio ha trasferito un bene di cui non aveva più la disponibilità patrimoniale (*in bonis*), pur essendone divenuto *dominus.* Nell'ipotesi in cui Caio intenti l'*actio Publiciana* contro Mevio sarà vittorioso, poiché, se lo stesso venditore Tizio, essendo divenuto proprietario, avesse rivendicato il bene contro Caio, la sua pretesa sarebbe stata bloccata da un'*exceptio in factum* o *doli mali*, ovvero, se Caio, perso il possesso, avesse esperito la *Publiciana* contro Tizio divenuto possessore, alla sua *exceptio iusti dominii* avrebbe potuto replicare con le stesse eccezioni: da ciò si deduce, dice il giurista, che Tizio, quando ha venduto per la seconda volta, ha venduto ciò di cui non aveva più il diritto di disporre: «*ac per hoc intellegeretur eum fundum rursum vendidisse, quem in bonis non haberet*».

### 5. *La reintroduzione della 'Publiciana' nella compilazione giustinianea è da giustificare in funzione della tutela del possessore di buona fede e 'ex iusta causa' di cose mobili: Inst. 2.6 pr. e Inst. 4.6.4.*

La complessità ed il rigore dommatico delle soluzioni casistiche dei giuristi non poteva che essere oscurato dalle semplificazioni della compilazione giustinianea, che, eliminando la differenza fra *dominium* e *in bonis*, fra *ius civile* e *ius honorarium*, e intervenendo sulle modalità di pubblicità degli atti di trasferimento, hanno consegnato agli interpreti successivi un materiale talvolta anche apparentemente contraddittorio, che poteva dare spunto e base testuale alle costruzioni più diverse.

Peraltro, dalla lettura attenta dei passi delle Istituzioni giustinianee, nonostante essi ricalchino abbastanza da vicino i corrispondenti testi gaiani, si ricava l'impressione abbastanza netta che i compilatori di quel testo pensassero ad un'applicazione dell'*actio Publiciana* molto diversa da quella cui faceva riferimento il giurista classico: ciò non solo in rapporto all'ovvia differenza rappresentata dalla diversa struttura dell'*intentio* formulare rispetto all'*intentio* nel processo *extra ordinem*, ma in rapporto soprattutto alla situazione che con tale azione poteva essere fatta valere. L'*actio Publiciana* viene richiamata come azione introdotta dal pretore a rimediare l'ingiustizia che derivava dalla mancanza di tutela con *actio in rem* per chi avesse acquistato il bene mediante *traditio ex iusta causa* e non avesse ancora usucapito. Ovviamente, poiché per Giustiniano la *traditio*, se compiuta *a domino*, trasferisce la proprietà di tutti i beni, la necessità dell'usucapione si propone solo per l'acquisto del possesso nel caso di alienazione *a non domino*:

> Inst. 2.6 pr.: *Iure civili constitutum fuerat, ut, qui bona fide ab eo, qui dominus non erat, cum crediderit eum dominum esse, rem emerit vel ex donatione aliave qua iusta causa acceperit, is eam rem, si mobilis erat, anno ubique, si immobilis, biennio tantum in Italico solo usucapiat, ne rerum dominia in incerto essent. et cum hoc placitum erat, putantibus antiquioribus dominis sufficere ad inquirendas res suas praefata tempora, nobis melior sententia resedit, ne domini maturius suis rebus defraudentur neque certo loco beneficium hoc concludatur. et ideo constitutionem super hoc promulgavimus, qua cautum est, ut res quidem mobiles per triennium usucapiantur, immobiles vero per longi temporis possessionem, id est inter praesentes decennio, inter absentes viginti annis usucapiantur et his modis non solum in Italia, sed in omni terra, quae nostro imperio gubernatur, dominium rerum iusta causa possessionis praecedente adquiratur.*

> Inst. 4.6.4: *Namque si cui ex iusta causa res aliqua tradita fuerit, veluti ex causa emptionis aut donationis aut dotis aut legatorum, necdum eius rei dominus effectus sit, si eius rei casu possessionem amiserit, nullam habet directam in rem actionem ad eam rem persequendam: quippe ita proditae sunt iure civili actiones, ut quis dominium suum vindicet. sed quia sane durum erat eo casu deficere actionem, inventa est a praetore actio, in qua dicit is, qui possessionem amisit, eam rem se usu cepisse et ita vindicat suam esse. quae actio Publiciana appellatur, quoniam primum a Publicio praetore in edicto proposita est.*

Ho in altra sede[25] avanzato l'ipotesi che l'*actio Publiciana*, che non compare nelle fonti postclassiche, sia stata reintrodotta nel diritto giustinianeo, ma concepita come utilizzabile solo per il recupero delle cose mobili acquistate in buona fede e *ex iusta causa*. È probabile che ciò, più che ad una riforma consapevole (che sarebbe stata ovviamente sancita solennemente con una costituzione imperiale), sia dovuto ad una eco della prassi concreta diffusa già nell'età postclassica in cui il possessore *ex iusta causa* di cosa mobile era considerato processualmente alla stregua del proprietario, indipendentemente dalla circostanza che avesse acquistato *a domino* o *a non domino*; nella circolazione delle cose mobili si presentava infatti la necessità di assicurare al possessore con giusto titolo uno strumento agile di rivendica, che lo esonerava dall'onere di provare la qualità di *dominus* del suo dante causa, rivendica che poteva essere validamente contrastata solo nel caso il possessore convenuto vantasse, a sua volta, un titolo di acquisto del possesso valido ed antecedente.

In questo ambito di applicazione pratica l'*actio Publiciana*, che permette la difesa immediata *erga omnes* del possesso delle cose mobili acquistate in buona fede e *ex iusta causa*, risulta coerente con l'articolato regime dell'acquisto degli immobili mediante *longi temporis praescriptio* sancito nelle costituzioni giustinianee, e per i quali, anche se acquistati *a non domino* con titolo e buona fede, si richiede comunque l'*usucapio*, sia pure abbreviata[26].

---

[25] L. VACCA, *La riforma di Giustiniano*, cit., 147 ss.; v. anche L. VACCA, voce *Usucapione*, cit., 989 ss.

[26] C. 7.39.8 (Imp. Iustinianus A. Menae pp. II a. 528); C. 7.31.1 (Imp. Iustinianus A. Iohanni pp. a. 531), su cui cfr. L. VACCA, *opp. locc. ultt. citt.*

Capitolo Terzo

# OSSERVAZIONI IN TEMA DI ACQUISTO DEL POSSESSO PER INTERMEDIARIO *

Sommario: 1. Lo stato della dottrina: considerazioni critiche introduttive sull'opportunità di una riconsiderazione più articolata del problema dell'acquisto del possesso per intermediario in relazione all'evoluzione dei requisiti, soggettivi ed oggettivi, delle situazioni possessorie, anche in rapporto ai modi di acquisto della proprietà. – 2. La riforma giustinianea dei modi di acquisto e trasferimento dei diritti reali e del possesso e le sue implicazioni sul problema degli effetti acquisitivi ed obbligatori per il *dominus negotii* dell'attività negoziale dell'intermediario. – 3. La trattazione istituzionale gaiana: Gai 2.86-89. Il principio, consolidatosi nella giurisprudenza del primo Principato, secondo il quale il sottoposto, se acquista *peculii causa*, può acquistare il possesso al *dominus*, anche *ignorans*, a condizione che acquisti una *possessio iusta*: Giav. D. 41.2.24; Paul. D. 41.4.2.11 e 13; Paul. D. 41.3.8. – 4. In D. 41.2.44.1 Papiniano 'risponde' che l'acquisto peculiare al *dominus* 'ignorante' è stato introdotto «*utilitatis causa iure singulari*»; il giurista afferma inoltre la necessità, nel caso di acquisto non peculiare, della *scientia domini* anche se l'acquisto avviene *corpore servi*. – 5. Secondo Paolo, nel caso di acquisto peculiare, l'intera fattispecie acquisitiva è posta in essere, negli elementi soggettivi ed oggettivi, dal sottoposto, perché la concessione del peculio da parte del *dominus* implica che l'unica volontà rilevante sia quella del servo: Paul. D. 41.2.3.12; Paul. D. 41.4.2.12; Paul. D. 41.2.1.5; Pomp. D. 41.3.28. – 6. Alcune soluzioni giurisprudenziali in tema di acquisto per *traditio ex causa emptionis* e atteggiamento soggettivo del servo: in particolare il requisito del c.d. *intellectum possidendi*. Paul. D. 41.4.2.10; Ulp. D. 44.6.2; Paul. D. 41.2.1.9 e 10. – 7. Afr.-Iul. D. 21.1.51: il caso dell'acquisto, da parte del servo, di una *res vitiosa* e la rilevanza della *scientia servi* ai fini dell'esperibilità, da parte del *dominus*, dell'*actio redhibitoria* e dell'*actio empti* per i vizi della cosa. – 8. Il dibattito giurisprudenziale sul problema dell'acquisto del possesso tramite *procurator*: Gai 2.95. In particolare alcune soluzioni della giurisprudenza tardo classica in tema di acquisto del possesso *ex causa emptionis* tramite *procurator*: C. 7.32.1; Ulp. D. 41.2.42.1; Pap. D. 41.2.49.2; Pap. D. 41.2.1.20; Ulp. D. 41.2.34.1 e 2. – 9. Segue: Giustiniano, generalizzando gli interventi della cancelleria postclassica (C. 7.32.8), ammette che il *procurator* possa acquistare al *dominus negotii*, anche se *ignorans*, non solo il possesso, ma anche la proprietà: Inst. 2.9.5. – 10. Considerazioni conclusive.

---

* Il saggio è pubblicato in *Omaggio a un Maestro. Per gli ottanta anni di Giovanni Nicosia*, a cura di N. Palazzolo e L. Russo Ruggeri, Torino, 2014, 19 ss.

1. *Lo stato della dottrina: considerazioni critiche introduttive sull'opportunità di una riconsiderazione più articolata del problema dell'acquisto del possesso per intermediario in relazione all'evoluzione dei requisiti, soggettivi ed oggettivi, delle situazioni possessorie, anche in rapporto ai modi di acquisto della proprietà.*

La questione della configurazione dell'acquisto del possesso per intermediario, in particolare *potestati subiectus* o *procurator*, è oggetto di discussione sin dall'età dei glossatori e ha dato luogo a ricostruzioni disparate, spesso contrastanti, a causa della difficoltà di interpretazione delle fonti giurisprudenziali [1].

Secondo l'opinione della dottrina prevalente sino agli anni sessanta, la posizione dell'intermediario nell'acquisto del possesso sarebbe stata elaborata inizialmente dalla giurisprudenza per i casi di acquisto mediante i *potestati subiecti*; in età più antica il sottoposto a potestà poteva porre in essere solo il mero elemento materiale (*possessio corpore*), essendo necessaria la *scientia* del *dominus* al quale doveva essere riferita la volontà di acquistare il possesso (*animus possidendi*); successivamente si sarebbe ammesso l'acquisto anche al *dominus* 'ignorante', ma solo se l'acquisto avveniva *ex causa peculiari,* in quanto la concessione del peculio poteva implicare, sia pure indirettamente, la volontà del *dominus* di acquistare il possesso. Il limite, per l'acquisto al *dominus* 'ignorante', all'acquisto *ex causa peculiari* sarebbe stato quindi motivato dalla necessità di attribuire comunque allo stesso *dominus* l'*animus possidendi*, potendo il sottoposto, in quanto *alieni iuris*, integrare il solo elemento materiale del possesso. Questa soluzione sarebbe stata estesa dai giuristi all'acquisto del *procurator*, in cui la *praepositio*, come volontà generale di riconoscere gli effetti degli atti di amministrazione del procuratore, poteva essere assimilata alla concessione del peculio. Co-

[1] Questo testo mantiene il taglio espositivo del mio intervento in occasione dell'incontro in onore di Giovanni Nicosia e ho ritenuto preferibile non corredarlo di specifiche note bibliografiche, che sarebbero risultate necessariamente inadeguate e insufficienti, e indicare in una nota generale la bibliografia essenziale. Le considerazioni che seguono non tendono ovviamente a trattare in modo esaustivo il tema, che si presenta molto ampio e complesso, sia per il gran numero di fonti sia per la mole e la rilevanza della dottrina che l'ha studiato; il tema peraltro è connesso con la evoluzione della concezione del 'possesso' e dei requisiti qualificanti ai fini degli effetti giuridici, e richiederebbe anche una complessiva indagine sulla casistica relativa agli atti acquisitivi e negoziali posti in essere dai *potestati subiecti* e dal *procurator.* In questa sede mi limiterò a proporre una interpretazione di alcuni fra i testi giurisprudenziali più discussi, in una prospettiva che potrebbe forse essere utilmente approfondita in future e più ampie ricerche.

me si è accennato, tuttavia, non tutti i testi giurisprudenziali appaiono coerenti con questa ricostruzione in quanto, mentre da alcuni passi risulta effettivamente enunciato il principio che il *dominus* 'ignorante' può acquistare il possesso solo *ex causa peculiari*, in altri testi sembra si ammetta l'acquisto al *dominus* 'ignorante' *ex omni causa*, e in molti casi si attribuisce rilevanza autonoma o concorrente alla volontà dell'intermediario nella fattispecie acquisitiva.

Queste divergenze fra i testi vennero tradizionalmente attribuite, con teorie molto articolate e con ipotesi di ampie interpolazioni, di cui non posso qui riferire dettagliatamente, o a un intervento giustinianeo, o, secondo una parte della dottrina, minoritaria ma ancora oggi seguita da alcuni autori, a una controversia fra giuristi sabiniani e proculiani, cui si sarebbero ricollegate le diverse opinioni di Paolo e di Ulpiano: solo con il giurista Ulpiano, che, a differenza di Paolo, avrebbe superato i confini della causa peculiare, si sarebbe cioè arrivati a configurare la fattispecie acquisitiva come posta in essere interamente, *animo et corpore*, dall'intermediario, fosse esso *potestati subiectus* o *procurator*; questa posizione avrebbe trovato accoglimento nel diritto giustinianeo. I compilatori del Digesto sarebbero quindi intervenuti solo parzialmente, e spesso maldestramente, sui testi dei giuristi classici, alterando l'articolazione delle soluzioni giurisprudenziali.

Tuttavia anche quest'ultima ricostruzione ha trovato molti oppositori, in quanto è sembrata contrastante in particolare con la testimonianza delle Istituzioni di Gaio, indubbiamente esente da interpolazioni, in cui non si menziona il limite della causa peculiare per gli acquisti al *dominus* 'ignorante'. Le diverse ipotesi dottrinarie e le fonti giurisprudenziali vennero sottoposte ad accurata revisione critica dal Nicosia, con un libro del 1960 su *L'acquisto del possesso mediante i «potestati subiecti»*, in cui l'autore, soprattutto valorizzando il passo di Gaio, ritenne di poter concludere nel senso che la limitazione *ex causa peculiari* fu un'innovazione giustinianea e che il regime dell'acquisto automatico all'avente potestà era l'unico conosciuto dai classici. I testi che menzionano questo limite sarebbero quindi il risultato di interpolazioni.

L'ampia e articolata indagine di Nicosia, sorretta da un'analisi esegetica molto sensibile, dimostrò che le ricostruzioni precedenti non risultavano soddisfacenti alla luce dei testi giurisprudenziali; tuttavia anche nella trattazione dell'illustre Maestro può notarsi un certo condizionamento derivante dalle tendenze dottrinarie di quegli anni. Va infatti rilevato che negli anni sessanta il dibattito scientifico era ancora influenzato dalle costruzioni concettuali della Pandettistica e dal metodo interpolazionistico, caratterizzato dal tentativo di comporre le opinioni dei giuristi dell'età classica in un insieme unitario e non contraddittorio, partendo da assunti sistematici e dommatici spesso troppo rigidi, che oscuravano l'articolazione e l'evoluzione delle opinioni giurisprudenziali; ciò rendeva necessario attribuire ai commissari giustinianei interventi drastici sui singoli testi quando non corrispondevano alla ricostruzione proposta, per uniformarli a tale ricostruzione.

La ricerca romanistica più recente, attenta agli aspetti storici ed evolutivi dell'ordinamento giuridico romano e dell'*interpretatio* giurisprudenziale, ha evidenziato, per un verso, che il divario fra il diritto classico e il diritto giustinianeo è talvolta più profondo di quanto possa apparire se si considera l'intervento dei commissari del Digesto come limitato a parziali modifiche testuali di singoli passi, e, per altro verso, che le differenti enunciazioni dei giuristi non attestano necessariamente interventi compilatori; va considerato infatti che le divergenze fra i testi potrebbero o essere attribuite a un diverso contesto argomentativo, relativo originariamente alla trattazione di 'questioni casistiche' differenti, o essere espressione di uno *ius controversum*, non sempre riconducibile allo schema semplificante delle controversie fra Sabiniani e Proculiani.

Tuttavia anche gli studi più recenti, che si sono occupati della questione da diversi angoli visuali, non prospettano una interpretazione delle fonti sempre soddisfacente, che tenga conto in modo adeguato dell'evoluzione storica ed economica che ha inevitabilmente modificato la rilevanza e la configurazione, per un verso, delle attività di gestione patrimoniale poste in essere da 'intermediari', e, per altro verso, delle 'situazioni possessorie', che potevano derivare da attività negoziale o da acquisizioni variamente 'titolate'.

La compilazione giustinianea ha peraltro completamente modificato le strutture del diritto classico nel suo complesso nel momento stesso in cui i frammenti delle opere giurisprudenziali sono stati estrapolati dal contesto storico e problematico cui originariamente si riferivano, tagliuzzati e ricomposti in nuovi contesti per la rappresentazione di un ordinamento giuridico ovviamente nuovo e diverso. È evidente che ciò spesso poteva rendere incomprensibili agli interpreti le ragioni delle differenze fra le soluzioni dei giuristi – che nella redazione del Digesto tuttavia permanevano – e la *ratio* di queste soluzioni, che nel contesto originario si riferivano alla disciplina di questioni giuridiche particolari in rapporto ai differenti problemi concreti posti da 'casi' da risolvere in coerenza con l'ordinamento giuridico di quel momento storico.

La questione dell'acquisto del possesso per intermediario può quindi essere posta in termini più articolati se si tiene conto che rappresenta l'esempio tipico di una problematica che si è proposta ai giuristi diversamente nei differenti contesti storici, in relazione alla evoluzione della rilevanza, configurazione e tutela delle situazioni 'possessorie', anche in rapporto ai modi di acquisto della proprietà.

Va infatti rilevato che alla giurisprudenza classica si ponevano indubbiamente problemi differenti ove l'acquisto del possesso coincidesse di per sé con l'acquisto di una situazione di vantaggio (acquisto della proprietà, o acquisto della *iusta possessio* tutelabile mediante interdetti e/o anche idonea all'usucapione), ovvero si inserisse nell'ambito della realizzazione di una fattispecie negoziale complessa, quale ad esempio la *emptio venditio* eseguita mediante *traditio* del possesso all'intermediario; questo caso infatti richiedeva un'analisi specifica del rapporto fra la volontà dell'intermediario e quella del *dominus negotii* nella individuazione dei requisiti dell'acquisto della *possessio ad usucapionem*, qualificata dalla *iusta causa* e dalla *bona fides*.

Nel momento in cui il conferimento al sottoposto del peculio comportava la ricaduta sul *dominus* degli effetti, dal lato attivo e passivo (sia pure con responsabilità patrimoniale limitata), delle attività negoziali poste in essere dal sottoposto stesso, e acquistava rilievo autonomo la volontà di quest'ultimo, che non poteva più essere concepito quale mero strumento materiale nell'esecuzione della volontà del *dominus*, si proponeva la questione di individuare le soluzioni che permettessero di 'regolare' il rapporto fra l'atteggiamento soggettivo del *dominus* e quello del sottoposto, ai fini della qualificazione del negozio e degli atti compiuti nell'ambito della gestione. Per quanto concerne il nostro specifico problema, come vedremo, non si trattava di individuare, nell'acquisto del possesso, in quali casi si potesse superare la necessità dell'*animus possidendi* del *dominus* per il compiersi degli effetti acquisitivi del possesso stesso, ma di delimitare l'ambito entro il quale gli atti compiuti dal sottoposto potessero avere effetti per il *dominus 'ignorans'*.

Va osservato infine che, come è noto, questa evoluzione si svolge secondo linee differenti per quanto riguarda gli schiavi ed i *filii familias*, ai quali, essendo persone libere, anche se *alieni iuris*, venne riconosciuta una più ampia autonomia nella gestione patrimoniale. Diverso, e forse ancora più discusso, il regime dell'acquisto tramite *procurator*, per il quale, essendo *sui iuris*, non si poteva ammettere l'acquisto diretto al *dominus* dei diritti, e si discuteva se, e a quali condizioni, e con quali effetti, egli potesse acquistare il possesso, anche *ad usucapionem*, ove mancasse uno specifico incarico del *dominus negotii*.

## 2. *La riforma giustinianea dei modi di acquisto e trasferimento dei diritti reali e del possesso e le sue implicazioni sul problema degli effetti acquisitivi ed obbligatori per il 'dominus negotii' dell'attività negoziale dell'intermediario.*

Come è noto, la riforma giustinianea ha eliminato, peraltro prendendo atto in gran parte delle evoluzioni della prassi postclassica, la distinzione fra modi di acquisto delle *res mancipi* e *nec mancipi*, e correlativamente fra *mancipatio* e *traditio* e fra *dominium* e *in bonis habere*, alterando di conseguenza la funzione e i requisiti dell'usucapione classica, elaborata dai giuristi prevalentemente in relazione ai casi di acquisto della proprietà tramite l'acquisto del possesso in buona fede, mediante *traditio* derivante da una *iusta causa* negoziale; questa riforma giustinianea ha quindi profondamente modificato non solo gli assetti dei diritti reali e del possesso, ma anche la struttura degli atti di acquisto e trasferimento degli stessi, ed il rapporto fra acquisto del possesso e acquisto del *dominium* dei differenti tipi di beni in relazione ai diversi atti negoziali.

Venuto meno il collegamento fra l'acquisto del possesso e la tutela dell'*in bonis habere*, come situazione di *possessio ad usucapionem ex iusta causa,* originata dalla necessità di assicurare effetti acquisitivi tramite *usucapio* alla *traditio ex iusta causa* di *res mancipi* o *a non domino*, veniva a perdere significato l'articolata elaborazione giurisprudenziale relativa ai requisiti, anche soggettivi, dell'acquisto del possesso ai fini di riconoscere a questa particolare situazione l'effetto acquisitivo della proprietà, o immediato, o mediante usucapione, per il perfezionamento degli effetti di una causa negoziale, che poteva essere produttiva anche di effetti obbligatori per le parti; veniva cioè a perdersi la *ratio* che aveva giustificato il principio secondo cui, in caso di *dominus* non consapevole, il sottoposto poteva porre in essere l'acquisto *ad usucapionem* solo *peculiari causa*; questo principio, come vedremo, era motivato nel diritto classico dalla circostanza che solo nell'ambito della gestione del peculio poteva ammettersi che l'intermediario ponesse in essere tutti gli elementi soggettivi ed oggettivi della fattispecie negoziale, i cui effetti, che non erano semplicemente acquisitivi del diritto reale, si riversavano in capo al *dominus.*

In altri termini, nel periodo classico, come cercherò di evidenziare con la lettura di alcuni testi, la questione, che si poneva in modo prevalente ai giuristi in rapporto alla prassi, era quella di individuare i limiti entro i quali si poteva ammettere che l'attività negoziale dell'intermediario avesse effetti acquisitivi, anche mediante usucapione, ed obbligatori per il *dominus nego-*

*tii* nei casi in cui mancava la sua *scientia*; la questione non era cioè se la causa peculiare potesse essere considerata sostitutiva del necessario *animus possidendi* del *dominus* nell'acquisto del possesso, ma se solo nell'ambito della gestione peculiare da parte del *potestati subiectus*, o della gestione del *procurator* nell'ambito della *praepositio*, si potesse prescindere dalla *scientia* del *dominus* ai fini dell'acquisto del possesso *ad usucapionem ex iusta causa* (per esempio *ex causa emptionis*) e si potesse considerare la fattispecie negoziale, i cui effetti, acquisitivi e obbligatori, andavano in capo al *dominus*, come posta interamente in essere dall'intermediario, negli elementi soggettivi ed oggettivi.

Come vedremo, il problema non si poneva negli stessi termini se l'acquisto del possesso coincideva con l'acquisto di una mera situazione di vantaggio (per esempio acquisto *donationis causa*).

Nel periodo postclassico e giustinianeo, l'analisi dei requisiti del possesso e del suo acquisto in un certo senso si 'sgancia' dall'esigenza di disciplinare gli effetti della 'causa' negoziale obbligatoria in rapporto ai modi di acquisto del dominio ad essa collegati; si propone come prevalente la questione di determinare gli elementi, soggettivi ed oggettivi, che contraddistinguono l'acquisizione della *iusta possessio* (si pensi alle *possessiones* dei territori provinciali tutelate dalla *praescriptio*) idonea di per sé alla tutela processuale.

3. *La trattazione istituzionale gaiana: Gai 2.86-89. Il principio, consolidatosi nella giurisprudenza del primo Principato, secondo il quale il sottoposto, se acquista 'peculii causa', può acquistare il possesso al 'dominus', anche 'ignorans', a condizione che acquisti una 'possessio iusta': Giav. D. 41.2.24; Paul. D. 41.4.2.11 e 13; Paul. D. 41.3.8.*

Come si è accennato, Gaio nella sua trattazione istituzionale, nella parte specificamente relativa ai casi di acquisto della proprietà tramite 'intermediari', non menziona né la *scientia* né la causa peculiare, come elementi necessari per l'acquisto del possesso, ma si limita a rilevare genericamente che, considerato che tramite i *potestati subiecti* il *dominus* acquista la proprietà di tutto ciò che essi ricevono per qualsiasi causa, in quanto essi non possono acquistare, tramite gli stessi egli acquista non solo la proprietà ma anche il possesso, poiché ciò di cui essi acquistano il possesso è posseduto dallo stesso *dominus*; tramite tale acquisto il *dominus* può quindi anche usucapire:

Gai 2.86: *Adquiritur autem nobis non solum per nosmet ipsos, sed etiam per eos, quos in potestate manu mancipiove habemus; item per eos servos, in quibus usumfructum habemus; item per homines liberos et servos alienos, quos bona fide possidemus. De quibus singulis diligenter dispiciamus.* 87. *Igitur quod liberi nostri, quos in potestate habemus, item quod servi nostri mancipio accipiunt vel ex traditione nanciscuntur, sive quid stipulentur vel ex aliqualibet causa adquirunt, id nobis adquiritur: ipse enim, qui in potestate nostra est, nihil suum habere potest. Et ideo si heres institutus sit, nisi nostro iussu hereditatem adire non potest; et si iubentibus nobis adierit, hereditas nobis adquiritur, proinde atque si nos ipsi heredes instituti essemus; et convenienter scilicet legatum per eos nobis adquiritur.* 88. *Dum tamen sciamus, si alterius in bonis sit servus, alterius ex iure Quiritium, ex omnibus causis ei soli per eum adquiritur, cuius in bonis est.* 89. *Non solum autem proprietas per eos, quos in potestate habemus, adquiritur nobis, sed etiam possessio; cuius enim rei possessionem adepti fuerint, id nos possidere videmur; unde etiam per eos usucapio procedit.*

Il testo è molto lungo ed articolato, e concerne non solo l'acquisto tramite gli schiavi in potestà, ma anche i figli, gli schiavi in usufrutto, i soggetti *bona fide servientes*, liberi o schiavi altrui, tutti casi che vengono trattati dettagliatamente da Gaio nei paragrafi successivi, su cui non possiamo in questa sede soffermarci in quanto ciascuna fattispecie presenta problemi specifici e particolari.

La trattazione gaiana, di carattere, peraltro, estremamente schematico, menziona l'acquisto del possesso, anche *ad usucapionem*, tramite i *potestati subiecti* come pacifico, e, si direbbe, incondizionato, in collegamento con le fattispecie di acquisto della proprietà, quali ad esempio la *mancipatio* e la *traditio*. Infatti, dice Gaio, ciò di cui i sottoposti acquistano il possesso è automaticamente nel possesso dell'avente potestà: «*cuius enim rei possessionem adepti fuerint, id nos possidere videmur; unde etiam per eos usucapio procedit*»; un riferimento alla necessità della specifica volontà del *dominus* per l'acquisto si ha solo per il caso in cui lo schiavo sia stato istituito erede: è evidente che per adire l'eredità, che potrebbe creare situazioni di svantaggio ed obbligazioni in capo al *dominus*, è necessario un suo espresso *iussum*.

Il significato della sintetica affermazione di Gaio può essere meglio inteso alla luce di un testo di Giavoleno, che specificava come si dovesse intendere, e con quali limiti, il principio che ciò che veniva posseduto dallo schiavo era posseduto dal *dominus*, anche se *ignorans*:

D. 41.2.24 (Iav. 14 *epist.*): *Quod servus tuus ignorante te vi possidet, id tu non possides, quoniam is, qui in tua potestate est, ignoranti tibi non corporalem possessionem, sed iustam potest adquirere: sicut id, quod ex peculio ad eum pervenerit, possidet. nam tum per servum dominus quoque possidere dicitur, summa scilicet cum ratione, quia, quod ex iusta causa corporaliter a servo tenetur, id in peculio servi est et peculium, quod servus civiliter quidem possidere non posset, sed naturaliter tenet, dominus creditur possidere. quod vero ex maleficiis adprehenditur, id ad domini possessionem ideo non pertinet, quia nec peculii causam adprehendit.*

Il *dominus* 'ignorante', secondo Giavoleno, in ogni caso acquistava tramite lo schiavo solo il possesso non viziato; infatti, rileva il giurista, lo schiavo non acquista al *dominus* semplicemente un possesso materiale ma può acquistare solo una *possessio iusta* come nel caso in cui il *dominus* possieda ciò che gli è pervenuto dal peculio; infatti, dice ancora il giurista, quando si dice che in quel caso il *dominus* possiede tramite lo schiavo lo si dice giustamente, poiché ciò che viene materialmente posseduto *ex iusta causa* dallo schiavo è nel peculio, e il peculio, che il servo non può possedere agli effetti del diritto civile, ma tiene solo materialmente, è posseduto in senso giuridico dal *dominus*. Ciò che viene acquisito con atti illeciti non entra nel possesso del *dominus*, perché non può essere considerato acquistato *peculii causa*.

In altri termini, secondo Giavoleno, il principio per cui ciò di cui il servo acquista il possesso è posseduto dal *dominus*, anche se 'ignorante', si applica esclusivamente a ciò che viene acquistato *ex iusta causa*, perché solo la *possessio iusta* entra a fare parte del peculio, che *naturaliter* è posseduto dal servo, ma *civiliter* è posseduto dal *dominus*.

Questo rilievo pone in evidenza ciò che Gaio, nella sua sintetica esposizione, dà in un certo senso per scontato nel momento in cui rileva che il sottoposto acquista non solo la proprietà ma anche il possesso, essendo l'acquisto del possesso in molti casi presupposto necessario per l'acquisto della proprietà. L'acquisto del possesso di cui parla è ovviamente una *iusta possessio*, idonea, ove necessario, a condurre all'acquisto della proprietà per usucapione.

Non è quindi in contraddizione con l'enunciato gaiano il testo in cui Paolo, nel precisare i requisiti per l'acquisto della *iusta possessio* idonea all'usucapione, riferisce che Celso ha scritto che lo schiavo acquista il possesso *ad usucapionen* al *dominus* 'ignorante' se acquista *peculiari nomine*; se l'acquisto non è *peculiari nomine*, il *dominus* non potrà usucapire a meno che non vi sia la sua *scientia*; e se il servo acquista una *possessio* viziata (per esempio perché in mala fede), sarà viziata anche la *possessio* del *dominus,* e quindi, possiamo aggiungere, non sarà possibile l'usucapione:

D. 41.4.2.11 (Paul. 54 *ad ed.*): *Celsus scribit, si servus meus peculiari nomine apiscatur possessionem, id etiam ignorantem me usucapere: quod si non peculiari nomine, non nisi scientem me: et si vitiose coeperit possidere, meam vitiosam esse possessionem.*

Va rilevato che Paolo osserva anche che, secondo lo stesso Celso, se il servo ha comprato in buona fede, *peculiari nomine*, e il *dominus*, quando viene a conoscenza dell'acquisto, è consapevole che la *res* è aliena, la sua consapevolezza non impedisce l'usucapione, in quanto l'inizio del possesso da parte dello schiavo non è viziato: se invece il *dominus* era consapevole dell'alienità al momento in cui lo schiavo, in buona fede, compie l'*emptio*, non potrà procedere l'*usucapio ex causa emptionis*, perché la mala fede iniziale del *dominus negotii* consapevole vizia l'acquisto anche se lo schiavo era in buona fede.

D. 41.4.2.13 (Paul. 54 *ad ed.*): *Si servus bona fide emerit peculiari nomine, ego ubi primum cognovi sciam alienam, processuram usucapionem Celsus ait: initium enim possessionis sine vitio fuisse: sed si eo tempore quo emit, quamquam id bona fide faciat, ego alienam rem esse sciam, usu me non capturum.*

Più genericamente, in un altro testo, Paolo riferisce che Labeone e Nerazio avevano 'risposto' che ciò che gli schiavi acquistano *peculiariter* può essere usucapito «*quia haec etiam ignorantes domini usucapiunt*» e che Giuliano era della stessa opinione:

D. 41.3.8 (Paul. 12 *ad ed.*): *Labeo Neratius responderunt ea, quae servi peculiariter nancti sunt, usucapi posse, quia haec etiam ignorantes domini usucapiunt: idem Iulianus scribit.*

L'andamento argomentativo del testo, probabilmente abbreviato dai giustinianei, lascia supporre che la questione posta ai giuristi del primo Principato per ottenerne un responso riguardasse un caso concreto di acquisto da parte di uno schiavo, nell'ambito di una fattispecie particolare di gestione peculiare, e che la risposta positiva richiamasse a sostegno una regola generale già consolidata circa l'ammissione dell'usucapione delle *res* acquisite *peculiariter* al *dominus* 'ignorante'.

Le argomentazioni giurisprudenziali richiamate da Paolo in questi passi dimostrano indubbiamente che già nel primo periodo classico era consolidato il principio che il sottoposto, se acquistava *peculii causa*, poteva acquistare il possesso al *dominus*, anche 'ignorante'; tale acquisto poteva coincidere con l'immediato acquisto della proprietà, o essere idoneo all'acquisto per usucapione. L'acquisto poteva peraltro prodursi solo se il sottoposto acquistava una *possessio iusta*, in quanto ove l'acquisto risultasse viziato da un qualche elemento, quale violenza o mala fede, non potevano prodursi gli effetti giuridici (per esempio l'*usucapio ex iusta causa*) in favore del *dominus*.

4. *In D. 41.2.44.1 Papiniano 'risponde' che l'acquisto peculiare al 'dominus' 'ignorante' è stato introdotto «utilitatis causa iure singulari»; il giurista afferma inoltre la necessità, nel caso di acquisto non peculiare, della 'scientia domini' anche se l'acquisto avviene 'corpore servi'.*

I testi, che abbiamo letto, lasciano già intravedere quali problemi i giuristi avessero dovuto superare per ammettere l'acquisto del possesso al *dominus* 'ignorante', sia pure nell'ambito della gestione peculiare; questa soluzione è indubbiamente il risultato di un'evoluzione, collegata alla circostanza che con lo sviluppo del sistema imprenditoriale e commerciale, l'utilizzazione dei sottoposti quali 'rappresentanti' (in senso ampio) del *dominus* nello svolgimento delle attività di gestione patrimoniale assunse grande diffusione pratica; correlativamente emerse il riconoscimento, introdotto *utilitatis causa*, della possibilità di superare la necessità che l'acquisto del possesso avvenisse sempre *sciente domino,* fattispecie in cui il sottoposto operava quasi come *longa manus* del *dominus* stesso; il problema fu risolto con la 'costruzione' che tutto ciò che '*naturaliter*' era posseduto dallo schiavo, come ad esempio i beni che entravano a far parte del peculio, era posseduto '*civiliter*' dal *dominus*, sul quale ricadevano gli effetti giuridici del possesso stesso.

Come vedremo, a questo punto tuttavia si poneva la complessa questione della rilevanza autonoma dell'atteggiamento soggettivo del sottoposto nel configurarsi delle fattispecie negoziali poste in essere direttamente da lui nell'ambito dell'amministrazione del peculio, e dei rapporti fra la volontà del *dominus* e la volontà del sottoposto nel configurare gli elementi qualificanti dell'acquisto.

Le tracce di questa evoluzione e dei problemi che si erano posti nell'inserire le nuove 'regole' nel precedente 'sistema' sono evidenti in un testo di Papiniano:

D. 41.2.44.1 (Pap. 23 *quaest.*): *Quaesitum est, cur ex peculii causa per servum ignorantibus possessio quaereretur. dixi utilitatis causa iure singulari receptum, ne cogerentur domini per momenta species et causas peculiorum inquirere. nec tamen eo pertinere speciem istam, ut animo videatur adquiri possessio: nam si non ex causa peculiari quaeratur aliquid, scientiam quidem domini esse necessariam, sed corpore servi quaeri possessionem.*

Papiniano afferma con chiarezza che la configurazione dell'acquisto *peculii causa* era stato il risultato di una evoluzione introdotta '*utilitatis causa*' e '*iure singulari*', per evitare che i *domini* dovessero indagare in ogni momento su tutte le attività compiute nella gestione del peculio. Il giurista precisa che questa particolare fattispecie non configura un caso in cui il *dominus* acquista il possesso '*animo*': e infatti, egli aggiunge, se l'acquisto dello schiavo avviene '*non ex causa peculiari*', è necessaria la *scientia* del *dominus* che acquista il possesso '*corpore servi*'.

L'argomentazione del giurista intendeva evidentemente dare una risposta a chi domandava (*quaesitum est, cur*) la giustificazione del principio, ormai consolidato, che permetteva l'acquisto del possesso al *dominus* 'ignorante' *ex peculii causa*; la circostanza che Papiniano riferisca dell'acquisto peculiare al *dominus* 'ignorante' come introdotto '*iure singulari*' significa che il giurista intende sottolineare che questa soluzione è stata introdotta in deroga alla regola, precedentemente seguita, secondo la quale, mentre tramite il sottoposto si acquistavano automaticamente i diritti, non si poteva acquistare il possesso se non con la *scientia* del *dominus* che utilizzava lo schiavo per apprendere materialmente il bene. La successiva argomentazione, introdotta da *nam*, è indubbiamente un po' oscura: infatti, osserva Papiniano, nel caso che l'acquisto avvenga '*non ex causa peculiari*', è necessaria la *scientia* del *dominus*, ma l'acquisto si ottiene '*corpore servi*'; il testo è con ogni probabilità abbreviato, come risulta dalla sconnessione logica fra la prima e la seconda parte. Si può comunque ragionevolmente ipotizzare che Papiniano intendesse confutare l'opinione di coloro che avevano ritenuto che anche l'acquisto peculiare avvenisse '*animo domini*', in quanto comunque il *dominus* aveva manifestato la volontà di possedere tramite lo schiavo con la concessione del peculio. Questa idea infatti, come vedremo, secondo quanto riferisce Paolo (D. 41.2.1.5) era stata avanzata in particolare da Sabino e Cassio.

Il testo, anche se di difficile lettura, permette di intuire le difficoltà incontrate dai giuristi nel riconoscere gli effetti in capo al *dominus* delle attività giuridicamente rilevanti poste in essere dai sottoposti, nel caso in cui non si trattasse solo dell'acquisizione di diritti, ma questa acquisizione fosse collegata a fattispecie che richiedevano l'acquisto di una situazione che non era la semplice disponibilità fisica del bene ma consisteva nell'apprensione materiale qualificata dagli elementi oggettivi e soggettivi richiesti ai fini della produzione degli effetti giuridici.

5. *Secondo Paolo, nel caso di acquisto peculiare, l'intera fattispecie acquisitiva è posta in essere, negli elementi soggettivi ed oggettivi, dal sottoposto, perché la concessione del peculio da parte del 'dominus' implica che l'unica volontà rilevante sia quella del servo: Paul. D. 41.2.3.12; Paul. D. 41.4.2.12; Paul. D. 41.2.1.5; Pomp. D. 41.3.28.*

In un testo molto famoso il giurista Paolo precisa che nel caso di acquisto peculiare il *dominus* possiede '*animo et corpore servi*': il possesso del *dominus* è cioè interamente qualificato dall'acquisto del servo, nell'elemento oggettivo e soggettivo:

> D. 41.2.3.12 (Paul. 54 *ad ed.*): *Ceterum animo nostro, corpore etiam alieno possidemus, sicut diximus per colonum et servum, nec movere nos debet, quod quasdam etiam ignorantes possidemus, id est quas servi peculiariter paraverunt: nam videmur eas eorundem et animo et corpore possidere.*

Paolo distingue il caso in cui il colono o lo schiavo possiedono solo *corpore*, in quanto utilizzati dal *dominus* per possedere per loro tramite, dal caso dell'acquisto *peculiariter*: «*nam videmur eas eorundem et animo et corpore possidere*». In quest'ultimo caso quindi si deve ritenere che l'intera fattispecie acquisitiva del possesso sia posta in essere, negli elementi soggettivi e materiali, dal sottoposto.

In realtà il giurista si limita a precisare che, nei casi in cui il *dominus* si serve dello schiavo o del colono quali meri intermediari materiali del possesso, l'elemento soggettivo che qualifica il possesso ai fini degli effetti giuridici deve essere riferito allo stesso *dominus*, e non allo schiavo che 'possiede materialmente', e che non contrasta con questa idea il fatto che nel caso gli schiavi acquistino qualcosa *peculiariter*, ciò viene posseduto dal *dominus* anche non consapevole, perché in quel caso l'intera fattispecie acquisitiva è posta in essere dallo schiavo.

Ciò è confermato da

D. 41.4.2.12 (Paul. 54 *ad ed.*): *Pomponius quoque in his, quae nomine domini possideantur, domini potius quam servi voluntatem spectandam ait: quod si peculiari, tunc mentem servi quaerendam. et si servus mala fide possideat eaque dominus nanctus sit, ut suo nomine possideat, adempto puta peculio, dicendum est, ut eadem causa sit possessionis et ideo usucapio ei non magis procedat.*

Ai fini della valutazione dei requisiti soggettivi dell'usucapione, e in particolare della buona fede, Paolo riferisce che secondo Pomponio, nel caso di *res* possedute dal schiavo *nomine domini*, si deve avere riguardo alla volontà del *dominus* piuttosto che a quella dello schiavo; è evidente che il giurista si riferisce ai casi in cui lo schiavo possiede come strumento materiale della volontà del *dominus* per il quale possiede. Paolo aggiunge che nel caso di acquisto peculiare si deve avere invece riguardo alla volontà del servo, e che, se il servo possiede in mala fede, e successivamente il *dominus* inizia a possedere la stessa *res 'suo nomine'*, in quanto per esempio ha tolto il peculio allo schiavo, si deve ritenere che ciò non muti la *causa possessionis*, e che quindi l'usucapione non possa comunque procedere.

La completa autonomia del sottoposto nella gestione del peculio è giustificata dalla concessione da parte del *dominus* del peculio stesso:

D. 41.2.1.5 (Paul. 54 *ad ed.*): *Item adquirimus possessionem per servum aut filium, qui in potestate est, et quidem earum rerum, quas peculiariter tenent, etiam ignorantes, sicut Sabino et Cassio et Iuliano placuit, quia nostra voluntate intellegantur possidere, qui eis peculium habere permiserimus. igitur ex causa peculiari et infans et furiosus adquirunt possessionem et usucapiunt, et heres, si hereditarius servus emat.*

La frase del testo di Paolo, che, citando il parere di Sabino, Cassio e Giuliano, motiva la possibilità di possedere (ed usucapire) *peculiariter* per il *dominus* 'ignorante' con la considerazione «*quia nostra voluntate intellegantur possidere, qui eis peculium habere permiserimus*», non va intesa nel senso che anche l'acquisto peculiare avvenga *animo domini*, ma nel senso che con la concessione del peculio il *dominus* esprime la volontà che il sottoposto possa compiere tutti gli atti negoziali di amministrazione dello stesso, compresi quelli che comportano l'acquisto del possesso *ad usucapionem*; una volta concesso il peculio, l'unica volontà che rileva è quella del sottoposto: infatti, dice ancora il giurista, *ex causa peculiari* anche l'infante e il pazzo, che, come sappiamo, non hanno la capacità di agire, tramite il servo possono possedere ed usucapire, e così anche l'erede, se il servo ereditario acquista una *res* con una *emptio venditio*.

La stessa questione è trattata in un testo di Pomponio:

D. 41.3.28 (Pomp. 17 *ad Sab.*): *Si servo furiosi vel infantis res tradita sit, usu per eum eas personas capere posse constat.*

Il testo, a differenza del passo di Paolo, non pone il requisito della causa peculiare per l'acquisto del possesso *ad usucapionem* della *res tradita* al servo del pazzo o dell'infante; ovviamente, a prima vista, ciò è sembrato in evidente contraddizione con il testo precedente.

In realtà io credo che si tratti di una soluzione diversa in quanto si riferisce ad un caso differente. Abbiamo visto che nel passo di Paolo il caso trattato era relativo all'acquisto del possesso *ad usucapionem ex causa emptionis*, come dimostra l'ultima frase relativa alla *emptio* compiuta dal servo ereditario; nel testo di Pomponio si parla invece solo di possesso *ad usucapionem* acquistato dal servo a seguito di *traditio*: possiamo facilmente ipotizzare che il caso trattato dal giurista concernesse non una *traditio ex causa emptionis*, ma, per esempio, una *traditio donationis causa*, o comunque a titolo gratuito di *res mancipi*, in attuazione cioè di un negozio di mero vantaggio per il *dominus* stesso. Se la cosa fosse stata *nec mancipi* l'acquisto del possesso-proprietà sarebbe andato automaticamente in capo al *dominus*, anche se pazzo o infante; trattandosi di *res mancipi* era ovviamente necessaria l'*usucapio*, ma non vi era motivo di limitare l'acquisto alla *scientia* o alla causa peculiare, perché la fattispecie comportava comunque un mero vantaggio patrimoniale per il *dominus*.

Infatti, ove l'acquisto del possesso da parte del sottoposto coincidesse con una fattispecie idonea all'acquisto della proprietà (per esempio occupazione di *res nullius* o acquisto a seguito di *traditio*, per esempio *donationis causa*, di *res nec mancipi a domino*), risolvendosi in una mera situazione di vantaggio per il *dominus*, non vi era alcuna ragione di porre il requisito della *scientia domini* o, in alternativa, della causa peculiare, in quanto l'acquisto del possesso, comportando solo l'acquisto del diritto di proprietà, poteva avvenire automaticamente, indipendentemente dalla volontà del *dominus*.

Queste considerazioni confermano che quando manca la *scientia domini*, nel caso in cui cioè il sottoposto acquisti autonomamente il possesso nell'ambito dell'attività di gestione del peculio, l'intera fattispecie acquisitiva, negli elementi soggettivi e materiali, viene considerata dai giuristi del Principato posta in essere dal sottoposto stesso, ed è il suo atteggiamento soggettivo che qualifica il possesso, come idoneo o meno al procedere dell'usucapione; se il servo è in mala fede, il bene non entra nel peculio e non sarà posseduto dal *dominus*, che non potrà usucapire.

6. *Alcune soluzioni giurisprudenziali in tema di acquisto per 'traditio ex causa emptionis' e atteggiamento soggettivo del servo: in particolare il requisito del c.d. 'intellectum possidendi'. Paul. D. 41.4.2.10; Ulp. D. 44.6.2; Paul. D. 41.2.1.9 e 10.*

La configurazione della fattispecie acquisitiva nell'ambito dell'amministrazione del peculio come interamente posta in essere dal sottoposto, negli elementi soggettivi oltre che in quello dell'apprensione materiale, trova riscontro nella soluzione che nel caso di acquisto per *traditio ex causa emptionis* impedisce il procedere dell'usucapione, anche se il *dominus* ignori l'alienità della *res*, se lo schiavo è in mala fede:

D. 41.4.2.10 (Paul. 54 *ad ed.*): *Si servus tuus peculiari nomine emat rem, quam scit alienam, licet tu ignores alienam esse, tamen usu non capies.*

Nello stesso senso testimonia un testo di Ulpiano:

D. 44.6.2 (Ulp. 6 *fideic.*): *Si servus cum emerit scit, ignoravit autem dominus, vel contra, videndum est, cuius potius spectanda sit scientia. et magis est, ut scientia inspicienda sit eius qui comparavit, non eius, cui adquiretur, et ideo poena litigiosi competit, sic tamen, si non mandatu domini emit: nam si mandatu, etiamsi scit servus, dominus autem ignoravit, scientia non nocet: et ita Iulianus in re litigiosa scribit.*

Ancora una volta trova conferma l'idea che la discussione fra i giuristi circa il rapporto fra la volontà del *dominus* e la volontà dello schiavo concerneva in particolare i casi di acquisto mediante *traditio ex iusta causa*, che, in quanto *traditio* di *res mancipi* o *a non domino*, non erano immediatamente traslativi del dominio e richiedevano che il possesso acquistato fosse idoneo all'usucapione. Il caso più frequente era ovviamente quello della *traditio ex causa emptionis*.

Va rilevato che lo stesso Paolo osserva che anche il sottoposto, che acquista *sciente domino*, deve avere l'*intellectum possidendi*:

D. 41.2.1.9 (Paul. 54 *ad ed.*): *Ceterum et ille, per quem volumus possidere, talis esse debet, ut habeat intellectum possidendi.*

D. 41.2.1.10 (Paul. 54 *ad ed.*): *Et ideo si furiosum servum miseris, ut possideas, nequaquam videris adprehendisse possessionem.*

Dice infatti il giurista che, anche quando l'acquisto avviene per espresso incarico del *dominus*, vi deve essere comunque la consapevolezza dello schiavo di possedere.

Ciò significa che, secondo Paolo, la fattispecie concreta acquisitiva del possesso, che consta necessariamente dell'apprensione materiale con la consapevolezza di 'possedere', è posta in essere interamente dal servo anche quando ciò avvenga '*volente domino*': il servo non può essere considerato cioè un mero strumento materiale, in quanto deve essere comunque uno strumento 'intelligente'. Tuttavia, se acquista per espressa volontà del *dominus,* il possesso sarà qualificato, ai fini degli effetti giuridici collegati all'elemento soggettivo, dall'*animus* del *dominus* e non da quello dell'intermediario.

Così per esempio, come vedremo, che se il *dominus* dà incarico al servo o al colono di acquistare il possesso di un bene che sa essere altrui, non può ritenersi che l'acquisto avvenga legittimamente, anche se il servo ignaro possiederà *nomine domini*.

Rispetto alla elaborazione di Papiniano, Paolo, che, come è noto, è il giurista cui si deve la compiuta elaborazione degli elementi qualificanti del possesso, distingue con maggiore nettezza i due casi: se lo schiavo acquista *peculiariter,* il possesso è interamente qualificato, negli elementi soggettivi e nell'elemento materiale, dal suo acquisto; se lo schiavo (o il colono) possiede per volontà del *dominus*, che vuole integrare per suo tramite l'elemento materiale, l'elemento soggettivo qualificante (che non è solo la volontà di possedere ma è anche, per esempio, la buona o mala fede rilevante ai fini della tutela della situazione possessoria) va riferito al *dominus* stesso; peraltro, anche in questo caso, colui, che materialmente acquista il possesso e 'possiede' per il *dominus*, deve essere in condizione di averne la consapevolezza (*intellectum possidendi*).

7. *Afr.-Iul. D. 21.1.51: il caso dell'acquisto, da parte del servo, di una 'res vitiosa' e la rilevanza della 'scientia servi' ai fini dell'esperibilità, da parte del 'dominus', dell''actio redhibitoria' e dell''actio empti' per i vizi della cosa.*

La questione, se nella fattispecie acquisitiva si dovesse tener conto della buona o mala fede dell'intermediario o di quella del *dominus negotii* e si dovesse distinguere a seconda che l'acquisto avvenisse *nomine domini* e *peculiari nomine*, non era forse del tutto pacifica ancora per i giuristi del primo Principato: lo attesta un passo di Africano, che riporta il parere di Giuliano:

D. 21.1.51 (Afr. 8 *quaest.*): pr. *Cum mancipium morbosum vel vitiosum servus emat et redhibitoria vel ex empto dominus experiatur, omnimodo scientiam servi, non domini spectandam esse ait, ut nihil intersit, peculiari an domini nomine emerit et certum incertumve mandante eo emerit, quia tunc et illud ex bona fide est servum, cum quo negotium sit gestum, deceptum non esse, et rursus delictum eiusdem, quod in contrahendo admiserit, domino nocere debet. sed si servus mandatu domini hominem emerit, quem dominus vitiosum esse sciret, non tenetur venditor.* 1. *Circa procuratoris personam, cum quidem ipse scierit morbosum vitiosum esse, non dubitandum, quin, quamvis ipse domino mandati vel negotiorum gestorum actione sit obstrictus, nihilo magis eo nomine agere possit: at cum ipse ignorans esse vitiosum mandatu domini qui id sciret emerit et redhibitoria agat, ex persona domini utilem exceptionem ei non putabat opponendam.*

Il caso trattato da Giuliano, e riferito da Africano, non concerne il problema della rilevanza della buona o mala fede dell'intermediario ai fini dell'*usucapio*, ma concerne la rilevanza della sua *scientia* ai fini di valutare l'esperibilità, da parte del *dominus*, dell'azione *redhibitoria* o dell'*actio empti* per i vizi della cosa.

Tuttavia il testo è di grande interesse ai fini di individuare l'elaborazione dei giuristi in materia di rapporti fra la volontà del 'rappresentato' e quella del 'rappresentante': il ragionamento del giurista mostra chiaramente che la fattispecie negoziale deve essere configurata come interamente posta in essere dall'intermediario; non interessa, dice il giurista, se lo schiavo ha comprato *peculiari nomine* o *nomine domini* in seguito ad autorizzazione dello stesso *dominus*: si dovrà avere comunque riguardo alla *scientia* del servo e non a quella del *dominus*, perché la buona fede esige che non sia tratto in inganno colui con cui materialmente si pone in essere il negozio: quindi, se il servo è *ignorans*, il *dominus* può esperire l'azione; se il servo è in mala fede, ciò nuoce al *dominus*; tuttavia, se il *dominus* dà preciso mandato allo schiavo di comprare un determinato schiavo che sa viziato, il venditore non sarà tenuto a rispondere.

Nel caso la compravendita sia posta in essere dal *procurator*, consapevole del vizio, non si può dubitare, secondo il giurista, che, sebbene egli sia tenuto a rispondere al *dominus negotii* con l'*actio mandati*, o *negotiorum gestorum*, non possa agire a tale titolo; quando tuttavia egli, ignorando il vizio, abbia comprato dietro specifico mandato dell'interessato, che ne era invece consapevole, e agisca con l'*actio redhibitoria*, (Giuliano) non riteneva che gli si potesse opporre l'eccezione relativa alla *scientia domini*. La *scientia domini* circa la presenza del vizio rileva quindi nel caso di compravendita posta in essere dallo schiavo, ma non in quella posta in essere dal *procurator*.

### 8. *Il dibattito giurisprudenziale sul problema dell'acquisto del possesso tramite 'procurator': Gai 2.95. In particolare alcune soluzioni della giurisprudenza tardo classica in tema di acquisto del possesso 'ex causa emptionis' tramite 'procurator': C. 7.32.1; Ulp. D. 41.2.42.1; Pap. D. 41.2.49.2; Pap. D. 41.2.1.20; Ulp. D. 41.2.34.1 e 2.*

A questo punto si propone la questione dell'acquisto tramite *procurator*.

Come abbiamo accennato, e come peraltro è noto, lo sviluppo dell'economia romana iniziato nel II secolo a.C. con l'espansione imperialistica della *civitas* comportò un graduale mutamento nella posizione socio-economica degli schiavi, e in particolare degli schiavi preposti sempre più frequentemente all'amministrazione di grandi patrimoni e a tutte le attività commerciali ed imprenditoriali connesse. Questa rilevanza dell'attività 'gestionale' degli schiavi è in un certo senso all'origine della figura del *procurator*, generalmente un liberto che, anche se persona libera, è collegato al *dominus* da stretti vincoli di patronato, ed è 'preposto' dal *dominus* alle attività di gestione patrimoniale, che in precedenza svolgeva quale schiavo munito di peculio.

Ciò comportava che i poteri di 'rappresentanza' del *procurator*, quanto agli effetti della sua attività in capo al *dominus*, potevano essere in un certo senso considerati affini a quelli dello schiavo nell'ambito dell'amministrazione del peculio e potevano porre problemi analoghi.

Gai 2.95: *Ex his apparet per liberos homines, quos neque iuri nostro subiectos habemus neque bona fide possidemus, item per alienos servos, in quibus neque usumfructum habemus neque iustam possessionem, nulla ex causa nobis adquiri posse. Et hoc est, quod vulgo dicitur per extraneam personam nobis adquiri non posse. Tantum de possessione quaeritur, an per <extraneam> personam <per procuratorem> nobis adquiratur.*

Gaio ci dice che, ancora nella sua epoca, escluso che si potesse acquistare la proprietà tramite una persona libera, si discuteva se tramite il *procurator* potesse acquistarsi il possesso. Esclusa quindi la 'rappresentanza diretta' di persone libere nell'acquisto della proprietà per qualsiasi 'causa', all'epoca di Gaio era questione controversa se potesse avere effetto per il *dominus* l'acquisto del possesso da parte del *procurator*.

La ragione della discussione fra i giuristi dell'epoca gaiana è evidente: a rigore, per i sottoposti si era ammesso *utilitatis causa* il principio che – potendo essi gestire autonomamente il peculio e compiere tutti gli atti negoziali che comportassero acquisto non solo della proprietà ma anche del possesso senza la specifica *scientia* del *dominus* – il *dominus* stesso acquistasse, in determinati casi, il possesso *animo et corpore alieno*, principio valido ove fossero presenti i requisiti anche per l'acquisto della proprietà mediante usucapione. Ciò in considerazione dell'esigenza pratica di evitare che il *dominus* fosse costretto ad intervenire ogni volta che il sottoposto poneva in essere un qualsiasi atto che comportasse l'acquisto del possesso. Per il *procurator* la situazione era parzialmente differente in quanto, essendo persona libera, non poteva porre in essere atti negoziali aventi effetti giuridici diretti per il suo patrono, e quindi in nessun caso il suo acquisto materiale, o il trasferimento a lui del possesso, avrebbe potuto portare all'acquisto, o immediato o per usucapione, della proprietà indipendentemente dalla volontà del *dominus negotii*.

Come accennato, non posso in questa sede esaminare analiticamente la complessa casistica che le fonti presentano, e mi limito ad indicare alcuni testi che aprono squarci significativi sulla problematica affrontata dai giuristi.

Va preliminarmente rilevato che dai testi in materia di acquisto del possesso *per procuratorem* risulta con chiarezza che i giuristi non si pongono il problema del soggetto cui va riferito l'*animus possidendi*, ma si pongono ancora una volta il problema del rapporto fra la volontà del 'rappresentante' e la volontà del 'rappresentato' e dei requisiti necessari per permettere di riferire al *dominus negotii* gli effetti della complessiva attività negoziale del *procurator*.

Il primo elemento da tenere in considerazione è che l'acquisto del possesso tramite il *procurator* al *dominus* 'ignorante', inizialmente discusso, nell'età tardo classica risulta pacificamente ammesso, anche *ratione utilitatis*, ma l'acquisto per usucapione può avvenire solo una volta intervenuta la *scientia domini*, come risulta da un rescritto del 196:

C. 7.32.1 *Impp. Severus et Antoninus AA. Attico*: *Per liberam personam ignoranti <per procuratorem> quoque adquiri possessionem et, postquam scientia intervenerit, usucapionis condicionem inchoari posse tam ratione utilitatis quam iuris pridem receptum est.* (a. 196)

Secondo i giuristi tardo classici il verificarsi degli effetti del negozio di compravendita posto in essere dal procuratore richiedeva infatti, al fine di qualificare la *possessio* come *possessio ad usucapionem*, la *scientia* o la *rathiabitio* del negozio da parte del *dominus*.

Se l'acquisto del possesso avviene *ex causa emptionis*, è necessario l'incarico specifico del *dominus*, o, se questo manca, la ratifica da parte del *dominus* della compravendita.

D. 41.2.42.1 (Ulp. 4 *reg.*): *Procurator si quidem mandante domino rem emerit, protinus illi adquirit possessionem: quod si sua sponte emerit, non nisi ratam habuerit dominus emptionem.*

D. 41.3.47 (Paul. 3 *ad Ner.*): *Si emptam rem mihi procurator ignorante me meo nomine adprehenderit, quamvis possideam, eam non usucapiam, quia ut ignorantes usuceperimus, in peculiaribus tantum rebus receptum est.*

Secondo Papiniano in ogni caso per effetto della vendita posta in essere dal procuratore il *dominus negotii* non acquistava le azioni derivanti dal contratto senza il consenso dello stesso procuratore, ma quest'ultimo poteva essere costretto a cederle al *dominus negotii* con l'*actio mandati*.

D. 41.2.49.2 (Pap. 2 *def.*): *Etsi possessio per procuratorem ignoranti quaeritur, usucapio vero scienti competit, tamen evictionis actio domino contra venditorem invito procuratore non datur, sed per actionem mandati ea cedere cogitur.*

Paolo afferma che tramite il procuratore, come tramite il tutore e il curatore, si può acquistare il possesso, purché vi sia la volontà di acquistare per 'il rappresentato'; diversamente, dice il giurista, se non si ammettesse che si può acquistare il possesso quando l'intermediario acquista in nostro nome, si verificherebbe che, a seguito della *traditio*, non avrebbe più il possesso colui che intendeva trasferirlo, e per altro verso non lo acquisterebbe colui che acquista in nome altrui, in quanto non avrebbe la volontà di possedere per sé.

D. 41.2.1.20 (Paul. 54 *ad ed.*): *Per procuratorem tutorem curatoremve possessio nobis adquiritur. cum autem suo nomine nacti fuerint possessionem, non cum ea mente, ut operam dumtaxat suam accommodarent, nobis non possunt adquirere. alioquin si dicamus per eos non adquiri nobis possessionem, qui nostro nomine accipiunt, futurum, ut neque is possideat cui res tradita sit, quia non habeat animum possidentis, neque is qui tradiderit, quoniam cesserit possessione.*

Un caso particolare è trattato in un testo, che è stato ritenuto la prova della circostanza che Ulpiano sarebbe stato il giurista, che, in contrasto con Paolo, avrebbe eliminato il limite della causa peculiare per l'acquisto del possesso del servo al *dominus* 'ignorante':

D. 41.2.34.2 (Ulp. 7 *disp.*): *Servus quoque meus ignoranti mihi adquiret possessionem. nam et servus alienus, ut Celsus scribit, sive a me sive a nemine possideatur, potest mihi adquirere possessionem, si nomine meo eam adipiscatur: quod et ipsum admittendum est.*

Ulpiano, in realtà, con l'affermazione «*Servus quoque meus ignoranti mihi adquiret possessionem*» enuncia un principio generale di per sé non contraddittorio con la casistica che abbiamo sinora esaminato; va rilevato tuttavia che il testo, probabilmente abbreviato, presenta indubbiamente un salto logico: non si capisce infatti il collegamento con la seconda parte, introdotta con '*nam*'; dice Ulpiano, riportando il parere di Celso, che infatti il servo può acquistare il possesso per un soggetto di cui non è in potestà, se lo acquista *nomine suo*, anche se non è dallo stesso o da nessun altro posseduto.

Come vedremo, questa soluzione, probabilmente introdotta non senza qualche dubbio, come dimostra la frase di Ulpiano «*quod et ipsum admittendum est.*», sembrerebbe introdurre l'accettazione di una soluzione controversa, specifica per il caso dell'acquisto del possesso tramite un servo altrui, che acquistasse in nome di un determinato *dominus*.

Il § 2, che abbiamo letto, costituisce peraltro il seguito di un'argomentazione di Ulpiano relativa all'acquisto tramite il *procurator*:

D. 41.2.34.1 (Ulp. 7 *disp.*): *Sed si non mihi, sed procuratori meo possessionem tradas, videndum est, si ego errem, procurator meus non erret, an mihi possessio adquiratur. et cum placeat ignoranti adquiri, poterit et erranti. sed si procurator meus erret, ego non errem, magis est, ut adquiram possessionem.*

La rilevanza dell'elemento soggettivo del *procurator* nella fattispecie acquisitiva del possesso viene evidenziata da Ulpiano in relazione al caso di errore del *dominus negotii*: dice infatti Ulpiano che, se questi può acquistare *ignorans*, potrà acquistare anche se è in errore, ove non sia incorso nello stesso errore il *procurator* cui è stato trasferito il possesso con la *traditio*; tuttavia, nel caso in cui il *dominus* non sia in errore, mentre lo è il *procurator*, prevale la volontà del *dominus negotii*.

Si potrebbe ipotizzare che, una volta ammessa la rilevanza autonoma della volontà dell'intermediario, schiavo o *procurator*, nel qualificare l'acquisto del possesso (*peculiari nomine* o *nomine domini*), ciò si sarebbe potuto ammettere anche, *utilitatis causa*, per il servo altrui, indipendentemente dalla circostanza che fosse o meno posseduto da colui in nome del quale acquistava.

9. *Segue: Giustiniano, generalizzando gli interventi della cancelleria postclassica (C. 7.32.8), ammette che il 'procurator' possa acquistare al 'dominus negotii', anche se 'ignorans', non solo il possesso, ma anche la proprietà: Inst. 2.9.5.*

Secondo una costituzione di Diocleziano, nel caso in cui l'acquisto del possesso da parte del *procurator* coincida con una fattispecie di acquisto della proprietà, il *dominus* acquisterà anche il dominio:

C. 7.32.8 *Impp. Diocletianus et Maximianus AA. Cyrillo*: *Per procuratorem utilitatis causa possessionem et, si proprietas ab hac separari non possit, dominium etiam quaeri placuit.* (a. 294)

La *ratio* di questa soluzione, introdotta con un rescritto di Diocleziano che ha destato non pochi dubbi in dottrina circa la sua autenticità, in quanto contrastante con il principio che non si possono acquistare diritti tramite persona libera, anche se *procurator*, è in un certo senso perfettamente simmetrica rispetto alla *ratio* che *utilitatis causa* aveva indotto i giuristi classici ad ammettere l'acquisto del possesso al *dominus* 'ignorante' nella fattispecie posta in essere dal sottoposto *peculii causa*: in entrambi i casi, trattandosi di situazioni acquisitive di un vantaggio patrimoniale per il *dominus*, in cui l'acquisto della proprietà era strettamente connesso con l'acquisto del possesso, risultava necessario riconoscere piena efficacia a questi atti di gestione, sia per tutelare l'affidamento dei terzi sia per non costringere il *dominus* ad intervenire continuamente per perfezionare l'acquisto. Nel caso dell'acquisto *per procuratorem*, una volta ammesso che egli poteva acquistare il possesso ove volesse riferire gli effetti del suo acquisto al *dominus negotii*, risultava incongruo richiedere che per l'acquisto della proprietà fosse necessaria la *scientia domini*. La particolare posizione del procuratore preposto dal *dominus* alla gestione dei suoi affari ha indotto la cancelleria imperiale, *utilitatis causa*, ma in coerenza con le soluzioni precedenti, ad equiparare gli effetti del suo acquisto a quelli dell'acquisto del servo.

Dall'insieme delle fonti emerge chiaramente una discussione fra i giuristi tardo classici circa la possibilità di riferire al *dominus* gli effetti dei negozi posti in essere dal *procurator*, distinguendo varie situazioni; una volta ammessa, *utilitatis causa*, la possibilità di acquistare direttamente il possesso anche al *dominus* 'ignorante', in analogia, possiamo supporre, con l'acquisto *ex causa peculiari* tramite il *potestati subiectus*, si trattava di disciplinare gli effetti dei negozi collegati all'acquisto del possesso e di determinare i rapporti fra l'atteggiamento soggettivo del *dominus negotii* e quello del *procurator*: nel caso dell'acquisto *ad usucapionem* nell'ambito di una fattispecie di compravendita, secondo alcuni giuristi non poteva che aversi riguardo esclusivamente alla volontà del procuratore, in quanto persona libera in capo al quale andavano gli effetti del negozio anche compiuti nell'ambito della *administratio* conferitagli dal *dominus*; l'usucapione in capo al *dominus* poteva procedere solo nel momento in cui il *dominus* 'ignorante' ratificava l'acquisto; se il *dominus* aveva dato un mandato specifico di comprare per esempio uno schiavo determinato, che sapeva alieno o viziato, la sua mala fede non liberava il venditore dalla responsabilità, a differenza di quanto avveniva se l'acquisto era stato effettuato dallo schiavo, che nel caso di espresso mandato poteva essere considerato mero strumento della volontà del *dominus*.

Nelle sue Istituzioni Giustiniano, generalizzando gli interventi e la tendenza postclassica, estende espressamente la possibilità di acquisto tramite il *procura-*

*tor*, ammettendo espressamente che questi possa acquistare al *dominus*, anche 'ignorante', non solo il possesso ma anche la proprietà, sia per *traditio*, sia, ove acquisti *a non domino*, per usucapione o *longi temporis praescriptio*:

> Inst. 2.9.5: *Ex his itaque apparet, per liberos homines, quos neque vestro iuri subiectos habetis neque bona fide possidetis, item per alienos servos, in quibus neque usumfructum habetis neque iustam possessionem, nulla ex causa vobis adquiri posse. et hoc est, quod dicitur, per extraneam personam nihil adquiri posse: excepto eo quod per liberam personam, veluti per procuratorem, placet non solum scientibus, sed etiam ignorantibus vobis adquiri possessionem secundum divi Severi constitutionem et per hanc possessionem etiam dominium, si dominus fuit qui tradidit, vel per usucapionem aut longi temporis praescriptionem, si dominus non sit.*

È evidente il radicale cambio di prospettiva rispetto alle Istituzioni di Gaio e alla elaborazione dei giuristi classici: la differenza fra acquisto del possesso e acquisto della proprietà per *traditio* o per usucapione ormai attiene solo al caso di acquisto per *traditio a non domino*; in tutti gli altri casi la *traditio* è traslativa non solo del possesso ma anche della proprietà sia dei beni mobili sia dei beni immobili e non avrebbe quindi alcun senso, una volta ammessa, *utilitatis causa*, la possibilità di acquisto del possesso al *dominus* ignorante, richiedere la *scientia* o la *rathiabitio* per l'acquisto della proprietà.

## 10. *Considerazioni conclusive.*

Questa sommaria analisi, come si è detto, non tende a proporre soluzioni esaustive, ma solo ad indicare la possibilità che questi problemi, affrontati generalmente nella prospettiva esclusivamente dell'acquisto del possesso e degli elementi necessari al suo acquisto, *animus possidendi* e *possessio corpore*, vadano inseriti in una problematica più ampia, che concerne non solo l'evoluzione degli elementi, soggettivi ed oggettivi, delle situazioni possessorie e degli effetti giuridici ad esse collegate, ma anche l'evoluzione della disciplina dell'attività negoziale posta in essere dagli intermediari nella determinazione dei rapporti fra la volontà del 'rappresentato' e quella del 'rappresentante' negli atti che qualificavano l'acquisto del possesso e della proprietà.

La *ratio* comune, che guida le soluzioni dei giuristi classici e successivamente delle cancellerie imperiali, è indubbiamente, per un verso, la ricerca della maggior tutela possibile del *dominus negotii* da eventuali effetti dannosi prodotti dall'attività dell'intermediario posta in essere a sua insaputa, per altro verso, l'esigenza, sempre più sentita nella prassi, di riconoscere, senza la necessità di uno specifico intervento del *dominus* stesso, tutti gli effetti acquisitivi di diritti reali nell'ambito degli atti di gestione patrimoniale compiuti dall'intermediario, schiavo o *procurator*[2].

---

[2] Nota bibliografica: ACCURSIUS, Glossa, *ad* D. 41, 2, 1, 5, *ad «peculiariter»*; I. CUIACIUS, *Opera*, III, Venetiis, 1758, col. 646-647 (*Observ. et emend.*, lib. XXIV cap. 9); *Opera*, IV, Mutinae, 1777, col. 583 ss.; l. (XXIII, *Quaestionum Papiniani ad § 3 nondum aditae*); *Opera*, V, Mutinae, 1777, col. 238 (*In Lib. XIX Pauli ad Edictum*, ad L. 2.4.6.10); col. 681 ss. (In Lib. LIV Pauli ad Ed. ad § 3 Item adquirimus); *Opera*, VIII, Mutinae, 1780, coll. 233-234 (*In Tit. II De adquir. vel. amitt., ad § 5 Item*); col. 277 (*ad leg. 24*); col. 286-87 (*ad. leg. 34*); *Opera*, X, Mutinae, 1782, col. 654 (*Ad. Lib. VII Cod., tit. 32 Leg. 1*); F.C. VON SAVIGNY, *Das Recht des Besitzes*[7], Wien, 1865 (5 ss. per la tradizione dottrinaria dai glossatori al XIX secolo); I. ALIBRANDI, *Teoria del possesso secondo il diritto romano*, Roma, 1871, 39 ss.; E.I. BEKKER, *Das Recht des Besitzes bei den Römern*, Leipzig, 1880, 156 ss.; O. RUGGIERI, *Il possesso e gl'istituti di diritto prossimi ad esso*, I, Firenze, 1880, 350 ss.; S. SCHLOSSMANN, *Der Besitzerwerb durch Dritte nach römischen und heutigen Rechte*, Leipzig, 1881, 221 ss.; V. SCIALOJA, *L'acquisto del possesso dei terzi secondo il diritto romano e l'attuale di S. Schlossmann*, in *Studi*, I, Roma, 1934, 97 ss. [= *La Cultura*, I, 1882, 428 ss.]; H. DERNBURG, *Entwicklung und Begriff des juristischen Besitzes des römischen Rechts*, Halle, 1883, 60 ss.; F. KNIEP, *'Vacua possessio'*, Jena, 1886, 143 ss.; R. VON JHERING, *Der Besitzwille. Zugleich eine Kritik der herrschenden juristischen Methode*, Jena, 1889, 101 ss.; S. RICCOBONO, *La teoria del possesso nel diritto romano*, in *AG*, II, 1893, 227 ss.; P. DE FRANCISCI, *Sull'acquisto del possesso per mezzo degli schiavi*, in *RIL*, XL, 1907, 1002 ss.; P. BONFANTE, *La «possessio civilis» e la «possessio naturalis»*, in *Scritti giuridici varii*, III, Torino, 1921, 534 ss. [= *RISG*, XVI, 1894, 161 ss.]; E. VERMOND, *Théorie générale de la possession*, Paris, 1895, 296 ss.; P. DE FRANCISCI, *Sull'acquisto del possesso per mezzo dello schiavo*, in *RIL*, XL, 1906, 1002 ss.; W.W. BUCKLAND, *The roman law of slavery: the condition of the slave in private law from Augustus to Justinian*, Cambridge, 1908, 134 ss.; S. SOLAZZI, *Di alcuni punti controversi nella dottrina romana dell'acquisto del possesso per mezzo di rappresentanti*, Modena, 1911; H. LEWALD, *Recensione* a S. SOLAZZI, *Di alcuni punti controversi nella dottrina romana dell'acquisto del possesso per mezzo di rappresentanti*, in *ZSS*, XXXIV, 1913, 449 ss.; G. DONATUTI, *«Iusta possessio»*, in *AIV*, LXXX, 1920-21, 1075 ss.; G. ROTONDI, *«Possessio quae animo retinetur»*, in *BIDR*, XXX, 1921, 1 ss.; G. SCHERILLO, *Contributi alla dottrina romana del possesso. I. 'Possessio naturalis'*, in *RIL*, LXIII, 1930, 306 ss.; G. MICOLER, *Pécule et capacité patrimoniale. Étude sur le pécule, dit profectice, depuis l'édit de peculio jusqu'à la fin de l'époque classique*, Lyon, 1932, 550 ss.; P. BONFANTE, *Corso di diritto romano. III. Diritti reali*, Roma, 1933, rist. a cura di G. Bonfante e G. Crifò, Milano, 1972, 130 ss.; W. KUNKEL, *«Civilis» und «naturalis possessio»*, in *Symbolae Friburgenses Lenel*, Leipzig, 1935, 40 ss.; S. RICCOBONO, B. FRESE, *Das Mandat in seiner Bezieheung zur 'Procurator'*, in *Studi in onore di S. Riccobono*, IV, Palermo, 1936, 405 ss.; E. ALBERTARIO, *Studi di diritto romano*, II, Milano, 1941, 161 ss.; M. KASER, *Eigentum und Besitz im älteren römischen Recht*, Weimar, 1943, 329 ss.; E. ALBERTARIO, *Possesso e quasi possesso*, Milano, 1946, 77 ss.; F. SERRAO, *Il «procurator»*, Milano, 1947; K. OLIVECRONA, *The acquisition of possession*, in *Three essays in Roman Law*, Copenaghen, 1949,

52 ss.; P. VOCI, *Modi di acquisto della proprietà*, Milano, 1952, 69 ss.; M. LAURIA, *Possessiones*, Napoli, 1953, 79 ss.; P. MEYLAN, *«Per procuratorem possessio nobis adquiri potest»*, in *Fest. H. Lewald*, Basel, 1953, 105 ss.; P. FUENTESECA DÍAZ, *«Possessio domino ignoranti»*, in *AHDE*, XXIV, 1954, 559 ss.; M. BRETONE, *« Adquisitio per procuratorem»?*, in *Labeo*, I, 1955, 280 ss.; S. SOLAZZI, *Errore e rappresentanza*, in *Scritti di diritto romano*, I, Napoli, 1955, 277 s.; ID., *La definizione del procuratore*, in *Scritti di diritto romano*, II, Napoli, 1957, 557; ID., *Procuratori senza mandato*, in *Scritti di diritto romano*, II, cit., 569 ss.; G. NICOSIA, *L'acquisto del possesso mediante i «potestati subiecti»*, Milano, 1960, 15 ss.; ID., *Acquisto del possesso «per procuratorem» e «reversio in potestatem domini» delle «res furtivae»*, in *Iura*, XI, 1960, 194 ss.; F. PRINGSHEIM, *Acquisition of ownership through 'servus fugitivus'*, in *Gesammelte Abhandlungen*, I, Heidelberg, 1961, 339 ss.; A. WATSON, *Acquisition of possession «per estraneam personam»*, in *TR*, XXIX, 1961, 22 ss.; ID., *Acquisition of possession and usucapion «per servos et filios»*, in *LQR*, LXXVIII, 1962, 205 ss.; A. BURDESE, *In tema di 'animus possidendi'*, in *Studi in onore di B. Biondi*, I, Milano, 1963, 519 ss.; R. QUADRATO, *Dal 'procurator' al mandatario*, in *Annali Bari*, XVIII, 1963, 1-38; L. DI LELLA, *Sull'acquisto del possesso «domino ignoranti»*, in *Mnemeion Siro Solazzi*, Napoli, 1964, 432 ss.; G. MAC CORMACK, *The role of 'animus' in the classical law of possession*, in *ZSS*, LXXXVI, 1969, 131 ss.; M. KASER, *Das römische Privatrecht*, I$^2$, München, 1971, 393 ss.; P. ANGELINI, *Il «procurator»*, Milano, 1971; L. VACCA, *Ancora sul problema del 'procurator' e della rappresentanza nell'acquisto del possesso. A proposito di alcuni studi recenti*, in *RISG*, C, 1973, 272 ss.; R. QUADRATO, *D. 3.3.1 pr. e la definizione di 'procurator'*, in *Labeo*, XX, 1974, 210 ss.; G. WESENER, *'Ius possessionis'*, in *Fest. M. Kaser*, München, 1976, 162 ss.; H.P. BENÖHR, *Der Besitzerwerb durch Gewaltabhängige im klassischen römischen Recht*, Berlin, 1972, 11 ss.; H. ANKUM, *Un cas de 'traditio dotis' dans un texte de Julien*, in *RIDA*, XXIII, 1976, 77 ss.; M. KASER, *Wesen und Wirkungen der Detention in den antiken Rechten*, in *Ausgewählte Schriften*, II, Napoli, 1976, 259 ss.; G. WESENER, *«Ius possessionis»*, in *Fest. M. Kaser*, München, 1976, 162 ss.; P. ZAMORANI, *«Possessio» e «animus»*, Milano, 1977, 245 ss.; B. ALBANESE, *Le situazioni possessorie nel diritto privato romano*, Palermo, 1985, 26 ss.; P. LAMBRINI, *L'elemento soggettivo nelle situazioni possessorie del diritto romano classico*, Padova, 1998, 77 ss.; L. SOLIDORO MARUOTTI, *La tutela del possesso in età costantiniana*, Napoli, 1998, 285 ss.; M. MICELI, *Brevi riflessioni su mandato e rappresentanza alla luce del pensiero di G. La Pira*, in *AUPA*, L, 2005, 207 ss.; G.C. BISAZZA, *Lo 'iussum domini' e la sostituzione negoziale nell'esperienza giuridica romana*, I, Milano, 2003, 77 ss.; ID., *In tema di sostituzione volontaria e 'procurator'*, in *Studi in onore di G. Nicosia*, II, Milano, 2007, 491 ss.; F. BRIGUGLIO, *Studi sul 'procurator'*. I. *L'acquisto del possesso e della proprietà*, Milano, 2007, 46 ss.; ID., *L'interdipendenza delle obbligazioni nella vendita conclusa per mezzo di un «procurator»*, in AA.VV., *La compravendita e l'interdipendenza delle obbligazioni nel diritto romano*, a cura di L. Garofalo, II, Padova, 2007, 53 ss.; R. PESARESI, *Ricerche sul 'peculium' imprenditoriale*, Bari, 2008, 65 ss.; G.C. BISAZZA, *Dallo 'iussum domini' alla 'contemplatio domini'. Contributo allo studio della storia della rappresentanza*, Milano, 2008, 89 ss.; M. MICELI, *Studi sulla «rappresentanza» in diritto romano*, Milano, 2008, 258 ss.; D. DALLA, *Gli acquisti dei soggetti a potestà secondo gli schemi delle 'Institutiones'*, in AA.VV., *Agire per altri. La rappresentanza negoziale, processuale, amministrativa nella prospettiva storica*, Napoli, 2010, 255 ss.; S. DI SALVO, *Acquisto per altri e trasmissione della proprietà*, in AA.VV., *Agire per altri*, cit., 287 ss. Per altri riferimenti bibliografici cfr. anche F. LEIFER, voce *Possessio*, in *RE*, XLIII, 1953, 831 ss.; C.A. CANNATA, voce *Possesso (dir. rom.)*, in *Noviss. dig. it.*, XIII, Torino, 1966, 323 ss.; A. BURDESE, voce *Possesso (dir. rom.)*, in *Enc. dir.*, XXXIV, Milano, 1985, 452 ss.

Capitolo Quarto

# USUCAPIONE (DIRITTO ROMANO)*



## 1. *Premessa.*

La struttura dell'usucapione, nella sua configurazione essenziale, è lineare: colui che possiede un determinato bene per il tempo stabilito dall'ordinamento giuridico ne acquista la proprietà; il suo titolo è da quel momento opponibile *erga omnes*, e il precedente proprietario in virtù di tale acquisto perde il suo diritto.

Questo istituto, che è presente in tutte le moderne codificazioni dell'Europa continentale, è già esplicitamente definito nelle fonti romane classiche[1] ed i giuristi romani appaiono altresì concordi nell'individuare il suo

* Il saggio è pubblicato sotto la voce *Usucapione (dir. rom.)*, in *Enc. dir.*, XLV, Milano, 1992, 989 ss.

[1] D. 41.3.3 (Mod. 5 *pand.*): *Usucapio est adiectio dominii per continuationem possessionis temporis lege definiti*; Tit. Ulp. 19.8: *Usucapione dominium adipiscimur tam mancipii rerum quam nec mancipii. Usucapio est autem dominii adeptio per continuationem possessionis anni vel biennii: rerum mobilium anni, immobilium biennii.*

fondamento nella necessità di dare certezza all'appartenenza dei beni, ponendo un limite ai motivi di controversie giudiziarie[2].

L'ambito di applicazione dell'usucapione, la sua funzione ed i limiti in cui essa può operare non sono tuttavia sempre facilmente determinabili, e variano in rapporto ai diversi momenti storici e ai diversi ordinamenti.

Ciò giustifica la difficoltà che la dottrina, non solo romanistica ma anche civilistica, ha sempre incontrato, ed incontra tuttora, nell'inquadrare la natura giuridica dell'usucapione nel suo rapporto con gli altri modi di acquisto, e nel classificarlo fra i modi originari o i modi derivativi. Peraltro, la soluzione di questo problema può variare, non solo a seconda della accezione in cui si assumano i termini acquisto originario e acquisto derivativo, termini estranei, come è noto, alla concettualizzazione romana e a tutt'oggi controversi, ma anche a seconda delle fattispecie in cui questo acquisto opera, e che possono presentare strutture differenti[3].

In realtà, ciò che caratterizza questa fattispecie acquisitiva rispetto alle altre, e che crea i maggiori problemi di disciplina concreta, è che essa si attua in un potenziale conflitto fra le ragioni del proprietario, che per effetto dell'usucapione si vede privato del suo diritto – in alcuni casi anche contro la sua volontà, o comunque indipendentemente da essa – e le ragioni del possessore, che si trova in una situazione di fatto ritenuta giuridicamente degna di tutela, o perché semplicemente consolidatasi nel tempo, o perché derivante da un rapporto giuridico, con il precedente proprietario o con un terzo, o comunque da una 'causa' di per sé astrattamente idonea a fondare l'acquisto della proprietà.

Il problema principale, dunque, che si pone in relazione a questo 'modo

---

[2] D. 41.10.5 pr. (Ner. 5 *membr.*): *Usucapio rerum, etiam ex aliis causis concessa interim, propter ea, quae nostra existimantes possideremus, constituta est, ut aliquis litium finis esset.* Gai 2.44: *Quod ideo receptum videtur, ne rerum dominia diutius in incerto essent, cum sufficeret domino ad inquirendam rem suam anni aut biennii spatium, quod tempus ad usucapionem possessori tributum est.* D. 41.3.1 (Gai. 21 *ad ed. prov.*): *Bono publico usucapio introducta est, ne scilicet quarumdam rerum diu et fere semper incerta dominia essent, cum sufficeret dominis ad inquirendas res suas statuti temporis spatium.* Cfr. anche Cic. *pro Caec.* 26.74: ... *at usucapio fundi, hoc est finis sollicitudinis ac periculi litium, non a patre relinquitur, sed a legibus* ...

[3] Il problema sorge per la circostanza che, mentre in alcuni casi l'acquisto per usucapione è completamente autonomo ed il diritto, che in virtù di essa si acquista, è indipendente da quello del precedente titolare, in altri casi l'acquisto del dominio appare trovare il suo fondamento ('*causa*') in un precedente rapporto negoziale fra il *dominus* e colui che acquista il possesso, e quindi in un atto di trasferimento: su questo dibattito cfr., per esempio, GIUS. PUGLIESE, *La prescrizione acquisitiva*[4], Torino, 1921, 45 ss.

di acquisto della proprietà', in qualunque epoca e in qualunque ordinamento giuridico, e che può essere variamente risolto a seconda della 'funzione' che gli si attribuisce come prevalente, è quello dei limiti in cui esso può operare in rapporto al diritto del precedente proprietario. La soluzione di tale conflitto, a vantaggio del proprietario o del possessore, discende, com'è ovvio, da elementi storicamente variabili, quali la maggiore o minore ampiezza della compagine sociale in cui operano le regole giuridiche, la maggiore o minore rilevanza dei 'fatti' rispetto alle situazioni giuridiche formalizzate, le esigenze più o meno sentite di un'agile circolazione dei beni, o almeno di alcuni beni rispetto ad altri, con la conseguente necessità di tutelare e garantire l'affidamento delle parti negoziali e dei terzi sulla realtà 'apparente' ed infine il grado di affinamento dell'elaborazione dei concetti giuridici e di precisazione delle regole di soluzione dei casi concreti.

Nella ricostruzione della storia dell'usucapione è necessario quindi tener conto della modificazione di questi elementi.

Già nell'ambito dell'esperienza giuridica romana l'usucapione subì infatti un'evoluzione complessa e articolata, che rispecchia in modo significativo la trasformazione degli assetti proprietari, e soprattutto dei modi di acquisto e di trasferimento dei beni, nei diversi periodi della storia di Roma.

Peraltro, nelle diverse fasi di elaborazione di questo istituto sono facilmente percepibili le 'svolte' che tradizionalmente nella dottrina storiografica corrispondono alla 'periodizzazione' del diritto privato romano. La prima fase è segnata dal passaggio, nel III secolo a.C., dalla antica società agraria, fondata prevalentemente su stabili rapporti di appartenenza, alla società commerciale, che esige frequenti scambi di beni e rapida circolazione di essi; passaggio che, sul piano della formazione del diritto, corrisponde alla nascita del *ius honorarium* e della 'giurisprudenza scientifica', i quali nel periodo classico portano anche in questo campo ad una compiuta elaborazione dell'istituto, mediante soluzioni sfaccettate ed estremamente articolate sul piano tecnico. Successivamente, a partire dal III secolo d.C., con la rapida modificazione degli assetti economico-sociali nel mondo postclassico, il quadro cambia completamente, e l'affermazione di una nuova realtà fondiaria, che si frantuma in forme diversificate di appartenenza e godimento, trova solo parziale riscontro nella normazione imperiale. Giustiniano tenterà infine il coordinamento, in una riforma unitaria, di queste norme frammentarie con la precedente tradizione scientifica.

I. La struttura originaria dell'usucapione.

## 2. *L'"usucapio' nella testimonianza delle norme decemvirali.*

L'origine dell'*usucapio*[4] può collocarsi con sicurezza in età antecedente alla codificazione delle XII Tavole nel 451-450 a.C.; dal tenore delle testimonianze, che ci sono pervenute, si deduce infatti che anche in questo campo le XII Tavole si limitarono a recepire e, forse – tutt'al più –, a regolare con maggiore precisione un istituto già consuetudinariamente riconosciuto come produttivo dell'effetto dell'acquisto della proprietà civile.

Le poche norme decemvirali, di cui abbiamo attestazione, pongono peraltro non pochi problemi di interpretazione, e ciò rende estremamente difficile ricostruire con precisione l'ambito di applicazione originario dell'usucapione, anche in rapporto agli altri modi di acquisto della proprietà, ed ai suoi limiti.

La norma fondamentale in questa materia (Tab. 6.3) e che conosciamo attraverso la citazione – probabilmente non letterale – di Cicerone (*top.* 4.23), propone un indubbio collegamento fra il regime dell'*usucapio* e il regime dell'*auctoritas*: «*Usus auctoritas fundi biennium est ... ceterarum rerum omnium annuus est usus*».

Secondo questo enunciato, quindi, per l'acquisto dei fondi – cui, dobbiamo ritenere, si aggiunse successivamente, per via interpretativa, con il progredire del fenomeno dell'urbanizzazione, la menzione degli edifici[5] –

---

[4] Secondo alcuni autori (cfr., in particolare, Th. Mayer-Maly, *Studien zur Frühgeschichte der 'usucapio'*, I, in *ZSS*, LXXVII, 1960, 22 ss.), il termine '*usucapio*' con riferimento ad un modo di acquisto della proprietà era sconosciuto alla terminologia più antica; originariamente infatti l'espressione non sarebbe stata utilizzata con riferimento al *capere usu* (acquistare mediante *usus*), ma avrebbe indicato solo la *capio usus*, e cioè l'inizio dell'*usus*. La dottrina prevalente è tuttavia orientata nel senso di riconoscere la risalenza dell'espressione nell'accezione tecnica usuale, attestata peraltro esplicitamente nelle fonti dell'età repubblicana. È rimasta, per altro verso, isolata l'opinione espressa da G. Diòsdi, *Ownership in ancient and preclassical Roman Law*, Budapest, 1970, 90 ss., secondo cui il protrarsi nel tempo dell'*usus* solo in età relativamente tarda sarebbe stato concepito come modo di acquisto della proprietà; la norma decemvirale sull'*usus-auctoritas* (su cui v. *infra*, nel testo e nt. 7) avrebbe avuto, secondo questo autore, solo lo scopo di liberare il convenuto con azione di rivendica dall'onere della prova del titolo, se trascorso il tempo di *usus* richiesto. Su ciò cfr. L. Capogrossi Colognesi, *Recensione* a G. Diòsdi, *Ownership in ancient and preclassical Roman Law*, Budapest, 1970, in *Labeo*, XVIII, 1972, 373 ss.

[5] L'estensione agli *aedia* è già presente in Cic. *top.* 4.23; *pro Caec.* 19.54; cfr. inoltre Gai 2.42 e 54.

era necessario l'*usus* prolungato per due anni[6]; per tutti gli altri beni era invece sufficiente un anno. Per lo stesso periodo di tempo durava l'obbligo dell'alienante di garantire mediante *auctoritas* l'acquisto dell'accipiente[7].

Altre norme delle XII Tavole vietavano l'usucapione delle *res furtivae*[8] e

---

[6] In età decemvirale, e per tutto il periodo antico, l'*usus* indica tecnicamente uno stato di fatto simile alla *possessio*, ma non coincidente con essa. La *possessio* era infatti esclusivamente la situazione di signoria esercitata dai privati sulle terre dell'*ager publicus*, e tutelata sin da età molto risalente mediante interdetti del magistrato giusdicente. L'*usus* indica semplicemente esercizio di fatto della proprietà o altro potere, conforme al contenuto del diritto corrispondente, ma indipendente dalla effettiva titolarità di esso (v. ancora *infra*, nt. 25). Solo nel momento in cui l'esercizio di fatto della proprietà su beni privati venne tutelato mediante gli stessi interdetti, che tutelavano la *possessio* dell'*ager publicus*, si ebbe la fusione dei due istituti, *usus* e *possessio*. Cfr. A. Burdese, voce *Possesso (dir. rom.)*, in *Enc. dir.*, XXXIV, Milano, 1985, 452 ss.; Giov. Pugliese, *Istituzioni di diritto romano*², Torino, 1990, 135. Va notato inoltre che alcuni autori (si veda, per esempio, Th. Mayer-Maly, *Studien zur Elementarliteratur über die 'usucapio'*, in *Studi in onore di E. Betti*, III, Milano, 1962, 490; G. Franciosi, *'Usucapio pro herede'. Contributo allo studio dell'antica 'hereditas'*, Napoli, 1965, 25) ritengono che prima delle XII Tavole, secondo i *mores*, il termine dell'*usus* fosse unitario, di un anno: in questo senso sarebbe sintomatica la presenza del termine annuale nelle forme più antiche di *usus* (per esempio, nelle *usureceptiones*, o nell'*usus* richiesto per costituire la *manus*); il termine più lungo in relazione ai fondi sarebbe stato introdotto successivamente nella legge, in considerazione delle esigenze dell'agricoltura, che potevano, per esempio, richiedere una rotazione della coltivazione e giustificare quindi l'abbandono temporaneo del fondo.

[7] La letteratura, sia sul significato del termine *auctoritas*, sia sul significato dell'espressione *usus-auctoritas*, è vastissima: cfr., per esempio, F. De Visscher, *'Auctoritas' et 'mancipium'*, in *SDHI*, XXII, 1956, 87 ss.; Th. Mayer-Maly, *Studien zur Frühgeschichte*, cit., I e II, *passim*; i vari studi di M. Kaser (v. *infra*, letteratura citata), fra cui, ultimo, *Altrömisches Eigentum und 'usucapio'*, in *ZSS*. CV, 1988, 122 ss. Secondo l'opinione che può considerarsi ormai dominante, nel contesto della norma decemvirale il termine *auctoritas* indica la garanzia per l'evizione: cfr. G. Franciosi, *'Auctoritas' e 'usucapio'*, Napoli, 1963, specialmente 11 ss. e letteratura ivi citata. Un'ipotesi particolare è stata avanzata da A. Guarino, *Diritto privato romano*⁸, Napoli, 1988, 457 s., e ribadita da L. Amirante, *Il concetto unitario dell''auctoritas'*, in *Studi in onore di S. Solazzi*, Napoli, 1948, 375 ss.; secondo questi autori in questa fattispecie l'*auctoritas* sarebbe da intendersi genericamente come rinunzia del proprietario all'esercizio delle facoltà implicate dalla sua *potestas*, nel senso quindi di acquiescenza, mancata reazione al possesso altrui. Sul problema da ultimo v. P. Fuenteseca, *Trasferimento della proprietà e 'auctoritas' nella vendita romana*, in *Vendita e trasferimento della proprietà nella prospettiva storico-comparatistica. Atti del Convegno Pisa-Viareggio-Lucca, 17-21 aprile 1990*, a cura di L. Vacca, Milano, 1991. V. ancora *infra*, nel testo.

[8] Gai 2.45: ... *nam furtivam rem lex XII tabularum usucapi prohibet*. È stato sollevato il dubbio se il divieto relativo alle *res furtivae* riguardasse in origine solo il ladro, e fosse stato esteso a tutti i terzi aventi causa dalla successiva *lex Atinia*: la dottrina prevalente sembra tuttavia orientata nel senso che tale *lex* avrebbe sancito solo la redenzione del vizio al momento della *reversio in potestatem domini*. Il divieto inoltre comprendeva, ancora in età de-

sancivano l'*aeterna auctoritas adversus hostem*[9], in evidente connessione con la circostanza che il non cittadino romano non poteva usucapire, essendo l'*usucapio* un istituto esclusivo del *ius civile*.

Le maggiori difficoltà nella interpretazione di questi testi si pongono nell'individuare, nella laconica formulazione tratta dalle XII Tavole, il rapporto fra *usus e auctoritas*, che, secondo una parte della dottrina, porta ad ipotizzare per quest'epoca un collegamento inscindibile fra *mancipatio* e acquisto per usucapione.

Il dibattito dottrinario a questo proposito coinvolge una delle questioni più controverse, quella della struttura traslativa dell'antica *mancipatio* e della funzione, rispetto ad essa, dell'*auctoritas* e dell'*usucapio*[10].

Le difficoltà interpretative di queste norme decemvirali in parte derivano dallo sforzo della dottrina meno recente di collegarle alla teoria generale della distinzione fra *res mancipi* e *res nec mancipi* e dei diversi modi di acquisto delle due categorie di *res*, teoria su cui fa perno, come è noto, l'intera ricostruzione del regime antico della proprietà[11]. Infatti, se si accetta l'ipotesi – che sembra peraltro la più fondata – che '*auctoritas*' abbia anche in questo contesto il significato di garanzia per l'evizione[12] e di obbligo dell'*auctor* di ogni intervento processuale necessario a tutelare l'acquisto derivante da *mancipatio*, si è facilmente portati a dedurne che l'*auctoritas* sia elemento necessario anche dell'acquisto per usucapione, non solo nel senso evidente che il *mancipio dans* è tenuto a prestare la sua garanzia nei confronti del *mancipio accipiens* per tutto il tempo necessario all'acquisto

---

cemvirale, le *res* – mobili o immobili – *vi possessae*, in quanto incluse in quel periodo nelle *res furtivae*; tale divieto, restringendosi successivamente la nozione di furto, sarebbe stato ribadito dalle leggi *Plautia* e *Julia* (cfr. P. BONFANTE, *Corso di diritto romano*. II. *La proprietà*, pt. II, rist. a cura di G. Bonfante e G. Crifò, Milano, 1968, 279 s.). B. ALBANESE, *Le situazioni possessorie nel diritto privato romano*, Palermo, 1985, 96, ritiene anzi che già da epoca antica il divieto di usucapione delle *res furtivae* impedisse l'acquisto di tutti i possessori in mala fede, in quanto ogni impossessamento in mala fede avrebbe costituito appunto ipotesi di furto. Secondo testimonianze più tarde, le XII Tavole escludevano l'usucapibilità anche *a)* delle *res mancipi traditae* da una *mulier sui iuris* senza l'*auctoritas* del tutore; *b)* della striscia di terreno di almeno cinque piedi che doveva sussistere fra i fondi rustici; *c)* dei luoghi in cui fosse stato bruciato e sepolto un cadavere.

[9] Cic. *off.* 1.12; sul testo v., in particolare, G. FRANCIOSI, '*Auctoritas*', cit., 18 ss.

[10] Per una rassegna della letteratura meno recente v., in particolare, F. GALLO, *Studi sul trasferimento della proprietà in diritto romano*, Torino, 1955, 132 ss. Da ultimo P. FUENTESECA, *Trasferimento della proprietà*, cit., *passim*, con ampia letteratura.

[11] Cfr., per esempio, M. KASER, *Altrömisches Eigentum*, cit., *passim*, e L. CAPOGROSSI COLOGNESI, voce *Proprietà (dir. rom.)*, in *Enc. dir.*, XXXVII, Milano, 1988, 160 ss.

[12] V. *supra*, nt. 7.

mediante *usus*, e che trascorso il termine previsto cessa tale obbligo indipendentemente dall'essersi verificato l'acquisto (che potrebbe, per esempio, non essere avvenuto per interruzione dell'*usus*), ma anche nel senso che l'*usus* tutelato dall'ordinamento deriva necessariamente, come l'*auctoritas*, dalla *mancipatio*, e che quindi anche questo modo di acquisto è previsto, almeno sino alle XII Tavole, solo per le *res mancipi*[13].

Questa interpretazione della norma delle XII Tavole si pone inoltre in collegamento con la ricostruzione[14] secondo la quale nel periodo più antico solo le *res mancipi* sarebbero state oggetto di vero dominio, mentre il regime delle *res nec mancipi* sarebbe stato assimilabile a quello di un mero possesso concreto, regolato esclusivamente da modi di acquisto e trasmissione 'naturali', quali l'occupazione e la consegna materiale. In questo quadro la *mancipatio* sarebbe stato l'unico atto la cui struttura permettesse una efficace acquisizione del dominio, con tutte le garanzie che vi erano connesse, e il protrarsi nel tempo dell'esercizio del potere connesso al *mancipium* non avrebbe comportato altro che la consolidazione definitiva e indiscutibile di tale potere, in virtù della norma che lo poneva al riparo da qualsiasi contestazione.

Secondo alcuni autori ciò spiegherebbe anche perché la norma decemvirale faccia riferimento ad una differenza di regime non fra *res mancipi* e *nec mancipi*, ma fra fondi e *ceterae res*, ponendosi così in apparente contrasto con tutto il sistema dei modi di acquisto della proprietà, che invece si fonda proprio sulla prima differenziazione: questa differenziazione sarebbe stata in realtà già implicita nella circostanza che l'acquisto del dominio mediante *usus*, assistito dall'*auctoritas*, era di per sé concepibile solo in relazione alle *res mancipi*.

È evidente, peraltro, che nell'ambito di un sistema così ricostruito trova difficilmente una collocazione l'acquisto mediante *usus* prolungato nel tempo di una *res nec mancipi*: se è vero infatti che in relazione a queste *res* il diritto si identifica con la disponibilità materiale, l'*usus* di esse si acquista immediatamente, al momento dell'*occupatio* o della *traditio*, ed il decorso del tempo non può aggiungervi niente, come niente esso può aggiungere alla tutela processuale di tale situazione, che avverrà sempre sulla base del confronto della situazione possessoria delle due parti e della sua legittimità.

---

[13] Così, per esempio, F. De Visscher, *'Auctoritas' et 'mancipium'*, cit., 26 ss.

[14] Ricostruzione proposta, per esempio, già da O. Karlowa, *Der römische Civilprozess zur Zeit der Legisactionen*, Berlin, 1872, 34, e da R. Jhering, *L'esprit du droit romain*², IV, Paris, 1880, 28; 203, e ripresa, sotto alcuni profili, dal Kaser.

Solo parzialmente differente è la ricostruzione del Bonfante, che si ricollega esplicitamente alla concezione ora esposta, e secondo il quale è «molto verosimile» che «l'estensione della *usucapio* alle *ceterae res* sia successiva alle XII Tavole»; l'autore peraltro ritiene che l'ambito originario di applicazione dell'istituto si determini solo oggettivamente, non in relazione alla 'causa' che giustifica l'acquisto del possesso, ma esclusivamente in rapporto all'individuazione negativa delle *res* per le quali l'*usus* non può comportare l'acquisto del dominio [15]; tale limite negativo è in parte insito nei *mores* (così, per esempio, per le *res sacrae* o *extra commercium*, e comunque per tutte le cose non suscettibili di proprietà privata) e in parte esplicitamente sancito dalla legge (fra questi casi il più rilevante è quello delle *res furtivae*, la cui inusucapibilità secondo Gaio era, come si è detto, già sancita espressamente nelle XII Tavole).

Complessivamente, il quadro che si verrebbe così a delineare è il seguente: l'*usus*, rafforzato dall'*auctoritas* per il tempo determinato dalla legge, nel periodo più antico ha solo l'effetto di consolidare e rendere autonomamente opponibile *erga omnes* l'acquisto mediante *mancipatio*, a meno che la *res* non provenga da furto (inteso nella sua accezione originaria di lesione ingiusta del possesso) o sia comunque insuscettibile di acquisto. Nel periodo intermedio l'azione di rivendica del terzo deve misurarsi con il titolo dell'*auctor*, e, ove questi soccomba, scattano i meccanismi finali della garanzia per evizione con l'obbligazione di pagare il doppio del prezzo.

Questa ricostruzione implica, in definitiva, che l'effetto acquisitivo dell'*usus* si ricolleghi in origine prevalentemente, se non esclusivamente, ad una funzione di 'sanatoria' di una *mancipatio* compiuta dal non proprietario e di cosa non oggetto di furto; il che peraltro restringe enormemente l'ambito di applicazione pratica dell'istituto in quanto – data anche l'ampiezza della nozione di furto originaria, che, come si è detto, comprende ogni sottrazione del possesso, violenta o clandestina, e, in una certa epoca, anche di bene immobile – la *mancipatio* di cosa altrui, contro la volontà o all'insaputa del proprietario, avrebbe comunque – nella generalità dei casi – impedito l'usucapione, in quanto la *res* così alienata sarebbe stata considerata furtiva: a ciò si aggiunga che, considerata la solennità e la pubblicità del rito, nella ristretta comunità primitiva chi non era proprietario difficilmente avrebbe potuto compiere la *mancipatio* [16].

---

[15] Cfr. P. BONFANTE, *Forme primitive ed evoluzione della proprietà romana ('Res mancipi' e 'res nec mancipi')*, in *Scritti giuridici varii*, II, Torino, 1918, 162 ss.; ID., *Corso*, II, cit., 278 ss.

[16] Per altro verso, nonostante gli sforzi argomentativi compiuti da alcuni autori, questa

La dottrina oggi dominante sembra peraltro orientata a ritenere che queste teorie siano troppo restrittive dell'ambito di applicazione originario dell'*usus* come modo di acquisto[17]; per altro verso, suscita oggi non poche critiche e incertezze l'idea che originariamente le *res nec mancipi* fossero escluse dall'ambito dei beni oggetto di dominio quiritario[18].

Peraltro, Cicerone e i giuristi classici ci dicono esplicitamente che l'acquisto mediante il protrarsi dell'*usus* per il periodo legale fu introdotto per dare certezza all'appartenenza dei beni e por fine alle occasioni di liti giudiziarie. Questa necessità si riscontra sin dalle origini sia per le *res mancipi* sia per le *res nec mancipi*; anzi, sotto un certo profilo, la proprietà delle *res nec mancipi*, i cui modi di trasferimento non sono circondati dalle formalità solenni stabilite per le *res mancipi*, potrebbe essere più spesso dubbia e controversa, come più sentita in relazione a queste *res* potrebbe essere l'esigenza di tutelare l'ipotesi in cui l'acquisto sia avvenuto mediante *traditio a non domino*[19].

---

teoria non è in alcun modo conciliabile con l'idea che l'*usucapio* possa soccorrere anche in caso di difetto formale dell'atto traslativo della *res mancipi* (per essere stata fatta, per esempio, solo la *traditio*), in quanto verrebbe allora a mancare l'unico presupposto testuale di tutta la ricostruzione, e cioè il collegamento *usus-auctoritas*, dato che l'*auctoritas* certo non assiste l'accipiente nel caso di mera *traditio* (sul punto cfr., in particolare, F. GALLO, *Studi sul trasferimento*, cit., 136 ss.), anche se oggetto di essa sia una *res mancipi*. Né, per altro verso, in assenza di dati testuali probanti, sembra accettabile la teoria avanzata di recente da B. ALBANESE, *Le situazioni possessorie*, cit., 93, nt. 329, che ritiene, contro una dottrina pressoché unanime, che in età risalente ogni compravendita di qualche rilievo (avente ad oggetto *res mancipi* o *nec mancipi*: arg. ex Plin. *nat.* 9.58.117; 9.60) dovesse essere effettuata con *mancipatio*, e che quindi l'*auctoritas* collegata alla *mancipatio* operasse anche in caso di alienazione di *res nec mancipi*. In realtà, come rileva F. GALLO, *Studi sul trasferimento*, cit., 142 ss., se si segue la tesi che l'*usus*, come l'*auctoritas*, trovasse applicazione soltanto in connessione con la *mancipatio*, si deve o ipotizzare un completo cambiamento della funzione dell'usucapione nel periodo preclassico ed escludere per il periodo più antico l'applicabilità di questo modo di acquisto in relazione alle *res nec mancipi*, o ritenere che l'usucapione in questo periodo antico assolvesse ad una duplice funzione, la prima in connessione con la *mancipatio* e con l'*auctoritas*, la seconda – divenuta in seguito esclusiva ed assorbente – di modo autonomo di acquisto del dominio.

[17] Cfr., per esempio, le osservazioni a questo proposito di V. ARANGIO-RUIZ, *La compravendita in diritto romano*, Napoli, 1954, 315 ss.

[18] Decisivo in questo senso è, per esempio, il rilievo per cui sicuramente già in epoca predecemvirale anche le *res nec mancipi* potevano essere oggetto della revindica nella forma della *legis actio sacramenti in rem* con la affermazione del «*meum esse ex iure Quiritium*» (cfr., per esempio, GIOV. PUGLIESE, *Istituzioni*, cit., 246 e L. CAPOGROSSI COLOGNESI, voce *Proprietà*, cit., 172).

[19] V. ancora, *infra*, nel testo.

Tuttavia, a parte le obiezioni di carattere generale che ostano a limitare l'*usucapio* arcaica alle *res mancipi*, l'insufficienza teorica delle ricostruzioni, che ricollegano la funzione originaria della usucapione esclusivamente alla 'sanatoria' di una *mancipatio* invalida, si manifesta con particolare evidenza con riferimento alle ipotesi di *usucapio* non geneticamente collegate ad un atto di trasferimento, ai casi in cui cioè l'acquisto del possesso derivi dall'apprensione unilaterale di un bene non posseduto da altri[20], ma che non possa considerarsi *nullius*, in quanto può essere incerto se esista un proprietario o se questi comunque intenda far valere il suo diritto.

Le scarne testimonianze sulle fonti decemvirali in materia di usucapione non offrono alcun riferimento espresso a questa ipotesi, ma possiamo supporre che ciò sia dovuto alla circostanza che proprio questi casi rappresentano il campo originario (poi ampliato) di applicazione dell'istituto, già consuetudinariamente consolidato all'epoca delle XII Tavole nelle sue regole di applicazione.

In un ordinamento scarsamente flessibile alle sfaccettature dei casi concreti come quello arcaico, l'unica regola per conciliare l'esigenza – sociale e politica, prima ancora che giuridica – della certezza dell'appartenenza, che sta alla base del riconoscimento dell'acquisto al possessore, con le ragioni dell'eventuale diverso proprietario consiste infatti nel sancire che l'acquisto di fatto si trasforma in acquisto di diritto dopo un periodo di tempo, la cui durata viene determinata in modo da assicurare al proprietario, se ancora interessato al bene, la possibilità di rivendicarlo. Trascorso questo tempo, l'acquisto può divenire definitivo, indipendentemente da qualsiasi altra circostanza oggettiva o soggettiva. Unico limite all'acquisto del possessore, limite peraltro anch'esso puramente oggettivo, e posto probabilmente per la prima volta nelle XII Tavole[21], è che il bene non sia di provenienza furtiva: ciò, in questo periodo, significa, come si è detto, escludere dall'ambito dell'usucapione tutti i beni di cui il proprietario abbia perso il possesso contro la sua volontà, e assicurare in questo caso il prevalere del suo diritto contro tutti i terzi possessori, indipendentemente dal decorso del tempo e dalle circostanze in cui il terzo abbia acquistato il possesso del bene.

Diviene allora anche ininfluente la circostanza che il *dominus* preceden-

---

[20] Tale elemento è da supporre necessariamente, in quanto, ove vi fosse spossessamento di un terzo, in nessun caso potrebbe aver luogo l'acquisto: v. *infra*, nel testo.

[21] È possibile, come si è detto (si veda *supra*, nt. 8), che prima della norma relativa alla inusucapibilità delle *res furtivae*, tale inusucapibilità operasse solo per il ladro o comunque per chi si era impadronito del bene con il dolo o con la violenza e non nei confronti dei terzi aventi causa.

te, nel momento in cui ha perso il possesso, abbia o meno abbandonato definitivamente il bene o l'abbia semplicemente smarrito o lasciato temporaneamente. Queste distinzioni casistiche saranno elaborate solo dai giureconsulti classici, in rapporto con l'emersione della rilevanza del titolo e della buona fede, e non senza difficoltà ed oscillazioni. Il Bonfante peraltro dedica un'attenzione particolare all'ipotesi specifica di occupazione di una cosa abbandonata dal proprietario, e, prendendo lo spunto da alcune apparenti contraddizioni di testi classici in materia di acquisto di *res derelicta*, ipotizza che sin dal periodo più antico, coerentemente alla funzione essenziale della distinzione fra *res mancipi* e *res nec mancipi*, l'usucapione fosse richiesta solo per l'acquisto di *res mancipi* abbandonate, essendo per le *res nec mancipi* sufficiente il semplice acquisto del possesso: ciò in quanto la fattispecie di acquisto di cosa abbandonata sarebbe assimilabile nella sua struttura alla *traditio*, intesa come *traditio in incertam personam*. In relazione anzi a questa ipotesi particolare emerge, secondo l'autore, la nozione 'pura' di *iusta causa usucapionis*, così come è intesa nel periodo antico, e cioè di assenza oggettiva, all'atto di immissione nel possesso, di una lesione del possesso altrui, indipendentemente cioè da qualsiasi rapporto negoziale intercorrente fra le parti e da qualsiasi convincimento soggettivo del possessore circa l'esistenza di questo rapporto.

In questo modo l'autore ricollega ancora una volta l'acquisto mediante *usucapio* alla funzione di sanatoria di un atto traslativo di *res mancipi* inefficace, la *traditio in incertam personam*, in cui si concreta l'abbandono del bene da parte del proprietario.

La tesi del Bonfante, che pure ebbe un largo seguito in dottrina[22], appare anche in questo caso troppo forzata dall'esigenza di incentrare tutto il regime dei modi di acquisto della proprietà sulla distinzione fra *res mancipi* e *res nec mancipi*, e, a parte le ipotesi di eccessivi rimaneggiamenti in questo senso dei testi classici da parte dei giustinianei, la sua costruzione teorica non sembra corrispondere alla realtà concreta dell'ordinamento antico, improntato più alla regolamentazione di esigenze pratiche immediate che a schematismi dommatici. Infatti, se, da un lato, non è dubbio che l'*usucapio*, anche nella sua struttura pura originaria, non sia un modo di acquisto autonomo ma presupponga in ogni caso l'esigenza di consolidare l'acquisto di fatto già avvenuto attraverso la presa di possesso, d'altro lato, è altresì indubitabile che l'elemento su cui l'acquisto definitivo si fonda non è la 'cau-

[22] V., da ultimo, L. Solidoro Maruotti, *Studi sull'abbandono degli immobili nel diritto romano*, Napoli, 1989. V. ancora *infra*, § 8.

sa' di tale acquisto del possesso, e quindi l'eventuale rapporto negoziale di trasferimento da cui esso deriva, ma è il possesso considerato nella sua oggettività. In altri termini, posto che le *res mancipi* si trasferiscono mediante *mancipatio*, le *res nec mancipi* mediante *traditio*, ed entrambe possono però acquistarsi anche mediante occupazione, che è anzi il modo più antico e naturale di acquisto, l'*usus* rende inattaccabile l'acquisto avvenuto in una qualunque di queste forme – e con la medesima funzione e struttura sia se si tratta di *res mancipi* sia se si tratta di *res nec mancipi* – se il terzo, eventuale proprietario, non interviene a rivendicare vittoriosamente la cosa entro il tempo prescritto; questa struttura, congegnata, come si è detto più volte, per conferire certezza al regime di appartenenza dei beni, giustifica anche la circostanza che la differenziazione di regime, quanto al tempo richiesto per l'acquisto, riguardi non la distinzione fra *res mancipi* e *res nec mancipi* ma la distinzione fra fondi (o immobili) e *ceterae res*; per i beni immobili, per i quali ci sono minori esigenze di rapida circolazione commerciale, e in relazione ai quali può più facilmente avvenire che il proprietario sia lontano per lungo tempo e all'oscuro di eventuali atti di ingerenza di terzi, è necessario infatti accordare uno spazio di tempo più lungo al proprietario stesso per far valere le sue ragioni. Contrariamente a quanto ipotizzato dal Bonfante, e da tutta la dottrina che è rimasta fortemente condizionata dal suo schema ricostruttivo, in relazione alla struttura dell'usucapione non sussiste quindi la medesima *ratio* giuridica, che giustifica la differente configurazione degli atti richiesti dall'ordinamento per il valido trasferimento delle diverse categorie di *res mancipi* e *nec mancipi*; in realtà, questo modo di acquisto è, almeno nella sua formazione e riconoscimento originari, del tutto autonomo rispetto alla 'causa' dell'acquisto, e quindi anche all'eventuale atto di trasferimento da cui ha origine la situazione dell'*usus*.

Come è facile notare, la schematicità e concretezza di questa costruzione corrisponde non solo ai caratteri generali dell'ordinamento giuridico arcaico, in cui ancora manca la tecnica dell'astrazione e concettualizzazione giuridica, ma anche alle frammentarie testimonianze in nostro possesso circa la funzione originaria dell'usucapione, così come corrisponde perfettamente all'idea, ormai pacifica in dottrina, che l'*usucapio* originaria prescindesse del tutto dagli elementi che invece la qualificheranno nel periodo successivo, *iusta causa* e *bona fides*[23]. Il limitare il campo di applicazione

---

[23] Già J. Stintzing, *Das Wesen von 'bona fides' und 'titulus' in der römischen Usukapionslehre*, Groos-Heidelberg, 1852, aveva dimostrato l'estraneità di questi requisiti

dell'acquisto mediante *usus* alle *res mancipi* e alla 'sanatoria' della *mancipatio* rappresenta in definitiva solo il risultato di uno sforzo dottrinario di proiettare sulla *usucapio* originaria il collegamento con il negozio di trasferimento del possesso, che in epoca successiva diviene in molti casi elemento integrante della fattispecie di acquisto della proprietà.

Peraltro, considerando che gli elementi su cui si fonda nel periodo più antico l'acquisto per *usucapio* sono solo la *possessio* di un bene, oggettivamente usucapibile (*res habilis*) – in sé giustificata dalla circostanza, anch'essa obiettiva, che al momento dell'apprensione il possesso era vacante, con la conseguenza che tale *possessio* non lede, materialmente e secondo l'apparenza dei fatti, la corrispondente situazione di un altro soggetto –, e il decorso del tempo (*tempus*), che permette di garantire che in ogni caso il proprietario, se interessato al recupero del bene, possa far valere le sue ragioni, dobbiamo ritenere che tale struttura possa trovare applicazione anche con riferimento ai casi in cui l'acquisto del possesso derivi da una *mancipatio* o da una *traditio*, nell'ipotesi in cui, per esempio, l'atto di trasferimento non sia posto in essere dal proprietario. Nell'ambito di questa ricostruzione risulterebbe invece inspiegabile ed incoerente una differenza di regime, riguardo alla possibilità di *usucapio*, fra *res mancipi* e *res nec mancipi*: la differenza di regime, com'è espressamente attestato dalla norma decemvirale, esiste solo riguardo all'*auctoritas* connessa alla *mancipatio*, nel senso che, ovviamente, nell'ipotesi in cui la cosa sia stata trasmessa mediante *traditio*, sia essa *mancipi* o *nec mancipi*, il possessore non sarà in alcun modo assistito dal suo dante causa, e dovrà confrontare la sua posizione con quella del terzo rivendicante, analogamente a quanto avviene nell'ipotesi in cui il convenuto abbia acquistato il possesso del bene indipendentemente da un atto di trasferimento.

Le diverse esigenze di controllo sociale, che stanno alla base dei diversi modi di trasferimento delle *res mancipi* e delle *res nec mancipi*, non hanno del resto alcuna rilevanza in rapporto all'*usucapio*, in cui la 'apparenza' della situazione di fatto e del suo prolungarsi nel tempo non solo assolve ad una funzione di pubblicità nei confronti dei terzi consociati, ma rileva soprattutto nei confronti del *dominus*, costituendo fondamento, ad un tempo, della perdita del suo diritto e dell'acquisto al possessore: questa rile-

all'*usucapio* originaria, e la sua idea fu accettata pressoché unanimemente; cfr., per esempio, P. Collinet, *'Iusta causa' et 'bona fides' dans l'usucapion d'après les Institutes de Gaius*, in *Mélanges P. Fournier*, Paris, 1929, 79 ss.; P. Bonfante, *Corso*, II, cit., 208 ss.; P. Voci, *'Iusta causa traditionis' e 'iusta causa usucapionis'*, in *SDHI*, XV, 1949, 163; Id., *Modi di acquisto della proprietà*, Milano, 1952, 210 ss., e da ultimo M. Kaser, *Altrömisches Eigentum*, cit., 122 ss.

vanza si prospetta allo stesso modo per le *res mancipi* e per le *res nec mancipi*; l'unica diversità di regime è giustificabile con riferimento ai fondi – o comunque agli immobili – rispetto a tutte le altre *res*, di più rapida circolazione commerciale e per le quali, proprio per l'esigenza di certezza dell'appartenenza, il *dominus* avrà a sua disposizione un tempo più limitato per far valere il suo diritto.

La norma delle XII Tavole, che collega il tempo necessario per l'acquisto mediante *usus* alla durata dell'*auctoritas*, può al più suggerire l'idea che agli inizi dell'età repubblicana si fosse già delineata l'esigenza di disciplinare con maggiore precisione i rapporti fra gli effetti della *mancipatio* e gli effetti acquisitivi dell'*usus*, in considerazione proprio del fatto che la 'funzione' prevalente di questo istituto si andava estendendo dal mero riconoscimento dell'effetto acquisitivo dell'esercizio di fatto di un potere sulla cosa prolungato nel tempo alla 'sanatoria' di un rapporto negoziale attuato mediante un atto traslativo di per sé inefficace a trasferire la proprietà[24].

Da questa disciplina di base si sviluppa coerentemente l'evoluzione successiva dell'usucapione, in cui si individuano in modo più articolato i casi di acquisto, giuridicamente tutelato, in capo al possessore, e si precisano ulteriormente i limiti in cui tale acquisto può operare, anche in rapporto alla configurazione del negozio traslativo da cui esso deriva.

### 3. *L''usucapio pro herede', le 'usureceptiones', l''usucapio servitutis'.*

Le tracce della struttura e funzione dell'*usucapio* più antica sono chiaramente individuabili nella cosiddetta *usucapio pro herede*, acquisto della titolarità di un complesso di beni ereditari che si configura a favore di colui

[24] Peraltro, considerata questa funzione originaria del riconoscimento dell'acquisto mediante *usus* protratto nel tempo, assume consistenza la supposizione avanzata da alcuni autori (P. COLLINET, *'Iusta causa'*, cit., *passim*, e A. ESMEIN, *Sur l'histoire de l'usucapion*, in *Mélanges d'histoire du droit et de critique. Droit romain*, Paris, 1886, 171 ss.) che la norma delle XII Tavole, che prescrive per l'*auctoritas* lo stesso tempo necessario all'acquisto mediante *usus*, lungi dal rappresentarne la funzione specifica ed originaria, sia una precisazione relativa al regime più della *mancipatio* che dell'*usucapio*. In altri termini, una volta riconosciuto consuetudinariamente il principio per cui l'*usus* per due anni o un anno rendeva comunque processualmente inattaccabile il titolo del possessore, si stabilì legislativamente che in ogni caso l'obbligo di assistenza processuale e garanzia del *mancipio dans* cessava allo spirare di questo tempo, con la conseguenza che, se per qualche motivo l'*usus* dell'accipiente si era interrotto, veniva meno qualsiasi obbligo dell'alienante, che non era più responsabile di un'eventuale evizione.

che si immetta nel possesso di un'eredità giacente e si comporti come *heres*[25]: l'acquisto avviene in un anno (in quanto l'*hereditas* è considerata nel novero delle *ceterae res*) e indipendentemente dalla circostanza che colui che si è immesso nel possesso sia erede o anche solo ritenga di esserlo[26].

---

[25] Gai 2.52: *Rursus ex contrario accidit, ut qui sciat alienam rem se possidere, usucapiat, veluti si rem hereditariam, cuius possessionem heres nondum nactus est, aliquis possederit; nam ei concessum (est usu)capere, si modo ea res est, quae recipit usucapionem; quae species possessionis et usucapionis pro herede vocatur* ...; 2.54: *olim rerum hereditariarum possessione velut ipsae hereditates usucapi credebantur, scilicet anno ... Et quamvis postea creditum sit ipsas hereditates usucapi non posse, tamen in omnibus rebus hereditariis, etiam quae solo tenentur, annua usucapio remansit*. Nei passi di Gaio sono chiare le tracce di una profonda evoluzione dell'istituto, che in età classica non concerne più l'*hereditas* nel suo complesso, come nel periodo antico, ma le singole *res hereditariae* (v. *infra*, § 6). Tralasciando in questa sede la complessa questione se nell'antico diritto questa *usucapio* comportasse, oltre che l'acquisto dell'*hereditas*, anche l'acquisto della posizione di *heres* (per la discussione e la letteratura cfr., per tutti, G. Franciosi, *'Usucapio pro herede'*, cit., 9 ss.; v. ancora *infra*, § 6), si può rilevare che in relazione all'*usucapio hereditatis* assume nuova evidenza la circostanza che l'acquisto e l'esercizio dell'*usus* corrispondono in origine ad una nozione parzialmente diversa e più ampia rispetto al possesso inteso come signoria di fatto, corrispondente nel suo contenuto materiale al dominio su una *res* esercitato come se si fosse proprietari. Il contenuto dell'*usus* appare infatti collegato all'esercizio delle situazioni potestative di vantaggio attribuite ai *patres familias*, di cui appunto la proprietà non è che un singolo aspetto (per esempio, anche l'*usus*, collegato all'acquisto della *manus* ove non sia intervenuta la *coemptio* o la *confarreatio*, mostra il rilievo prevalente che in questo modo di acquisto assume la manifestazione esterna ed oggettiva dell'esercizio di tali poteri rispetto alla considerazione del negozio da cui essa eventualmente derivi: v. Giov. Pugliese, *Istituzioni*, cit., 44). Senza entrare qui nel merito della controversa questione del carattere più o meno patrimoniale dell'*hereditas* (*contra*, G. Franciosi, *'Usucapio pro herede'*, cit., 18 ss.), ciò spiega perché non vi sia in antico alcuna difficoltà tecnica ad ammettere l'acquisto mediante *usus* non delle singole *res*, di cui l'eredità si compone, ma di tutta la situazione giuridica collegata alla posizione di *heres*, allo stesso modo cioè in cui si configura l'acquisto della situazione potestativa di vantaggio corrispondente alla *manus*, senza che ciò possa certo significare che la moglie corrisponda in antico ad una *res*. Risulta quindi fuor di luogo lo sforzo di spiegare questa fattispecie paragonandola, per esempio, all'acquisto di una *universitas*, o ponendosi il problema se l'*hereditas* sia o meno una *res* corporale e, in caso negativo, come possa acquistarsi, non potendosi essa possedere. Questo problema corrisponde solo alla concezione successiva, in cui la nozione di acquisto è collegata al possesso e oggetto di possesso possono essere solo le *res corporales*.

[26] È ormai opinione pressoché concorde della dottrina romanistica (v. G. Franciosi, *'Usucapio pro herede'*, cit., 8 ss. e letteratura ivi citata) che l'*usucapio pro herede* – come del resto ogni caso di usucapione nell'età più antica (v. *supra*, nt. 23) – prescindesse completamente dai requisiti della *bona fides* e della *iusta causa*, e che questa struttura si sia mantenuta per questa ipotesi particolare anche quando era ormai mutata la configurazione generale dell'usucapione; ciò trova del resto conferma nella qualifica di *improba et lucrativa* che ancora l'accompagna nell'età di Gaio (Gai 2.55). Peraltro, la denominazione *pro herede* allude nell'età antica non alla *iusta causa* dell'usucapione, nozione del resto sicuramente in

L'epoca di introduzione dell'istituto, che sopravvive nella sua configurazione essenziale sino ad una riforma di Adriano[27], non può essere delimitata con assoluta precisione, ma un accenno di Gaio ai *veteres* lascia pensare ad una creazione della giurisprudenza pontificale, probabilmente antecedente alle XII Tavole[28].

Il regime originario dell'istituto non solo conferma, come peraltro è stato sottolineato dalla dottrina da tempo prevalente, la circostanza che il limite all'acquisto mediante *usus* non si configura in antico né in relazione all'eventuale negozio traslativo, da cui l'acquisto del possesso derivi (*iusta causa*), né in relazione alla consapevolezza di non ledere una situazione giuridica altrui (*bona fides*), ma precisa anche l'ampiezza del limite oggettivo, rappresentato dall'assenza di furto, inteso come spossessamento ingiusto. La configurabilità della *usucapio pro herede* è infatti in stretta connessione con il principio secondo il quale non può aversi furto dell'*hereditas* o delle *res hereditariae* sino a quando l'*hereditas* sia *iacens* e i beni non siano posseduti da alcuno. Se non vi può essere furto delle *res hereditariae* non può trovare applicazione il limite oggettivo, rappresentato appunto dalla inusucapibilità delle *res furtivae*[29].

Questo principio peraltro sopravvive alla fine del periodo antico[30], in

quest'epoca non ancora elaborata nel senso di «titolo dell'acquisto», ma al comportamento concreto del possessore, '*tamquam heres*', idea evidentemente connessa al particolare atteggiarsi in questa ipotesi dell'*usus*: v. G. Franciosi, *'Usucapio pro herede'*, cit., e le osservazioni svolte *supra*, nt. 24. Solo nella compilazione giustinianea – in conseguenza dell'evoluzione di questa ipotesi di usucapione (v. *infra*, § 6 e specialmente nt. 66) – si tenta una assimilazione del significato di questa denominazione all'idea del titolo presente in altri casi di *usucapio* tipizzati nell'ambito dell'elaborazione giurisprudenziale (*pro emptore, pro donato*, ecc.).

[27] Infatti solo un senatoconsulto adrianeo stabilì che anche dopo il periodo di un anno il possessore dovesse cedere di fronte all'*hereditatis petitio* dell'*heres* (Gai 2.57); sul problema se la rescissione degli effetti dell'*usucapio* potesse avvenire solo nei confronti del possessore di mala fede o anche nei confronti dell'*usucapiens* di buona fede v., in particolare, M. Talamanca, *Studi sulla legittimazione passiva all''hereditatis petitio'*, Milano, 1956, 88 ss., e v. ancora *infra*, § 6, in relazione al periodo classico.

[28] Cfr. G. Franciosi, *'Usucapio pro herede'*, cit., 21 ss.

[29] Nel periodo più antico è probabile che la configurazione di questo caso di *usucapio* sia da ricollegarsi al particolare regime dell'eredità giacente che, pur essendo una *res nullius in bonis*, non può essere pienamente equiparata alle *res nullius* in senso stretto, come tali suscettibili di acquisto mediante semplice occupazione, né alle *res pro derelicto habitae*: sul punto v., da ultimo, F. Gnoli, *Sulla sottrazione di 'res hereditariae' nelle Istituzioni di Gaio*, in *Studi in onore di A. Biscardi*, III, Milano, 1982, 205 ss.; Id., *'Hereditatem expilare'. I. Il principio 'rei hereditariae furtum non fit' e la 'usucapio hereditatis'*, Milano, 1984. V. anche L. Solidoro Maruotti, *Studi sull'abbandono*, cit., 59 ss.

[30] Il protrarsi, oltre l'età antica, del particolare regime dell'istituto si spiega, secondo lo

quanto anche in età preclassica e classica, pur mutando la nozione di furto – che richiede non la mera sottrazione del possesso ma anche l'intenzione di sottrarre la cosa contro la volontà del proprietario e l'esistenza obiettiva di un proprietario – resta ferma la difficoltà di configurare il furto delle *res hereditariae*, anche se l'acquisto del possesso avvenga in mala fede, in quanto manca il titolare attuale della proprietà su di esse.

Giustificazione e fondamento diversi, sia pure impossibili da precisare, hanno le cosiddette *usureceptiones*, che vengono accostate da Gaio all'*usucapio pro herede*, in quanto altri casi di *improba possessio*, in cui cioè l'acquisto avviene – ancora nella sua epoca – indipendentemente dalla buona fede del possessore[31]; anche questo istituto può essere considerato quindi una prova della struttura semplice e materialistica dell'antica *usucapio*.

Le *usureceptiones* si configuravano nel caso di *mancipatio* o *in iure cessio fiduciae causa* – sia nella *fiducia cum creditore* sia nella *fiducia cum amico* –, in cui poteva avvenire che la disponibilità materiale del bene restasse al costituente-alienante. Egli, possedendo per un anno, pur consapevole di non essere *dominus*, poteva riacquistare la piena proprietà del bene, a meno che il creditore non costituisse espressamente con lui un diverso rapporto di affitto o precario: nel qual caso il possessore deteneva *alieno nomine* e non poteva usucapire.

Le stesse considerazioni sul carattere materiale e concreto della struttura dell'acquisto mediante *usus* spiegano infine la possibilità di usucapione delle servitù, concepite, come è noto, nel periodo più antico come *res mancipi*. Considerato infatti che la *via*, l'*actus*, l'*iter* e l'*aquaeductus* (cui va aggiunta l'*aquae haustus*) venivano considerate come attribuzioni dominicali – in relazione ad una porzione di un determinato fondo di proprietà altrui – di chi passava su un sentiero, a piedi o con cavalli, greggi o armenti, o vi conduceva canali d'acqua, o infine attingeva acqua da una fonte, è facile concepire l'*usus* prolungato nel tempo di queste attività sul fondo altrui come idoneo al loro riconoscimento definitivo in capo a chi le esercitava, se il proprietario del fondo non agiva in giudizio a negare la legittimità di tale comportamento. Il mutare dell'elemento dell'*usus* in *possessio* renderà poi inconcepibile giuridicamente l'acquisto per usucapione delle servitù, intese

---

stesso Gaio, con particolari esigenze, collegate anche ai culti familiari, che suggerirono ai pontefici di fare in modo che l'*hereditas* non rimanesse a lungo priva di un soggetto che esercitasse i 'poteri' ad essa connessi. Tuttavia questa spiegazione di Gaio ha forse maggiore attendibilità per l'epoca successiva a quella arcaica: v. GIOV. PUGLIESE, *Istituzioni*, cit., 44.

[31] Gai 2.59-61.

successivamente come *iura in re aliena* e quindi *res non corporales*, insuscettibili in quanto tali di *possessio*[32].

## II. L'USUCAPIONE NEL PERIODO PRECLASSICO E CLASSICO.

### 4. *Dal requisito della 'iusta possessio' alla rilevanza della 'iusta causa' e della 'bona fides'.*

È estremamente difficile ricostruire i passaggi che hanno portato dalla concezione in cui l'acquisto per *usus* incontra solo i limiti 'legali' della inusucapibilità oggettiva della *res* e del *tempus* alla concezione tutta fondata sulla rilevanza del momento acquisitivo del possesso, da cui discendono sia le forme di tutela giudiziaria accordate a questo possesso, e che ne garantiscono il pacifico perdurare, sia, in definitiva, l'effetto dell'acquisto del dominio.

Nella transizione dall'ordinamento arcaico, fondato su pochi schemi normativi, rigidi e formali, all'ordinamento fortemente dinamico della seconda metà dell'età repubblicana, il magistrato giusdicente, guidato dall'analisi giurisprudenziale, estende la tutela dell'ordinamento a nuove situazioni, ma nel contempo modifica i presupposti sostanziali di tale tutela.

Purtroppo questa fase di transizione del diritto romano è quella che ci è meno nota: della fase più antica, come si è visto, abbiamo qualche sprazzo nelle testimonianze relative alle XII Tavole e nei formulari negoziali e processuali elaborati dalla giurisprudenza pontificale e tramandati nella tradizione conservatrice dell'antico *ius civile*; dell'editto, così come consolidato in età classica, e dell'elaborazione dei giuristi del Principato abbiamo larghi squarci attraverso soprattutto il Digesto. Conosciamo così alcuni elementi iniziali ed una fase importante dell'elaborazione degli istituti, ma ci mancano molti anelli intermedi. Le difficoltà di ricostruzione dell'evoluzione storica si accrescono se si considera, da un lato, che l'usucapione fu nuovamente modificata nella sua struttura e nella sua funzione in epoca postclassica e giustinianea, e che quindi in questa materia gli interventi dei compi-

---

[32] L'usucapione delle servitù fu soppressa con la *lex Scribonia* (Paul. D. 41.3.4.28), la cui data è incerta, ma da collocarsi verosimilmente alla fine del III secolo a.C., in collegamento anche con la nuova situazione economica: cfr. C.S. TOMULESCU, *Sur la 'lex Scribonia de usucapione servitutium'*, in *RIDA III S.*, XVII, 1970, 329 ss.

latori sulle fonti classiche furono probabilmente più profondi che in altri settori; dall'altro, che la dottrina romanistica pandettistica e post-pandettistica si è orientata prevalentemente alla ricostruzione dommatica dell'istituto con la sovrapposizione di uno schema rigido alle soluzioni giurisprudenziali, schema in molti casi appiattente rispetto alla discussione concreta che guidava tali soluzioni in un'articolazione estremamente variegata e dinamica.

Certo è che l'usucapione classica appare a prima vista radicalmente trasformata nei suoi presupposti e nella sua funzione rispetto all'istituto arcaico. La dottrina tradizionale schematizza il risultato di questa evoluzione nel periodo classico individuando, accanto agli elementi originari *possessio, tempus, res habilis*, due nuovi elementi, *iusta causa* (*titulus*) e *bona fides*, come necessari, nel nuovo diritto, a legittimare il momento iniziale del possesso. Non è più sufficiente, cioè, che il possesso si svolga indisturbato per il periodo di tempo richiesto dalla legge su un bene usucapibile, ma è necessario che l'acquisto di tale possesso avvenga in dipendenza da una situazione riconosciuta dall'ordinamento come idonea a fondare l'acquisto del dominio, e con il convincimento soggettivo di non ledere il diritto del proprietario. Tralasciando per il momento il problema del rapporto fra questi due elementi, e la questione se essi si debbano intendere come alternativi, nel senso che in mancanza di un titolo idoneo è sufficiente la buona fede, e viceversa, o se, invece, come peraltro ritiene la dottrina prevalente, per il procedere dell'*usucapio* sia necessaria la presenza di entrambi, sembra possibile ipotizzare che la struttura di questo modo di acquisto si sia modificata in immediato rapporto con una più approfondita analisi delle diverse situazioni possessorie e degli effetti ad esse collegate dal *ius civile* e/o dal *ius honorarium*.

Nel momento in cui, all'inizio dell'età preclassica, la nozione di *possessio* si sposta dalla nozione restrittiva di disponibilità e godimento dell'*ager publicus* ad ogni esercizio concreto di signoria sulla cosa, assorbendo la nozione di *usus*, possiamo supporre acquisti diversa e nuova rilevanza, in relazione ai beni oggetto di *dominium ex iure Quiritium*, e quindi suscettibili di *usucapio*, l'elaborazione sui requisiti della *possessio* ai fini della tutela interdittale[33], e cioè la circostanza che dovevasi trattare di *possessio* immune

[33] Probabilmente introdotta in età risalente per la protezione della *possessio* dell'*ager publicus*. V., per tutti, G. GANDOLFI, voce *Azione possessoria (dir. rom.)*, in *Noviss. dig. it.*, II, Torino, 1958, 93 ss.; G. GROSSO, *Schemi giuridici e società*, Torino, 1970, 158 e nt. 5; L. LABRUNA, *Tutela del possesso fondiario e ideologia repressiva della violenza nella Roma repubblicana*, Napoli, 1986, *passim*.

dai vizi della clandestinità, violenza, acquisto a titolo precario (*possessio nec vi, nec clam, nec precario*) rispetto alla controparte della contesa possessoria. Il vizio iniziale del possesso infatti non solo comporterà la perdita di un'eventuale lite possessoria nei confronti di chi è stato spogliato clandestinamente o violentemente, ma comporterà anche la conseguenza che l'*iniustus possessor* perderà, se convenuto dal *dominus*, la lite da questi intentata con azione di rivendica anche dopo il termine richiesto per l'*usucapio*. Le tracce di questa evoluzione sono forse percepibili nelle oscillazioni terminologiche, che ancora nell'età classica caratterizzano le qualificazioni del possesso; è possibile notare, infatti, che talvolta la terminologia «*iusta possessio*» «*iustus possessor*» viene utilizzata ad indicare non solo la *possessio* tutelabile vittoriosamente mediante interdetti, ma anche la *possessio* che, in quanto esente da vizi, può portare all'usucapione. Altre volte, invece, la stessa terminologia viene utilizzata ad indicare la *possessio ex iusta causa*, come *possessio* specificamente qualificata ai fini dell'*usucapio*[34].

Si deve ritenere, peraltro, che solo sul finire dell'età repubblicana l'attenzione dell'analisi giurisprudenziale si sposti dalla delimitazione puramente oggettiva della *iusta possessio*, come *possessio* esente da vizi, alla individuazione di differenti figure di *possessio*, qualificate dalle *causae* dell'acquisto[35].

È facile a questo punto ipotizzare che la rilevanza della *causa possessionis*, da un lato, e della buona fede, dall'altro, sia emersa nello scorcio dell'ultima età repubblicana, in connessione, per un verso, con una più precisa delimitazione dell'ambito del delitto di furto e, per altro verso, con l'introduzione dell'editto Publiciano, che prevedeva una tutela processuale verso i terzi, analoga a quella di rivendica, sino al compiersi del tempo del-

[34] Su ciò cfr. in particolare G. Donatuti, '*Iusta possessio*', in *Atti del Reale Istituto Veneto di Scienze, Lettere ed Arti*, LXXX, n. 2, 1920-21, 1075 ss. (ora in *Studi di diritto romano*, I, Milano, 1976, 1 ss.); P. Bonfante, *Corso*, II, cit., 281; C.A. Cannata, voce *Possesso (dir. rom.)*, in *Noviss. dig. it.*, XIII, Torino, 1966, 328 ss.; A. Burdese, voce *Possesso*, cit., 454 ss., e la letteratura citata da questi autori, rispettivamente alle pp. 323-325 e 466 s.

[35] La distinzione dei *genera possessionum* sulla base delle *causae* dell'acquisto sembra infatti risalire ad una classificazione di Quinto Mucio: cfr. Paul. D. 41.2.3.21: *Genera possessionum tot sunt, quot et causae adquirendi eius quod nostrum non sit, velut pro emptore, pro donato, pro legato, pro dote, pro herede, pro noxae dedito, pro suo, sicut in his quae terra marique vel ex hostibus capimus vel quae ipsi, ut in rerum natura essent, fecimus. et in summa magis unum genus est possidendi, species infinitae*. Allo stesso periodo della fine dell'età repubblicana si può inoltre riferire anche la distinzione fra *possessio* di buona fede e non di buona fede: Paul. D. 41.2.3.22: *Vel etiam potest dividi possessionis genus in duas species, ut possideatur aut bona fide aut non bona fide*. Cfr. A. Burdese, voce *Possesso*, cit., *passim*.

l'*usucapio*, tanto del possessore, che avesse acquistato una *res mancipi* con *traditio ex iusta causa*, quanto del possessore di buona fede, che avesse acquistato con *traditio* o *mancipatio a non domino*[36].

Per quanto riguarda il primo aspetto, la delimitazione del delitto di furto esclude dal novero delle *res furtivae*, e quindi come tali inusucapibili, sia le cose immobili, sia le cose possedute con la consapevolezza dell'appartenenza ad un terzo, ma non materialmente asportate con l'*animus furandi*[37].

Nella soluzione del conflitto fra proprietario e possessore, una volta venuta meno la barriera dell'inusucapibilità delle *res furtivae* nella accezione generale originale, si pone l'esigenza di ammettere l'acquisto definitivo in capo al possessore, e la conseguente perdita del dominio in capo al precedente proprietario, solo nel caso in cui il possessore non solo abbia acquistato il possesso *nec vi nec clam nec precario*, ma l'abbia anche acquistato in buona fede, con la convinzione cioè che il suo acquisto non sia lesivo del diritto altrui.

Per altro verso, l'introduzione dell'*exceptio rei venditae et traditae* prima, e dell'*actio Publiciana* poi, pongono un nuovo ordine di problemi, che si intrecciano inevitabilmente con quelli dei presupposti dell'usucapione.

Tralasciando qui ogni discussione sulle ipotesi dottrinarie, che hanno variamente ricostruito questo editto ed il rapporto fra la clausola relativa alla *traditio ex iusta causa* e la clausola relativa all'acquisto in buona fede *a non domino*[38], è pacifico che la finalità del rimedio pretorio è soprattutto quella di tutelare *erga omnes* il possessore *ad usucapionem*, che abbia acquistato tale possesso in base ad una 'causa negoziale', che l'ordinamento ritiene titolo idoneo all'acquisto della proprietà, e che non ha prodotto immediatamente tale effetto o per un difetto formale dell'atto traslativo (at-

---

[36] Per la discussione e la letteratura sull'origine ed evoluzione dell'*actio Publiciana* v., da ultimi, L. VACCA, *Il c.d. 'duplex dominium' e l''actio Publiciana'*, in *La proprietà e le proprietà. Atti del Convegno della Società Italiana di Storia del diritto (Pontignano, 30 settembre-3 ottobre 1985)*, a cura di E. Cortese, Milano, 1988, 39 ss. [in questo volume, cap. I] e A. BURDESE, *Editto Publiciano e funzioni della compravendita romana*, in *Vendita e trasferimento*, cit., 119 ss. V. ancora *infra*, § 5.

[37] V., per tutti, B. ALBANESE, voce *Furto (storia)*, in *Enc. dir.*, XVIII, Milano, 1969, 313 ss. Va notato inoltre che alla fine dell'età repubblicana, in correlazione con le disposizioni contro l'uso della violenza, e con la creazione sia di una fattispecie di furto qualificato dall'uso della violenza (la rapina introdotta con l'editto di Lucullo) sia con l'esclusione dall'ambito del furto dell'espulsione dagli immobili, il divieto di usucapione viene specificamente esteso, con la *lex Plautia*, alle *res vi possessae*.

[38] Cfr. L. VACCA, *Il c.d. 'duplex dominum'*, cit., 42 e nt. 4 e 5; v. anche L. CAPOGROSSI COLOGNESI, voce *Proprietà*, cit., 197 ss.

tuato mediante *traditio* e non *mancipatio* per le *res mancipi*) o per difetto della legittimazione a disporre dell'alienante.

L'editto Publiciano crea così nuovi presupposti di una funzione dell'*usucapio* di 'sanatoria' legalmente tutelata rispetto al difetto di un atto di trasferimento fondato su causa valida, ma inidoneo in sé a produrre l'effetto traslativo del dominio. Ciò sembra spostare completamente l'ambito di applicazione prevalente dell'usucapione[39]. Infatti, nel momento in cui la *traditio ex iusta causa* di *res mancipi* e la *mancipatio* o *traditio a non domino* vengono a costituire il presupposto – giuridicamente tutelato in forma specifica *erga omnes* – di una situazione possessoria, sino al suo consolidarsi in *dominium*, in relazione a questa situazione l'*usucapio* assume la funzione di rendere operante, nell'ambito del *ius civile*, ciò che era già riconosciuto e garantito dal *ius honorarium*, non solo a livello di tutela possessoria ma con azioni modellate sull'azione di rivendica: il fondamento dell'attribuzione del dominio in questo meccanismo non è più solo l'*usucapio* ma è, nell'ottica della riflessione giurisprudenziale, l'atto negoziale di trasferimento reale, cui si collega geneticamente e funzionalmente l'acquisto del possesso;

---

[39] È vero che, come si è visto, anche nel periodo più antico l'usucapione può avere l'effetto di sanare una *mancipatio* o *traditio a non domino*, o comunque un acquisto del possesso di un bene altrui, purché non viziato da provenienza furtiva, o clandestinità, violenza o precario, ma anche questo effetto, in quell'epoca, è concepito come mero effetto acquisitivo, collegato al possesso protratto nel tempo su cosa usucapibile, indipendentemente da qualsiasi analisi sul fondamento negoziale di tale acquisto. In relazione alla compravendita, che è il negozio che assume maggiore rilevanza pratica nella tutela dell'acquirente *a non domino*, il rapporto fra questa *causa* negoziale e l'acquisto per usucapione era semplificato, per un verso, dall'identificazione della compravendita delle *res mancipi* con la *mancipatio*-compravendita reale, in cui il compratore che avesse pagato il prezzo era tutelato verso i terzi, sino al compiersi dell'*usucapio*, dall'*auctoritas* dell'alienante, e, per altro verso, dalla struttura concreta della compravendita di *res nec mancipi* attuata mediante *traditio*, e cioè attraverso il semplice scambio della cosa con il prezzo, che si attuava nel trasferimento di una *iusta possessio*. In relazione alla prima ipotesi, come si è visto, la funzione di sanatoria dell'*usucapio* può essere vista solo in rapporto alla coincidenza del tempo richiesto per l'estinguersi dell'*obligatio auctoritatis* del *mancipio dans*; in realtà, tuttavia, la struttura 'oggettiva' dell'usucapione più antica porta a ritenere che anche in questo caso l'acquisto avvenga indipendentemente da qualsiasi nesso genetico con il negozio di trasferimento. Nella seconda ipotesi, di compravendita attuata mediante *traditio*, sia *a non domino*, sia di *res mancipi*, posti gli elementi della *iusta possessio*, sino all'introduzione della *exceptio doli* o *rei venditae et traditae* nei confronti del *dominus* che avesse compiuto il trasferimento, e della *actio Publiciana* nei confronti di tutti i terzi, l'*usucapio* procedeva indipendentemente dalla causa negoziale da cui aveva avuto origine l'acquisto del possesso, e l'acquisto definitivo non costituiva sanatoria di un negozio eventualmente inidoneo a produrre tale effetto traslativo, ma era solo effetto autonomo del perdurare del possesso e dell'inerzia del *dominus*.

per fondare l'effetto acquisitivo dell'*usucapio* in rapporto a queste situazioni non è più sufficiente l'assenza dei vizi, che giustificava la tutela interdittale, ma si deve indagare anche sul sussistere della *causa adquirendi*, che è tutelata espressamente con l'azione petitoria. Ora, se l'atto di trasferimento è stato compiuto mediante *mancipatio*, è la stessa struttura formale e – in quest'epoca – astratta dell'atto a garantire il sussistere della *causa adquirendi*, mentre la *traditio* può trasferire il dominio solo se compiuta *ex iusta causa*[40].

Ne deriva che l'elaborazione sulla struttura traslativa e sugli elementi causali della *traditio* si proietta necessariamente sul meccanismo acquisitivo dell'*usucapio*, nel senso che l'acquisto mediante *usucapio* tutelato dalla *Publiciana* è anche condizionato dall'efficacia della *traditio* in rapporto alla causa di cui essa è attuazione[41].

Il problema che si pone a questo punto è quello del rapporto fra le due situazioni possessorie 'tipiche', in cui può astrattamente configurarsi l'acquisto per usucapione: la *possessio* di buona fede, sorta come precisazione della *possessio nec vi nec clam nec precario*, e la *possessio ex iusta causa*.

---

[40] Sul problema del carattere causale o astratto della *traditio* nella letteratura meno recente cfr. J. Fuchs, *'Iusta causa traditionis' in der romanistischen Wissenschaft*, Basel, 1952 (su cui v. M. Talamanca, *Recensione* a J. Fuchs, *'Iusta causa traditionis' in der romanistischen Wissenschaft*, Basel, 1952, in *RISG*, VI, 1952-53, 440 ss.); v. inoltre L. Vacca, *'Iusta causa' e 'bona fides' nell''usucapio' romana a proposito del titolo 'pro suo'*, in *'Sodalitas'. Scritti in onore di A. Guarino*, IV, Napoli, 1984, 1955 ss. e letteratura ivi citata [in questo volume, cap. VII]; da ultimi cfr. G. Evans-Jones e G. MacCormack, *'Iusta causa traditionis'*, in *New Perspectives in the Roman Law of Property. Essays for B. Nicholas*, a cura di P. Birks, Oxford, 1989, 99 ss.; M. Gordon, *The Importance of the 'iusta causa' of the 'traditio'*, in *New Perspectives*, cit., 123 ss.

[41] Senza che ciò voglia significare identità fra la *iusta causa traditionis* e la *iusta causa usucapionis*; va rilevato infatti che *traditio* e *usucapio* costituiscono fattispecie acquisitive del dominio completamente differenti, in quanto, come si è detto, gli effetti dell'usucapione si compiono in considerazione della posizione unilaterale del possessore e anche in conflitto con gli interessi del precedente proprietario, mentre gli effetti traslativi della *traditio* sono inscindibilmente collegati al negozio che le parti vogliono attuare con la *traditio* stessa: v., per esempio, E. Betti, *Istituzioni di diritto romano*², I, Padova, 1942, 410 ss.; H.R. Hoetink, *'Iustus titulus usucapionis' e 'iusta causa tradendi'*, in *TR*, XXIX, 1961, 230 ss. Alcuni autori (fra cui, per esempio, V. Arangio-Ruiz, *Istituzioni di diritto romano*¹⁴, Napoli, 1984; v. anche gli autori citati in H.R. Hoetink, *'Iustus titulus usucapionis'*, cit.) tendono invece a identificare la *iusta causa usucapionis* con la *iusta causa traditionis* in quanto la *iusta causa* sarebbe in entrambi i casi l'elemento giuridico oggettivo che giustifica l'acquisto della proprietà in capo al possessore. Questa idea sembra però dovuta soprattutto ad una sovrapposizione fra i testi giurisprudenziali in materia di *actio Publiciana*, il cui presupposto è appunto la *iusta causa* oggettiva, e i testi in materia di usucapione. V. ancora *infra*, §§ 5 ss., a proposito delle singole *causae* e in particolare a proposito dell'*usucapio pro emptore*.

Nell'impostazione prevalente della dottrina[42], come si è detto, nell'età classica la *possessio* di buona fede conduce all'usucapione solo se ulteriormente giustificata da una *iusta causa*, e, per altro verso, è irrilevante il sussistere di una *iusta causa*, se non accompagnata dalla buona fede.

Tale assunto è in realtà il corollario dell'idea, anch'essa pacifica nella dottrina consolidata, che tutte le ipotesi di *possessio ad usucapionem* in età classica siano tutelate dal pretore mediante azioni fittizie[43], che, dal punto di vista processuale, portano alla equiparazione, nei confronti dei terzi, del possessore, che non abbia ancora posseduto per il tempo necessario all'usucapione, al proprietario. Secondo questa ricostruzione, quindi, la *iusta causa*, prevista dal pretore come elemento della concessione delle azioni fittizie, non solo fonda 'il diritto' del possessore alla tutela verso i terzi nel periodo intermedio fra l'acquisto del possesso e il compiersi dell'*usucapio*, ma si identifica con la causa dell'acquisto della proprietà e quindi della stessa usucapione. Ogni caso di *possessio ad usucapionem*, pertanto, corrisponde in età classica ad una situazione di 'proprietà pretoria', destinata a trasformarsi in 'proprietà civile' al momento del compiersi dei termini dell'*usucapio*[44]. Unico limite all'equiparazione processuale del possessore *ad usucapionem* al *dominus* sarebbe quello dell'inopponibilità di tale *possessio* al

---

[42] Infatti, pur essendo pacificamente accettato che, nella elaborazione dei limiti dell'acquisto per *usucapio*, l'individuazione del requisito della buona fede ha preceduto storicamente quella del requisito della *iusta causa*, la dottrina dominante concepisce quest'ultimo requisito come ulteriore limite all'acquisto, nel senso che la giurisprudenza classica arriva – sia pure con qualche oscillazione – alla conclusione che il possesso di buona fede può portare all'acquisto del dominio solo se sorretto dal titolo; ciò escluderebbe la rilevanza del cosiddetto titolo putativo, che in definitiva si risolverebbe in un acquisto giustificato solo dalla buona fede (cfr., per esempio, P. BONFANTE, *Corso*, II, cit., *passim*, e ID., *Forme primitive*, cit., *passim*; P. VOCI, *'Iusta causa traditionis'*, cit., 141 ss.). Tuttavia, come si è detto, questa apparente concordia della dottrina si dissolve nel momento in cui si vuole definire in modo coerente con le fonti il concetto di *iusta causa* (v. *infra*, nt. 46).

[43] Sull'evoluzione di queste azioni, v., da ultimi, L. DI LELLA, *'Formulae ficticiae'. Contributo allo studio della riforma giudiziaria di Augusto*, Napoli, 1984, 110 ss.; B. ALBANESE, *Le situazioni possessorie*, cit., 104 ss.; 119 ss.

[44] L'identificazione fra la situazione di *in bonis* e la *possessio ad usucapionem*, nel senso che ogni caso di *possessio ad usucapionem* nel tempo intermedio fra l'acquisto del possesso e l'acquisto del dominio è tutelata dal pretore mediante *actiones ficticiae* per il recupero del possesso, è un dato pressoché unanime nella dottrina successiva al Bonfante, ed è un altro aspetto della sovrapposizione troppo rigida dell'elaborazione giurisprudenziale in tema di requisiti per la situazione di *in bonis* – in particolare della situazione tutelata mediante *actio Publiciana* – all'elaborazione dei requisiti dell'usucapione. V. *supra*, nt. 42, e *infra*, rispettivamente § 8 e 11, a proposito dell'*usucapio pro derelicto* e *pro suo*.

*dominus* estraneo al negozio di trasferimento, se tale negozio costituisce la *causa* della *traditio*.

Questo schema non corrisponde sempre tuttavia, come già si è accennato, alle soluzioni giurisprudenziali, in cui i due elementi *iusta causa* e *bona fides* sono fortemente intrecciati e sovrapposti [45].

Peraltro, questa teoria porta necessariamente, nel tentativo di individuare un concetto unitario di *iusta causa usucapionis*, a porre sullo stesso piano le *causae* negoziali della *traditio* (e della *mancipatio*) e le cause civili e pretorie di acquisto unilaterale, o di attribuzione giudiziale o legale, della proprietà o della *iusta possessio*, il che crea delle difficoltà dogmaticamente insuperabili, in quanto si tratta di fattispecie la cui struttura di 'modo di acquisto della proprietà' è diversa, soprattutto per quanto concerne la rilevanza della *iusta causa* in rapporto alla buona fede.

Le ricostruzioni dottrinarie tradizionali, soprattutto, non riescono ad aggirare gli ostacoli interpretativi, che inevitabilmente – se si parte dall'assunto sopra esposto – si prospettano nella lettura delle fonti (particolarmente in materia di *usucapio pro derelicto* e *usucapio pro suo*, su cui v. *infra*, rispettivamente § 8 e 11), lavorando sulle definizioni di buona fede e di *iusta causa*, definizioni che, ovviamente, non risalgono alle fonti ma sono frutto di concettualizzazioni successive. Per quanto concerne la buona fede, la individuazione di questo elemento è apparentemente semplice: possiede in buona fede colui che al momento dell'acquisto del possesso riteneva di non ledere un diritto altrui. Nel caso che l'acquisto del possesso derivi da un atto traslativo, quali la *mancipatio* o la *traditio* compiuti *a non domino*, la buona fede coinciderebbe esclusivamente con l'ignoranza dell'alienità del bene. Come vedremo meglio più avanti, è tuttavia discutibile se per i giuristi classici la buona fede possa consistere anche nella convinzione, giustificata da errore scusabile, della validità del titolo di acquisto. Questo problema infatti, più che riconducibile alla rilevanza del cosiddetto 'titolo putativo', appare per i giuristi vertere sulla compatibilità della buona fede con l'errore sull'idoneità del titolo; la questione principale, che infatti si pone a questo proposito nei testi giurisprudenziali, è di stabilire di volta in

---

[45] La dottrina prevalente ritiene, ancora una volta sulla scia di P. BONFANTE (ID., *Corso*, II, cit., *passim*; ID., *Forme primitive*, cit., *passim*), che le oscillazioni della giurisprudenza classica, che indubbiamente sono riscontrabili a questo proposito nelle fonti, abbiano avuto fine con la giurisprudenza dell'età dei Severi, in particolare con Paolo e Ulpiano, che considerano i due requisiti della *iusta causa* e della buona fede come nettamente separati ed autonomi (in questo senso, per esempio, da ultimo M. TALAMANCA, *Istituzioni di diritto romano*, Milano, 1990, 423).

volta se la buona fede sia oggettivamente compatibile con l'errore circa la qualità di *dominus* dell'alienante o sull'effettiva sussistenza della causa, tanto da costituire di per sé fondamento di *iusta possessio* e legittimare la eventuale perdita del diritto in capo al *dominus*, indipendentemente da un rapporto negoziale o da un rapporto negoziale validamente costituito, o se invece, essendo l'errore *non tolerabilis*, ciò escluda la buona fede e quindi l'*usucapio*. Il rapporto fra elemento oggettivo 'causa' e elemento soggettivo 'buona fede' è risolto attraverso una serie di tipizzazioni casistiche che tendono ad individuare i casi in cui la presenza di alcune circostanze oggettive è sufficiente a giustificare la buona fede di non ledere il diritto altrui e di acquistare il bene 'a buon diritto'; ne discende che la buona fede è in queste ipotesi il fondamento esclusivo della *iusta possessio*; la *iusta possessio* può coincidere quindi sia con la *possessio ex iusta causa*, sia con la *possessio* di buona fede non viziata; infatti la presenza del vizio di acquisto può escludere di per sé la buona fede[46]. Come si è accennato, la rilevanza della situazione giuridica, in cui avviene l'acquisto del possesso (*causa possessionis*), se considerata in rapporto alla buona fede, è necessariamente differente nelle diverse ipotesi; nelle *causae*, che consistono in un'attribuzione e riconoscimento del possesso da parte del magistrato (per esempio, *missio in*

---

[46] Su questi problemi v. L. VACCA, *'Iusta causa'*, cit., 1958 ss. e letteratura ivi citata.

In questa prospettiva causa e buona fede si sovrappongono continuamente, e l'analisi è complicata dalla circostanza che in molti casi le soluzioni appaiono diversificate a seconda che si ragioni in termini di concessione dell'*actio Publiciana* o di mero compiersi dell'*usucapio* (v. ancora *infra*, § 5, 6, 7, 8, 9, 10, 11, 12, a proposito delle singole *causae*). Quanto alla *iusta causa*, la sua nozione è estremamente oscillante; per esempio, secondo P. BONFANTE [v., in particolare, ID., *La 'iusta causa' dell'usucapione e il suo rapporto colla 'bona fides'*, in *RISG*, XV, 1893, 161 ss. (ora in *Scritti*, II, cit., 469 ss.); ID., *Le singole 'iustae causae usucapionis' e il titolo putativo*, in *RISG*, XVII, 1894, 126 ss. (ora in *Scritti*, II, cit., 631 ss.)] la nozione originaria di *causa possessionis*, e corrispondentemente di *iusta causa usucapionis*, era rappresentata dall'esistenza o inesistenza, nell'acquisto del possesso, dei vizi *vi, clam, precario*: la *possessio* cioè era ritenuta giusta, e quindi idonea a produrre l'effetto acquisitivo del dominio, quando era iniziata senza una manifesta e materiale usurpazione del possesso altrui. In linea generale, può osservarsi che, più che una nozione astratta e generale di *iusta causa usucapionis*, i giuristi romani tipizzarono alcune '*causae*' del possesso; tali *causae* possono essere considerate anche *causae* dell'*usucapio* solo se coincidenti con le situazioni ritenute dall'ordinamento idonee a giustificare il trasferimento o l'acquisto unilaterale della proprietà. La singola '*causa*' di acquisto del possesso può quindi coincidere con un negozio attuato mediante *traditio (iusta causa traditionis)* o *mancipatio*, ma può anche consistere in una mera apprensione materiale corrispondente o a un modo di acquisto riconosciuto dal *ius civile* (*hereditas*, legato ad effetti reali, *noxae deditio*) o reso operante dal riconoscimento pretorio (*bonorum possessio, bonorum emptio, missio in bona ex secundo decreto*), o alla struttura di un modo di acquisto originario (*occupatio*).

*bona ex secundo decreto* o *adiudicatio* in un *iudicium imperio continens*), la *causa* del possesso *ad usucapionem* è assorbente rispetto alla buona fede; nelle ipotesi in cui l'acquisto avvenga in funzione di attuazione di un negozio di trasferimento, in cui il fondamento dell'acquisto della proprietà è prevalentemente individuato nel negozio complessivamente considerato, la buona fede deve essere valutata anche in rapporto a questa causa negoziale, in quanto la consapevolezza, o la mancata consapevolezza non giustificata, circa l'inesistenza o invalidità della causa incide necessariamente non solo sugli effetti del negozio di trasferimento reale ma anche sulla legittimità della situazione possessoria che ne deriva; nei casi in cui l'acquisto del possesso avviene, per così dire, 'a titolo originario', la buona fede, e quindi la possibilità di usucapire, può essere valutata solo in relazione alla situazione possessoria oggettiva del bene.

Inoltre, se per un verso, come si è detto, è indubitabile che l'introduzione dell'editto Publiciano abbia richiamato l'attenzione dei giuristi sulla necessità di una più compiuta elaborazione della nozione di *iusta causa traditionis* e della rilevanza del suo effettivo sussistere sia ai fini del compiersi dell'*usucapio*, sia ai fini della concessione della particolare tutela pretoria, per altro verso, ciò non significa che l'introduzione, nell'ambito del *ius honorarium*, di questo regime degli atti traslativi abbia completamente rivoluzionato la struttura possessoria e il fondamento dell'*usucapio* come modo di acquisto della proprietà civile. Sembra invece più plausibile, e soprattutto più conforme alle testimonianze delle fonti, supporre che per tutta l'età classica abbiano continuato a coesistere queste due funzioni tipiche e complementari dell'*usucapio* originaria, che peraltro coesistono in qualunque tipo di ordinamento[47]. L'*interpretatio* giurisprudenziale e l'attività dei magistrati giusdicenti si limitano a modificare, per il primo caso, le forme di tutela del possessore, che vengono rafforzate dall'*actio Publiciana* o da altre azioni fittizie fondate sulle diverse cause di attribuzione ritenute via via meritevoli di tutela *erga omnes*, per il secondo caso, i limiti che l'ordinamento pone a garanzia dell'eventuale proprietario; non si richiede cioè più solo che la *res* non sia inusucapibile, o che l'acquisto non avvenga *clam, vi* o *precario*, ma si richiede che la situazione oggettiva sia tale da legittimare chi acquista il possesso al convincimento che la cosa non abbia in quel momento un proprietario, o che l'acquisto avvenga comunque con il suo con-

---

[47] Per una panoramica sull'usucapione nei moderni sistemi europei, v. L. Moccia, *La sicurezza degli acquisti immobiliari: figure di 'usucapione' e sistemi di pubblicità immobiliare nella prospettiva del 'diritto privato europeo'*, in *Vendita e trasferimento*, cit., *passim*.

senso; si richiede cioè che l'acquisto avvenga in buona fede e che la buona fede sia oggettivamente giustificata.

### 5. *Le singole 'causae usucapionis': a) 'pro emptore'*.

Le considerazioni che precedono acquistano una maggiore evidenza nell'analisi delle singole situazioni 'tipizzate' dai giuristi e dai magistrati giusdicenti come idonee al compiersi dell'*usucapio*. Per semplificare lo schema dell'esposizione utilizzeremo prevalentemente i 'titoli' che compaiono nel Digesto giustinianeo, anche se questa classificazione in alcuni casi può presentare dei problemi, e risultare il prodotto di una struttura sistematica estranea all'articolazione delle soluzioni giurisprudenziali[48].

*a)* La causa di acquisto fondata sulla compravendita è probabilmente quella che ha richiamato la maggiore elaborazione, sia da parte della giurisprudenza romana, sia da parte della dottrina successiva, e nella quale più fittamente si intrecciano i rapporti fra *iusta causa traditionis* e *iusta causa usucapionis* da un lato, fra *iusta causa* e *bona fides* dall'altro.

Come si è detto, l'introduzione dell'*actio Publiciana* a tutela della *traditio ex iusta causa*, e, si può ritenere, più specificamente, in origine, a tutela della *traditio* di *res mancipi ex causa emptionis*, crea una fattispecie complessa, in cui i due momenti, contratto di compravendita e *traditio* diretta a trasferire il bene, sono scissi sul piano tecnico degli effetti, rispettivamente obbligatori e reali, ma sono funzionalmente collegati dal nesso genetico, in cui il contratto costituisce la 'causa' del trasferimento reale, che a sua volta è attuazione della causa, esecuzione del contratto sinallagmatico di buona fede; la *traditio ex causa emptionis*, ove non idonea a produrre il trasferimento di proprietà, o per inidoneità dell'atto, trattandosi di *res mancipi*, o per difetto della facoltà di alienare del tradente, trasferisce il solo possesso, creando però i presupposti sia di una *iusta possessio ad usucapionem*, sia della tutela mediante *Publiciana*, che richiede non solo il sussistere dei requisiti della *possessio ad usucapionem* ma anche l'acquisto del possesso *ex iusta causa*[49]. Va notato che anche in questa fattispecie la giustificazione

---

[48] Così, per esempio, i testi contenuti nei titoli *pro herede, pro derelicto* e *pro suo* appaiono raggruppati secondo un criterio di assonanza superficiale, più che trattare effettivamente dei problemi di una usucapione che si compia con il fondamento di tali *causae* (v. *infra*, §§ 6, 8, 11).

[49] Gai 4.36: *<Item usucapio fingitur in ea actione quae Publiciana vocatur>. Datur autem haec actio ei qui ex iusta causa traditam sibi rem nondum usucepit eamque amissa possessione*

giuridica dell'acquisto per usucapione è parzialmente differente da quella della tutela mediante *actio Publiciana*: infatti l'usucapione tende a risolvere definitivamente il potenziale conflitto fra il possessore e il *dominus ex iure Quiritium*, l'*actio Publiciana* ha la funzione di rendere opponibile ai terzi e allo stesso *dominus* gli effetti della *iusta causa* da cui dipende funzionalmente l'acquisto del possesso, finché non sia avvenuto l'acquisto del dominio tramite usucapione. Ciò si evidenzia, per esempio, nella circostanza che, anche se il *dominus* non era parte del negozio di trasferimento, trascorso il tempo richiesto dall'ordinamento, il possessore di buona fede, se il bene non è di provenienza furtiva, potrà opporre il suo acquisto al proprietario 'terzo' che non abbia compiuto la rivendica in tempo utile[50].

Ciò non esclude peraltro la rilevanza, anche ai fini dell'usucapione, del nesso funzionale fra la compravendita e il possesso che deriva *ex causa emptionis*; questa rilevanza tuttavia sembra emergere nell'elaborazione giurisprudenziale non nella prospettiva della *iusta causa usucapionis*, ma nella prospettiva della buona fede: il problema che si pone nei testi della giurisprudenza classica è infatti il determinare se ai fini della possibilità di usucapire è sufficiente che il compratore sia in buona fede al momento della compravendita o è necessario che lo sia anche al momento della *traditio*, nel momento in cui cioè acquista il possesso. La soluzione che prevale è nettamente nel senso che è necessario che il possessore sia compratore di buona fede e che acquisti altresì il possesso di buona fede al momento della *traditio*[51]. I giuristi escludono quindi la *usucapio pro emptore* e l'*actio Publiciana* sia nell'ipotesi che il possessore non solo sapesse, al momento della compravendita, che il venditore non era *dominus*, ma sapesse anche che quegli non avrebbe mai potuto trasmettergli validamente il bene[52], sia

---

*petit*; D. 6.2.1 (Ulp. 16 *ad ed.*): *Si quis id quod traditur ex iusta causa non a domino et nondum usucaptum petet, iudicium dabo*. Per i problemi di ricostruzione dell'editto v., da ultimi, L. VACCA, *Il c.d. 'duplex dominium'*, cit., 610 ss., e A. BURDESE, *Editto Publiciano*, cit., *passim*.

[50] V., per esempio, le ipotesi prospettate da Gai. D. 41.3.36-38.

[51] Cfr. D. 6.2.7.11 (Ulp. 16 *ad ed.*); D. 6.2.7.16-17 (Ulp.-Iul. 16 *ad ed.*); D. 41.3.10 (Ulp.-Sab.-Cass. 16 *ad ed.*); D. 41.3.48 (Paul. 2 *man.*). Su questi testi v. L. VACCA, *'Iusta causa'*, cit., 1967 ss.; EAD., *Il c.d. 'duplex dominium'*, cit., 625.

[52] Perché, per esempio, la *res* era di provenienza furtiva, o perché si era espressamente pattuito che non era obbligo del venditore trasferire la proprietà: la nullità della compravendita avrebbe in questo caso reso irrilevante anche la eventuale successiva buona fede al momento dell'apprensione del possesso. Bisogna peraltro ritenere che ai fini della buona fede non fosse necessario il convincimento che l'alienante fosse il *dominus ex iure Quiritium* ma fosse sufficiente il convincimento che tale alienazione avvenisse '*volente et concedente domino*', come si evince, per esempio, da Pomp. D. 41.7.5 pr.

nell'ipotesi che il possessore, pur essendo compratore di buona fede, al momento della *traditio* fosse a conoscenza dell'alienità del bene[53].

Gli stessi giuristi insistono sulla circostanza che nell'usucapione *pro emptore* si ha una diversa rilevanza della buona fede (in rapporto alla esistenza di una *iusta causa traditionis*) rispetto agli altri casi in cui la *traditio* avviene in esecuzione di un'obbligazione di *dare*[54]. Tuttavia, anche nel caso di compravendita, il collegamento fra la validità del contratto e gli effetti della *traditio* ai fini della *usucapio* non esclude che in qualche caso il possessore, giustificatamente in buona fede sia circa la esistenza della vendita, sia sulla qualità di *dominus* del tradente, anche se non potrà utilizzare l'*actio Publiciana*, possa usucapire, non *pro emptore* ma *pro suo*[55]. Ai fini dell'usucapione, quindi, a differenza che per la concessione dell'*actio Publiciana*, l'elemento essenziale non è sempre la validità della causa traslativa ma può essere anche la buona fede circa il sussistere di essa; ciò è perfettamente coerente con la diversa funzione giuridica dei due istituti: l'*actio Publiciana* anticipa, ai fini della tutela processuale, l'effetto traslativo della *traditio ex causa emptionis*, rendendo il titolo opponibile ai terzi e allo stesso *dominus*, se egli di tale atto era parte[56]: deve sussistere quindi effettivamente una causa traslativa potenzialmente valida, cui manca solo il decorso del tempo; l'usucapione, come modo di acquisto della proprietà in sé considerato, si fonda invece su una *iusta possessio*, esente dai vizi della violenza, clandestinità e precario, e sulla buona fede di colui che acquista il pos-

[53] V. i testi citati *supra*, nt. 51.

[54] Paul. D. 41.3.48 e D. 41.4.2 pr.; v. anche Pomp. D. 41.10.3. Per l'esegesi e la letteratura su questi testi v. L. VACCA, *'Iusta causa'*, cit., 1963 ss., e EAD., *Il c.d. 'duplex dominium'*, cit., 625 ss.

[55] A questa conclusione inducono infatti alcuni testi, che ammettono il procedere dell'*usucapio* in presenza di un titolo costituito da compravendita radicalmente nulla (per esempio, il caso di colui che compra in buona fede dal *furiosus*: Ulp. D. 6.2.7.2; Paul. D. 41.4.2.16; Paul. D. 41.3.13.1: cfr. L. VACCA, *'Iusta causa'*, cit., 1982), o inesistente (di colui che, avendo dato mandato al servo o al *procurator* di comprare una *res*, viene persuaso dall'intermediario che la compravendita sia stata effettivamente compiuta, mentre in realtà non è mai avvenuta: Afr. D. 41.4.11; cfr. L. VACCA, *'Iusta causa'*, cit., 1974). L'usucapione è quindi tassativamente esclusa solo nell'ipotesi in cui il possessore acquisti il possesso essendo consapevole o dell'alienità del bene o comunque di non avere un titolo valido, in cui cioè manchi la buona fede.

[56] Questa funzione dell'*actio Publiciana* emerge con particolare chiarezza nei testi in cui i giuristi trattano della doppia vendita del medesimo bene a compratori diversi: Ner. D. 19.1.31.2; Ulp. D. 6.2.9.4; Pomp. D. 21.3.2; Ulp. D. 44.4.4.32; Ulp. D. 6.1.72: su questi testi cfr. L. VACCA, *Il c.d. 'duplex dominium'*, cit., 631 ss.

sesso, buona fede che è compatibile con un giustificato errore[57] non solo sulla legittimazione dell'alienante ma anche sulla esistenza del negozio da cui derivava il trasferimento del possesso, ma non è ovviamente compatibile con la consapevolezza (o la mancata consapevolezza dovuta a errore inescusabile) dell'inesistenza di tale negozio[58].

6. *Segue: b) 'pro herede'.*

Le osservazioni svolte in precedenza trovano in un certo senso conferma nelle considerazioni di Gaio a proposito della *usucapio pro herede*[59], e nell'evoluzione di questo istituto in età classica.

Come abbiamo visto, Gaio rappresenta questa ipotesi come *improba et lucrativa*, in quanto l'acquisto delle *res hereditariae*[60] avveniva, ancora all'inizio dell'età classica, indipendentemente dalla buona fede, e, anzi, nonostante la consapevolezza di possedere una *res aliena* e di trarre da questo possesso un arricchimento non giustificato da alcun titolo[61]. I presupposti sui quali si fondava l'*usucapio pro herede*, infatti, erano esclusivamente che l'erede volontario non avesse ancora, al momento dell'apprensione del terzo, acquistato il possesso delle *res hereditariae*, e che queste fossero oggettivamente usucapibili. Non assumeva, invece, alcuna rilevanza la circostanza che colui che si impossessava dei beni ereditari ritenesse di essere erede.

---

[57] Che non può ovviamente consistere in un *error iuris*: v., per esempio, Paul. D. 41.3.31 pr.

[58] V., per esempio, Afr. D. 41.4.11; Ner. D. 41.10.5.1; sul problema dei rapporti fra errore scusabile e buona fede cfr. L. Vacca, *'Iusta causa'*, cit., 1960 ss. e letteratura ivi citata.

[59] Cfr. Gai 2.52-58. V. *supra*, § 3 e ntt. 25-30. Come nota M. Talamanca, *Studi sulla legittimazione passiva*, cit., 100 ss., Gaio espone uno stato di diritto che non è già più in vigore al momento della redazione delle Istituzioni, come esempio, assieme alle *usureceptiones* (Gai 2.59-61 su cui v. *supra*, § 3), di possibilità di *usucapio*, nonostante la consapevolezza dell'alienità della cosa.

[60] È discussa l'epoca della trasformazione per cui l'*usucapio pro herede*, cessando di essere concepita come *usucapio hereditatis*, venne a comportare esclusivamente l'acquisto delle singole *res hereditariae*: cfr., in particolare, G. Franciosi, *'Usucapio pro herede'*, cit., 132 ss.; F. Gnoli, *'Hereditatem expilare'*, cit., 57 ss. e letteratura ivi citata. V. inoltre, da ultimo, B. Albanese, *Le situazioni possessorie*, cit., 106.

[61] Gai 3.201 tratta dell'occupazione e usucapione delle *res hereditariae* sotto il diverso profilo dell'assenza, in questa ipotesi, di furto, se l'erede non ha ancora acquistato il possesso e a meno che non vi sia un erede necessario. Sull'ammissione dell'*usucapio pro herede* in connessione con la regola «*rei hereditariae furtum non fit*» v. gli autori citati *supra*, nt. 29.

Come ricorda lo stesso Gaio[62], questo carattere ingiustamente lucrativo venne tuttavia abolito con un senatoconsulto voluto da Adriano, che stabilì che gli effetti dell'usucapione non potessero essere opposti all'erede che ne facesse richiesta con l'*hereditatis petitio*; per altro verso, in presenza di un erede necessario la *usucapio pro herede* era esclusa *ipso iure*[63].

Un'ulteriore limitazione alla *usucapio pro herede* si ebbe quando, probabilmente con un rescritto di Marco Aurelio, venne istituito il *crimen expilatae hereditatis*[64]; l'impossessamento doloso di beni ereditari venne a costituire specifico illecito e l'*usucapio pro herede* divenne possibile esclusivamente a vantaggio del possessore di buona fede.

Alcune costituzioni di Diocleziano[65] esclusero, infine, che potesse procedere l'*usucapio pro herede 'non praecedente vero titulo'* e comunque in presenza di *heredes sui*.

Per tutto il periodo classico, quindi, l'*usucapio pro herede* mantiene una struttura anomala, e si contrappone alla normale usucapione in quanto non richiede la buona fede al momento dell'acquisto del possesso. Non può esservi dubbio peraltro che questa ipotesi prescinda del tutto dalla presenza di un titolo, vero o supposto, nel senso che, come si è visto, è irrilevante la circostanza che colui che si impossessa dei beni ereditari ritenga di essere erede. Sotto questo profilo dell'irrilevanza della causa, anche l'introduzione del *crimen expilatae hereditatis* non modifica il regime dell'istituto, ma comporta solo l'individuazione di un nuovo limite oggettivo alla possibilità di usucapire[66].

---

[62] Gai 2.54.

[63] Gai 2.58.

[64] Marcian. D. 47.19.1; C. 9.32.

[65] C. 7.29.3 e 4 (a. 293-4); C. 7.29.2 (a. 293).

[66] Come già notava P. BONFANTE, *Le singole 'iustae causae'*, cit., 641 ss. (v. ivi anche per la letteratura meno recente), il titolo *pro herede* come *iusta causa usucapionis* simmetrica alle altre *causae* è in realtà una creazione dei compilatori giustinianei, che raggruppano in questo titolo del Digesto alcune soluzioni particolari dei giuristi classici in tema di acquisto di *res hereditariae*. Il testo, che potrebbe sembrare a prima vista più significativo nel senso della configurazione di una 'causa putativa' *pro herede* (Pomp. D. 41.5.3), ammette il procedere dell'usucapione a favore dell'erede che possieda beni che ritiene erroneamente far parte dell'asse ereditario: in questo caso peraltro, secondo i criteri adottati dai giuristi classici, l'usucapione è configurabile come *pro suo* (v. *infra*, § 11).

## 7. *Segue: c) 'pro donato'*.

Nell'analisi della rilevanza del titolo e del suo rapporto con la *causa traditionis*, si prospettano problemi ancora differenti a proposito del caso in cui l'acquisto del possesso sia collegato ad una donazione.

Nel periodo classico, come è noto[67], la donazione non costituisce negozio autonomo, ma può costituire 'causa' di diversi negozi giuridici, sia ad effetto obbligatorio sia ad effetto reale.

Tuttavia, se l'*animus donandi* si traduce, per esempio, in una *stipulatio* di *dare*, la *traditio* che ne segue risulta giustificata, al pari di ogni trasferimento in adempimento di obbligazioni di *dare*, dalla *causa solutionis*, ed i suoi effetti, anche ai fini dell'usucapione, sono indipendenti dalla validità della donazione[68].

I giuristi classici trattano infatti dell'*usucapio pro donato* solo con riferimento ai casi in cui la donazione si attui direttamente mediante *traditio* di *res mancipi* o *mancipatio* o *traditio* di *res aliena*, ipotesi per le quali si ammette anche la concessione dell'*actio Publiciana* in favore dell'accipiente in buona fede[69].

La struttura della fattispecie di acquisto del dominio è in questa ipotesi rigidamente causale, non solo nel senso che, quando la donazione costituisce la causa della *traditio*, l'*animus donandi* del tradente e la valida donazione devono effettivamente sussistere, e non è sufficiente per il trasferimento del dominio (trattandosi di *res nec mancipi*) il convincimento dell'accipiente di ricevere *donationis causa*[70], ma anche nel senso che in questo contesto negoziale la buona fede dell'accipiente non è sufficiente a giustificare (nel caso di *res mancipi* o di *res aliena*) l'acquisto per usucapione[71]. Infatti, nel caso della donazione non è possibile scindere l'acquisto del pos-

[67] V., per esempio, GIOV. PUGLIESE, *Istituzioni*, cit., 705; M. TALAMANCA, *Istituzioni*, cit., 772: «La *causa donandi*, l'intento pratico del disponente, volto ad attuare un'attribuzione senza corrispettivo, non integra – nell'esperienza romana – una funzione socio-economica protetta in quanto tale ...: essa può costituire lo scopo pratico per cui viene attuato un più ampio assetto negoziale, in cui la *causa donandi* stessa si realizza mediante la conclusione di un negozio ad effetti reali od obbligatori».

[68] Sul titolo *pro soluto* v. *infra*, § 12.

[69] Marcell. D. 41.6.2; Pomp. D. 41.6.3; Ulp. D. 6.2.7.3.

[70] V., per esempio, Ulp.-Iul. D. 12.1.18 pr. Il testo è peraltro uno dei più discussi dalla critica romanistica, soprattutto per l'apparente contrasto con Iul. D. 41.1.36. Su questi problemi v. L. VACCA, *'Iusta causa'*, cit., 1993 ss. e letteratura ivi citata.

[71] Paul. D. 41.6.1 pr.

sesso dalla causa negoziale della *traditio*, per cui, se il tradente non aveva l'*animus donandi*, o se la donazione era nulla, l'acquisto del possesso è, di regola, oggettivamente viziato[72].

8. *Segue: d) 'pro derelicto'.*

La fattispecie di acquisto del possesso, alla quale, secondo i testi contenuti nel relativo titolo del Digesto (41.7), potrebbe collegarsi una causa di usucapione *pro derelicto*, mostra alcune particolarità. Va premesso che le fonti presentano al riguardo un'apparente discordanza, in quanto alcuni passi affermano esplicitamente che la *res pro derelicto habita* dal *dominus* diviene *nullius* e può essere acquistata mediante semplice *occupatio*, altri passi trattano invece dell'usucapione di *res* abbandonate e si pongono il problema dei limiti in cui tale *usucapio* può procedere[73]. Questa antinomia è risolta nella dottrina tradizionale seguendo due strade differenti: una teoria, che risale al Bonfante[74], assimila la fattispecie di acquisto di cosa abbandonata alla *traditio in incertam personam*, e di conseguenza ipotizza che, mentre per le *res nec mancipi* l'acquisto avviene immediatamente, per le *res mancipi* sia comunque necessaria l'*usucapio*; secondo un'altra rico-

---

[72] L'usucapione non può infatti compiersi nell'ipotesi in cui vi sia nullità della donazione per violazione di disposizioni normative: per esempio, donazione fra coniugi o donazione del padre al figlio in potestà. Il principio è tuttavia mitigato in alcuni casi in cui, venuto meno l'impedimento legale, l'accipiente continua a possedere '*volente et concedente domino*': la figlia donataria mentre era in potestà, e diseredata, potrà usucapire dal momento in cui interviene la ratifica della donazione da parte dell'erede (Pomp. D. 41.6.4); la moglie, che abbia ricevuto in donazione un bene dal marito, intervenuto il divorzio, può usucapire se il marito convalida la donazione (Paul. D. 41.6.1.2; apparentemente discordante Paul. D. 24.1.24, che sembra ammettere il procedere dell'usucapione anche indipendentemente dalla successiva convalida); sui problemi dell'*usucapio pro donato* in rapporto al divieto di donazione fra coniugi cfr., in particolare, G. NICOSIA, *Donazioni fra coniugi e 'usucapio pro donato'*, in *AG*, CLI, 1956, 67 ss.

[73] V., in particolare, Pomp. D. 41.7.5 pr.-1; Paul. D. 41.7.2 pr.; Paul. D. 41.7.4; per l'esame dei testi e della letteratura su questi problemi cfr. L. VACCA, *Osservazioni in tema di 'iusta causa' e 'bona fides' in relazione all''usucapio pro derelicto'*, in *Studi in onore di C. Sanfilippo*, IV, Milano, 1983, 775 ss. [in questo volume, cap. VI]; EAD., *'Derelictio' e acquisto delle 'res pro derelicto habitae'. Lettura delle fonti e tradizione sistematica*, Milano, 1984, *passim*; da ultimo L. SOLIDORO MARUOTTI, *Studi sull'abbandono*, cit., *passim*.

[74] P. BONFANTE, *La derelizione di 'res mancipi' nel diritto classico*, (1894), in *Scritti*, II, cit., 326 ss.; ID., *La derelizione e l'apprensione di cose derelitte*, in *Scritti*, II, cit., 342 ss. V. anche *supra*, § 2.

struzione, invece, l'*usucapio* sarebbe necessaria solo nell'ipotesi in cui la *derelictio* avvenga *a non domino*[75].

È evidente, peraltro, in entrambe le ipotesi ricostruttive, lo sforzo di ricondurre la struttura di questa usucapione ed il suo fondamento ad un regime analogo a quello degli altri casi di *usucapio ex iusta causa*, attribuendo sostanzialmente alla *derelictio* la stessa funzione della *iusta causa traditionis*. Tuttavia queste ipotesi non appaiono del tutto soddisfacenti, sia perché forzano l'enunciato delle fonti, che non fanno alcuna menzione né di una distinzione di regime fra *res mancipi* e *res nec mancipi*, né di una *derelictio a non domino*, sia perché non riescono a superare l'incoerenza dommatica che deriva dall'equiparazione di questo acquisto del possesso ad un acquisto avente causa negoziale[76].

In realtà, non solo la *derelictio* non è concepita dai giuristi romani come assimilabile ad una *iusta causa traditionis*, ma non è neanche concepita come una *iusta causa usucapionis*, che possa giustificare l'acquisto *a non domino*. Infatti, se l'abbandono del possesso non coincide effettivamente con l'abbandono definitivo della cosa da parte del proprietario, non si ha *derelictio*, e la *res* non diviene *nullius*; manca quindi il presupposto oggettivo della occupazione come *iusta causa adquirendi dominii*, e, mancando questo presupposto, coerentemente ai principi che emergono in relazione a tutte le altre *causae*, la buona fede nell'acquisto del possesso non è sufficiente al riconoscimento di una *usucapio 'pro derelicto'*[77]. La differenza rispetto ai casi di *traditio a non domino* è evidente: colui, che acquista il possesso a seguito di una *traditio* geneticamente collegata ad una causa di acquisto del dominio (compravendita, legato, dote, donazione, adempimento di obbligazione ecc.), possiede per una causa effettivamente esistente, in relazione alla quale non si è realizzato l'effetto traslativo solo per mancanza di legittimazione dell'alienante, ignorata peraltro dall'accipiente stesso. Chi apprende il possesso di una cosa, che ritiene derelitta ma non lo è, non può vantare alcuna *iusta causa* idonea a giustificare secondo l'ordinamento l'attribuzione del dominio, in quanto l'occupazione non è giuridicamente configurabile se non in relazione ad una *res nullius*: ne discende che, ove non vi sia *derelictio*, non si può acquistare la *res* né per occupazione né per usucapione.

---

[75] La tesi fu sostenuta in particolare da A. BERGER, *In tema di derelizione*, in *BIDR*, XXXII, 1922, 129 ss., e da S. ROMANO, *Studi sulla derelizione nel diritto romano*, Padova, 1933.

[76] Su ciò si veda, in particolare, L. VACCA, *'Derelictio'*, cit., 45 ss.

[77] Iul. D. 41.7.6; D. 41.7.7, su cui cfr. L. VACCA, *'Derelictio'*, cit., 69 ss.

Può acquistarsi quindi solo una cosa effettivamente *pro derelicto habita*, e la *derelictio* è tale solo se compiuta dal *dominus*. Questa conclusione sembrerebbe portare necessariamente alla conseguenza che l'acquisto avviene sempre per occupazione, e porsi quindi in aperto contrasto con le fonti che affermano invece esplicitamente la possibilità di usucapire una *res derelicta*. In realtà, in questo caso riemerge la funzione tipica originaria dell'usucapione, collegata alla necessità pratica, per talune ipotesi in cui non vi sia la certezza oggettiva dell'abbandono definitivo del bene da parte del *dominus*, di accertare la non lesione del suo diritto attraverso il decorso del tempo necessario all'*usucapio*. Trascorso tale tempo, l'abbandono è in certo senso presunto. In altri termini, l'usucapione è possibile se chi acquista il possesso acquista in buona fede con la convinzione di possedere *pro suo*, con la convinzione, quindi, oggettivamente giustificata dalle circostanze, che la cosa sia abbandonata[78]. Tuttavia, se il *dominus* riuscirà a dimostrare di non avere effettivamente derelitto il bene, il possessore non potrà opporgli il suo acquisto *pro derelicto*.

Resta il problema di stabilire se il possessore potrà comunque vantare, trascorso il tempo dell'*usucapio*, un acquisto *pro suo*, giustificato unicamente dalla buona fede[79].

## 9. *Segue: e) 'pro legato'*.

Da alcuni casi trattati nel Digesto[80] risulta che l'*usucapio pro legato*[81]

---

[78] Ciò spiega, per esempio, le oscillazioni della giurisprudenza in materia di usucapione delle *res ex nave iactae* al fine di alleggerire il carico: Iav. D. 41.2.21.1-2; D. 41.1.58; Iul. D. 41.7.7 e D. 14.2.8; Ulp. D. 47.2.43.11. Si trattava infatti di stabilire se in questo caso particolare il convincimento dell'avvenuto abbandono del *dominus* fosse o meno compatibile con la buona fede oggettivamente giustificata richiesta ai fini dell'usucapione. Cfr. L. VACCA, *'Derelictio'*, cit., 90 ss.

[79] V. *infra*, § 11.

[80] V., in particolare, Paul. D. 41.8.4 e Herm. D. 41.8.9.

[81] Se si rapporta questa casistica ai modi di acquisto del legato nel diritto romano classico sono evidenti le difficoltà che ne sorgono ove si voglia intendere rigidamente il requisito della *iusta causa usucapionis* come necessità di un titolo di acquisto del dominio, inidoneo a produrre effetti immediati solo per difetto di forma dell'atto di trasferimento reale o per mancanza di legittimazione dell'alienante. Così, per esempio, N. BAMMATE, *Le titre 'pro legato'*, in *RIDA III S.*, I, 1948, 27 ss., partendo dall'assunto che, nel caso del legato *per vindicationem*, il legatario di regola acquista immediatamente il dominio, e che, per un verso, se il legato è valido, non è utile l'usucapione e, per altro verso, se il legato è nullo, l'acquisto del

può trovare applicazione anche quando, pur essendo il legato nullo, il possessore ha acquistato in buona fede, ignorando, per esempio, che il bene legato non apparteneva al testatore, o che il legato era invalido per vizio della disposizione, o che era stato revocato, o che il testatore era ancora vivo. Non si può invece usucapire *pro legato* una *res* che solo erroneamente si riteneva *legata*[82], né l'usucapione può procedere a favore di persona diversa dal legatario[83], a meno che non vi sia omonimia fra colui che acquista il possesso a questo titolo e il legatario, esistendo due persone con lo stesso nome[84].

Queste soluzioni appaiono a prima vista in insanabile contrasto con un testo in cui Ulpiano riporta un'opinione di Celso – con la quale evidentemente concorda – secondo cui l'usucapione non può procedere se il possesso viene acquistato *pro legato, pro donato* o *pro dote* e il titolo è nullo[85]. È tuttavia possibile ipotizzare che a proposito di queste *causae* di acquisto esistesse una divergenza fra i giuristi[86], e che per la causa *pro legato*, a differenza che per quelle *pro dote* o *pro donato*, sia alla fine prevalsa l'idea che, in alcuni casi particolari in cui la buona fede sull'esistenza del titolo era oggettivamente giustificata, potesse ammettersi il procedere dell'usucapione. L'opinione contraria, che escludeva l'usucapione, nonostante la buona fede, se il legato era invalido o inesistente, era evidentemente espressione della stessa *ratio* che, come abbiamo visto, guidava le soluzioni in tema di donazione: il fondamento dell'acquisto della proprietà, e quindi dell'usucapione, non era considerato l'acquisto del possesso in sé, ma veniva raccordato ad una fattispecie complessa, in cui tale acquisto appariva giustificato unicamente dall'esistenza del legato, e quindi dalla volontà del testato-

possesso risulterebbe viziato e l'usucapione *ex iusta causa* inconfigurabile (lo stesso potrebbe dirsi inoltre per il legato *per damnationem*, che, se nullo, non può generare l'obbligazione a trasferire dell'erede, e non può quindi costituire *iusta causa traditionis*), giunge a ipotizzare che l'*usucapio pro legato* trovasse applicazione pratica solo con riferimento al caso di legato *sinendi modo*, che si realizza con un atto di apprensione unilaterale del legatario.

[82] Paul. D. 41.8.2; Pap. D. 41.8.3.

[83] Ulp. D. 48.8.1.

[84] Paul. D. 41.8.4.

[85] D. 41.3.27 (Ulp. 31 *ad Sab.*): *Celsus libro trigesimo quarto errare eos ait qui existimarent cuius rei quisque bona fide adeptus sit possessionem, pro suo usucapere eum posse, nihil referre, emerit nec ne, donatus sit, nec ne, si modo emptum vel donatum sibi existimaverit, quia neque pro legato, neque pro donato, neque pro dote usucapio valeat, si nulla donatio, nulla dos, nullum legatum sit. idem et in litis aestimatione placet, ut nisi vere quis litis aestimationem subierit, usucapere non possit.* Sul testo v. ancora *infra*, § 11 e nt. 93.

[86] Ciò è peraltro affermato esplicitamente da Ermogeniano in D. 41.8.9.

re di disporre di quella determinata *res* a favore di quel determinato soggetto: mancando questo presupposto, la buona fede non era sufficiente di norma a sanare il vizio nell'acquisto del possesso.

## 10. *Segue: f) 'pro dote'*.

Questo titolo presenta apparenti analogie di struttura con i titoli *pro donato* e *pro legato*, sia in quanto anche la costituzione di dote può avvenire tanto in forma obbligatoria quanto con atto reale, sia in quanto, in questo secondo caso, la 'causa' della dazione si identifica necessariamente con il particolare atteggiarsi della volontà dell'alienante diretta alla realizzazione di uno scopo pratico tutelato come tipico dall'ordinamento, e questo scopo tipico costituisce quindi fondamento necessario e imprescindibile dell'efficacia dell'atto traslativo, anche ai fini dell'usucapione.

Tralasciando, per le considerazioni già esposte[87], l'ipotesi in cui si abbia *promissio* o *dictio dotis*, per quanto riguarda la *datio dotis* interessa soprattutto rilevare che questa *iusta causa traditionis* richiede non solo la volontà dell'alienante di costituire la dote, ma anche il presupposto obiettivo dell'intervenuto matrimonio. Ciò è affermato espressamente da Ulpiano[88], che richiama anche le opinioni in questo senso di Cassio e di Giuliano. Non è quindi ammessa l'usucapione quando l'acquisto del possesso deriva da una *traditio* compiuta con questa causa, ma viene meno il presupposto stesso della dote in quanto il matrimonio non si contrae validamente; tuttavia lo stesso Ulpiano, richiamandosi ancora a Giuliano, ammette che l'accipiente possa acquistare la proprietà – immediatamente o con l'usucapione, se si erano trasferite *res alienae* – delle cose ricevute prima del matrimonio, se l'intenzione dell'alienante di condizionare l'acquisto all'avvenuto matrimo-

[87] Anche in questo caso infatti, analogamente a quello della *stipulatio* con causa di donazione, la *datio* avverrebbe in adempimento di una obbligazione, per cui, trattandosi di *res alienae* o di *res mancipi* trasferite mediante *traditio*, si configurerebbe una usucapione *pro suo* o *pro soluto* (v. *infra*, rispettivamente §§ 11 e 12).

[88] Ulp. D. 41.9.1. Lo stesso Ulpiano, come si è visto *supra*, nt. 85, concorda peraltro con l'opinione di Celso secondo cui, se la costituzione di dote è nulla perché, ad esempio, il matrimonio non è valido, l'usucapione non può procedere neanche *pro suo*. Tuttavia, anche a questo proposito vi doveva essere una discussione fra i giuristi, in quanto alcuni ammettevano che la buona fede circa il sussistere della causa dotale di chi riceveva il possesso della *res* fosse sufficiente a configurare appunto una *usucapio pro suo*: v., per esempio, Proc. D. 23.3.67. Per l'interpretazione e la letteratura su questi testi v. L. VACCA, *'Iusta causa'*, cit., 1972 ss.

nio non era manifestata espressamente; in questo caso, infatti, si poteva considerare giustificata la buona fede dell'accipiente, che, pur non potendo usucapire *pro dote*, in quanto all'atto dell'acquisto del possesso ancora mancava il requisito oggettivo del matrimonio, usucapiva *pro suo*[89].

## 11. *Segue: g) 'pro suo'*.

I problemi interpretativi e dommatici, che discendono da una configurazione della usucapione classica come limitata alle ipotesi di acquisto del possesso giustificato da una *iusta causa adquirendi dominii*, emergono con particolare evidenza a proposito della *usucapio pro suo*.

Secondo una definizione di Nerazio, possiede *pro suo* chiunque «*cum suum esse existimaret, possederit*»[90]. L'accezione generale di *possessio pro suo* abbraccia quindi ogni situazione di chi possiede in buona fede una cosa come propria, indipendentemente dalla circostanza che questa *possessio* sia oggettivamente sorretta da un titolo idoneo all'acquisto del dominio[91]. La questione, ancora oggi dibattuta dalla dottrina, concerne la possibilità di raccordare questa situazione possessoria alla *usucapio*; si tratta cioè di stabilire se, e in che limiti, il convincimento, fondato su un errore di fatto giustificabile, di possedere come proprio un determinato bene sia sufficiente secondo i giuristi romani a costituire giustificazione dell'acquisto mediante *usucapio*, indipendentemente dall'effettivo sussistere di una *iusta causa*[92]. Le oscillazioni della dottrina a questo proposito sono riconducibili

[89] In questo senso v. anche Paul., Vat. Frag. 111.

[90] D. 41.10.5.1. V. ancora *infra*, nt. 93, 94 e 99.

[91] Paul. D. 41.10.2 mostra che la nozione di *possessio pro suo* comprende tutte le ipotesi in cui si possiede in base ad un rapporto diretto con la cosa, come, per esempio, nel caso dell'acquisto 'originario'. Ciò peraltro non esclude (v., per esempio, Paul. D. 41.2.3.4 e Ulp. D. 41.10.1 pr.) che possa aversi *possessio pro suo* anche quando l'acquisto dipende da una *causa*, ed in questa ipotesi la *possessio* e l'*usucapio* che ne segue sarà ad un tempo *pro suo* e *pro emptore*, *pro donato*, ecc. Su questi testi cfr. J. Vendrand-Voyer, *'Possessio pro suo'*, in *'Sodalitas'. Studi in onore di A. Guarino*, cit., III, 1403 ss.; L. Vacca, *'Iusta causa'*, cit., 1963 ss. e letteratura ivi citata; da ultimo L. Winkel, *'Usucapio pro suo' and the Classificaton of the 'causae usucapionis' by the Roman Jurists*, in *New Perspectives*, cit., 223 ss.

[92] Alcuni autori hanno ipotizzato che i testi, in cui sembra che si ammetta l'*usucapio pro suo* in presenza di una causa invalida, testimonino il riconoscimento da parte di alcuni giuristi – la cui opinione sarebbe peraltro rimasta minoritaria – della cosiddetta causa putativa (v. su ciò Th. Mayer-Maly, *Das Putativtitelproblem bei der 'usucapio'*, Graz-Köln, 1962; H. Hausmaninger, *Die 'bona fides' des Ersitzungsbesitzers im klassischen römischen Recht*,

ad apparenti contrasti anche all'interno dei testi giurisprudenziali[93], e alla difficoltà di conciliare l'elaborazione della *iusta causa*, e della rilevanza del suo effettivo sussistere ai fini dell'acquisto per usucapione, quale indubbiamente emerge in molte fonti classiche, con le soluzioni che ammettono, invece, che possa usucapire anche colui che, pur non avendo acquistato il possesso con un titolo valido, possiede con la giustificata convinzione che la cosa gli appartenga.

Il contrasto fra il passo di Nerazio e l'opinione attribuita a Celso, peraltro, è forse da intendersi in termini meno generali di quanto in genere si sia ritenuto. Anche Celso qualifica esplicitamente la *usucapio pro suo* come l'ipotesi in cui l'usucapione segue sul fondamento esclusivo dell'acquisto del possesso in buona fede, ma precisa che ciò non è possibile nei casi di *possessio pro donato, pro dote e pro legato*, ove siano nulli la donazione, la dote o il legato, ipotesi cui, secondo Ulpiano, si deve aggiungere la *litis aestimatio*. Su queste ipotesi doveva effettivamente esistere un dibattito giurisprudenziale, per il particolare rapporto che in esse si poneva fra l'apprensione del possesso e la causa di attribuzione della proprietà; come si è visto, infatti, in questi casi gli effetti acquisitivi sono inscindibilmente collegati al particolare scopo pratico, riconosciuto e tutelato dall'ordinamento, che il dante causa intende perseguire con l'atto di disposizione. Nel conflitto fra la posizione giuridica del proprietario e la buona fede del possessore, secondo alcuni giuristi non può prevalere la tutela di quest'ultima se risulta inesistente il fondamento giuridico dell'attribuzione del dominio: per esempio, la donazione nulla per divieto legislativo, la costituzione di dote in assenza del presupposto oggettivo del matrimonio, l'inesistenza del legato in favore di chi a questo titolo acquista il possesso impediscono l'usucapione *pro donato, pro dote, pro legato*. Come è facile vedere, sono tutte ipotesi in cui, mancando il presupposto giuridico dell'acquisto della proprietà, manca anche il presupposto dell'usucapione 'titolata'. Peraltro, co-

---

Wien-München, 1964); altri (v., in particolare, P. Voci, *'Iusta causa'*, cit., 165; Id., *Modi di acquisto*, cit., 193) ritengono che si ricorra alla formulazione '*possidere*' e '*usucapere pro suo*' nelle ipotesi in cui, pur sussistendo una *iusta causa*, questa non sia riconducibile ai casi tipici *pro emptore*, *pro donato*, *pro legato*, ecc. I giuristi ricorrerebbero cioè alla qualificazione *pro suo* dell'usucapione come qualificazione residuale, in assenza di una causa di acquisto più specificamente individuata.

[93] I testi, che possono apparire più significativi nel senso di una discorde opinione dei giuristi sulla possibilità di configurare una usucapione *pro suo* in assenza di una causa negoziale valida, e che sono anche i più discussi dalla dottrina romanistica, sono i già ricordati passi di Nerazio D. 41.10.5 e di Ulpiano D. 41.3.27 (in cui si riferisce l'opinione di Celso): v. *supra*, nt. 2 e 85.

me risulta chiaramente dalle fonti, i giuristi discutevano non tanto sul riconoscimento dell'*usucapio pro donato, pro dote*, ecc., quanto sulla possibilità di riconoscere in queste ipotesi una usucapione *pro suo* e sui limiti in cui ciò era ammissibile: abbiamo visto, per esempio, che si ammette l'*usucapio pro suo* quando un determinato bene venga trasferito prima del matrimonio, e, pur non potendosi configurare una *usucapio pro dote*, si ritiene di dover dare riconoscimento alla buona fede dell'accipiente, se non è stata esplicitamente affermata dall'alienante la volontà di condizionare la dazione al matrimonio[94].

Questi dubbi interpretativi tuttavia possono forse essere in parte superati se si considera che è del tutto fuorviante l'idea che la denominazione *pro suo* sia utilizzata dai giuristi classici con riferimento ad ipotesi di usucapione omogenee agli altri casi qualificati dal collegamento con una causa di acquisto del dominio; questa prospettiva sembra piuttosto generata dalla schematizzazione classificatoria dei compilatori giustinianei, che peraltro inseriscono nel titolo del Digesto dedicato all'*usucapio pro suo* (D. 41.10) testi relativi soprattutto alla individuazione della struttura della *possessio pro suo*.

Dai testi della giurisprudenza risulta, come si è detto, che può essere qualificata *possessio pro suo* ogni ipotesi in cui taluno possiede un bene con la convinzione che esso gli appartenga, e che questa situazione in sé considerata prescinde dalla causa dell'acquisto. Coerentemente, là dove si afferma che l'usucapione può procedere *pro suo*, ciò non può che significare che l'usucapione procede unicamente come effetto della *possessio pro suo*, in relazione alla stessa situazione oggettiva. Per altro verso, essendo la *possessio pro suo* una *possessio ad usucapionem*, questa situazione viene contrapposta, oltre che, ovviamente, alla *possessio pro alieno*[95], alla *possessio vi, clam* o *precario*[96], e presuppone necessariamente la buona fede al momento dell'acquisto[97].

Ciò non significa, tuttavia, che nel caso dell'*usucapio pro suo* i giuristi prescindano del tutto dalla valutazione delle circostanze obiettive in cui il

---

[94] Per l'interpretazione di questi testi e in generale su questi problemi si vedano, da ultimi, gli autori citati *supra*, nt. 91.

[95] Cfr. Paul. D. 41.3.13.2.

[96] Cfr. Pomp. D. 41.10.4 pr.

[97] Il possesso di mala fede infatti genera una *possessio pro possessore*, che proprio in quanto inidonea all'usucapione viene, sia pure implicitamente, contrapposta alla *possessio pro suo*: v., per esempio, Ulp.-Iul. D. 5.3.13.1.

possesso viene acquistato: la discussione verte proprio sulla delimitazione dei casi nei quali il decorso del tempo può rendere definitiva ed opponibile *erga omnes* una situazione possessoria non qualificata da una causa di acquisto idonea di per sé a giustificare l'acquisto del dominio. Questa delimitazione avviene attraverso l'individuazione dei singoli casi, la cui particolare struttura induce a dare rilevanza assorbente alla buona fede, in quanto la situazione oggettiva giustifica l'erroneo convincimento del possessore circa il suo diritto sulla cosa[98].

Dall'esame complessivo di queste soluzioni emerge con chiarezza che l'*usucapio pro suo* ricorre in tutte le ipotesi in cui sia riconosciuto il sussistere di una *possessio ad usucapionem*, sia essa qualificata o meno dalla presenza di una valida causa di acquisto. Tuttavia, la specifica rilevanza dell'istituto emerge nei casi in cui tale *possessio*, pur non essendo fondata su una specifica causa di attribuzione del dominio, presenti i requisiti sufficienti all'acquisto per usucapione; tali requisiti sono in definitiva quelli che emergevano dalla tradizione giuridica precedente, sia pure precisati e delimitati con maggiore rigore, soprattutto in relazione alla buona fede; la struttura dell'usucapione in questi casi si ricollega esclusivamente alla funzione originaria di certezza dell'appartenenza e di argine alle liti[99].

In queste fattispecie si ha dunque una configurazione della situazione possessoria rilevante ai fini dell'usucapione diversa da quelle che, derivando da una causa di acquisto del dominio, vengono anche tutelate mediante le azioni fittizie – e, eventualmente, le eccezioni nei confronti del *dominus* – tipiche dell'*in bonis*. A questi fini, ovviamente, la buona fede, anche se oggettivamente giustificata da un errore scusabile, non è sufficiente in quanto è proprio la presenza della causa valida, che costituisce il fondamento di tale tutela[100].

Peraltro, come si è visto, almeno secondo alcuni giuristi e in relazione a

[98] A proposito dei rapporti fra buona fede e *tolerabilis error* si svolge un'articolata discussione casistica, che sembra portare a riconoscere l'*usucapio pro suo* ogni volta che l'errore sull'esistenza della causa di acquisto sia dovuto appunto ad un errore oggettivamente giustificabile. Cfr. L. VACCA, *'Iusta causa'*, cit., 1965 ss. e letteratura ivi citata.

[99] Cfr. Ner. D. 41.10.5.

[100] Queste considerazioni possono peraltro trovare conferma nella circostanza che nessun testo propone l'idea, che pure è praticamente indiscussa nella dottrina, che il possessore *pro suo* possa essere tutelato dalla *actio Publiciana* o da altre azioni fittizie nel tempo necessario all'acquisto per usucapione. Per altro verso, trova così spiegazione il rilievo pratico delle soluzioni in cui i giuristi, pur negando che l'usucapione possa procedere *pro emptore*, *pro legato*, *pro dote*, ecc., ammettono invece l'*usucapio pro suo*.

casi in cui l'acquisto sarebbe ingiustamente 'lucrativo', derivando da una dazione unilaterale del trasferente, il cui *animus* si configura esclusivamente in rapporto ad una causa in realtà inesistente o nulla, il vizio nel trasferimento del possesso impedisce anche l'*usucapio pro suo*, nonostante la buona fede dell'accipiente.

## 12. *Segue: h) 'pro soluto'.*

I compilatori giustinianei non hanno isolato un titolo *pro soluto* come *iusta causa usucapionis*, ma da molti passi risulta che i giuristi classici ammettevano non solo il procedere dell'*usucapio* ma anche la tutela dell'*actio Publiciana* nell'ipotesi in cui la *traditio* avesse la funzione di adempimento di un'obbligazione di *dare*[101]; risulta altresì che tale usucapione era ammessa anche nell'ipotesi in cui la *traditio solvendi causa* avvenisse in adempimento di una obbligazione solo erroneamente ritenuta esistente dalle parti[102].

La difficoltà che la dottrina ha incontrato nella configurazione della *usucapio pro soluto* è duplice. Un primo ordine di problemi riguarda la particolarità della *causa solvendi* in rapporto alla *traditio* e all'*usucapio*, in quanto, se si intende la *iusta causa traditionis* come negozio, o obbligatorio che nella *traditio* trova il suo adempimento, o reale che si realizza nella *traditio* stessa, diventa impossibile configurare l'adempimento come autonoma *iusta causa* dell'acquisto del dominio e del possesso[103]. La seconda questione è collegata alla prima, nel senso che, se si identifica la *iusta causa traditionis* con il negozio obbligatorio, nell'ipotesi in cui questo sia nullo o inesistente gli effetti traslativi della *traditio* non potrebbero configurarsi come giustificati da una *solutio*, in quanto non può esservi adempimento di un'obbligazione inesistente; da ciò discenderebbe anche l'impossibilità di

---

[101] Paul. D. 6.2.4; Paul. D. 41.3.15.3; Iul. D. 41.3.33.3.

[102] Paul. D. 41.4.2 pr.; Paul. D. 41.3.48; Pomp. D. 41.10.3; Herm. D. 41.3.46.

[103] Secondo P. VOCI, *'Iusta causa'*, cit., 170, per esempio, non è possibile ritenere che la *solutio* sia come tale *iusta causa usucapionis* senza che si guardi al negozio obbligatorio che la giustifica, in quanto la funzione di adempimento della *traditio* può esserci solo quando ci sia una obbligazione da adempiere; ciò significherebbe l'inutilità del titolo *pro soluto*, in quanto, se il negozio obbligatorio esiste, si dovrà vedere in esso la *iusta causa*, se non esiste, il ricorso alla *solutio* è vano perché l'inesistenza di esso toglie alla *traditio* la qualifica di *solutio*. V. anche E. FUCHS, *'Iusta causa traditionis'*, cit., su cui cfr. le osservazioni di M. TALAMANCA, *Recensione*, cit., 440 ss.

ammettere, nel caso di *solutio indebiti*, una *usucapio pro soluto*, in quanto l'acquisto del possesso non potrebbe essere qualificato da una causa di adempimento inesistente, a meno di non voler ammettere la rilevanza di un titolo putativo [104].

In realtà, in questi termini il problema risulta male impostato e viziato ancora una volta sia da una nozione imprecisa di *iusta causa traditionis* (che viene tendenzialmente riportata alla dottrina del *titulus* negoziale necessario all'acquisto del dominio), sia da una trasposizione troppo rigida di questa nozione di *iusta causa traditionis* alla *iusta causa usucapionis*.

La fattispecie, in cui la *traditio* costituisce adempimento di una obbligazione di *dare*, presenta la particolarità di essere strutturata, secondo i giuristi romani, in due momenti negoziali autonomi: il negozio obbligatorio ed il negozio reale; il negozio obbligatorio costituisce la 'causa di giustificazione' del trasferimento di ricchezza che deve essere attuato con il negozio reale, che è la 'causa di attribuzione' del dominio [105]. Quando il negozio reale consiste in una *traditio*, l'attribuzione del dominio discende dall'accordo delle parti sullo scopo pratico del negozio (*iusta causa traditionis*) [106], che in questo caso è appunto l'adempimento (*traditio solvendi causa*); esistendo questo accordo, la *traditio* trasferisce il dominio indipendentemente dalla causa di giustificazione, la cui esistenza rileva solo ai fini del diritto dell'accipiente a ritenere definitivamente la cosa [107]; infatti, se il trasferimento del bene ha configurato un arricchimento ingiusto, in quanto mancava l'obbligazione di *dare*, presupposto oggettivo della *solutio*, l'ordinamento tutela colui che ha erroneamente effettuato il trasferimento con la *condictio*.

---

[104] In questo senso, per esempio, P. Voci, *'Iusta causa'*, cit., 179 ss.

[105] Sulla distinzione fra 'causa di giustificazione' e 'causa di attribuzione' nelle fattispecie di trasferimento cfr. B. Kupisch, voce *Arricchimento nel diritto romano, medioevale e moderno*, in *Dig. disc. priv. - Sez. civ.*, I, Torino, 1987, 423 ss.

[106] Cfr. E. Betti, *Istituzioni*, cit., 398 ss.

[107] Come si è detto, alcuni testi del giurista Paolo (D. 41.3.48 e D. 41.4.2 pr.) insistono sulla circostanza che, mentre per la *traditio* in adempimento di una obbligazione di *dare* può ritenersi che il momento del pagamento abbia autonomia rispetto al negozio obbligatorio da cui discende, con la conseguenza che sia la presenza della *iusta causa traditionis* sia la buona fede nell'acquisto del possesso debbano essere valutate con riguardo solo all'accordo fra le parti circa la *causa solutionis* e al convincimento dell'accipiente di ricevere dal *dominus* al momento della *traditio* stessa, ciò non può configurarsi ove la *traditio* sia esecuzione di una compravendita, in quanto la *emptio venditio* «nella sua funzione reale forma con la *traditio ex causa emptionis* una unità continuativa ... nella quale la tradizione costituisce, grazie al permanente accordo sulla *iusta causa*, non lo scioglimento di un vincolo a sé stante, ma il termine finale e propriamente conclusivo di tutto il negozio» (E. Betti, *Istituzioni*, cit., 401).

Nell'ipotesi in cui, trattandosi di *res mancipi*, o di *res alienae*, la *traditio* o l'acquisto del possesso *solutionis causa* siano inidonei all'attribuzione immediata del dominio, l'usucapione *pro soluto* ne perfezionerà gli effetti in modo esattamente simmetrico a quanto avviene per qualsiasi altra situazione in cui l'acquisto del possesso deriva da una *traditio ex iusta causa*, e quindi anche con la tutela dell'*actio Publiciana*[108]. Il problema dell'invalidità della causa obbligatoria, da cui la *solutio* è derivata, viene risolto dai giuristi romani su un piano affatto diverso da quello degli effetti traslativi della *traditio*: salvi restando gli effetti traslativi del negozio reale, la dazione di indebito crea l'obbligazione di colui che ha ricevuto il bene a restituirlo, e la tutela del trasferente si attua mediante una *condictio*.

## III. La *longi temporis praescriptio* e l'usucapione postclassica e giustinianea.

### 13. *La 'praescriptio longi temporis' e 'longissimi temporis'.*

È molto discussa nella dottrina l'origine della *longi temporis praescriptio*, di cui troviamo la prima menzione in due papiri egizi che riferiscono di un rescritto di Settimio Severo e Caracalla[109]. Nonostante sia indubbia l'esistenza della *longi temporis praescriptio* già nella precedente prassi ellenistica, sembra che si debba ritenere che questo rescritto abbia segnato l'introduzione dell'istituto nel diritto romano 'ufficiale', al fine di disciplinare

---

[108] Vi è da notare tuttavia che l'idea di una *usucapio* qualificata dalla *causa solvendi*, in quanto derivata da una *traditio ex iusta causa*, e come tale idonea alla tutela mediante *actio Publiciana*, sembra emergere solo nella giurisprudenza più tarda, e in particolare in alcuni passi di Paolo (D. 6.2.4; D. 41.3.48) e in un passo di Ermogeniano (D. 41.3.46). Alcuni testi di giuristi antecedenti (Iul. D. 41.3.33.3; Pomp.-Ner. D. 41.10.3) sembrano invece riportare l'ipotesi all'*usucapio pro suo*, collegando così gli effetti acquisitivi esclusivamente all'acquisto del possesso in buona fede, ed escludendo la relativa situazione possessoria, dall'ambito di applicazione dell'*actio Publiciana*. Su questi problemi v. L. Vacca, *'Iusta causa'*, cit., 1963 ss.

[109] *BGU*, 1, 267 e P. *Strassb.*, 22, rispettivamente riportati in FIRA$^2$, I, n. 84 e 85, 437-442; il primo documento riferisce un rescritto di Settimio Severo e Caracalla del 199 d.C., il secondo riferisce lo stesso rescritto, datato peraltro al 200, nel riassumere una causa, trattata nel 207, decisa secondo le regole della *longi temporis praescriptio*. Per l'interpretazione di queste fonti v. M. Amelotti, *La prescrizione delle azioni in diritto romano*, Milano, 1958, 179 ss.; D. Nörr, *Die Entstenung der 'longi temporis praescriptio'. Studien zum Einfluss der Zeit im Recht und zur Rechtspolitik in der Kaiserzeit*, Köln-Opladen, 1969, 74 ss. e letteratura ivi citata.

l'acquisto dei fondi provinciali per i quali era inapplicabile l'*usucapio*[110]. Sino a Giustiniano, peraltro, l'ambito di applicazione della *longi temporis praescriptio* resta limitato ai fondi provinciali, mentre per i beni mobili posseduti da cittadini romani ed i fondi *in italico solo* continua ad applicarsi l'usucapione.

La configurazione della *longi temporis praescriptio* è quella della 'paragrafè' – tradotta sempre nelle fonti in lingua latina come *praescriptio* – greca[111], e si esplica nella possibilità di far valere contro chi rivendica il bene l'eccezione (*praescriptio*) della lunga durata del possesso, fissata in dieci anni fra presenti e venti anni fra assenti, con la conseguenza di rendere inefficace, trascorso tale tempo, l'azione reale[112].

L'istituto opera quindi, originariamente, su un terreno esclusivamente processuale, ed è un tipico prodotto dell'ambiente provinciale e degli sviluppi della *extraordinaria cognitio* in questo ambiente, nel periodo della fine del II secolo[113].

Questo elemento è di indubbia rilevanza nella valutazione dei requisiti richiesti per l'operare dell'istituto, requisiti che, a differenza che per l'usucapione, vengono elaborati con riguardo soprattutto alla posizione di inerzia dell'attore, inerzia cui è ovviamente collegato in via primaria l'effetto della opponibilità dell'azione, mentre passa in secondo piano, senza tuttavia risultare irrilevante, l'analisi della legittimità della situazione possessoria di chi oppone l'*exceptio*. Il fondamento del prevalere delle ragioni del possessore sulle ragioni del proprietario è, infatti, nella configurazione originaria di questo istituto, il *longum silentium* del proprietario, che comporta quasi una 'presunzione' processuale di abbandono del suo diritto e, quindi,

---

[110] Marcian. D. 44.3.9 attesta che Caracalla avrebbe esteso l'applicazione della *longi temporis praescriptio* ai beni mobili; tale innovazione venne tuttavia superata dall'estensione della cittadinanza ai sudditi dell'Impero, che per le cose mobili poterono così utilizzare la più breve *usucapio*.

[111] V., per tutti, U. PAOLI, *Studi sul processo attico*, Padova, 1933, 80 ss.

[112] La *praescriptio* è opponibile alla speciale *actio in factum* con cui il governatore provinciale tutelava le *possessiones* dei fondi nelle province; sicuramente già in età tardoclassica può essere opposta anche all'*actio Serviana* del creditore pignoratizio per ottenere la *res obligata*: cfr. Paul. D. 44.3.12; Gord. C. 7.36.1; Diocl. C. 4.10.7.1; C. 4.10.14; C. 7.36.2. Cfr. M. AMELOTTI, *La prescrizione*, cit., 189 e nt. 247. Altre azioni rientreranno nella prescrizione generale delle azioni introdotta con Teodosio II.

[113] V., in particolare, J. PARTSCH, *Die 'longi temporis praescriptio' im klassischen römischen Recht*, Leipzig, 1906; P. BONFANTE, *Corso*, II, cit., 285 ss.; M. AMELOTTI, *La prescrizione*, cit., 138 ss.; D. NÖRR, *Die Entstenung*, cit., *passim*.

una 'presunzione' di legittimità della situazione del possessore[114]. La diversa struttura dell'istituto, rispetto a quella dell'usucapione, si rispecchia in una serie di nuovi princìpi, che vengono introdotti sia al fine di evitare il pregiudizio della situazione del *dominus*, quando il suo *silentium* sia giustificato da circostanze obiettive (così, per esempio, il riconoscimento dell''interruzione civile' del tempo richiesto ai fini della *praescriptio* con la mera interposizione dell'azione[115]), sia al fine di riconoscere situazioni particolari come causa di sospensione del *tempus*[116], sia, per altro verso, al fine di estendere gli effetti di tale *silentium* alle ipotesi in cui colui che interpone la *exceptio diutinae possessionis* derivi il suo possesso da un atto *inter vivos* e da un dante causa a sua volta possessore: in questo caso, infatti, si ammette l'*accessio possessionis*[117], che comporta la facoltà del possessore attuale di aggiungere al tempo del proprio possesso quello del suo dante causa.

Tuttavia, nonostante, come si è detto, la prospettiva dei problemi di disciplina pratica e di limiti di operatività della *longi temporis praescriptio*, che vengono risolti normativamente, appaia prevalentemente quella del criterio di valutazione del *tempus* opponibile al *dominus*, le più complesse questioni interpretative vengono poste dalla dottrina romanistica a proposito dei requisiti richiesti per la *possessio*, e soprattutto, ancora una volta, a proposito della necessità del sussistere, anche ai fini della *longi temporis praescriptio*, del titolo e/o della buona fede e del rapporto fra i due elementi.

Secondo la terminologia generalmente usata nelle fonti di quest'epoca, si richiede un *iustum initium possessionis* o una *iusta possessio*, espressioni che di per sé potrebbero essere idonee a indicare sia un possesso acquistato in base ad una *iusta causa*, sia un possesso di buona fede, sia infine il possesso cui si accompagnino entrambi gli elementi[118].

---

[114] J. Partsch, *Die 'longi tempois praescriptio'*, cit.; P. Bonfante, *Corso*, II, cit., 286 s.

[115] Paul. Sent. 5.2.4-5; C. 7.33.1-2 e 10; C. 3.32.26; C. 3.19.2.1; cfr. M. Amelotti, *La prescrizione*, cit., 191 ss.

[116] Così, per esempio, la norma in favore dei minori e dei pupilli, per i quali il tempo della *longi temporis praescriptio* comincia a decorrere dal momento della maggiore età e le norme in favore degli *absentes rei publicae causa*, dei *capti ab hostibus*, dei militari. Cfr. M. Amelotti, *La prescrizione*, cit., *passim*.

[117] Anche la regola dell'*accessio possessionis* sembra sia stata introdotta per la prima volta con rescritto di Settimio Severo e Caracalla relativo al caso dell'*emptio venditio*: Inst. 2.6.13. Per la letteratura sull'*accessio possessionis* v. M. Amelotti, *La prescrizione*, cit., 193, nt. 259.

[118] V., per esempio, *BGU*, 1, 267: ... *Longae possessionis praescriptio iis, qui iustam causam habuerunt [*Mitteis: *iustum initium] et sine ulla controversia in possessione fuerunt, adversus eos qui in alia civitate morantur annorum viginti spatio confirmatur, adversus eos autem qui in eandem annorum decem ...*; Paul. Sent. 5.2.3: *Longi autem temporis praescriptio*

La dottrina prevalente sembra orientata nel senso che i requisiti originari della *longi temporis praescriptio* coincidano con quelli dell'usucapione, e che quindi anche per l'opponibilità della *longi temporis praescriptio* si richieda sia la *iusta causa* sia la buona fede [119]; ciò sino alla riforma di Teodosio II [120], che avrebbe unificato il regime della prescrizione delle azioni nella prescrizione estintiva trentennale, con la conseguenza di riconoscere in pratica effetto acquisitivo al possesso trentennale, indipendentemente da *iusta causa* o buona fede.

Giustiniano, infine, avrebbe parzialmente recuperato la tradizione classica, unificando l'*usucapio* alla *longi temporis praescriptio*, sancendo, per un verso, l'acquisto delle cose mobili con l'usucapione di tre anni, e l'acquisto degli immobili con la prescrizione acquisitiva di dieci o venti anni, e, per altro verso, ammettendo la sufficienza della buona fede nel caso di acquisto *a non domino* o di titolo invalido.

Questo schema ricostruttivo, tuttavia, non è del tutto convincente. In realtà, le oscillazioni riscontrabili nelle fonti del periodo tardoclassico e del primo periodo postclassico, che trattano dei requisiti della situazione possessoria ai fini della *longi temporis praescriptio*, lasciano intravedere nel-

---

*inter praesentes continui decenni spatium, inter absentes vicennii comprehenditur*; 4. *Viginti annorum praescriptio etiam adversus rem publicam prodest ei qui iustum initium possessionis habuit nec medio tempore interpellatus est*; Interpretatio Lex Rom. Wis. ad Paul. Sent. 5.2.4: *iustum initium est emptionis hereditatis donationis legati fideicommissi et ceterarum rerum similium quae per legitimas scripturas atque contractus ad unius cuiusque dominium transire noscuntur*. V. anche C. 3.44.6 (a. 221); C. 4.26.10 (a. 294); C. 7.33.8.1 (a. 294); C. 7.31.1.3 (a. 531); C. 7.33.12.3*b* (a. 531). Alcuni testi depongono per il requisito della buona fede: v., per esempio, C. 3.32.4 (a. 238); C. 7.33.2 (a. 286); C. 7.33.6 (a. 293); C. 7.33.9 (a. 294); C. 7.33.10 (a. 294); C. 4.26.10 (a. 294); C. 7.35.7 (a. 294).

[119] J. PARTSCH, *Die 'longi temporis praescriptio'*, cit., *passim*, ritiene, invece, che nel periodo classico *iustum initium* significhi esclusivamente *iusta causa*, senza alcun riferimento alla buona fede: questa tesi tuttavia era in contrasto con la dottrina già allora dominante (cfr. la letteratura citata dallo stesso PARTSCH, *Die 'longi temporis praescriptio'*, cit., 8, nt. 1). P. BONFANTE, *Corso*, II, cit., 287, interpreta invece il requisito del *iustum initium* come probabilmente relativo in origine solo alla *possessio nec vi nec clam nec precario* e forse al requisito della *iusta causa*; la buona fede sarebbe stata richiesta solo successivamente, a partire dall'imperatore Gordiano. Ma v. *contra*, D. NÖRR, *Die Entstenung*, cit., 85 ss. e letteratura ivi citata.

Su *tempus* e *possessio* cfr. D. NÖRR, *Die Entstenung*, cit., 79 ss.; quanto alla *res habilis* è discusso se anche per la *longi temporis praescriptio* valga la limitazione relativa alle *res furtivae*: M. KASER, *Das römische Privatrecht*², I, München, 1971, 357, nt. 42, lo esclude, ma sembra deporre in senso affermativo C. 6.1.1: v. M. AMELOTTI, *La prescrizione*, cit., 185 ss. e letteratura ivi citata, nt. 231 e 189, nt. 249.

[120] CTh. 4.14.1 pr.

l'espressione *iustum initium* o *iusta possessio* una concezione ben lontana dall'articolata elaborazione concettuale della giurisprudenza classica in tema di *iusta causa* e dei suoi rapporti con la *bona fides*.

Infatti, le fonti in materia di *longi temporis praescriptio* (le più significative sono citate *supra*, nt. 118) sembrano dimostrare che gli interpreti e legislatori postclassici si sono allontanati dal rigore con cui i giuristi classici avevano elaborato – attraverso una dettagliata e complessa tipizzazione casistica – i requisiti del possesso nel meccanismo acquisitivo dell'usucapione, collegato, come si è visto, anche alla particolare struttura degli strumenti di tutela pretoria; i postclassici utilizzano, infatti, una nozione di *iusta possessio* ben più oscillante e generica, che in definitiva finisce per identificarsi con quella di *possessio* 'non viziata'; in tale nozione può assumere rilevanza di volta in volta l'assenza di mala fede o la presenza di una *iusta causa* dell'acquisto, ma in relazione ad essa appare in un certo senso fuorviante utilizzare i concetti di buona fede e di *iusta causa usucapionis* nella accezione e nel rapporto reciproco che emerge dall'interpretazione dei giureconsulti classici.

Anche in questo campo l'influenza della prassi provinciale si manifesta in una regolamentazione e interpretazione giuridica molto semplificate, che si esprimono in schemi pratici solo parzialmente coerenti al complesso dell'elaborazione scientifica precedente. Del resto, la ricostruzione dello schema di evoluzione, che ipotizza la presenza, sin dall'origine della *longi temporis praescriptio*, dei requisiti della *iusta causa* e della buona fede, non è in realtà suffragata da alcuna base testuale sicura e risente forse della interpretazione troppo rigida dei requisiti dell'*usucapio* in età classica e dei rapporti in quell'epoca fra *iusta causa* e buona fede; per altro verso, tale ricostruzione proietta sulla struttura della prescrizione postclassica una configurazione che, come si è detto, nell'usucapione si giustificava per la sua struttura di modo di acquisto del dominio, e derivava, nell'elaborazione giurisprudenziale, anche dal collegamento fra gli effetti degli atti reali giustificati da una *iusta causa* e la legittimità della situazione possessoria che ne discendeva. L'elaborazione del requisito della *iusta causa usucapionis* aveva, quindi, particolare risalto nell'ipotesi di trasferimento di *res mancipi* mediante *traditio*, ipotesi che ovviamente non ha alcun riscontro nell'acquisto del possesso dei fondi provinciali. Diversa era la rilevanza della buona fede, che qualificava la situazione possessoria come *iusta* sia nel caso dell'acquisto *a non domino*, sia nel caso di un errore giustificato circa l'esistenza di un titolo, sia, infine, nel caso di acquisto del possesso indipendente da un trasferimento negoziale.

Non è improbabile, dunque, che il requisito del *iustum initium*, inteso come acquisto del possesso non viziato dalla violenza, dalla clandestinità, dal titolo precario o dalla mala fede, sia stato introdotto quando l'istituto fu accolto dal diritto romano 'ufficiale', come elemento di coerenza con la tradizione classica in materia di usucapione[121].

Non è difficile ipotizzare che nella prassi dei tribunali provinciali, in cui, come si è detto, l'istituto viene inizialmente riconosciuto, l'espressione *iusta possessio* avesse sostanzialmente il significato di *possessio* non viziata, *possessio* cioè *nec vi nec clam nec precario*, cui peraltro ineriva implicitamente anche l'assenza di mala fede[122]. Del resto, come si è visto, questo è il significato che l'espressione *iusta possessio* assume in alcuni testi dei giuristi classici, in cui si ammette il procedere dell'*usucapio* quando vi sia una *possessio (nec vi nec clam nec precario)*, oggettivamente giustificata, per esempio, da un errore *tolerabilis*, che induce a ritenere che non vi sia lesione ingiusta della posizione possessoria altrui.

Il primo completo riconoscimento normativo della tendenza – già per alcuni versi manifestatasi in relazione alla *longi temporis praescriptio* – a prescindere dall'analisi del momento acquisitivo del possesso, per collegare esclusivamente all'inerzia del *dominus* gli effetti che portavano a conferire carattere definitivo ed inattaccabile alla situazione possessoria indipendentemente dai requisiti sia della buona fede sia del titolo – purché non si trattasse di mera detenzione o possesso *nomine alieno* –, si trova in una costituzione di Costantino[123], che sanciva la protezione, sempre in via di *excep-*

---

[121] Questa ipotesi non è peraltro contraddetta dalla identificazione in alcuni testi postclassici (v., per esempio, Interpretatio ad Paul. Sent. 5.2.4 riportato *supra*, nt. 118) del *iustum initium possessionis* con un titolo negoziale. Come si è visto, infatti, nella tradizione della giurisprudenza tardo-classica, cui indubbiamente l'*interpretatio* visigotica si collega, l'ipotesi 'tipica' di acquisto del possesso idoneo ad essere opposto al *dominus* mediante *exceptiones* era quella del possesso derivante da una *traditio ex iusta causa*, che di per sé implicava anche la buona fede. Infatti, mentre può configurarsi una *possessio bonae fidei* che non sia oggettivamente fondata su una *iusta causa*, non può parlarsi di *iusta possessio* o di *iustum initium possessionis* in relazione ad una situazione in cui l'acquisto del possesso avvenga in dipendenza di una causa negoziale ma non in buona fede. Nella generalità dei casi, tuttavia, la presenza di un titolo negoziale implica la buona fede e quindi configura un *iustum initium possessionis*.

[122] In questo senso v., in particolare, D. Nörr, *Die Entstenung*, cit., *passim*.

[123] CTh. 4.11.2 (a. 349); C. 7.39.2 (a. 365); di questa costituzione, databile fra il 326 e il 333 d.C., fornisce notizie abbastanza precise un papiro egizio pubblicato per la prima volta nel 1937 (riportato in FIRA², III, n. 101, 318 ss.), che contiene il verbale, sia pure monco e talvolta scorretto, di un processo svolto nel 340 d.C. dinanzi al *defensor civitatis* di Antinoe: sul papiro cfr. per tutti M. Amelotti, *La prescrizione*, cit., 197 ss., con ampia letteratura e discussione.

*tio*[124], del possesso quarantennale, indipendentemente dai requisiti della *longi temporis praescriptio*; la stessa costituzione tuttavia prevedeva espressamente che, nel caso il possessore vantasse un giusto titolo, egli potesse avvalersi della *praescriptio* di dieci o venti anni.

Nel periodo successivo la tradizione classica si oscura ulteriormente. Teodosio II, nel 424, recependo con una celebre legge[125] una prassi consuetudinaria ormai largamente diffusa nel territorio provinciale[126], sancisce la prescrizione trentennale di tutte le azioni, reali e personali, e quindi la intangibilità definitiva di qualunque situazione possessoria prolungatasi indisturbata per tale periodo di tempo.

La dottrina ha avanzato differenti ipotesi sul coesistere, nel periodo postclassico, dei diversi istituti dell'*usucapio*, della *longi temporis praescriptio* e della prescrizione trentennale. Secondo una interpretazione, che nelle linee generali può farsi risalire al Bonfante[127], e che si può considerare a tutt'oggi dominante, *usucapio* e *longi temporis praescriptio* sino a Giustiniano rimangono pressoché inalterate nella configurazione che avevano assunto alla fine dell'età classica, e operano parallelamente nei diversi àmbiti di applicazione, l'*usucapio* per i beni mobili e i fondi italici, la *longi temporis praescriptio* per i fondi provinciali; a questi istituti, dopo la legge di Teodosio II, si aggiunge la prescrizione estintiva generale di trenta anni, che giova a qualunque possessore.

Questa ricostruzione, tuttavia, risulta forse troppo rigida e schematica, e sembra rispecchiare più le costruzioni 'classiciste' delle scuole orientali che la complessità della concreta prassi giuridica post-classica, per la quale non è possibile, peraltro, avanzare altro che congetture, considerato il quadro estremamente frammentario e riduttivo offerto per questo periodo dalle fonti giuridiche.

Certo è che alcuni indizi rendono più attendibile l'ipotesi[128] che nella prassi occidentale vengano sostanzialmente obliterate sia l'usucapione sia la *longi temporis praescriptio* decennale e ventennale, troppo complesse dal punto di vista dell'onere della prova processuale, mentre si afferma, in via

---

[124] Cfr. M. Amelotti, *La prescrizione*, cit., *passim*.

[125] CTh. 4.14.1; C. 7.39.3.

[126] V., in particolare, E. Levy, *Die Nachklassische Ersitzung*, in *BIDR*, LI-LII, 1948, 352 ss.; Id., *West Roman Vulgar Law. The Law of Property*, Philadelphia, 1951, 176 ss.

[127] P. Bonfante, *Corso*, II, cit., 214 ss.

[128] Avanzata, per esempio, da E. Levy, *Die Nachklassische Ersitzung*, cit., 352 ss.; Id., *West Roman Vulgar Law*, cit., 176 ss., e seguita sostanzialmente da P. Voci, *Modi di acquisto*, cit., 222 ss.; M. Amelotti, *La prescrizione*, cit., 200 ss.

potremmo dire consuetudinaria, il termine trentennale, concepito sostanzialmente come termine di inattaccabilità del possesso così prolungato, indipendentemente da qualsiasi altro requisito[129].

14. *La riforma di Giustiniano.*

Il primo tentativo di Giustiniano di riordinare la disciplina di questa materia – ormai contraddittoria e incerta per il conflitto fra la prassi consuetudinaria dei diversi territori provinciali e le norme imperiali succedutesi nel tempo – si ha nel 528[130], con una complicata costituzione, che nel primo paragrafo sancisce il carattere acquisitivo del possesso di dieci o venti anni fondato su titolo e buona fede, concedendo al possessore anche un'*actio in rem* per il recupero del bene, e nei paragrafi successivi si addentra in una articolata casistica circa gli effetti della *praescriptio* trentennale o quarantennale per il possessore che non abbia i requisiti della *longi temporis praescriptio*, sia ai fini del recupero del possesso, sia ai fini dell'opponibilità al *dominus* di tale situazione possessoria.

Le disposizioni più importanti possono essere così schematizzate: *a*) se

---

[129] V., per esempio, Ed. Th. 12; ciò spiega anche la scarsa rilevanza attribuita, nelle fonti successive, alla costituzione di Costantino sulla prescrizione quarantennale (cfr. E. LEVY, *Die Nachklassische Ersitzung*, cit., 354 ss.). La costituzione di Teodosio II sulla prescrizione estintiva delle azioni si innesta su questa prassi, che concepiva sostanzialmente il possesso prolungato come modo di acquisto di una situazione processualmente inattaccabile, senza alterarne la struttura ormai radicata. In realtà, non risulta dalle fonti a nostra disposizione se la prescrizione di Teodosio operasse in assoluto anche per le azioni *in rem*, e potesse quindi essere opposta dal possessore recente che non fosse in grado di dimostrare tramite l'*accessio possessionis* il prolungarsi di tale situazione possessoria, o se, nella disciplina pratica dell'istituto, prevalesse invece il temperamento, ormai radicato nella consuetudine giuridica, per cui la prescrizione poteva comunque essere fatta valere solo dal possessore in grado di provare il prolungarsi della situazione possessoria per il tempo richiesto; non risulta chiaro cioè se la prescrizione estintiva si sia in qualche modo combinata con il meccanismo della *longi temporis praescriptio* e della prescrizione costantiniana, riducendosi in definitiva ad una abbreviazione dei termini di quest'ultima.

[130] C. 7.39.8 (a. 528); particolare rilievo ha il paragrafo iniziale che sancisce definitivamente il carattere acquisitivo della *praescriptio* di dieci o venti anni nel caso del possessore di buona fede che abbia acquistato per giusto titolo: *Si quis emptionis vel donationis vel alterius cuiuscumque contractus titulo rem aliquam bona fide per decem vel viginti annos possederit et longi temporis exceptionem contra dominos eius vel creditores hypothecam eius praetendentes sibi adquisierit posteaque fortuito casu possessionem eius rei perdiderit, posse eum etiam actionem ad vindicandam eandem rem habere sancimus. hoc enim et veteres leges si quis eas recte inspexerit, sanciebant.*

il possessore, che avrebbe potuto utilizzare l'*exceptio* dei trenta o quaranta anni se convenuto dal *dominus*, perde il possesso, può utilizzare anche l'*actio in rem* per il recupero, se era in buona fede (indipendentemente quindi dal titolo); *b*) se invece ha acquistato il possesso in mala fede, pur trovandosi nella situazione idonea ad opporre l'*exceptio*, che prescindeva da questo requisito, non può intentare l'*actio in rem* nei confronti del precedente proprietario che abbia riacquistato il possesso, o comunque di colui che abbia acquistato il possesso senza violenza; *c*) se invece il possesso è stato acquistato con violenza, nei confronti dell'autore della *deiectio* sarà esperibile l'*actio in rem*, indipendentemente dalla buona fede del possessore espulso e dal tempo del possesso del primo possessore.

Come è facile vedere, Giustiniano tenta un primo riavvicinamento al sistema classico, trasformando, con l'introduzione di un'*actio in rem* che si sovrappone alla mera tutela in via di eccezione, la *longi temporis praescriptio* in modo di acquisto della proprietà, fondato sul possesso prolungato nel tempo e legittimato da giusto titolo e buona fede, e creando – quanto al possesso non titolato – una diversificazione nel regime del possesso di buona fede rispetto al possesso di mala fede e al possesso acquistato con la violenza. Il possesso di buona fede crea, se prolungato per trenta anni, una situazione non solo opponibile al precedente proprietario, che rivendichi il bene dopo tale termine, ma anche tutelabile attivamente *erga omnes*; la prescrizione trentennale si trasforma così in prescrizione acquisitiva, analoga alla *longi temporis praescriptio*, ma differente nel termine di tempo, in quanto non giustificata dal titolo; il possesso di mala fede, se accompagnato dal tempo di trenta anni, mantiene solo l'opponibilità in via di eccezione al *dominus* rivendicante, ma non è tutelato da azione nei confronti del *dominus* o di terzi che senza violenza abbiano acquistato il possesso. Infine, se il *dominus* o il terzo hanno acquistato il possesso con la violenza, anche il possessore di mala fede può esperire l'*actio in rem* per il recupero del bene.

In altri termini: il possessore con il titolo e buona fede può usucapire in dieci o venti anni; il possessore di buona fede può usucapire in trenta anni; il possessore di mala fede non acquista una situazione equiparabile alla proprietà in quanto, se perde il possesso, non può agire vittoriosamente nei confronti del proprietario che lo abbia riacquistato senza violenza. È tuttavia tutelato nei confronti del medesimo sia se mantiene il possesso, sia se viene spossessato con la violenza [131].

---

[131] La riforma giustinianea appare quindi fondata su concezioni ibride, informate in parte alla tradizione postclassica, in parte al diritto classico (v. M. AMELOTTI, *La prescrizione*,

Una nuova costituzione del 531[132] stabilisce, infine, la definitiva fusione dell'usucapione con la *longi temporis praescriptio*.

Venuta meno nella prassi, e formalmente eliminata da Giustiniano[133], la distinzione fra *res mancipi* e *res nec mancipi*, fra *dominium ex iure Quiritium* e situazioni possessorie tutelate *erga omnes* per via di azioni ed eccezioni, risalissero queste alla distinzione fra *ius civile* e *ius honorarium* o alla distinzione fra beni nel suolo italico o beni provinciali, l'unica distinzione rilevante ai fini della disciplina dell'usucapione è quella fra beni mobili e beni immobili[134].

Fissato il tempo per l'acquisto dei beni mobili in tre anni, per la *longi temporis praescriptio* degli immobili in dieci o venti anni, Giustiniano ribadisce la necessità, ai fini dell'acquisto, della buona fede e del titolo del possesso[135]. Tuttavia, mantiene in vigore la prescrizione trentennale o quaran-

---

cit., 208): oltre ad una prescrizione acquisitiva di dieci o venti anni fondata su titolo e buona fede, si ha una prescrizione generale estintiva di trenta anni, che però richiede anche il possesso continuato del convenuto, sia pure indipendentemente da titolo e buona fede; peraltro, se il possesso è stato acquistato in buona fede o c'è stato uno spossessamento violento, il possessore è legittimato all'azione di rivendica, il che conferisce carattere acquisitivo anche alla prescrizione in favore del possessore di buona fede (P. BONFANTE, *Corso*, II, cit., 365 ss., parla al proposito di «usucapione straordinaria»).

[132] C. 7.31: *de usucapione transformanda et de sublata differentia rerum mancipi et nec mancipi* (*Imp. Iustinianus A. Iohanni pp.*, a. 531): sul carattere acquisitivo del nuovo istituto, nato dalla fusione fra usucapione e *longi temporis praescriptio*, v. anche Inst. 2.6: *de usucapionibus et longi temporis possessionibus.*

[133] C. 7.25.1 (a. 530-531).

[134] Giustiniano nella sua riforma non solo confermò l'istituto della *usucapio libertatis*, ma sancì anche espressamente che la *longi temporis praescriptio* trovasse applicazione come modo di acquisto delle servitù e di altri diritti reali: C. 7.33.12 (a. 531). Il presupposto di questa riforma, che recepiva una prassi provinciale già largamente diffusa, era il riconoscimento della *possessio iuris* (quasi possesso) nel caso di chi esercitasse di fatto una servitù o un usufrutto. Nelle ipotesi invece di signorie riconosciute ai concessionari di beni imperiali o di coloro che esercitavano un diritto di superficie o di enfiteusi si riconosceva senz'altro il pieno possesso. Ciò ha indotto alcuni autori (v., per esempio, C. MAYNZ, *Cours de droit romain*[4], I, Bruxelles, 1876, 857 ss.) a negare il riconoscimento dell'acquisto a favore del superficiario e dell'enfiteuta, in quanto mancherebbe appunto il requisito del possesso del *ius in re aliena*; l'opinione prevalente è tuttavia orientata a ritenere che la situazione possessoria di questi soggetti fosse idonea all'acquisto del corrispondente diritto di superficie o di enfiteusi, ove avesse avuto inizio in buona fede (per esempio, nell'ipotesi in cui taluno possedesse *nec vi nec clam nec precario* la cosa altrui come enfiteuticaria o avesse acquistato in buona fede l'enfiteusi da chi non era proprietario del fondo). V., per esempio, P. BONFANTE, *Corso*, II, cit., *passim.*

[135] Nella dottrina è controversa la questione se Giustiniano con la riforma del 531 abbia ammesso l'usucapione e la prescrizione acquisitiva a vantaggio del possessore di buona fede

tennale per il possesso di buona fede non sorretto dal titolo, secondo le regole già sancite nella costituzione del 528[136].

L'insieme di queste disposizioni mostra chiaramente i limiti entro i quali si può parlare di un ritorno, con Giustiniano, alla concezione classica della usucapione[137], sia nella struttura acquisitiva, sia nella configurazione e nei limiti di applicazione dell'istituto in rapporto alla situazione possessoria e al suo acquisto. In realtà, la disciplina giustinianea di questo istituto è lo specchio significativo della frattura fra gli schemi classici – non solo per quanto concerne la distinzione fra *res mancipi* e *res nec mancipi* e dei modi di acquisto e di circolazione dei diversi beni collegati a questa distinzione, ma anche per quanto concerne le grandi categorie concettuali del *dominium* e del possesso – e la concezione postclassico-giustinianea, riflesso di una realtà economica e istituzionale profondamente mutata, in cui questi schemi e queste categorie si dissolvono; la proprietà postclassica e giustinianea, sia come schema di appartenenza sia nei suoi modi di acquisto e trasferimento, diversificati ora in ragione della distinzione fra beni mobili e beni immobili, si articola in una gamma di situazioni possessorie, la cui definizione ed il cui regime si sottraggono all'applicazione della elaborazione teorica e della regolamentazione proveniente dalla scienza giuridica classica[138].

---

indipendentemente dal titolo, o abbia invece subordinato l'effetto acquisitivo nei termini di dieci o venti anni alla presenza della *iusta causa*, mentre per il possessore di buona fede senza titolo sarebbe stato richiesto il termine di trenta anni. P. BONFANTE, *Corso*, II, cit., 365 ss., ritiene che l'usucapione ordinaria corresse a favore del possessore che avesse il titolo vero o putativo, la cui buona fede cioè fosse fondata o su un titolo effettivamente esistente o su una *iusta causa erroris* circa l'esistenza del titolo, mentre l'«usucapione straordinaria» sarebbe stata richiesta per il possessore di buona fede, indipendentemente dalla scusabilità del suo errore. V. anche P. VOCI, *'Iusta causa traditionis'*, cit., 231 s. Quanto agli altri requisiti dell'usucapione giustinianea, può notarsi il coesistere delle limitazioni dell'usucapione classica – per esempio, in materia di inusucapibilità delle *res furtivae* – con elementi della disciplina postclassica della *longi temporis praescriptio*: per esempio, in materia di cause di sospensione o di interruzione del *tempus* – C. 2.40.5; C. 7.35.3; C. 7.35.2.1; C. 7.35.8; C. 7.40.2 – e in relazione all'istituto dell'*accessio possessionis* – Inst. 2.6.13.

[136] Più tardi il possesso trentennale viene richiesto da Giustiniano anche all'acquirente di buona fede avente causa dal possessore di mala fede, qualora il vero *dominus* ignori sia l'appartenenza a lui dei vari beni, sia l'alienazione che ne sia stata fatta da terzi: Nov. 119.7 (a. 544). Inoltre Giustiniano dichiara opponibile solo la *praescriptio* di quaranta anni (o talvolta di cento) alle chiese, ai monasteri, agli enti assistenziali e alle città: C. 2.23.2 (a. 530); Nov. 111.1 (a. 541); Nov. 131.6 (a. 545).

[137] Cfr. E. LEVY, *West Roman Vulgar Law*, cit., 176 ss.

[138] Cfr. L. CAPOGROSSI COLOGNESI, *La proprietà*, cit., 216 ss.

## IV. Cenni sulla prescrizione acquisitiva nel diritto intermedio e moderno.

### 15. *Diritto intermedio.*

Gli elementi fondamentali della *praescriptio* acquisitiva giustinianea trovarono accoglimento in tutti i sistemi giuridici successivi [139] e si proiettano ancora nelle moderne codificazioni continentali.

Tuttavia, per individuare, sia pure solo per sommi capi, le linee di evoluzione di questo istituto nel diritto intermedio e moderno, va notato che nel periodo del diritto comune l'elaborazione dottrinaria e la regolamentazione legislativa furono influenzate anche dai princìpi del diritto canonico, che, in alcuni casi, divergevano dalle regole consolidate del diritto romano [140].

Secondo le dottrine dei glossatori e dei commentatori, i requisiti della prescrizione potevano essere sintetizzati nei versi «*res habilis, titulus, fides, possessio, tempus*» [141]. Il diritto canonico [142], mentre per i requisiti costituiti dalla usucapibilità oggettiva della cosa [143], dal tito-

---

[139] L'usucapione era già sostanzialmente riconosciuta dai popoli settentrionali che, in molti casi, quando conobbero la compilazione giustinianea, uniformarono la loro legislazione alle concezioni romane. L'istituto più ricorrente era quello della prescrizione trentennale, che tuttavia era spesso regolato secondo gli elementi della *longi temporis praescriptio*, richiedendo oltre che la buona fede anche il titolo. Su ciò v., in particolare, A. PERTILE, *Storia del diritto italiano dalla caduta dell'Impero romano alla codificazione*, IV, Torino, 1893, 215 ss.; E. BESTA, *I diritti sulle cose nella storia del diritto italiano*, Padova, 1933, 172 ss. e letteratura ivi citata.

[140] Cfr. H. COING, *Europaisches Privatrecht*, I, München, 1985, 183 ss. E. BUSSI, *La formazione dei dogmi di diritto privato nel diritto comune (Diritti reali e diritti di obbligazione)*, Padova, 1937, ritiene anzi che il diritto canonico abbia esercitato su tutta la teoria del *ius commune* in materia di usucapione una influenza «incomparabilmente più efficace» di quella che ebbe il diritto romano. V. anche A. CAMPITELLI, voce *Prescrizione (dir. interm.)*, in *Enc. dir.*, XXXV, Milano, 1986, 46 ss., e P.A. BONNET, voce *Prescrizione (dir. can.)*, in *Enc. dir.*, XXXV, Milano, 1986, 104 ss.

[141] Cfr. E. BESTA, *I diritti sulle cose*, cit., 177.

[142] I requisiti secondo il diritto canonico sono così espressi: *Recta fides, iustus titulus, res non vitiosa. Quod res tradatur, possessio continuetur* (gl. *quod autem praescriptione* ad pr. C. XVI, q. 3 *Decr.*).

[143] Questo requisito viene indicato nelle fonti canonistiche come *'res non vitiosa'* (v., in particolare, gl. *non obstante* ad c. 12, *X*, II, 26); alcuni dei casi enumerati, peraltro, si possono ricondurre ad ipotesi individuate specificamente dal diritto canonico: v. E. BUSSI, *La formazione*, cit., 73 e ivi nt. 2.

lo[144], dal possesso[145] e dal tempo[146] non si discostò sostanzialmente dai princìpi elaborati nel diritto romano, si interessò particolarmente della *fides*; decretali di Alessandro III, Innocenzo III, Bonifacio VIII non solo affermarono la buona fede come requisito essenziale di ogni prescrizione, canonica o civile[147], ma introdussero il principio secondo cui «*qui prescriberet in nulla temporis parte rei haberet conscientiam alienam*»[148]. L'ossequio alle direttive pontificie indusse anche i 'civilisti' ad uniformarsi al principio che imponeva la presenza continuata della buona fede, e ad allontanarsi dalla regola romana «*mala fides superveniens non nocet*»[149].

## 16. *I modelli della legislazione preunitaria e il codice civile italiano del 1865.*

I diplomi imperiali e i più antichi statuti italiani recepirono in larga mi-

---

[144] Nella prospettiva del diritto canonico, il titolo viene ricondotto prevalentemente alla buona fede, in quanto da un lato chi possiede per un giusto titolo si può presumere che possieda nella ignoranza di ledere il diritto del proprietario, da altro lato si ammette in linea generale la prescrizione '*iusto errore interveniente*': v. gl. *quod autem praescriptionem* ad pr. C. XVI, q. 3 *Decr.*

[145] V. reg. 3 in *VI de regulis iuris: sine possessione praescriptio non procedit.*

[146] Secondo la dottrina canonistica il giusto titolo e la buona fede erano richiesti sia per la prescrizione triennale, relativa alle cose mobili, sia per la prescrizione decennale o ventennale, sia per la *longissimi temporis praescriptio*. Secondo il diritto civile invece per la prescrizione di trenta o di quaranta anni (relativa quest'ultima, per esempio, alle *res fiscales* o ai *bona ecclesiae*) era sufficiente la buona fede, (cfr. H. COING, *Europisches Privatrecht*, I, cit., *passim*). Particolare rilevanza ebbe anche la cosiddetta prescrizione immemorabile, che si applicava, prescindendo dai requisiti della buona fede e del titolo, nel caso in cui il possesso fosse iniziato da un tempo così remoto che se ne era perso il ricordo, e che ebbe larga applicazione pratica fino alla promulgazione dei codici moderni (v. GIUS. PUGLIESE, *La prescrizione*, cit., 26 ss. e 681 ss.).

[147] Alcuni autori (E. BUSSI, *La formazione*, cit., 67 ss.; M.A. BENEDETTO, voce *Usucapione (dir. interm.)*, in *Noviss. dig. it.*, XX, Torino, 1975, 291) attribuiscono al diritto canonico il raggiungimento dell'unità concettuale fra prescrizione estintiva e prescrizione acquisitiva, in quanto esso, richiamandosi alla necessità che ogni comportamento sia conforme alla *fides* come *conscientia*, implica la *bona fides* tanto in chi si pretende liberato da una obbligazione quanto in chi pretende di avere acquistato un diritto con il decorso del tempo.

[148] Cfr. E. BUSSI, *La formazione*, cit., *passim*; Q. MASSETTO, voce *Buona fede nel diritto medioevale e moderno*, in *Dig. disc. priv. - Sez. civ.*, II, Torino, 1988, 133 ss. e le fonti e la letteratura ivi citate.

[149] V., in particolare, E. BESTA, *I diritti sulle cose*, cit., *passim*; A. COING, *Europaisches Privatrecht*, I, cit., *passim*.

sura la concezione del diritto comune. Nei diversi statuti cambia soprattutto il tempo richiesto per i vari casi, ma restano fermi gli altri requisiti, e, conformemente ai princìpi del diritto canonico, si richiede generalmente che la buona fede sia presente per tutto il tempo necessario all'usucapione[150].

Questa regola rappresentò tuttavia il principio più controverso nel diritto successivo. La legislazione dei singoli Stati italiani preunitari, che si uniformava in linea di massima al modello del diritto comune, adottò al riguardo diverse soluzioni. Il Regno lombardo-veneto, lo Stato pontificio e il Granducato di Toscana seguirono prevalentemente i principi canonistici, e richiesero la buona fede e il titolo in tutte le forme di prescrizione, compresa quella trentennale, nonché il permanere della buona fede per tutto il tempo necessario alla prescrizione. Gli altri Stati italiani furono influenzati prevalentemente dal modello francese, in cui il diritto romano si combinava con il diritto affermatosi nell'ambito de la '*coutume*'[151]. Secondo questo modello, il principio generale era quello della prescrizione trentennale[152], con efficacia sia acquisitiva sia estintiva[153], e indipendente dal titolo e dalla buona fede, mentre la prescrizione con termine ridotto di dieci o venti anni in favore del possessore di buona fede e con giusto titolo aveva l'effetto acquisitivo per i beni immobili[154]. Quanto alla questione se fosse richiesta la

[150] Per un ampio esame delle fonti v. A. PERTILE, *Storia del diritto*, cit., 216 ss.

[151] In questa materia anche il code civil sembra distaccarsi dall'elaborazione di Domat e di Pothier, troppo legate alle fonti romane, per riallacciarsi invece al 'droit coutumier' e alle costruzioni interpretative e giurisprudenziali più antiche: su ciò v., per esempio, M. TROPLONG, *Le droit civil expliqué suivant l'ordre du code. De la prescription*, Bruxelles, 1836, specialmente n. 817, 409 ss.

[152] Art. 2262 code civil: «Toutes les actions, tant réeles que personnelles, sont prescriptes par trente ans, sans que celui qui allegue cette prescriptions soit obligé d'en rapporter un titre, ou qu'on puisse lui opposer l'exception deduite de la mauvaise foi». Per la genesi storica di questo articolo e la sua interpretazione v., in particolare, M. TROPLONG, *Le droit civil*, cit. La concezione della prescrizione trentennale come prescrizione ordinaria venne recepita, sia pure non senza discussioni, anche nel codice civile italiano del 1865 (art. 2135): v. GIUS. PUGLIESE, *La prescrizione*, cit., 27 s. e 574 ss.

[153] Il code civil definisce in forma generale la prescrizione nell'art. 2219: «La prescription est en moyen d'acquerir ou de se liberer par un certain laps de temps et sous les conditions determinées par la loi». La formula francese venne adottata in Italia dal codice albertino (art. 2354), dal codice estense (art. 2261), dal codice delle due Sicilie (art. 2125), dal codice ticinese (art. 1187), e la stessa formulazione venne riprodotta nell'art. 2105 del codice civile del 1865. Cfr. GIUS. PUGLIESE, *La prescrizione*, cit., 42 ss.

[154] Artt. 2265-2266 code civil, su cui M. TROPLONG, *Le droit civil*, cit., n. 846 ss., 419 ss.; quanto alla distinzione fra prescrizione di dieci o di venti anni il codice francese non fa rife-

buona fede solo al momento dell'acquisto del possesso, o se invece essa dovesse perdurare sino al compiersi del termine richiesto per la prescrizione, i redattori del code civil, dopo molte discussioni [155], accettarono la regola romanistica secondo cui la sopravvenuta consapevolezza della alienità del bene non impediva gli effetti acquisitivi della prescrizione [156].

Per le cose mobili si considerava prescritta in tre anni l'azione del proprietario che avesse perduto la cosa o al quale essa fosse stata rubata. Negli altri casi si applicava la regola '*possession vaut titre*' [157].

Il codice italiano del 1865 riproduceva il sistema del code civil, sia per quanto riguarda la concezione della prescrizione ordinaria di trenta anni, la cui nozione tendenzialmente unitaria si scinde, soprattutto per la via dell'interpretazione dottrinaria e giudiziaria, in prescrizione estintiva delle azioni e prescrizione acquisitiva dei diritti reali [158], sia per quanto riguarda il campo di applicazione e i requisiti dell''usucapione abbreviata', relativamente agli immobili acquistati in buona fede e con giusto titolo [159].

---

rimento al criterio romanistico della distinzione fra la *praescriptio inter praesentes* e la *praescriptio inter absentes*, fondato sul domicilio del proprietario e del possessore, a seconda che abitassero nel medesimo luogo o meno, ma contempla le diverse ipotesi in relazione al domicilio del proprietario rispetto all'immobile: su ciò v., in particolare, G. Baudry-Lacantinerie e B. Tissier, *De la prescription*, in *Traité theorique et pratique de droit civil*, XXV², Paris, 1889, trad. it., III ed. con addizione di G. Segrè, Milano, 1908, n. 690. L'art. 2265 code civil venne sostanzialmente riprodotto nell'art. 2106 codice albertino, e nell'art. 2137 cod. civ. 1865. Quest'ultimo, tuttavia, a differenza dei suoi modelli, non fa alcuna distinzione, riguardo al tempo necessario alla prescrizione, secondo che la persona del prescrivente avesse abitato nella circoscrizione dove era posto l'immobile o in altra circoscrizione, e unifica il tempo in dieci anni dal momento della trascrizione. Cfr. A. Sabato, voce *Prescrizione acquisitiva*, in *Dig. it.*, XIX, Torino, 1924, 641 ss.; per i problemi relativi al rapporto fra prescrizione e trascrizione v. L. Moccia, *La sicurezza degli acquisti immobiliari*, cit., *passim*.

155 Cfr. M. Troplong, *Le droit civil*, cit., n. 936, 461.

156 Art. 2269 code civil.

157 Art. 2279 code civil. Sull'origine di questo principio – estraneo alla tradizione romanistica – e sulla sua interpretazione nel diritto francese v., in particolare, M. Troplong, *Le droit civil*, cit., n. 1040 ss., 802 ss.; A. Mazeaud-L. Mazeaud-J. Mazeaud, *Leçons de droit civil*⁵, II, t. 2, Paris, 1976, 242 ss.

158 Per l'oggetto della prescrizione acquisitiva v., in particolare, Gius. Pugliese, *La prescrizione*, cit., 57 ss.

159 Artt. 701 e 2137 cod. civ. È interessante notare che uno dei punti più controversi nella dottrina e giurisprudenza, formatasi sia sul codice francese sia sul codice italiano, concerne l'interpretazione del requisito della buona fede e il rapporto fra giusto titolo e buona fede. In particolare la dottrina oscillava – ed oscilla ancora – fra una nozione di buona fede oggettiva ed una nozione soggettiva (per la letteratura e la discussione più recente su questo

Più complessa si presenta la questione degli effetti del possesso di buona fede con riguardo alle cose mobili; il codice italiano segue anche in questo caso il codice francese[160], tenendo conto tuttavia dell'interpretazione della norma del code nella dottrina e giurisprudenza francesi, che avevano in parte riportato l'ambito di applicazione della regola di origine germanica '*possession vaut titre*', recepita nel code civil, nella scia della tradizione romanistica propria dei Paesi '*de droit écrit*' e rielaborata dal Domat e dal Pothier; gli interpreti francesi infatti, contrastando la lettera della norma, avevano, da un lato, introdotto la limitazione degli effetti del possesso al caso del possesso di buona fede, dall'altro, avevano ammesso la possibilità di richiedere la cosa mobile per l'attore che vantasse un titolo che dimostrasse che il convenuto teneva la cosa '*alieno nomine*', o a titolo precario, o comunque in rapporto ad una situazione contrattuale che portava a invalidare la presunzione di proprietà sancita dall'art. 2279[161]. In questo modo l'interpretazione francese coordinava l'antico principio secondo cui '*meubles*

---

problema v. G. MASSETTO, voce *Buona fede*, cit., e L. BIGLIAZZI GERI, voce *Buona fede nel diritto civile*, in *Dig. disc. priv. - Sez. civ.*, II, Torino, 1988, 154 ss.): secondo la prima concezione la buona fede implica la presenza di circostanze obiettive che giustificano l'errore, indipendentemente da quella che è di fatto la convinzione del soggetto; la nozione 'soggettiva' fa invece riferimento esclusivamente alla persuasione del soggetto di non ledere altri, persuasione che può anche definirsi come ignoranza di ledere un diritto altrui; la dottrina prevalente ritiene che la prima concezione si applichi ai rapporti obbligatori, la seconda alla situazione possessoria. Secondo l'art. 550 code civil «*Le possesseur est de bonne foi quand il posséde comme propriétaire, en vertu d'un titre traslatif de propriété dont il ignore les vices*», e la dizione di questo articolo fu sostanzialmente riprodotta nell'art. 701 cod. civ. 1865. L'art. 702, conformemente agli artt. 2268 e 2269 code civil, stabiliva inoltre che la buona fede era richiesta «al tempo dell'acquisto».

[160] L'art. 707 cod. civ. 1865 disponeva: «Riguardo ai beni mobili e ai titoli al portatore il possesso produce a favore dei terzi di buona fede l'effetto stesso del titolo» (sul rapporto fra questo articolo e l'art. 2279 code civil v., in particolare, L. MENGONI, *Gli acquisti 'a non domino'*[3], Milano, 1975; R. SACCO, *Il possesso*, Milano, 1988, 377 ss.). Tale disposizione è poi limitata da quanto sancito negli artt. 708 e 709, secondo cui il proprietario, che ha smarrito la cosa o ne fu derubato, può ripeterla (senza limiti di tempo) presso il possessore, salvo a questo il regresso per risarcimento nei confronti del suo *dante causa*; tuttavia, se il possessore della cosa sottratta o smarrita l'ha comprata in una fiera o in un mercato o in occasione di una vendita pubblica, il proprietario non può ottenere la restituzione della cosa se non rimborsando al possessore il prezzo pagato. Queste norme riproducevano sostanzialmente quanto sancito dal code civil.

[161] V., per esempio, M. TROPLONG, *Le droit civil*, cit., n. 1041, 503 ss. R. SACCO, *Il possesso*, cit., *passim*, sottolinea tuttavia che questo ritorno al sistema romanistico appartiene più all'elaborazione sistematico-definitoria della dottrina francese che al diritto applicato, in cui l'azione per il recupero della cosa agisce in una sfera differente dalla normale azione di rivendica.

*n'ont pas de suite'* con i princìpi romanistici che collegavano gli effetti acquisitivi del possesso alla sola *possessio civilis*, intesa come *possessio proprio nomine, nec vi nec clam nec precario*, ovvero *possessio bonae fidei*. Gli artt. 707-709 cod. civ. non solo hanno accolto questa interpretazione, sancendo espressamente la opponibilità dell'acquisto *a non domino* per il solo possessore di buona fede[162], ma sono andati oltre prevedendo la imprescrittibilità dell'azione di rivendica per le cose rubate o smarrite[163].

*Letteratura*

K.E. Adler, *Die Wirkungen des Rechtsirrtums mit einem exkurs über den Ersitzungstitel*, in *Jh. Jb.*, XXXIII, 1894, 149 ss.; B. Albanese, *Le situazioni possessorie nel diritto privato romano*, Palermo, 1985, 91 ss.; M. Amelotti, *La prescrizione delle azioni in diritto romano*, Milano, 1958; L. Amirante, *Il concetto unitario dell''auctoritas'*, in *Studi in onore di S. Solazzi*, Napoli, 1948, 375 ss.; C.H. Appleton, *Histoire de la propriété prétorienne*, I, Paris, 1889; Id., *Le trésor et la 'iusta causa usucapionis'*, in *Studi in onore di P. Bonfante*, III, Milano, 1930, 1 ss.; K.L. Arndts, *Ueber die 'usucapio pro herede'*, in *Gesammelte civilistische Schriften*, I, Stuttgart, 1873-74, 125 ss.; A. Ascoli, *La usucapione delle servitù nel diritto romano*, in *AG*, XXXVIII, 1887, 51 ss.; 198 ss.; Id., *Prescrizione estintiva e 'rei vindicatio'*, in *Studi di diritto romano, di diritto moderno e di storia del diritto pubblico in onore di V. Scialoja*, I, Milano, 1905, 473 ss.; Id., *Studi sull'usucapione 'pro herede'*, in *AG*, XXXVIII, 1887, 317 ss.; N.O-D. Bammate, *Le titre 'pro legato'*, in *RIDA III S.*, I, 1948, 27 ss.; E. Betti, *Falsa impostazione di una questione storica dipendente da erronea diagnosi giuridica*, in *Studi in onore di V. Arangio-Ruiz nel XLV anno del suo insegnamento*, IV, Napoli, 1953, 81 ss.; Id., *Sul carattere causale della 'traditio' classica (a proposito di studi recenti)*,

[162] Va notato che il tenore testuale dell'art. 707 restringe gli effetti del possesso «a favore dei terzi di buona fede», e quindi alla sola ipotesi dell'acquisto *a non domino* con un titolo inefficace per la mancanza del potere di disposizione dell'alienante. La norma non trovava dunque applicazione nell'ipotesi di possessore avente causa dal *dominus* con un titolo oggettivamente nullo. Per l'interpretazione di questi articoli sotto il vigore del codice civile del 1865 v., per esempio, R. Ricci, *Corso teorico pratico di diritto civile*, V, Torino, 1879, 202 ss. Per un'ampia discussione e citazione della letteratura v. L. Mengoni, voce *Acquisto 'a non domino'*, in *Dig. disc. priv. - Sez. civ.*, I, Torino, 1987, 69 ss.

[163] La formulazione letterale del codice civile non fu tuttavia molto felice e diede luogo a non pochi dubbi interpretativi; per la letteratura su questi problemi cfr. A. Montel, voce *Possesso (dir. civ.)*, in *Noviss. dig. it.*, XIII, Torino, 1982, 333 ss.

in *Studi in onore di S. Riccobono*, IV, Palermo, 1936, 113 ss.; Id., *La tradizione*, Padova, s.d., 105 ss.; P. Bonfante, *Corso di diritto romano*, II. *La proprietà*, pt. II, rist. a cura di G. Bonfante e G. Crifò, Milano, 1968, 273 ss.; Id., *Essenza della 'bona fides' e suo rapporto con la teorica dell'errore*, in *BIDR*, VI, 1893, 85 ss. (= *Scritti giuridici varii*, II. *Proprietà e servitù*, Torino, 1918, 708 ss.); Id., *La 'iusta causa' dell'usucapione e il suo rapporto colla 'bona fides'*, in *RISG*, XV, 1893, 161 ss. (= *Scritti*, cit., 469 ss.); Id., *I limiti originari dell'usucapione*, in *Studi in onore di V. Simoncelli*, Napoli, 1917 (= *Scritti*, cit., 683 ss.); Id., *L'Editto Publiciano*, in *Scritti*, cit., 389 ss.; Id., *Le singole 'iustae causae usucapionis' e il titolo putativo*, in *RISG*, XVII, 1894, 126 ss. (= *Scritti*, cit., 552 ss.); G. Borgna, *La 'lex Atinia'*, Cagliari, 1897; F. Bozza, *L''usucapio' nell'epoca preclassica*, Napoli, 1951; G. Branca, *Non uso e prescrizione*, in *Scritti in onore di C. Ferrini pubblicati in occasione della sua beatificazione*, I, Milano, 1947, 168 ss.; F. Brosz, *Die Rolle der Gewohnheit (des Gewohnheitsrechtes) im Laufe der Entfaltung und Entwickelung der 'longi temporis praescriptio(nes)'*, in *Studia in honorem V. Pólay septuagenarii*, Szeged, 1985, 141 ss.; C.G. Bruns, *Das Wesen der 'bona fides' bei der Ersitzung*, Berlin, 1872; H. Burckhard, *Ueber den Begriff und Beweis der 'bona fides' bei der Eigentumsersitzung*, in *Zeitschrift für Civilrecht und Prozessrecht*, XXI, 1864, 287 ss.; P. Collinet, *'Iusta causa' et 'bona fides' dans l'usucapion d'après les Institutes de Gaius*, in *Mélanges P. Fournier*, Paris, 1929, 71 ss.; Id., *Les variations de l''usucapio pro herede' avant Hadrien*, in *Studi in onore di S. Riccobono*, cit., 131 ss.; G. Corte-Enna, *Della buona fede specialmente nei rapporti col possesso*, Cagliari, 1901; R. Cuignet, *De la 'iusta causa traditionis' et des fragments 36, D. de adquir. rer. dominio, 41.1 et 18 (18.1), D. de reb. creditis, 12.1*, in *RIDA III S.*, VI, 1959, 293 ss.; D. Daube, *Mistake of Law in 'usucapio'*, in *Cambridge Law Journal*, 1958, 85 ss.; P. de Francisci, *Il trasferimento della proprietà. Storia e critica di una dottrina*, Padova, 1924; F. de Marini Avonzo, *Giustiniano e la vicenda della 'praescriptio centum annorum'*, in *Studi in onore di E. Betti*, III, Milano, 1962, 101 ss.; J. Denoyez, *La bonne foi dans l'usucapion en droit romain*, in *'Aequitas' und 'bona fides'. Festgabe Simonius*, Basel, 1955, 41 ss.; F. De Visscher, *'Aeterna auctoritas'*, in *RHD*, XVI, 1937, 574 ss.; Id., *'Auctoritas' et 'mancipium'*, in *SDHI*, XXII, 1956, 87 ss. (ripubblicata, in versione rimaneggiata, con il titolo *'Auctoritas', 'Res mancipi' et 'Usucapio'*, in *Études de droit romain public et privé*[3], Milano, 1966, 233 ss.); Id., *De la défense d'usucaper les choses volées*, in *RIDA III S.*, V, 1958, 469 ss.; Id., *Individualismo ed evoluzione della proprietà nella Roma repubblicana*, in *SDHI*, XXIII, 1957, 26 ss.; Id., *Le rôle de l''auctoritas' dans la 'mancipatio'*, in *RHD*, XII, 1933, 603 ss. (= *Nouvelles études de droit romain public et privé*,

Milano, 1949, 141 ss.); Id., *Les origines de l'usucapion et le domaine premier de l'action Publicienne* (conferenza tenuta a Strasburgo nel 1956), in *RHD*, XXXV, 1957, 445 ss.; S. Di Marzo, *'Mala fide superveniens' en matière d'usucapion 'pro donato'*, in *RHD*, XII, 1933, 1 ss.; Id., *Il 'duplex dominium' di Gaio*, in *BIDR*, XLIII, 1935, 292 ss.; G. Diósdi, *Ownership in ancient and preclassical Roman Law*, Budapest, 1970; G. Donatuti, *'Iusta possessio'*, in *AIV*, LXXX, n. 2, 1920-21, 1075 ss. (= *Studi di diritto romano*, I, Milano, 1976, 1 ss.); A. Esmein, *Sur l'histoire de l'usucapion*, in *Mélanges d'histoire du droit et de critique. Droit romain*, Paris, 1886, 171 ss.; R. Evans-Jones e G. MacCormack, *'Iusta causa traditionis'*, in *New Perspectives in the Roman Law of Property. Essays for B. Nicholas*, a cura di P. Bircks, Oxford, 1989, 99 ss.; F. Fabbrini, voce *Usucapione (dir. rom.)*, in *Noviss. dig. it.*, XX, 1975, 280 ss.; J. Faure, *'Iusta causa' et bonne foi. Essai d'explication des singularités de l'usucapion 'pro emptore' en droit romain classique*, Lausanne, 1936; C. Ferrini, *Appunti sulla teoria del furto in diritto romano nei suoi rapporti con la teoria del possesso*, in *AG*, XLVII, 1891, 423 ss.; H.H. Fitting, *Über das Wesen des Titels bei der Ersitzung*, in *AcP*, LI-LII, 1868-69, 239 ss.; G. Franciosi, *'Auctoritas' e 'usucapio'*, Napoli, 1963; Id., *'Usucapio pro herede'. Contributo allo studio dell'antica 'hereditas'*, Napoli, 1965; J.G. Fuchs, *'Iusta causa traditionis' in der romanistischen Wissenschaft*, Basel, 1952; P. Fuenteseca, *Trasferimento della proprietà e 'auctoritas' nella vendita romana*, in *Vendita e trasferimento della proprietà nella prospettiva storico-comparatistica. Atti del Congresso Internazionale (Pisa-Viareggio-Lucca, 17-21 aprile 1990)*, a cura di L. Vacca, Milano, 1991; S. Galgano, *I limiti subiettivi dell'antica 'usucapio'*, Napoli, 1913; F. Gallo, voce *'Actio Publiciana in rem'*, in *Noviss. dig. it.*, I, t. 1, 1957, 267 ss.; Id., *Studi sul trasferimento della proprietà in diritto romano*, Torino, 1955; G. Gandolfi, *Sull'origine dell''usucapio pro herede'*, in *BIDR*, LXI, 1958, 271 ss.; A.E. Giffard, *Le sens du mot 'auctoritas' dans les lois relatives à l'usucapion*, in *RHD*, XVII, 1938, 339 ss.; F. Gnoli, *'Hereditatem expilare'*, I. *Il principio 'rei hereditariae furtum non fit' e la 'usucapio hereditatis'*, Milano, 1984; W.M. Gordon, *Interruption of 'usucapio'*, in *RIDA III S.*, IX, 1962, 325 ss.; Id., *The Importance of the 'iusta causa' of the 'traditio'*, in *New Perspectives*, cit., 123 ss.; G. Grosso, voce *Buona fede (dir. rom.)*, in *Enc. dir.*, V, Milano, 1969, 663 ss.; H. Hausmaninger, *Die 'bona fides' des Ersitzungsbesitzers im klassischen römischen Recht*, Wien-München, 1964; G. Henrion, *De la possession de mauvaise foi d'une chose volée*, in *RIDA III S.*, t. IV, 1950 (= *Mélanges De Visscher*, III, Bruxelles, 1950), 579 ss.; F. Hesse, *Ueber die 'bona fides' bei der Ersitzung*, in *AcP*, LVIII, 1875, 305 ss.; H.R. Hoetink, *'Iustus titulus usucapionis' e 'Iusta causa tradendi'*, in *TR*, XXIX, 1961, 230 ss.; M. Hor-

VAT, *Réflexions sur l'‘usucapio’ et l'‘auctoritas’*, in *RIDA III S.*, III, 1956, 285 ss.; E. HUSCHKE, *Ueber die ‘usucapio pro herede’, ‘fiduciae’ und ‘ex praediatura’*, in *ZVR*, XIV, 1848, 201 ss.; M. KASER, *Altrömisches Eigentum und ‘usucapio’*, in *ZSS*, CV, 1988, 122 ss.; ID., *Das altrömische Jus*, Göttingen, 1949, 194 ss.; ID., *Eigentum und Besitz im alteren römischen Recht*, Köln-Graz, 1943, 86 ss.; II ed. Weimar, 1956, 86 ss.; 293 ss.; 369 s.; 376 s.; ID., *Nerat. D. 24, 1, 44*, in *TR*, XXX, 1962, 336 ss.; ID., *Neue Studien zum altrömischen Eigentum*, in *ZSS*, LXVIII, 1951, 155 ss.; ID., *Zur ‘iusta causa traditionis’*, in *BIDR*, LXIV, 1961, 61 ss.; F. KLEIN, *Sachbesitz und Ersitzung*, Leipzig, 1891; A. KRAENZLEIN, *Zum Usucapions-titel bei Vermächtnissen*, in *Iuris Professio. Festgabe für M. Kaser*, Wien-Köln-Graz, 1986, 127 ss.; P. KRUEGER, *Beitrag zur ‘accessio temporis’ bei der Ersitzung*, in *ZSS*, XXVI, 1905, 145 ss.; ID., *‘Derelictio’ und ‘usucapio’*, in *Mnemosyna Pappoulias*, Atene, 1934, 115 ss.; ID., *Die ‘usucapio pro herede’ nach klassischen Recht*, in *ZSS*, LIV, 1934, 84 ss.; H.H. JAKOBS, *‘Error falsae causae’*, in *Festschrift für W. Flume zum 70. Geburtstag*, I, Köln, 1978, 43 ss.; G. JHAR, *Zur ‘Iusta causa traditionis’*, in *ZSS*, LXXX, 1963, 141 ss.; F. LANFRANCHI, *Studi sull'‘ager vectigalis’*, II. *Il problema dell'usucapibilità degli ‘agri vectigales’*, Napoli, 1939; F. LA ROSA, *In tema di ‘duplex dominium’*, in *Annali della facoltà di giurisprudenza dell'Università di Catania*, III, 1949, 521 ss.; M. LAURIA, *‘Usus’*, in *Studi in onore di V. Arangio-Ruiz*, cit., 504 ss.; F. LEIFER, *Altrömische Studien*, IV. *‘Mancipium’ und ‘auctoritas’. Mit Beiträgen zum römischen Schuld und Haftungsproblem*, in *ZSS*, LVI, 1936, 136 ss. e pt. II, in *ZSS*, LVII, 1937, 112 ss.; E. LEVY, *‘Usureceptio servitutis’*, in *Studi in memoria di E. Albertario*, II, Milano, 1953, 219 ss. (= *Gesammelte Schriften*, II, Milano, 1963, 149 ss.); ID., *Die Nachklassische Ersitzung*, in *BIDR*, LI-LII, 1948, 352 ss.; ID., *West Roman Vulgar Law. The Law of Property*, Philadelphia, 1951, 176 ss.; H. LEVY-BRUHL, *‘Auctoritas’ et Usucapion*, in *Nouvelles études sur le très ancien droit romain*, Paris, 1947, 14 ss.; L. LOMBARDI, *Dalla ‘fides’ alla ‘bona fides’*, Milano, 1961; U. VON LÜBTOW, *Die Ersitzung gestohlener Sachen nach dem Recht der XII Tafeln und ‘lex Atinia’*, in *Festschrift für F. Schultz*, I, Weimar, 1951, 263 ss.; ID., *Hand wahre hand. historische entwicklung*, in *Festschrift der juristischen Fakultät der Freien Universität Berlin zum 41. Deutschen Juristentag*, Berlin, 1955, 158 ss.; G. MACCORMACK, *‘Usucapio pro herede rei hereditariae’ und ‘furtum’*, in *RIDA III S.*, XXV, 1979, 293 ss.; A. MAGDELAIN, *‘Auctoritas rerum’*, in *RIDA*, t. V, 1950 (= *Mélanges De Visscher)*, IV, Bruxelles, 1950), 127 ss.; O. MAYER, *Die ‘iusta causa’ bei Tradition und Usucapion*, Erlangen, 1871; TH. MAYER-MALY, *Das Putativtitelproblem bei der ‘usucapio’*, Graz-Köln, 1962; ID., *Der Ersitzungsbesitz am Sachbestandteil*, in *SDHI*, XXVI, 1960, 176 ss.; ID., *Studien zur Frühgeschichte der 'usucapio'*, I, in *ZSS*, LXXVII, 1960, 16 ss.; II, in *ZSS*, LXXVIII, 1961, 248 ss., e III, in *ZSS*, LXXIX, 1962, 86 ss.; ID., *Studien zur Elementarliteratur über die 'usucapio'*, in *Studi in onore di E. Betti*, cit., 461 ss.; ID., *Zur Textegestalt von Gai 2.41-46*, in *Iura*, XI, 1969, 201 ss.; PH. MEYLAN, *Le rôle de la 'bonae fidei possessio' dans l'histoire de l'usucapion*, in *RHD*, XXXII, 1954, 455 ss.; ID., *Gai 2.47*, in *Studi in onore di E. Volterra*, I, Milano, 1971, 185 ss.; G. NICOSIA, *Donazioni fra coniugi e 'usucapio pro donato'*, in *AG*, CLI, 1956, 67 ss.; P. NOAILLES, *Du droit sacré au droit civil*, Paris, 1949, 236 ss.; ID., *'Fas' et 'ius'*, Paris, 1948, 259 ss.; D. NÖRR, *Die Entstehung der 'longi temporis praescriptio'. Studien zum Einfluss der Zeit im Recht und zur Rechtspolitik in der Kaiserzeit*, Köln-Opladen, 1969; J.C. VAN OVEN, *'Iusta causa usucapiendi'*, in *TR*, XVI, 1939, 434 ss.; J. PARTSCH, *Die 'longi temporis praescriptio' im klassischen römischen Recht*, Leipzig, 1906; H.H. PFLUEGER, *Zur Lehre vom Erwerbe des Eigentums nach römischem Recht*, München-Leipzig, 1937; GIUS. PUGLIESE, *La prescrizione acquisitiva*[4], Torino, 1921; D. PUGSLEY, *The Misinterpretation of the 'lex Atinia'*, in *RIDA III S.*, XVII, 1970, 259 ss.; ID., *Was ' iusta causa' Necessary for 'traditio' in Roman Law?*, in *Journal of Contemporary Roman-Dutch Law*, 1974, 13 ss.; S. RICCOBONO, *Sul fr. 4 pr. D. 'pro suo' e la versione greca riportata da Armenopulo*, in *Scritti di diritto romano*, I, Palermo, 1957, 337 ss.; J. ROUSSIER, *'Jus auctoritatis'*, in *RHD*, XXIX, 1951, 231 ss.; M. SARGENTI, *Per una revisione della nozione della 'auctoritas' come effetto della 'mancipatio'*, in *Studi in onore di E. Betti*, cit., IV, 18 ss.; ID., *'Usucapio pro suo' e costituzione di dote*, in *SDHI*, XIX, 1953, 235 ss.; C.F. VON SAVIGNY, *Ueber L. 44 D. 'de donationibus inter virum et uxorem', XXIV, I*, in *ZVR*, I, 1815, I, 270 ss. (= *Vermissehte Schriften*, III, Berlin, 1850, 81 ss.); G. SCHERILLO, *'Res mancipi' e 'nec mancipi', cose immobili e mobili*, in *Synteleia V. Arangio-Ruiz*, I, Napoli, 1965, 83 ss.; A. VON SCHEURL, *Beiträge zur Berarbeitung des römisches Rechts*, I, Erlangen, 1853, 22 ss.; J.TH. SCHIRMER, *Die Grundidee der Usucapion im römischen Recht*, Berlin, 1855; V. SCIALOJA, *L. 7 par. 4 D. 'pro emptore', 41, 1*, in *Studi giuridici*, II, Roma, 1934, 285 ss.; ID., *Teoria della proprietà nel diritto romano* (lezioni curate da P. Bonfante), II, Roma, 1931, 112 ss.; F. SERGENE, *Tertullien 'de praesc. Haer. XXXVII, 4', et la 'longi temporis praescriptio'*, in *Études offerts a J. Maqueron*, Aix-en-Provence, 1970, 605 ss.; S. SOLAZZI, *In tema di 'duplex dominium'*, in *SDHI*, XVI, 1950, 286 ss.; L. SOLIDORO MARUOTTI, *Studi sull'abbandono degli immobili nel diritto romano*, Napoli, 1989; J. STINTZING, *Das Wesen von 'bona fides' and 'titulus' in der römischen Usukapionslehre*, Groos-Heidelberg, 1852; F. STURM, *«Alienationis verbum etiam usucapionem continet»*, in *Mélanges Ph. Meylan*, I, Lausanne, 1963, 299 ss.; A. SUMAN, *'Successio possessionis' e 'vitia defuncti'*, in

*RISG*, LIX, 1917, 225 ss.; J.A.C. THOMAS, *«Rei hereditariae furtum non fit»*, in *TR*, XXXVI, 1968, 489 ss.; K.F. THORMANN, *'Auctoritas'*, in *Iura*, V, 1954, 68 ss.; C.S. TOMULESCU, *Gaius 2.55 et l'usucapion 'pro herede'*, in *Studi in onore di G. Grosso*, IV, Torino, 1971, 419 ss.; ID., *Sur la 'lex Scribonia de usucapione servitutium'*, in *RIDA III S.*, XVII, 1970, 329 ss.; L. VACCA, *'Derelictio' e acquisto delle 'res pro derelicto habitae'. Lettura delle fonti e tradizione sistematica*, Milano, 1984; EAD., *Osservazioni in tema di 'iusta causa' e 'bona fides' in relazione all''usucapio pro derelicto'*, in *Studi in onore di C. Sanfilippo*, IV, Milano, 1983, 775 ss.; EAD., *'Iusta causa' e 'bona fides' nell''usucapio' romana a proposito del titolo 'pro suo'*, in *'Sodalitas'. Scritti in onore di A. Guarino*, a cura di V. Giuffrè, IV, Napoli, 1984, 1955 ss.; EAD., *Il c.d. 'duplex dominium' e l''actio Publiciana'*, in *La proprietà e le proprietà*, a cura di E. Cortese, Milano, 1988, 39 ss. (= *Studi per L. De Sarlo*, Milano, 1989, 609 ss.); J. VENDRAND-VOYER, *'Possessio pro suo'*, in *'Sodalitas'*, cit., III, 1984, 1403 ss.; P. VOCI, *Errore e buona fede nell'usucapione romana*, in *Studi in memoria di U. Ratti*, Milano, 1934, 369 ss.; ID., *'Iusta causa traditionis' e 'iusta causa usucapionis'*, in *SDHI*, XV, 1949, 141 ss.; ID., *'Iusta causa usucapionis'*, in *Scritti giuridici in onore di F. Carnelutti*, IV, 1950, 155 ss.; ID., *Modi di acquisto della proprietà*, Milano, 1952, 47 ss.; ID., *Usucapione*, Messina, s.d. (ma 1948); K.G. WAECHTER, *Die 'bona fides' insbesondere bei der Ersitzung des Eigentums*, Leipzig, 1871; A. WATSON, *Acquisition of Possession and Usucapion 'per servos et filios'*, in *LQR*, 1962, 205 ss.; B. WINDSCHEID, *Diritto delle Pandette*, I, trad. it. (con note dei traduttori), Torino, 1902, 422 ss.; 1071 ss.; L. WINKEL, *'Usucapio pro suo' and the Classification of the 'causae usucapionis' by the Roman Jurists*, in *New Perspectives*, cit., 215 ss.; J.G. WOLF, *Error im römischen Vertragsrecht*, Köln-Graz, 1961; F. WUBBE, *Pomp. D. 41.7.5 pr. et l''usucapio pro derelicto'*, in *Mélanges Ph. Meylan*, cit., 435 ss.; ID., *'Res aliena pignori data'*, Leiden, 1960, 39 ss.; ID., *'Usureceptio' und relatives Eigentum*, in *TR*, XXIII, 1960, 13 ss.; G. YARON, *Reflections on 'usucapio'*, in *TR*, XXXV, 1967, 191 ss.; P.P. ZANZUCCHI, *La 'successio' e l''accessio possessionis' nell'usucapione*, in *AG*, LXXII, 1904, 177 ss.; ID., *Sulla storia dell''accessio temporis' nell'usucapione. Replica a Krüger*, in *AG*, LXXVI, 1906, 3 ss.; U. ZILLETTI, *La dottrina dell'errore nella storia del diritto romano*, Milano, 1961.

Altre opere relative ad argomenti specifici sono citate in nota.

## CAPITOLO QUINTO

# *DERELICTIO* E *TRADITIO IN INCERTAM PERSONAM**

SOMMARIO: 1. La *derelictio* nella dottrina romanistica. – 2. La teoria del Bonfante. Gai. D. 41.1.9.7; Ulp. D. 47.2.43.11. – 3. Segue: Pomp. D. 41.7.5.1; D. 41.7.5 pr.; Gai 2.51; Ulp. D. 47.2.43.5. – 4. Osservazioni esegetiche. – 5. Problemi di coerenza dommatica nell'accostamento della *derelictio* alla *traditio in incertam personam*. – 6. La varietà delle soluzioni giurisprudenziali può essere spiegata con la differente struttura dei casi esaminati.

### 1. *La 'derelictio' nella dottrina romanistica.*

Il problema della derelizione e dei suoi effetti è questione tutt'oggi irrisolta nella dottrina romanistica. I tentativi di inquadrare questo istituto in una costruzione dommatica precisa, corrispondente agli schemi moderni, sono andati falliti di fronte alla pluralità di soluzioni offerte dai testi classici, che non appaiono riconducibili ad un criterio unitario[1].

* Il saggio è pubblicato in *Scritti in memoria di Domenico Barillaro*, Milano, 1982, 87 ss.

[1] Le brevi osservazioni che seguono fanno parte di uno studio più ampio su tutto il tema della derelizione e dei suoi effetti, destinato a verificare, attraverso l'analisi della casistica giurisprudenziale, rapportabile ad un singolo istituto, il processo di deformazione della prospettiva dei giuristi classici prodottosi prima, sia pure in misura minore, con l'astrazione operata dai compilatori, poi con la sistematizzazione e concettualizzazione operata soprattutto dalla Pandettistica. [Lo studio è stato pubblicato con il titolo *'Derelictio' e acquisto delle 'res pro derelicto habitae'. Lettura delle fonti e traduzione romanistica*, Milano, 1984]. La profonda differenza di metodo giuridico fra i giuristi romani e la dottrina civilistica e romanistica continentale ha talvolta falsato profondamente l'interpretazione delle fonti giurisprudenziali, e così anche quei contenuti delle moderne codificazioni che vengono fatti risalire al diritto romano sono più spesso 'romanistici', nel senso di prodotti dalla scienza romanistica moderna. Il tema dell'astrazione giuridica e del suo rapporto con la casistica, romana e anglosassone, e con le codificazioni è stato di recente discusso a Cagliari, in un Convegno sul tema 'Legge, giudici, giuristi', organizzato dalla Facoltà di Giurisprudenza, ed

La definizione stessa di *derelictio* compare per la prima volta nelle Istituzioni giustinianee: 2.1.47: ... *pro derelicto autem habetur, quod dominus ea mente abiecerit, ut id rerum suarum esse nollet, ideoque statim dominus esse desinit.*

Questa definizione, cui ha fatto riferimento la letteratura moderna per individuare gli elementi della *derelictio*, abbandono materiale e *animus derelinquendi*, non trova riscontro testuale nei passi dei giureconsulti, anzi nelle Istituzioni giustinianee è inserita in un contesto relativo alla *traditio* cui era originariamente estranea[2]. In essa si dà inoltre per scontata la soluzione relativa agli effetti della *derelictio* per il derelinquente, che in età classica era invece sicuramente discussa fra Sabiniani e Proculiani, e non ancora pacificamente accettata, si direbbe, all'epoca di Ulpiano[3].

Tuttavia, oltre questo problema, il momento cioè della perdita della proprietà in capo al *dominus* derelinquente, la dottrina romanistica ne ha individuato un altro: il modo e la configurazione dell'acquisto in capo al terzo che si impadronisce della cosa abbandonata: questo problema è posto dalla apparente contraddizione delle fonti, che, pure non accennando in alcun modo ad una controversia giurisprudenziale su questo punto, in alcuni casi parlano di *usucapio* della *res pro derelicto habita*, in altri affermano recisamente la possibilità dell'acquisto immediato[4].

Per spiegare ciò gli autori sono ricorsi a due differenti costruzioni dommatiche della fattispecie di abbandono cui segua l'acquisto del terzo.

Una costruzione, recepita poi nel nostro codice civile, configura l'acquisto di cosa abbandonata come occupazione di *res nullius*[5]: posto cioè che

---

i cui Atti sono di prossima pubblicazione. [I relativi Atti sono oggi pubblicati nel volume *Legge, giudici, giuristi. Atti del Convegno (Cagliari, 18-21 maggio 1981)*, Milano, 1982].

[2] Cfr. Gai. D. 41.1.9.7-8 su cui si veda *infra*.

[3] D. 11.7.2.1 (Paul. 54 *ad ed.*): *Sed Proculus non desinere eam rem domini esse, nisi ab alio possessa fuerit: Iulianus desinere quidem omittentis esse, non fieri autem alterius, nisi possessa fuerit, et recte.*

D. 47.2.43.5 (Ulp. 41 *ad Sab.*): *Quod si dominus id dereliquit, furtum non fit eius, etiamsi ego furandi animum habuero. nec enim furtum fit, nisi sit cui fiat: in proposito autem nulli fit, quippe cum placeat Sabini et Cassii sententia existimantium statim nostram esse desinere rem, quam derelinquimus.*

Su questi passi, con particolare riferimento alla controversia fra Sabiniani e Proculiani, v., da ultimo, G. FALCHI, *Le controversie fra Sabiniani e Proculiani*, Milano, 1981, 56 ss. con letteratura.

[4] Cfr. per esempio, con la menzione dell'*usucapio*, D. 41.7.6; D. 41.7.7; D. 41.7.4; D. 41.7.5 pr.; nel senso dell'acquisto immediato invece D. 41.7.2 pr.; D. 41.7.5.1.

[5] Il nostro codice civile infatti, dopo aver enunciato all'art. 922 che «la proprietà si ac-

la *derelictio* fa perdere immediatamente la proprietà al *dominus*, la *res* diviene *nullius*, e come tale può essere oggetto di occupazione[6].

Nella teoria, che fa capo invece precipuamente al Bonfante[7], la struttura giuridica della fattispecie complessa, costituita dall'abbandono cui segua l'apprensione del terzo, non può che ravvicinarsi alla *traditio in incertam personam*: la *derelictio* costituirebbe cioè una sorta di messa a disposizione della cosa a favore di chiunque voglia impadronirsene, e l'apprensione del terzo configurerebbe un acquisto derivativo, non un'occupazione. Ciò spiegherebbe anche la contraddizione delle fonti per ciò che riguarda l'acquisto immediato ovvero mediante usucapione: infatti, trattandosi di *traditio*, gli effetti sarebbero stati differenti nel caso di *res mancipi* e di *res nec mancipi*: là dove per queste ultime l'acquisto era possibile mediante la semplice apprensione, per le *res mancipi* si richiedeva l'*usucapio*.

Indubbiamente, il fatto che in alcuni testi si faccia riferimento inequivocabile ad un acquisto delle *res derelictae* mediante *usucapio* costituisce l'obiezione più forte alla tesi dell'acquisto mediante occupazione, e la supposizione che in quei casi ci si riferisca ad un abbandono compiuto *a non domino* è altrettanto arbitraria, sotto il profilo delle fonti, quanto la suppo-

---

quista per occupazione, per invenzione, per accessione, per specificazione, per unione o commistione, per usucapione, per effetto di contratti, per successione a causa di morte», all'art. 923 specifica che sono suscettibili di occupazione solo le *cose mobili* che non sono proprietà di alcuno, e menziona fra queste le cose abbandonate, risolvendo così la controversia cui aveva dato luogo l'ambigua formulazione del codice precedente circa la possibilità di acquistare per occupazione le cose immobili abbandonate.

[6] Questa teoria, che rappresenta l'opinione tradizionale della dottrina più antica (vedila citata in A. BERGER, *In tema di derelizione*, Roma, 1915, 29, nt. 1, ora in *BIDR*, XXXII, 1922, 129 ss., che la difende contro le obiezioni del Bonfante), è stata riproposta anche da S. ROMANO, *Studi sulla derelizione nel diritto romano*, Padova, 1933, ed accettata da P. VOCI, *Modi di acquisto della proprietà*, Milano, 1952, 233 ss. (che tuttavia ne fa un caso particolare di occupazione) ed in genere dalla letteratura istituzionale.

[7] P. BONFANTE, *La derelizione di 'res mancipi' nel diritto classico*, in *RISG*, XVII, 1894, 128 ss. (ora in *Scritti giuridici varii*, II, Torino, 1916-1926, 326 ss. e da quest'ultimo citato); ID., *La derelizione e l'apprensione di cose derelitte*, due studi in *RIL*, L, 1917, ma unificati in *Scritti*, II, cit., 342 ss., e da qui citato.

Per la dottrina più recente in questo senso cfr. G. BRANCA, voce *Abbandono ('derelictio') (dir. rom. e interm.)*, in *Enc. dir.*, I, Milano, 1958, 2 ss.; F. WUBBE, *'Pomp. D. 41.7.5 pr.' et l''usucapio pro derelicto'*, in *Mélanges Ph. Meylan*, I, Lausanne, 1963, 435 ss.; C.S. TOMULESCU, *Quelques pétites études de droit romain*, in *BIDR*, LXXXII, 1979, 108 ss. Una posizione ancora differente fu assunta da P. KRÜGER, *'Derelictio' und 'usucapio', Mnemosyna Pappoulias*, Atene, 1934, 115 ss., che ritiene che in età classica l'acquisto della *res pro derelicto habita* possa avvenire solo mediante *usucapio*.

sizione di una distinzione, nell'ambito delle *res pro derelicto habitae*, fra *res mancipi* e *res nec mancipi*.

Tuttavia questa costruzione della fattispecie come *traditio in incertam personam* mi sembra anch'essa inaccettabile sia dal punto di vista della base testuale, sia dal punto di vista strettamente dommatico, e mi sembra utile constatare che le obiezioni che le sono state sinora mosse trascurano anch'esse qualche elemento importante.

## 2. *La teoria del Bonfante. Gai. D. 41.1.9.7; Ulp. D. 47.2.43.11.*

Consideriamo in primo luogo le fonti su cui tale costruzione si fonda: il Bonfante individua l'argomento più 'poderoso' a sostegno della sua teoria nella sistematica delle *res cottidianae*, riportate in D. 41.1.9.7-8 e utilizzate per la composizione delle Istituzioni giustinianee, Inst. 2.1.47-48, in cui della *derelictio* si tratta appunto in correlazione con la *traditio in incertam personam*. Viceversa, nota il Bonfante, mai se ne fa cenno in tema di occupazione. Nello stesso senso deporrebbe inoltre un passo di Pomponio, D. 41.7.5.1, e si richiama anche Iav. D. 45.3.36.

Leggiamo il passo di Gaio:

> D. 41.1.9.7 (Gai. 2 *rer. cott.*): *Hoc amplius interdum et in incertam personam collocata voluntas domini transfert rei proprietatem: ut ecce qui missilia iactat in vulgus, ignorat enim, quid eorum quisque excepturus sit, et tamen quia vult quod quisque exceperit eius esse, statim eum dominum efficit.* 8. *Alia causa est earum rerum, quae in tempestate maris levandae navis causa eiciuntur: hae enim dominorum permanent, quia non eo animo eiciuntur, quod quis eas habere non vult, sed quo magis cum ipsa nave periculum maris effugiat. qua de causa si quis eas fluctibus expulsas vel etiam in ipso mari nanctus lucrandi animo abstulerit, furtum committit.*

Giustamente ha osservato il Romano[8] che, ove si pongano a confronto il frammento del Digesto e quello delle Istituzioni, si può notare facilmente che l'inserimento della definizione di *derelictio*, che compare nelle Istituzioni, non figura affatto nel discorso di Gaio, in cui il riferimento alla *traditio in incertam personam* e al *iactus missilium* si riallaccia direttamente al problema del *iactus mercium*, ed è fra questi due casi che si fa

[8] S. ROMANO, *Studi sulla derelizione*, cit., 118 ss.

una differenza, senza alcuna menzione della possibilità di configurare una derelizione[9].

Il ragionamento di Gaio non è tuttavia posto adeguatamente in evidenza dal Romano, che si collega piuttosto alle osservazioni del Berger[10], sia pure rifiutando la tesi di una fattura bizantina di Inst. 2.1.47, per attribuirla invece alla redazione delle *res cottidianae*, ma inserita in un altro contesto[11]. Ritorniamo invece all'andamento del passo gaiano, quale risulta dal Digesto: il giurista fa una distinzione, basata sulla struttura dei casi, fra due ipotesi di *iactus*, e giunge a delle conclusioni, che semmai escludono completamente la possibilità di configurare una *traditio* nel *iactus mercium*, anche ove si volesse riconoscere in questo una *derelictio*, questione dibattuta peraltro dai giuristi sotto un altro profilo[12].

Nel paragrafo 7 Gaio ci dice che il *iactus missilium* costituisce una *traditio in incertam personam*, in quanto la volontà del *dominus* è diretta a rendere proprietario chi si impadronisca del donativo; vi è quindi una precisa determinazione causale che si realizza al momento dell'apprensione del terzo. Tutto ciò è perfettamente coerente con quanto nel paragrafo 3 dello stesso frammento si affermava a proposito della struttura della *traditio*: ... *nihil enim tam conveniens est naturali aequitate quam voluntatem domini volentis rem suam in alium transferre ratam haberi*: la struttura della *traditio*

---

[9] È da notare che, come ha ben sottolineato S. Perozzi, *Note allo Czyhlarz*, in *Glück, Commentario alle Pandette*, XXXXI, trad. it., Milano, 1905, 105 ss., già a partire dall'età di Giavoleno non vi doveva essere alcun dubbio per i giuristi che il *iactus mercium* non fosse da considerarsi una *derelictio*, o meglio che il *dominus* che gettava le merci per evitare il naufragio non doveva intendersi avere la *res pro derelicto*. Data una tipizzazione in questo senso ormai consolidata (salvo il dubbio che può sollevare un passo di Ulpiano, D. 47.2.43.11 su cui si veda *infra*), risulta ancora più chiara l'estraneità al contesto gaiano di una definizione e precisazione degli effetti della *derelictio*, quale compare nelle Istituzioni giustinianee.

[10] A. Berger, *In tema di derelizione*, cit., 14 ss.

[11] Non posso in questa sede soffermarmi sulla controversa questione della paternità e della datazione delle *res cottidianae*: mi limito a richiamare la tesi cui ho già aderito in altra sede (*Delitti privati ed azioni penali nel Principato. Studi economico giuridici Univ. di Cagliari*, XLIX, 1979, II, 266, nt. 104: v. letteratura ivi citata) secondo cui le *res cottidianae* vanno comunque datate non oltre la fine dell'età classica.

[12] E cioè principalmente sotto il profilo della possibilità di usucapire le *res iactae*: Iav. D. 41.2.21.1; Iul. D. 41.7.7 e D. 14.2.8, o anche, in relazione all'esperibilità dell'*actio furti* nei confronti di chi se ne impadronisca, D. 47.2.43.11: su questi problemi, che tuttavia richiederebbero una trattazione a parte, cfr. C. Arnò, *'Derelictio' e 'iactus mercium levandae causa'*, Torino, 1941 [estratto dagli *Atti della Reale Accademia delle Scienze di Torino*, LXXVI (1940-41), XIX]. Si veda ancora *infra*.

si realizza pienamente cioè ove si compia la sua causa tipica, il trasferimento della cosa per volontà delle parti [13].

Ciò non può ovviamente individuarsi nella struttura del caso di *iactus mercium* al fine di alleggerire la nave dal carico per evitare il pericolo di naufragio: in questa ipotesi il *dominus* non si disfa delle cose *quod quis eas habere non vult*, e quindi a maggior ragione – dobbiamo aggiungere per coerenza con quanto si afferma al paragrafo 3 – perché le vuol trasferire ad altri, ma semplicemente perché vuole evitare un pericolo. Non vi è dubbio quindi che non si configuri una *traditio*, mentre potrebbe essere dubbio, e su questo i giuristi discutevano, se la *res* possa comunque essere considerata *pro derelicto habita*: Gaio dava soluzione negativa anche a questa questione, e di conseguenza riteneva che la cosa continuasse ad appartenere al *dominus*, e che chi se ne impadroniva *lucrandi animo* commettesse un furto.

La questione non è dunque se il *iactus mercium* potesse configurare una *traditio in incertam personam*, e cioè una *derelictio*, ma se, non essendo sicuramente una *traditio*, potesse ritenersi che la *res* fosse *pro derelicto habita*, dubbio che non sarebbe stato ammissibile se la *derelictio* avesse configurato sempre una *traditio*. Questo modo di porre il problema risulta ancora più chiaramente da un passo di Ulpiano:

D. 47.2.43.11 (Ulp. 41 *ad Sab.*): *Si iactum ex nave factum alius tulerit, an furti teneatur? quaestio in eo est, an pro derelicto habitum sit. et si quidem derelinquentis animo iactavit, quod plerumque credendum est, cum sciat periturum, qui invenit suum fecit nec furti tenetur. si vero non hoc animo, sed hoc, ut si salvum fuerit, haberet: ei qui invenit auferendum est, et si scit hoc qui invenit et animo furandi tenet, furti tenetur. ...*

Ulpiano rileva che può essere discusso se la cosa gettata dalla nave debba essere considerata *pro derelicto habita*, e di conseguenza sia o meno tenuto con l'*actio furti* chi se ne impadronisce. Il giureconsulto pone l'accento sulla necessità di distinguere: se colui che l'ha gettata aveva la convinzione che sarebbe andata perduta definitivamente, la *res* è *pro derelicto habita* e chi la trova può legittimamente impossessarsene; se invece il *iactans* aveva in animo di recuperarla ove possibile, la cosa deve essere ripresa presso chi se ne è impadronito, il quale sarà anche tenuto con l'*actio furti*

[13] Sui problemi dommatici presentati dall'avvicinare la fattispecie di acquisto di *res pro derelicto habita* all'acquisto fondato sulla *traditio*, anche in considerazione del carattere causale di quest'ultima, v. *infra*, § 5.

se era al corrente dell'atteggiamento del *dominus* al momento in cui aveva gettato la cosa[14].

Si delinea sempre più chiaramente il modo di procedere dei giuristi nell'analisi di questi casi, e la tecnica di distinzioni concrete che permettono di individuare le soluzioni differenziate: il *pro derelicto habere aliquid* è una situazione soggettiva del *dominus*, che si disinteressa della cosa o perché l'ha ormai data definitivamente per perduta, non ha in animo cioè di recuperarne il possesso, o perché non la vuole avere più per sé. Il problema pratico, che si poneva ai giuristi, era quello di sapere quando questa *res* poteva essere legittimamente acquistata da un terzo, sia perché poteva essere molto difficile obiettivamente sapere con quale intenzione effettiva il *dominus* si era separato dalla cosa, sia quale era la situazione in cui si poteva ammettere che un terzo si impadronisse di una cosa, che si poteva supporre ancora altrui, senza commettere furto, o addirittura acquistandone la proprietà. Questi problemi erano completamente differenti da quelli in materia di occupazione di una *res nullius*: la *res pro derelicto habita* non viene mai inclusa fra le *res nullius* suscettibili di occupazione, e ciò ben si comprende se si considera che la circostanza che la *res* era stata in precedenza nella disponibilità, nel patrimonio di un soggetto, poneva comunque

---

[14] La dottrina ritiene in prevalenza che vi fosse una disputa fra i giureconsulti sulla questione se il *iactus mercium* configurasse una *derelictio*, e che la soluzione affermativa di Ulpiano non fosse condivisa dalla maggior parte dei giuristi (v. passi citati *supra*, nt. 12): in questo senso già K. Czyhlarz, *Glück, Commentario alle Pandette*, XXXXI, cit., 105 ss.; cfr. anche A. Ricci, *La derelizione*, in *RISG*, XIII, 1892, 326 ss.; da ultimo S. Romano, *Studi sulla derelizione*, cit., 139 ss.; A. Berger, *In tema di derelizione*, cit., 46 ss. (seguito su questo punto da P. Bonfante, *La derelizione*, cit., in *Scritti*, II, cit., 350, nt. 1) ritiene invece il passo di fattura prevalentemente compilatoria, soprattutto sulla base del convincimento che il far dipendere l'esistenza del furto dall'*animus derelinquendi* del *dominus* non possa essere che un'innovazione giustinianea, dato che per i classici non era ammissibile che in questa fattispecie si configurasse una derelizione. Io non credo invece che si possa parlare di controversia fra i giureconsulti nel definire o meno il *iactus mercium* come derelizione: nella tipizzazione dei casi di questo tipo il problema era piuttosto stabilire se, nell'atto di colui che gettava la cosa dalla nave al fine di alleggerirne il carico per evitare il naufragio, dovesse ritenersi implicito che il *dominus* considerasse ormai perduta la cosa definitivamente, e che quindi essa potesse essere oggetto di legittima appropriazione da parte del terzo, o se invece dovesse ritenersi che chi compiva il *iactus* avesse piuttosto l'animo di recuperarla ove possibile, e che quindi non potesse ammettersi l'acquisto del terzo: il problema non è visto dunque sotto il profilo di una definizione astratta di *derelictio* in cui far rientrare singoli casi, ma sotto il profilo degli effetti pratici del gettito: ed è probabile che proprio intorno a casi di questo genere si sia costruita lentamente la nozione astratta di *res pro derelicto habita* quale risulta nelle Istituzioni giustinianee, ma che in età classica non era ancora definita compiutamente.

dei problemi concreti, che non potevano essere risolti se non caso per caso, partendo dalla considerazione della situazione obiettiva e naturalmente anche della natura stessa della *res*.

Né è ammissibile che i giuristi potessero assimilare in qualche modo ad una *traditio* l'atto del *dominus* che dava per perduta la *res* che gli apparteneva, se non vi era la determinazione causale di trasferirla.

### 3. *Segue: Pomp. D. 41.7.5.1; D. 41.7.5 pr.; Gai 2.51; Ulp. D. 47.2.43.5.*

Lo stesso tipo di problematica affiora nel testo di Pomponio, D. 41.7.5.1, altro passo che, come si è detto, il Bonfante ritiene probante per la sua ricostruzione, e che viene posto in rapporto con i testi delle *res cottidianae* e delle Istituzioni giustinianee da tutti gli autori che sostengono un'analogia di struttura fra *traditio e derelictio*.

> D. 41.7.5.1 (Pomp. 32 *ad. Sab.*): *Id, quod quis pro derelicto habuerit, continuo meum fit: sicuti cum quis aes sparserit aut aves emiserit, quamvis incertae personae voluerit eas esse, tamen eius fierent, cui casus tulerit ea, quae, cum quis pro derelicto habeat, simul intellegitur voluisse alicuius fieri.*

Il passo ha presentato molte difficoltà agli interpreti, soprattutto perché l'affermazione iniziale appare a prima vista in netta contraddizione con il *principium* del frammento, dove invece si parla di usucapione:

> D. 41.7.5 pr. (Pomp. 32 *ad Sab.*): *Si id, quod pro derelicto habitum possidebas, ego sciens in ea causa esse abs te emerim, me usucapturum constat nec obstare, quod in bonis tuis non fuerit: nam et si tibi rem ab uxore donatam sciens emero, quia quasi volente et concedente domino id faceres, idem iuris est.*

Naturalmente il Bonfante[15] interpreta il testo nel senso che mentre il *principium* era relativo alle *res mancipi* per cui si richiedeva l'usucapione, il paragrafo 1 affermava il principio dell'acquisto immediato per le *res nec mancipi*. Altri autori hanno ritenuto invece che nel *principium* il giurista facesse riferimento ad un acquisto di *res pro derelicto habita a non domino*[16].

[15] P. Bonfante, *La derelizione*, cit., in *Scritti*, II, cit., 360 ss. (v. anche letteratura ivi citata).

[16] Così, per esempio, K. Czyhlarz, *Glück, Commentario alle Pandette*, XXXXI, cit., 153; A. Berger, *In tema di derelizione*, cit., 42 ss.; S. Romano, *Studi sulla derelizione*, cit., 76 ss.

Ulteriore difficoltà presenta, secondo la dottrina, il rapporto che intercorre fra la seconda fattispecie esaminata nel *principium* e la prima: non risulterebbe chiaro cioè che analogia vi possa essere fra il caso in cui si compra una *res pro derelicto habita* e il caso in cui si compri una cosa donata dalla moglie al marito[17], né infine si spiegherebbe perché la *res derelicta* non sia almeno *in bonis* di chi la possiede[18].

Il Bonfante cerca di spiegare quest'ultima circostanza, che urta in maniera decisa con la sua convinzione che la *res mancipi pro derelicto habita* sia appunto *in bonis* come ogni *res mancipi tradita ex iusta causa*, mediante una ricostruzione piuttosto ingegnosa del primo caso descritto nel passo: colui che vende la cosa (*res mancipi*) la possiede ma non sa che è stata *pro derelicto habita* dal *dominus*; per questo motivo non può usucapirla (Paul. D. 41.7.4) né acquistarne la proprietà (Paul. D. 41.7.2 pr.), e quindi la cosa non può nemmeno essere considerata *in bonis*. Se tuttavia la trasmette ad un altro, che invece conosce la situazione effettiva della *res*[19], questi, ben-

---

[17] Se si accetta infatti l'interpretazione proposta, per esempio, da A. Berger, *In tema di derelizione*, cit., *passim*, secondo cui la *derelictio* sarebbe compiuta a *non domino* (l'occupante ignora la qualità di *non domino* del derelinquente e possiede in buona fede; a sua volta quindi il compratore acquista in buona fede da chi crede *dominus* e può usucapire) cade completamente una possibilità di simmetria con il caso della cosa donata fra coniugi ed alienata: è vero che in entrambi i casi il compratore acquista *a non domino*, ma mentre nella prima ipotesi non vi sarebbe alcun ostacolo all'usucapione, in quanto vi è comunque la buona fede sulla qualità di *dominus* dell'alienante, ciò non è possibile nel secondo caso, in quanto sarebbe proprio la *scientia* dell'alienità della *res* ad escludere la possibilità dell'*usucapio*.

[18] Se infatti chi possiede crede che la *res* sia stata derelitta *a domino* (secondo la tesi di S. Romano) o comunque deve usucapire perché la *res* è *mancipi* (secondo la tesi di P. Bonfante) egli dovrebbe comunque poter usucapire *pro derelicto*, e quindi avere la cosa *in bonis*.

[19] La *scientia* attiene cioè alla conoscenza della circostanza che la *res* è stata '*pro derelicto habita*' e non ha riferimento alla conoscenza della situazione del venditore, conoscenza che in questo caso può essere considerata irrilevante; non convincente a questo proposito è la ricostruzione proposta da F. Wubbe, *'Pomp. D. 41.7.5 pr.'*, cit., I, 443 ss., che, pur accettando l'idea fondamentale del Bonfante circa la necessità dell'*usucapio* per le sole *res mancipi* derelitte, non ne accetta l'interpretazione di questo testo: egli infatti cerca di spiegare la simmetria fra i due casi in questo modo: nel caso della vendita di cosa donata dalla moglie al marito, la rilevanza della *scientia* del compratore sta non in ciò che sa, ma in ciò che non sa, e cioè che neanche la moglie era proprietaria, il che rende da un lato necessaria l'*usucapio*, ma da altro lato anche possibile, proprio perché la buona fede era relativa alla qualità di *dominus* di chi nella sostanza autorizzava la vendita; così nell'ipotesi in cui la *derelictio* di una *res mancipi* era stata erroneamente supposta, l'acquirente può usucapire in buona fede in quanto crede di aver acquistato da chi aveva la cosa in *bonis*: la ricostruzione è però troppo macchinosa ed introduce nell'esegesi del passo elementi di cui non è alcuna menzione: qualità di *non dominus* del derelinquente, o comunque *derelictio* non effettivamente avvenuta, e qualità di *non dominus* della moglie donante.

ché non ne possa acquistare immediatamente la proprietà, in quanto ovviamente gli viene trasmessa *a non domino*, potrà usucapirla, essendo sufficiente la sua consapevolezza che la cosa era stata comunque *pro derelicto habita*[20].

Vi è da rilevare che l'interpretazione del Bonfante è convincente là dove suppone che colui che possiede la cosa e la vende non sia al corrente del fatto che essa è *pro derelicto habita*: il problema, che si affronta nel testo, è quello di due casi in cui la buona fede dell'acquirente non viene meno anche se egli è al corrente della circostanza che acquista *a non domino*, e non viene meno proprio perché in entrambi i casi viene immesso nel possesso '*quasi volente et concedente domino*', in un caso perché il *dominus* stesso ha la *res pro derelicto*, nell'altro perché anche la donazione fatta dalla moglie al marito, sia pure nulla, fa sì che l'acquisto del possesso avvenga con l'implicito assenso del proprietario. Se tutto ciò è esatto, non vi è motivo però di ipotizzare che si tratti di una *res mancipi*: la cosa è venduta *a non domino* ed è quindi comunque necessaria l'usucapione, indipendentemente dagli effetti della *derelictio*, e dalle regole in materia di acquisto di *res pro derelicto habita*.

Più difficile è intendere esattamente la connessione di questo discorso con quanto si afferma al paragrafo 1: soprattutto appare fuori posto l'affermazione generica iniziale: «*id quod quis pro derelicto habuerit continuo meum fit*», che spezza il filo del discorso di Pomponio[21], che si riferisce evidentemente ancora a quel '*quasi volente et concedente domino*' del paragrafo precedente; se infatti si estrapola questa affermazione, peraltro di sospetto andamento definitorio, risulta di facile comprensione la linea di pensiero di Pomponio, che con ogni probabilità commentava un'affermazione di Sabino: mi sembra infatti che il testo possa essere scisso in due parti: una prima, che contiene il lemma di Sabino, ed un seconda, in cui Pomponio spiega e precisa il significato di questo lemma: Sabino affermava cioè che colui che acquista da un terzo (non consapevole) una *res pro derelicto habita* dal *dominus*, essendo a conoscenza di questa situazione, può comunque usucapire *pro emptore*, in quanto l'abbandono del *dominus* ha reso disponibile la cosa, e ciò ben si comprende se si tiene conto della circostanza che la scuola sabiniana riteneva che la proprietà della *res* si perde-

[20] Questa tesi incontrò una certa fortuna nella dottrina: cfr. P. Krüger, *'Derelictio'*, cit., 173, nt. 6 e M. Kaser, *'In bonis esse'*, in *ZSS*, LXXVIII, 1981, 180.

[21] Per i sospetti di interpolazione sul passo cfr., da ultimo, S. Romano, *Studi sulla derelizione*, cit., 134 ss.

va per il *dominus* al momento stesso dell'abbandono[22]; tuttavia il terzo, ignaro, non può usucapire in quanto manca la *scientia*: ciò però non inficia la posizione dell'avente causa da lui, purché egli sia invece in buona fede.

Ciò è fra l'altro affermato espressamente da Gaio:

Gai 2.51: *Fundi quoque alieni potest aliquis sine vi possessionem nancisci, quae vel ex neglegentia domini vacet, vel quia dominus sine successore decesserit vel longo tempore adfuerit; quam si ad alium bona fide accipientem transtulerit, poterit usucapere possessor; et quamvis ipse qui vacantem possessionem nactus est, intellegat alienum esse fundum, tamen nihil hoc bonae fidei possessori ad usucapionem nocet,* <*cum*> *inprobata sit eorum sententia qui putaverint furtivum fundum fieri posse.*

Vi è da aggiungere che nel caso ipotizzato da Sabino la usucapione a favore dell'acquirente poteva procedere indipendentemente dalla circostanza che si trattasse di un fondo, proprio perché la *res* era stata *pro derelicto habita*:

D. 47.2.43.5 (Ulp. 41 *ad Sab.*): *Quod si dominus id dereliquit, furtum non fit eius, etiamsi ego furandi animum habuero: nec enim furtum fit nisi sit cui fiat: in proposito autem nulli fit, quippe cum placeat Sabini et Cassii sententia existimantium statim nostram esse desinere rem, quam derelinquimus*[23].

A questo punto diviene chiarissima la struttura del caso prospettato da Sabino: colui, che si impossessa di una *res* che ritiene aliena ma che in realtà è *pro derelicto habita* dal *dominus*, non può acquistarla né immediatamente né con l'usucapione perché gli manca la *scientia* di questa situazione (Paul. D. 41.7.2 pr.: *Pro derelicto rem a domino habitam si sciamus possu-*

[22] Paul. D. 41.7.2 pr.; Ulp. D. 47.2.43.5.

[23] Per la letteratura sul testo cfr. S. ROMANO, *Studi sulla derelizione*, cit., 86 ss.; va sottolineato che il testo fa parte di un lungo commentario di Ulpiano, relativo specificamente all'esperibilità dell'*actio furti* in rapporto agli elementi dell'*animus furandi* e della *contrectatio invito domino*. Per intendere l'esatta portata del testo è quindi necessario introdurlo in tale contesto. In questa sede possiamo limitarci a rilevare che, pur non essendovi motivi sostanziali di dubitare della genuinità di quanto afferma Ulpiano, indubbiamente la stesura attuale del passo può far pensare ad un'abbreviazione di un testo più lungo e meglio motivato: va altresì sottolineato che comunque la *res* non sarebbe stata considerata furtiva neanche seguendo la prospettiva dei Proculiani, come risulta da un paragrafo successivo della stessa trattazione di Ulpiano in cui si riferisce il parere di Celso: D. 47.2.43.10.

*mus adquirere*; Paul. D. 41.7.4: *Id quod pro derelicto habitum est et haberi putamus usucapere possumus ...)*; tuttavia la *res* non è furtiva, poiché, seguendo la tesi sabiniana, viene ovviamente a mancare l'elemento della *contrectatio invito domino*, dato che non esiste in quel momento un *dominus*; da ciò discende la possibilità per il terzo avente causa, in buona fede in quanto sa che la *res* non è in proprietà altrui, di usucapire: e deve necessariamente usucapire in quanto, benché non aliena, la *res* non appartiene al venditore; l'usucapione quindi è necessaria sia che la *res* sia *mancipi* sia che sia *nec mancipi*, e non si tratta di un caso di usucapione *pro derelicto* ma di *usucapio pro emptore*.

4. *Osservazioni esegetiche.*

Arriviamo così alle implicazioni che da questa affermazione di Sabino trae Pomponio: il giurista accosta al caso di usucapione *ex causa emptionis* di *res pro derelicto habita* il caso di usucapione, giustificata dalla medesima causa, di cosa donata dalla moglie al marito: in entrambi i casi, dice infatti il giurista, l'usucapione avviene '*quasi volente et concedente domino*', nel senso che la volontà di abbandonare la cosa può coincidere sostanzialmente con la volontà di donarla: nell'ambito di questo discorso allora ben si inserisce l'esempio di colui che lancia dei donativi fra la folla o libera degli uccelli: in queste ipotesi si configura contemporaneamente l'avere la *res pro derelicto*, e la volontà che la *res* stessa venga acquistata da un terzo, chiunque esso sia, o per lo meno l'implicito assenso a che ciò avvenga.

Con ciò sembrerebbe a prima vista che siamo rientrati nell'ordine di idee del Bonfante, secondo il quale il *iactus missilium* configurerebbe nel contempo una *derelictio* ed una *traditio in incertam personam*, e che perciò il passo di Pomponio sia in ultima analisi corrispondente al passo delle *res cottidianae* e al passo delle Istituzioni giustinianee. Se però si analizza attentamente l'andamento del passo di Pomponio, è facile rendersi conto del fatto che la problematica in esso affrontata è del tutto differente da quella del passo delle *res cottidianae*: in primo luogo qui siamo in tema di usucapione, come risulta chiaramente anche dalla collocazione del frammento nella Palingenesi del Lenel, e più precisamente di usucapione *pro emptore*. Ed in materia di usucapione *pro emptore* si tratta di tipizzare casisticamente le ipotesi in cui l'acquirente può usucapire, pur essendo al corrente della circostanza che il venditore non è proprietario. Ed è sotto questo profilo che si devono determinare le ipotesi in cui l'immissione nel possesso del compratore è giustificata dal suo convincimento di non ledere la posizione possessoria altrui: Pomponio, prendendo come punto di partenza appunto il caso descritto da Sabino, identifica nella soluzione di quest'ultimo la *ratio decidendi* nel principio che l'acquisto del possesso *ex causa emptionis* di *res pro derelicto habita* trova il fondamento della sua legittimità nel contegno negativo del *dominus* riguardo alla cosa.

Questo atteggiamento negativo si riscontra anche nell'*animus donandi*, che, pur non realizzandosi – nel caso considerato – in una donazione valida in conseguenza del divieto legislativo relativo alle donazioni fra coniugi, può avere tuttavia l'effetto di privare il donante della *possessio* della *res*, anche se non della proprietà, come invece avviene nel caso di *derelictio*; ciò è affermato espressamente in tema di *traditio* (D. 41.2.18.1; D. 41.2.1.4): il parallelismo fra le due ipotesi, *derelictio* e donazione nulla, sta cioè nella circostanza che in entrambi i casi la buona fede del terzo non è inficiata dalla consapevolezza che il compratore trasmette cosa non sua, in quanto tale consapevolezza è accompagnata dal convincimento che comunque l'acquisto non avviene contro la volontà del *dominus*, ma anzi assecondando il più delle volte una sua volontà in questo senso.

Tutto ciò non comporta evidentemente un'analogia di struttura fra *traditio in incertam personam* e *derelictio*, o fra *derelictio* e donazione[24]: si tratta di situazioni differenti che tuttavia possono in alcuni casi portare alla medesima conseguenza sotto il profilo dell'ammissibilità dell'*usucapio*, in quanto legittimano la buona fede nel momento dell'apprensione del possesso.

In conclusione, questi testi – lungi dal dimostrare che i giuristi romani erano arrivati a costruire l'acquisto di *res pro derelicto habita* come acquisto derivante da una *traditio in incertam personam*, e differenziavano di conseguenza l'acquisto di *res mancipi*, richiedendo l'usucapione, e l'acquisto di *res nec mancipi*, che avveniva direttamente – danno un indizio sicuro sul modo di procedere degli stessi giuristi in relazione a questi problemi e sull'equivoco in cui è caduta la dottrina romanistica nel momento in cui ha voluto ridurre ad unità dogmatica il risultato della soluzione dei casi.

Il problema che si prospettava al giurista romano non era quello di definire in astratto la *derelictio* e di trarne le conseguenze ai fini della deter-

---

[24] L'accostamento alla donazione è stato sostenuto in dottrina anche sulla base di un frammento di Giavoleno, D. 45.3.36, ma il passo è generalmente ritenuto o di fattura compilatoria (cfr. A. BERGER, *In tema di derelizione*, cit., 33 ss.), o comunque di significato generico e non probante per una reale analogia dommatica (cfr. S. ROMANO, *Studi sulla derelizione*, cit., 138 s.).

minazione dei modi di acquisto della *res pro derelicto habita*: questo modo di procedere è tipico della mentalità del moderno giurista continentale, ma già abbiamo visto come possa facilmente trarre in inganno nella lettura delle fonti romane. Così, per esempio, la dottrina, trovandosi di fronte il passo di Pomponio in cui si parlava di *res pro derelicto habita*, di acquisto per usucapione e di acquisto immediato dei donativi lanciati fra la folla, non è nella generalità dei casi riuscita ad intendere l'articolazione delle ipotesi prospettate dal giurista nell'ambito di una problematica concreta del tutto differente da quella teorica cui si fa normalmente riferimento quando si parla di acquisto di *res derelicta*. L'esigenza di chiudere nella corrispondente casella concettuale questo istituto, acquisto per occupazione o per usucapione, acquisto a titolo originario o a titolo derivativo, ha fatto perdere di vista la circostanza che i giuristi romani operavano, come risulta chiaramente dai casi esaminati, in assenza di una definizione astratta di *derelictio* e del corrispondente modo di acquisto della *res*, e si limitavano ad esaminare una serie di situazioni in cui la *res* poteva considerarsi *pro derelicto habita*, situazioni che però andavano distinte le une dalle altre sulla base di circostanze concrete – abbandono e basta, abbandono con l'intenzione di mettere la cosa a disposizione di terzi, abbandono in condizioni di necessità, abbandono con l'intenzione di riprendere la cosa ove possibile, ecc. – in cui la diagnosi giuridica degli elementi caratterizzanti la situazione poteva portare a delle soluzioni differenziate sul punto delle modalità di acquisto della cosa medesima in capo al terzo.

Per comprendere pienamente questo modo di procedere si deve tener conto anche della circostanza che il metodo casistico non esclude le tipizzazioni: affermare cioè che il giurista romano procede alla soluzione dei casi indipendentemente dalla nozione astratta di derelizione, non significa che non si sia tipizzata l'idea della *res pro derelicto habita* come situazione della cosa che sia stata data per perduta dal *dominus*: questa tipizzazione a sua volta non esclude l'individuazione e la caratterizzazione di diverse 'situazioni tipo' all'interno di questa più ampia, man mano che si presentano casi che per le loro particolari caratteristiche concrete esigono una differente soluzione giuridica. Ciò spiega anche perché quelle soluzioni, che appaiono in insanabile contraddizione fra di loro a chi voglia ricercare un criterio unico di decisione, derivante dall'applicazione del medesimo principio, inteso però come principio generale di tipo normativo, non sono più così contrastanti se si tiene conto della circostanza che in un sistema casistico l'applicazione del medesimo principio, della medesima *ratio decidendi*, può portare a soluzioni differenti ove i giuristi ritengano di dover distinguere i casi, sulla base di diversi elementi significativi ai fini della 'diagnosi giuridica'.

Ciò può spiegare, per esempio, perché i giuristi romani possano, a seconda delle circostanze, avvicinare l'atteggiamento soggettivo del *dominus*, che ha la *res 'pro derelicto'*, alla donazione, alla *traditio in incertam personam*, caratterizzarlo come volontà di disfarsi della cosa, o come accondiscendimento a che un altro se ne impadronisca, oppure, ancora, come consapevolezza del fatto che comunque la cosa è perduta definitivamente, senza dare una configurazione rigida e schematica all'istituto. II fatto che in certe particolari circostanze l'atteggiamento del *dominus* sia simile a quello che si ha in una donazione, e che si attui in un comportamento assimilabile ad una *traditio in incertam personam*, può al più portare ad estendere a questi casi particolari conseguenze pratiche che derivano da tali situazioni simili, limitatamente all'angolo visuale rilevante ai fini della soluzione.

## 5. *Problemi di coerenza dommatica nell'accostamento della 'derelictio' alla 'traditio in incertam personam'.*

A parte questi rilievi di carattere esegetico, che mi sembra mostrino chiaramente come la base testuale della costruzione del Bonfante sia in definitiva molto fragile, credo che alla stessa costruzione si possano muovere delle obiezioni sotto il profilo della coerenza dogmatica.

La dottrina romanistica ha sinora criticato l'impostazione secondo la quale l'acquisto della cosa abbandonata si configurerebbe come acquisto derivativo, fondato su una *traditio in incertam personam*, col porre in evidenza il diverso atteggiamento psicologico, il diverso *animus*, del tradente e del derelinquente: mentre, infatti, il primo vuole trasferire ad altri la cosa, il secondo intende semplicemente disfarsene, indipendentemente dal fatto che venga acquistata da un terzo. Ora, è indubbio che il *pro derelicto habere aliquid* indica, nella gran parte dei casi, un atteggiamento soggettivo differente da quello di colui che intende alienare la *res* mediante *traditio*, ma abbiamo visto che, per esempio, nell'ipotesi del *iactus missilium* l'*animus* del *dominus* può essere nel contempo considerato sotto il profilo di colui che getta delle cose senza intenzione di recuperarle, *animus derelinquendi*, e sotto il profilo di colui che intende donare le cose medesime a chi se ne impadronisca.

Il vero problema sorge per il fatto che il Bonfante, a sua volta, nel costruire l'analogia fra le due situazioni, finisce con il fare riferimento alla volontà del derelinquente e del tradente: «ciò che importa – egli dice – è che l'acquisto di un diritto avvenga senza lesione del diritto altrui, e la volontà che altri ha manifestato di rinunciare basta ad evitare questa lesione», e, più oltre, «l'analogia (con la *traditio*) è nell'essenza derivativa, la divergenza nella mancanza di una vera volontà di trasmettere»[25]. Ragionando in questi termini l'autore, come peraltro i suoi critici, sembra però trascurare la circostanza che la situazione di *in bonis*, che egli suppone generata dall'acquisto di *res mancipi* derelitta come dalla *traditio* della stessa *res*, è individuata, rispetto alla *possessio bonae fidei*, dalla tutela mediante *actio Publiciana* e dalla possibilità di resistere allo stesso *dominus* tradente.

Ora, il presupposto di questo particolare tipo di tutela è il fatto che l'acquisto del possesso sia avvenuto non solo senza lesione del possesso altrui, ma anche in base ad una causa ritenuta valida e sufficiente dall'ordinamento per giustificare e convalidare il passaggio della cosa.

L'editto del pretore relativo alla concessione della *Publiciana* parla infatti non solo di *traditio* ma di *traditio ex iusta causa*: il momento che quindi va preso in considerazione ai fini dell'*in bonis*, come del resto in tutte le ipotesi di *usucapio* tutelate dalla *Publiciana*[26], non è quello della *traditio* o dell'*animus tradendi* ma quello della *causa traditionis*, in quanto è proprio questo elemento che fa sì che l'ordinamento pretorio riconosca di fatto passata la proprietà se il tradente era *dominus*, o, se non lo era, tuteli con un'azione[27] il compiersi dell'*usucapio* nei confronti dei terzi.

A ciò si aggiunga che di *derelictio* non si parla mai a proposito dell'editto Publiciano, mentre nel commentario dei giuristi si fa riferimento a tutte le altre cause, considerate anche *iustae causae usucapionis*[28].

Il Bonfante aggira questi ostacoli osservando che, poiché non è vero che la *iusta causa traditionis* o la *iusta causa usucapionis* debbano necessariamente identificarsi con un titolo a carattere negoziale, in quanto il concetto di *iusta causa* implica solo che non vi sia lesione obiettiva del patrimonio altrui nella presa di possesso, il titolo *pro derelicto* costituisce anzi la *iusta*

[25] P. BONFANTE, *La derelizione*, cit., in *Scritti*, II, cit., 367 ss.

[26] Gai 4.36: ... *datur autem haec actio ei qui ex iusta causa traditam rem nondum usucepit* ...; Ulp. D. 6.2.1 pr.: *Ait praetor: 'Si quis id quod traditur ex iusta causa [non a domino] et nondum usucaptum petat, iudicium dabo'*.

[27] Questa prospettiva traspare chiaramente da D. 6.2.7.6 (Ulp. 16 *ad ed.*): *Publiciana actio ad instar proprietatis, non ad instar possessionis respicit*.

[28] Ulp. D. 6.2.1.7: legato; Paul. D. 6.2.2: donazione; Ulp. D. 6.2.3.1: compravendita, dote, *causa iudicati*; Paul. D. 6.2.4: *solutio*; Paul. D. 6.2.6: dazione a nossa; Ulp. D. 6.2.7 pr.: *res iudicata* e *litis aestimatio*.

*causa* allo stato puro, quella che meglio di tutte indica la nozione di 'causa' individuata dai giuristi romani. Ma allora, proseguendo per questa strada, si dovrebbe arrivare a sostenere che sia sufficiente la messa a disposizione della cosa mediante *traditio*, in quanto l'*animus tradendi* basterebbe di per sé ad evitare la lesione obiettiva del patrimonio altrui. Ma l'*animus tradendi* è sufficiente ad evitare i vizi del possesso, non a giustificare l'*actio Publiciana*[29], tanto più se si accetta la tesi sostenuta dallo stesso Bonfante – e condivisa peraltro dalla dottrina dominante – secondo cui il titolo putativo sarebbe stato ammesso solo da pochi giuristi dell'età classica, la cui tesi sarebbe rimasta minoritaria.

Le cose si complicano ulteriormente, seguendo la tesi del Bonfante, se si considerano le due possibili situazioni in cui l'acquisto di *res pro derelicto habita* dovrebbe avvenire mediante *usucapio*: ipotesi di abbandono *a domino* di *res mancipi*; ipotesi di abbandono *a non domino* di *res mancipi* o *nec mancipi*.

Nel primo caso, secondo la tesi sabiniana, il *dominus* perde comunque la proprietà, indipendentemente dall'acquisto del terzo: ciò significa che non può esperire vittoriosamente la *rei vindicatio* nei confronti del possessore, e che questo non ha bisogno di alcuna *exceptio*; già questa circostanza differenzia chiaramente la situazione del possessore di *res derelicta* da quella del possessore *in bonis*; il possessore di *res mancipi* derelitta potrebbe allora essere al più considerato possessore *ad usucapionem* tutelato dalla *Publiciana*: non si vede però anche in questo caso quale funzione avrebbe l'*usucapio* una volta che si sa che non esiste più il *dominus* precedente: viene quindi meno sia l'esigenza della pubblicità, che poteva considerarsi assicurata dalla *mancipatio* e non dalla *traditio*, sia la funzione di garantire la posizione di colui che acquistava *ex iusta causa* contro la eventuale migliore posizione possessoria del terzo, funzione quest'ultima assicurata appunto dalla *Publiciana*.

Sembrerebbe allora doversi dare ragione a quegli autori che sostengono che l'acquisto avviene per occupazione di *res nullius*, e che l'*usucapio* è necessaria solo ove la *res* sia derelitta dal *non dominus*. Anche questa soluzione lascia peraltro molto perplessi dal punto di vista delle conseguenze pratiche: la *derelictio*, se considerata dal punto di vista delle *iustae causae* di

[29] Sul controverso problema del rapporto fra *animus tradendi* e *iusta causa traditionis* rimando ad un mio lavoro di prossima pubblicazione negli *Studi in onore di A. Guarino: Osservazioni su 'iusta causa' e 'bona fides' nell'usucapio romana a proposito del titolo 'pro suo'*. [Ora in *'Iusta causa' e 'bona fides' nell''usucapio' romana a proposito del titolo 'pro suo'*, in *'Sodalitas'. Scritti in onore di A. Guarino*, a cura di V. Giuffrè, IV, Napoli, 1985, 1955 ss. – pubblicato anche in questo volume, cap. VII].

acquisto del dominio e non del possesso, può essere solo intesa come atto di disposizione della cosa da parte del proprietario; analogamente la *traditio* compiuta *a non domino* non può trasferire altro che il possesso, e, ove non accompagnata da una *iusta causa*, non può, nella generalità dei casi, costituire titolo per l'*usucapio*[30].

Ne consegue che chi si appropria di una *res* non *pro derelicto habita* dal *dominus* ma abbandonata dal possessore, anche se crede in buona fede che questi fosse *dominus*, non può usucapire *pro derelicto* perché *derelictio* non vi è stata: ed è appunto quanto ci dice espressamente Giuliano:

D. 41.7.6 (Iul. 3 *ad Urs. Fer.*): *Nemo potest pro derelicto usucapere, qui falso existimaverit rem pro derelicto habitam esse.*

Ciò esclude anche ovviamente che la *Publiciana* potesse competere a chi si era impadronito di una *res pro derelicto habita a non domino*[31].

Anche su questo punto si rivela l'equivoco in cui si cade nel momento in cui si tenta di equiparare la *traditio a non domino*, per esempio *ex causa emptionis*, alla *derelictio a non domino*, ponendole sullo stesso piano: mentre in un caso l'acquisto della proprietà mediante *usucapio* e la tutela mediante *Publiciana* nel periodo intermedio si fondano non sulla *traditio a non domino* ma sulla compravendita, in quanto negozio obbligatorio, il che significa che il titolo non è affatto putativo, il c.d. titolo *pro derelicto* o c'è, ed allora la cosa non ha un proprietario e non vi è alcun bisogno di una *iusta causa* per acquistarla, né immediatamente né mediante usucapione, o non c'è, ed allora vi è un proprietario nei confronti del quale non può essere fatta valere alcuna *exceptio*, e manca la *iusta causa*, su cui fondare l'*usucapio* e che giustifichi la *Publiciana*.

---

[30] In questo senso è da intendersi, infatti, la nota affermazione di Paolo (D. 41.1.31): *Numquam nuda traditio transfert dominium, sed ita, si venditio aut aliqua iusta causa praecesserit, propter quam traditio sequeretur*, relativa alla *traditio* ma da estendersi alla *traditio ex iusta causa* costituente titolo per l'*usucapio* tutelata da *Publiciana*: su questi problemi v. meglio il mio *'Iusta causa'*, cit., *passim*.

[31] Anche se non esclude, io credo, che potesse comunque usucapire *pro suo*, sia pure senza la tutela della *Publiciana*, colui che in buona fede si immettesse nel possesso di una *res* che, erroneamente, egli ritenesse *pro derelicto habita* dal *dominus*, ove le circostanze obiettive giustificassero questo suo convincimento, e ove naturalmente l'*usucapio* non venisse interrotta dal *dominus*: su questo testo di Giuliano e sull'*usucapio pro derelicto* in generale cfr. il mio *Osservazioni in tema di 'iusta causa' e 'bona fides' in relazione all''usucapio pro derelicto'*, di prossima pubblicazione negli *Studi in onore di C. Sanfilippo*. [Ora in *Studi in onore di C. Sanfilippo*, IV, Milano, 1983, 775 ss. – pubblicato anche in questo volume, cap. VI].

6. *La varietà delle soluzioni giurisprudenziali può essere spiegata con la differente struttura dei casi esaminati.*

Tutto ciò sembra riportarci al punto di partenza della questione dibattuta in dottrina: se la *res pro derelicto habita* è *nullius*, si acquista per occupazione, e non si vede come possa spiegarsi la circostanza che alcuni testi parlano invece di *usucapio*.

Questa apparente contraddizione non può essere spiegata, si è visto, col ricorrere all'inquadramento della fattispecie di acquisto di *res pro derelicto habita* nell'occupazione o nella *traditio in incertam personam*. Diventa, peraltro, abbastanza logica se si considerano le effettive difficoltà pratiche cui dava luogo una situazione di questo genere: infatti nella generalità dei casi la circostanza che la *res* fosse *pro derelicto habita* non era affatto evidente, rilevabile a prima vista, a meno che non si fosse effettivamente al corrente del fatto che il *dominus* non voleva più saperne: e in questa ipotesi Paolo ci dice «*Pro derelicto rem a domino habitam si sciamus possumus adquirere*» (D. 41.7.2 pr.).

A parte il caso di effettiva *scientia* della *derelictio*, l'atteggiamento soggettivo del *dominus* nei confronti della *res* che risultasse *vacuae possessionis* non poteva che desumersi dalle circostanze obiettive che caratterizzavano il caso. Una delle soluzioni possibili era stabilire l'appartenenza attraverso il decorso del tempo dell'*usucapio*, ove naturalmente l'apprensione della cosa fosse avvenuta in buona fede, e ove tale buona fede si fondasse su degli elementi di fatto che potessero portare a ritenere ragionevolmente che la *res* fosse *pro derelicto habita* dal *dominus*: ciò portava i giuristi a tipizzare le ipotesi in cui fosse ammissibile una soluzione di questo genere, e uno dei casi più caratteristici in questo senso è quello del *iactus mercium*, in cui la discussione dei giureconsulti è diretta ad individuare gli elementi sulla base dei quali va valutata l'apprensione del terzo.

L'elaborazione dei giuristi tende dunque non a determinare astrattamente il modo di acquisto della proprietà di una *res pro derelicto habita*, ma a valutare in concreto quando questo acquisto possa avvenire immediatamente e quando sia invece necessario il decorso dell'*usucapio*.

Questa elaborazione deve tener conto necessariamente della natura della *res*, ma non in quanto in una casistica di questo tipo possa aver rilevanza una distinzione fra *res mancipi* e *nec mancipi*, quanto piuttosto perché dalla diversità della cosa può dipendere la diversa struttura del caso: le circostanze in cui si può ritenere obiettivamente e ragionevolmente *pro derelicto habitum* uno schiavo sono infatti molto differenti da quelle in cui si possa ritenere abbandonato un fondo o un animale domestico, una cosa preziosa o una cosa di nessun valore.

Sotto questo profilo va, quindi, esaminata la problematica della *derelictio*: isolando i diversi gruppi di casi e cercando di individuare la *ratio decidendi* nell'astrazione degli elementi rilevanti ai fini della decisione.

Capitolo Sesto

# OSSERVAZIONI IN TEMA DI *IUSTA CAUSA* E *BONA FIDES* IN RELAZIONE ALL'*USUCAPIO PRO DERELICTO* *

Sommario: 1. La teoria di una controversia fra Sabiniani e Proculiani sulla necessità di usucapire la *res derelicta*. – 2. Il problema della *iusta causa usucapionis* e l'*usucapio pro derelicto*. – 3. La teoria di Bonfante sulla *iusta causa*. – 4. *Iusta causa* e buona fede nell'evoluzione dei requisiti dell'*usucapio*. L'*usucapio* della *res* che in buona fede si ritiene abbandonata. – 5. L'*usucapio* delle *res iactae ex nave*. – 6. Pomp. D. 41.7.5 pr. L'intervento generalizzante dei commissari giustinianei nella creazione del titolo dell'*usucapio pro derelicto* ha oscurato l'articolazione delle soluzioni giurisprudenziali.

## 1. *La teoria di una controversia fra Sabiniani e Proculiani sulla necessità di usucapire la 'res derelicta'.*

Già di per sé il problema dell'*usucapio pro derelicto* pone una serie di questioni a tutt'oggi ancora ben lungi dall'essere risolte nella dottrina romanistica[1].

Una fondamentale antinomia nelle fonti, relativa al problema dell'acquisto della proprietà della *res pro derelicto habita*, ha infatti dato luogo ad interminabili discussioni: mentre in alcuni testi si afferma inequivocabilmente che colui che si impossessa della *res pro derelicto habita* ne acquista im-

* Il saggio è pubblicato in *Studi in onore di Cesare Sanfilippo*, IV, Milano, 1983, 775 ss.

[1] Il tema dell'acquisto della proprietà della cosa abbandonata è oggetto di un'ampia ricerca che è attualmente in corso, e in cui tenterò di porre in luce non solo le motivazioni delle diverse soluzioni prospettate dai giureconsulti romani, ma anche le distorsioni che si sono create nella lettura delle fonti classiche a causa dell'esigenza di ridurre ad unità concettuale l'istituto della *derelictio*, sulla scia della definizione che si trova per la prima volta nelle Istituzioni giustinianee (v. *infra*). Per questo motivo la presente trattazione potrà risultare talvolta lacunosa e parziale.

mediatamente la proprietà[2], altri passi fanno esplicito riferimento a situazioni in cui la *res* derelitta viene usucapita[3].

Le soluzioni proposte per questo primo problema si collocano fondamentalmente in due gruppi: l'uno fa capo al Bonfante[4], per il quale l'*usucapio* sarebbe stata necessaria per le *res mancipi* derelitte, mentre la semplice occupazione sarebbe bastata per l'acquisto delle *res nec mancipi*. Il fondamento di questo diverso regime sarebbe – secondo l'autore – da ricercarsi in un'analogia di struttura fra la fattispecie composta da derelizione e apprensione e la fattispecie della *traditio in incertam personam*: poiché la *traditio* non comporta l'acquisto del *dominium* delle *res mancipi* che con il concorso dell'*usucapio*, lo stesso requisito dovrebbe necessariamente richiedersi per integrare l'acquisto del possesso successivo alla *derelictio*.

Questa tesi fu vivacemente contrastata, sin dalla sua prima formulazione, dal Berger[5], al quale si riallaccia una parte della dottrina, che può oggi essere considerata dominante, benché non manchino tentativi di rivalutare l'idea del Bonfante. Il Berger sostenne che l'*usucapio* poteva essere richiesta solo là ove la *derelictio* fosse stata compiuta *a non domino*, poiché in tutti gli altri casi la *res pro derelicto habita*, divenuta *nullius*, poteva essere acquistata per occupazione[6].

---

[2] Cfr., per esempio, Paul. D. 41.7.2 pr.; Pomp. D. 41.7.5.1.

[3] Così Paul. D. 41.7.7; Pomp. D. 41.7.5; Iul. D. 47.7.6 e D. 41.7.7.

[4] Di questi problemi P. BONFANTE, che pure è più volte tornato sull'argomento, si occupa principalmente in due scritti: *La derelizione di 'res mancipi' nel diritto classico*, in *RISG*, XVII, 1894, 128 ss. (ora in *Scritti giuridici varii*, II, Torino, 1916-1926, 326 ss. da cui viene d'ora in poi citato); *La derelizione e l'apprensione di cose derelitte*, due studi in *RIL*, L, 1917 (ma unificato in *Scritti*, II, cit., 342 ss.). Cfr. anche ID., *Corso di diritto romano*[2], II, rist. a cura di G. Bonfante e G. Crifò, Milano, 1968, 257 ss. Nello stesso senso, fondamentalmente, J. MEYER-COLLINGS, *'Derelictio', Die Dereliction in röm. Recht*, Kallmunz, 1932; G. BESELER, *Miscellanea*, in *ZSS*, XLV, 1925, 218 ss.; M. KASER, *Die natürlichen Eigentumserwerbsarten in altrömischen Recht*, in *ZSS*, LXV, 1947, 221 ss.; ID., voce *'Occupatio'*, in *PWRE*, suppl. VII, Stuttgart, 1946, 682 ss.; G. BRANCA, voce *Abbandono ('derelictio'), (dir. rom. e interm.)*, in *Enc. dir.*, I, Milano, 1958, 2 ss.; F. WUBBE, *'Pomp. D. 41.7.5 pr.' et l''usucapio pro derelicto'*, in *Mélanges Ph. Meylan*, I, Lausanne, 1963, 435 ss.; C.S. TOMULESCU, *Quelques petites études de droit romain*, in *BIDR*, LXXXII, 1979, 108 ss.

[5] A. BERGER, *In tema di derelizione*, in *BIDR*, XXXII, 1922, 129 ss. (già pubblicato come estratto nel 1915 e da qui d'ora in poi citato).

[6] Questa tesi, che fu poi sostenuta nelle sue linee generali anche da S. ROMANO, *Studi sulla derelizione nel diritto romano*, Padova, 1933, era già stata avanzata, anche se in modo parzialmente diverso, da K. CZYHLARZ, in *Glück, Commentario alle Pandette*, XXXXI, trad. it., Milano, 1905, 148 ss., che ricollega anche a questo problema la disputa fra Sabiniani e Proculiani (su ciò v. *infra*). Una posizione a parte fu assunta da P. KRÜGER, *'Derelictio' und*

Su questo problema centrale si innestano ulteriori questioni, una delle quali discussa dagli stessi giureconsulti romani, e risolta diversamente dai tradizionali antagonisti, i Sabiniani e i Proculiani:

D. 41.7.2 pr. (Paul. 54 *ad ed.*): *Pro derelicto rem a domino habitam si sciamus, possumus adquirere.* 1. *Sed Proculus non desinere eam rem domini esse, nisi ab alio possessa fuerit: Iulianus desinere quidem omittentis esse, non fieri autem alterius, nisi possessa fuerit, et recte*[7].

La controversia fra i giuristi delle due scuole verteva dunque sul momento della perdita della proprietà per il *dominus* derelinquente: secondo i Proculiani ciò non avveniva se non nel momento in cui un terzo si fosse impossessato della *res*, per i Sabiniani invece la perdita era indipendente dall'acquisto del terzo. Quest'ultima tesi, che sembra sia prevalsa già dall'età classica[8], fu poi accettata definitivamente dai compilatori giustinianei[9].

Tralasciando in questa sede il problema della motivazione che poteva giustificare la diversa soluzione seguita dalle due scuole di giuristi, e della costruzione che ne stava alla base, ciò che interessa sottolineare è che la soluzione adottata dai Sabiniani appare a prima vista del tutto inconciliabile con l'idea che si possa richiedere l'usucapione della *res pro derelicto habita* dal *dominus*. Eppure è lo stesso Giuliano ad affermare

D. 41.7.6 (Iul. 3 *ad Urs. Fer.*): *Nemo potest pro derelicto usucapere, qui falso existimaverit rem pro derelicto habitam esse.*

D. 41.7.7 (Iul. 2 *ex Min.*): *Si quis merces ex nave iactatas invenisset, num ideo usucapere non possit, quia non viderentur derelictae, quaeritur. sed verius est eum pro derelicto usucapere non posse.*

---

*'Usucapio'*, in *Mnemosyna Pappoulias*, Atene, 1934, 115 ss., che ritiene che per l'età classica l'acquisto di cosa abbandonata potesse avvenire solo per usucapione.

[7] Sul passo, con particolare riguardo ai termini della controversia fra Sabiniani e Proculiani, v.. in particolare, da ultimo G. FALCHI, *Le controversie fra Sabiniani e Proculiani*, Milano, 1981, 56 ss. e letteratura ivi citata, che, analogamente a K. CZYHLARZ, in *Glück*, *Commentario alle Pandette*, cit., *passim*, vede nella costruzione dei Proculiani l'individuazione di una struttura analoga ai modi di acquisto a titolo originario, in quella dei Sabiniani un necessario rapporto fra la volontà di dismettere la cosa, da parte del precedente titolare, ed il successivo atto di acquisto del terzo. Su questi problemi tornerò meglio successivamente, ma non mi sembra che i termini della controversia possano essere individuati esattamente circoscrivendo l'esame ai due testi in cui essa è enunciata esplicitamente.

[8] Cfr. Ulp. D. 47.2.43.5.

[9] Inst. 2.1.47-49.

Non si vede, invero, che senso potrebbe avere porsi il problema della possibilità dell'*usucapio* per negarla nel caso che la *res* non sia stata effettivamente *pro derelicto habita*, se nel contempo si afferma che il *dominus* ha cessato di essere tale nel momento stesso in cui ha la *res pro derelicto*. Né è possibile ipotizzare che l'esigenza dell'*usucapio* si proponesse solo nel caso non esistesse la *derelictio* effettiva, a sanare un titolo che era solo apparente, poiché Paolo afferma a sua volta

D. 41.7.4 (Paul. 15 *ad Sab.*): *Id quod pro derelicto habitum est et haberi putamus, usucapere possumus, etiam si ignoramus, a quo derelictum sit.*

In altri termini, sembrerebbe che i Sabiniani, ritenendo che il *dominus* cessasse di essere tale al momento in cui aveva la *res pro derelicto*, e negando d'altro canto la possibilità di usucapire là dove il *dominus* non avesse la *res pro derelicto*, anche ove l'occupante ne fosse, erroneamente, persuaso, non avessero alcun motivo di affermare che l'usucapione era invece possibile là dove la *derelictio* vi era stata effettivamente, e chi acquistava il possesso ne era giustamente convinto. E il discorso diviene ancora più incomprensibile se si considera che, come abbiamo visto, altre volte gli stessi giuristi affermano recisamente che la *res pro derelicto habita* si acquista immediatamente a chi se ne impossessi[10].

## 2. *Il problema della 'iusta causa usucapionis' e l''usucapio pro derelicto'.*

Va rilevato che le strade battute dalla dottrina per risolvere questi problemi, ben lungi dal semplificarli, li hanno ulteriormente complicati ed

---

[10] Il problema posto dal fatto che alcuni testi affermano recisamente l'acquisto immediato al terzo, mentre altri pongono la questione dell'esigenza dell'usucapione e della possibilità o meno del suo procedere, non può essere risolto in questa sede in quanto richiede l'analisi di tutta la casistica individuata e tipizzata dai giuristi romani. Basti qui rilevare che, a meno di non voler supporre che quasi tutti i testi siano stati rimaneggiati gravemente dai compilatori, per motivi peraltro spesso incomprensibili, si può solo ritenere che le soluzioni dei giuristi non partissero da una nozione univoca di *derelictio* e di acquisto della cosa abbandonata, ma piuttosto facessero riferimento ad una serie di situazioni in relazione alle quali le diverse caratteristiche del caso, e le differenti esigenze di tutela del precedente proprietario e del nuovo acquirente, richiedevano decisioni differenziate. La soluzione di questa questione, tuttavia, non incide in modo sostanziale sul problema centrale del presente lavoro, in cui ci limitiamo a dare per scontato che in alcune ipotesi i giuristi si ponessero effettivamente il problema dei requisiti dell'usucapione di una cosa *pro derelicto habita*.

oscurati, attribuendo ai giureconsulti romani un tipo di concettualizzazione che, oltre a non risultare in alcun modo dalle fonti, ne travisa l'impostazione in termini concreti e legata alla struttura del caso. Quest'opera di generalizzazione era peraltro già cominciata con la compilazione giustinianea, che enucleando singole affermazioni dei giuristi dal contesto in cui erano inserite e raggruppandole sotto titoli alla cui trattazione esse erano estranee, ha reso di difficile intendimento il significato della trattazione originaria ed i suoi collegamenti con i casi concreti cui si riferiva.

La creazione di un *titulus* di *usucapio 'pro derelicto'*, ed il suo inserimento nella trattazione sistematica delle altre *iustae causae usucapionis*, è un esempio caratteristico di questo modo di procedere dei compilatori, e del tipo di difficoltà che esso ha poi creato nella dottrina romanistica, inducendola a tentare di ridurre vieppiù ad unità dogmatica gli elementi concettuali, pure indubbiamente presenti nella elaborazione giurisprudenziale.

È noto che uno dei problemi, che ha dato maggiormente filo da torcere nella costruzione della scienza giuridica da parte della dottrina tedesca ed italiana di stampo pandettistico, è proprio l'individuazione di una nozione di *iusta causa usucapionis*, che potesse, in una definizione univoca, corrispondere ai molteplici significati che essa sembrava assumere nelle fonti [11]. Ovviamente questo problema è collegato anche alla storia e all'evoluzione della *usucapio* romana e della sua funzione.

Non è certo possibile in questa sede dare conto analiticamente delle varie definizioni di *iusta causa* proposte nella dottrina, e mi limiterò pertanto a fare riferimento particolare al Bonfante [12], che peraltro, con il suo tentativo di ricostruzione storicizzata degli istituti, occupa nell'elaborazione di questi temi una posizione in un certo senso intermedia fra lo 'schematismo pandettistico' e la dottrina romanistica più moderna, che invariabilmente a Lui si ricollega, sia pure spesso per criticarlo.

L'assunto di partenza di questo autore nella ricostruzione della funzione della *iusta causa* e della *bona fides* è che questi due elementi rappresentino un limite ad un modo di acquisto della proprietà che per la sua struttura si

---

[11] È interessante, a questo proposito, la rassegna di definizioni presentate da M. LAURIA, *'Usus'*, in *Studi in onore di V. Arangio-Ruiz*, IV, Napoli, 1953, 504 s. Tuttavia appare eccessiva la sua drastica affermazione che «la *iusta causa usucapionis* è la grande illusione della dottrina», anche se può essere giustificato, come vedremo, ritenere che, più che un concetto generale di *iusta causa usucapionis*, i giuristi romani avessero tipizzato singole *causae usucapionis*.

[12] P. BONFANTE, *La 'iusta causa' dell'usucapione e il suo rapporto colla 'bona fides'*, in *Scritti*, II, cit., 469 ss. (già pubblicato, sia pure in forma parzialmente diversa, in *RISG*, XV, 1893, 161 ss.).

fonda unicamente sulla *possessio* prolungata nel tempo[13]. Questi requisiti limitativi sono ispirati alla necessità, propria di qualsiasi ordine legale, che l'acquisto avvenga in assenza di lesione altrui. Il mezzo per assicurare il rispetto di questa condizione essenziale non poteva allora esprimersi che con la necessità che l'acquisto del possesso potesse portare all'acquisto della proprietà solo ove avvenisse senza turbare l'altrui possesso, che costituisce l'immagine esteriore dello stesso dominio[14]. In questo periodo dunque la causa si identifica con il rapporto di non lesione, da cui è nato il possesso dell'acquirente, e si manifesta tutta esteriormente, finendo con l'identificarsi nella mera assenza di furto.

Il mutamento di questa concezione è da attribuirsi alla giurisprudenza dell'ultima età repubblicana[15], quando la *iusta causa* tende ad individuarsi nei rapporti fra privati che giustificano il passaggio della proprietà, in altri termini le *iustae causae traditionis*, sia pure senza confondersi con esse.

Una volta che il rapporto giuridico esistente fra le parti è visto come l'indice esteriore dell'assenza di lesione dell'altrui possesso, l'ultimo progresso consisterà nel dare rilevanza alla convinzione interiore del soggetto acquirente di non ledere l'altrui sfera giuridica; la *bona fides* non elimina la *iusta causa*: «essa più precisamente importa che dove la *iusta causa*, cioè di regola la rinuncia effettiva alla cosa da parte dell'antico possessore, lascerebbe nondimeno aperto l'adito ad una lesione, questa non si compia o si creda di non compierla»[16]. In altri termini, in tutti i casi nei quali il possesso della cosa è *a non domino*, la *bona fides* consiste – non esclusivamente, ma precipuamente – nell'ignorare che la persona con cui si è in rapporto non è *dominus*, o in genere che essa non ha diritto di disporre della cosa. La *bona fides* si presenta dunque come meramente integrativa della *insta causa*.

L'ultimo passaggio nella ricostruzione del Bonfante si ha con il prendere il sopravvento della *bona fides* sulla *iusta causa*[17]. Alla fine di questo processo la base dell'*usucapio* non sarà più costituita dalla *iusta causa*[18] accompagnata dalla *bona fides*, ma soltanto dalla *bona fides*: il rapporto giustificativo di acquisto avrà solo la funzione di contribuire alla prova della *bona fides*.

---

[13] P. Bonfante, *La 'iusta causa'*, cit., 473 ss.
[14] P. Bonfante, *La 'iusta causa'*, cit., 484.
[15] P. Bonfante, *La 'iusta causa'*, cit., 496.
[16] P. Bonfante, *La 'iusta causa'*, cit., 504 s.
[17] P. Bonfante, *La 'iusta causa'*, cit., 522.
[18] P. Bonfante, *La 'iusta causa'*, cit., 525 ss.

Secondo il Bonfante a questa fase dell'evoluzione pervenne già una parte della giurisprudenza classica, ma la giurisprudenza severiana sembra reagire contro tale tendenza, e tanto Ulpiano che Paolo si direbbe respingano il 'titolo putativo', e ribadiscano la necessità della *iusta causa*[19]. Lo stesso principio appare ancora ribadito nelle Istituzioni di Giustiniano.

Il Bonfante nota ancora come nella dottrina moderna la *bona fides* tenda ad identificarsi con la convinzione di acquistare dal proprietario, o da un suo rappresentante[20], ma ciò lascia fuori alcune ipotesi in cui pure si è consapevoli di acquistare *a non domino*; può sembrare allora più soddisfacente l'idea, ispirata ad un noto testo di Pomponio[21], per cui basta la convinzione di acquistare '*quasi volente et concedente domino*'. Si pone inoltre il problema della rilevanza della *bona fides* come sanatoria di vizi del negozio che non attengono alla qualità di *dominus* dell'alienante: su questo punto però la concezione del Bonfante circa la configurazione della *iusta causa* romana lo porta ad identificare il 'titolo putativo' con la convinzione della rinuncia del proprietario a favore dell'accipiente.

### 3. *La teoria di Bonfante sulla 'iusta causa'.*

Il Bonfante vede proprio nel titolo *pro derelicto* la riprova della sua ricostruzione del concetto di *iusta causa*, che qui si manifesterebbe esplicitamente come assenza di lesione del possesso altrui, e non come causa negoziale che giustifichi l'acquisto della proprietà.

Va rilevato che gli elementi fondamentali di questa ricostruzione appaiono, in linea di massima, più aderenti allo spirito delle fonti romane di quanto lo siano i tentativi di riferire il concetto di *iusta causa* ad un negozio giuridico o ad un atto giuridico di per sé sufficiente a giustificare il trasferimento della proprietà[22], tentativi che si risolvono in una semplice trasposizione di schemi moderni al diritto romano.

---

[19] Inst. 2.6.11.

[20] P. Bonfante, *La 'iusta causa'*, cit., 539.

[21] Pomp. D. 41.7.5 pr.

[22] «La giurisprudenza classica, coerente all'esigenza di una giustificazione oggettiva del possesso, finisce per ritenere, dopo qualche oscillazione, che non sia sufficiente un titolo putativo, col quale il requisito della *iusta causa* verrebbe in pratica svalutato, ma sia indispensabile una *iusta causa* effettiva, un negozio effettivamente concluso, ancorché invalido»: E. Betti, *Istituzioni di diritto romano*², I, Padova, 1942, 411 s. Questo tipo di impostazione è praticamente presente in tutta la dottrina dominante (cfr., anche se con qualche eccezione,

Giustamente, tuttavia, la dottrina più recente[23] ha posto in evidenza la necessità di distinguere il formarsi e l'evoluzione dei due elementi, *iusta causa e bona fides*, in relazione ai singoli titoli, e la particolare importanza assunta in questa evoluzione dal titolo *pro emptore*, che, in quanto titolo oneroso relativo ad un negozio configurato processualmente come *bonae fidei*, implicava come particolarmente sentita l'esigenza di tutelare l'acquirente[24], sino a dare spazio, almeno secondo alcuni giuristi, anche al 'titolo putativo'[25].

È indubbiamente condivisibile l'idea che l'*usucapio* romana prenda l'avvio da una concezione materialistica, funzionale all'esigenza obiettiva di tutelare colui che possieda per lungo tempo una determinata *res* senza averne acquistato il possesso in lesione di una situazione parimenti obiettiva altrui, dalla necessità, in altri termini, di tutelare la *possessio* acquistata *nec vi nec clam nec precario*, e di dare rilevanza a questa situazione ricollegandovi l'acquisto del *dominium*, ponendo quindi termine ad una situazio-

---

per esempio M. Lauria, *'Usus'*, cit., *passim*); così anche P. Voci, *'Iusta causa traditionis' e 'iusta causa usucapionis'*, in *SDHI*, XV, 1949, 141 ss.; Id., *Modi di acquisto della proprietà*, Milano, 1952, 233 ss., che pure parte da una definizione apparentemente più ampia (Id.,*'Iusta causa traditionis'*, cit., 159), finisce con l'equiparare *iusta causa* e negozio sottostante allo spoglio e all'acquisto del possesso. Sull'ulteriore e complesso problema dei rapporti fra *iusta causa traditionis* e *iusta causa usucapionis* cfr., da ultimi, H.R. Hoetink, *'Iustus titulus usucapionis' et 'iusta causa tradendi'*, in *TR*, IXXX, 1961, 230 ss.; M. Kaser, *Zur 'iusta causa traditionis'*, in *BIDR*, LXIV, 1961, 61 ss.

[23] Cfr., in particolare, L. Lombardi, *Dalla 'fides' alla 'bona fides'*, Milano, 1961, 210 ss.; Th. Mayer-Maly, *Das Putativtitelproblem bei der 'usucapio'*, Graz-Köln, 1962; H. Hausmaninger, *Die 'bona fides' des ersitzungbesitzers im klassischen römischen Recht*, Wien-München, 1963. Sul libro di Hausmaninger cfr., in particolare, le recensioni di C.A. Cannata, *Iura*, XVI, 1965, 335 ss.; A. Masi, *Labeo*, XIV, 1968, 317 ss.; cfr. anche Th. Mayer-Maly, *Fragment zur 'causa'*, in *Walter Wilburg zum 70. Geburtstag Fetschrift*, Graz, 1975.

[24] Tutto ciò risulta molto chiaramente anche dai passi del Digesto in tema di *actio Publiciana*, che lasciano supporre l'esistenza di due editti pretori, uno relativo alla *traditio ex iusta causa* di *res mancipi* (Ulp. D. 6.2.1 pr.), il cui caso tipico era originariamente la *causa pro emptore*, come risulta da Ulp. D. 6.2.3.1 (... *et non solum emptori bonae fidei competit Publiciana* ...), e l'altro al compratore di buona fede *a non domino*: Ulp. D. 6.2.7.11. Così anche nella ricostruzione della formula nelle Istituzioni di Gaio (4.36) si fa riferimento all'ipotesi di *emptio*. (Su questi temi cfr., da ultimi, F. Wubbe, *Quelques remarques sur la function et l'origine de l'action Publicienne*, in *RIDA*, VIII, 1961, 417 ss.; F. Sturm, *Zur iirspriinglichen Funktion der 'actio Publiciana'*, in *RIDA*, IX, 1962, 415 ss.; G. Diòsdi, *'In bonis esse' und 'nudum ius Quiritium'*, in *Studi in onore di E. Volterra*, II, cit., 125 ss. L. Lombardi, *Dalla 'fides'*, cit., 213 ss., suppone anzi che la *bona fides* sia giunta a costituire una qualifica dell'*usucapio* partendo dall'*emptio*).

[25] Cfr. Afr. D. 41.4.11; Ner. D. 41.10.5.1.

ne di possibile incertezza circa l'effettiva appartenenza[26]; questo modo di acquisto cambia parzialmente i suoi elementi caratterizzanti e la sua funzione economico-sociale, dilatandosi oltre quella originaria, nel momento in cui la compravendita consensuale e la prassi, determinata dalle ben note esigenze concrete, e guidata dal pretore, di trasferire la cosa *mancipi* mediante la nuda *traditio*, attribuiscono all'usucapione la funzione di perfezionare un atto complesso, ma tutelato e riconosciuto nel suo insieme dall'ordinamento giuridico[27]. In questo modo l'*usucapio* svolge in un certo senso una funzione integrativa del negozio giuridico principale e degli atti di trasferimento reale, tanto che il suo compiersi – ove ricorrano le condi-

---

[26] D. 41.10.5 pr. (Ner. 5 *membr.*): *Usucapio rerum, etiam ex aliis causis concessa interim (interdum: Mo.) propter ea, quae nostra existimantes possideremus, constituta est, ut aliquis litium finis esset.*

[27] Secondo P. Collinet, *'Iusta causa' et 'bona fides' dans l'usucapion d'après les Institutes de Gaius*, in *Mélanges P. Fournier*, Paris, 1929, 71 ss., le tre funzioni principali dell'usucapione sarebbero in relazione alla conversione in *dominium ex iure Quiritium*, con il trascorrere del tempo, di queste situazioni: acquisto di una cosa abbandonata; acquisto di una cosa trasmessa da chi non era proprietario o non era qualificato a trasferirla; acquisto della *res mancipi* trasmessa mediante *traditio*. Le prime due sarebbero quelle originarie, anzi in età arcaica l'usucapione non poteva concepirsi che sulle cose abbandonate, prescindendo completamente dalla causa e dalla buona fede. Solo a partire dalle XII Tavole l'*auctoritas* connessa alla *mancipatio* serviva a coprire il compratore dal difetto di legittimazione a trasmettere dell'alienante. Solo qualche secolo più tardi si sentì la necessità di allargare la tutela dei trasferimenti di *res mancipi* anche all'ipotesi in cui si fosse compiuta la sola *traditio*, concedendo, anzi, per questa ipotesi una tutela privilegiata rispetto alla semplice possibilità di usucapire. E sarebbe nell'ambito di quest'ultimo tipo di tutela che si afferma la necessità di prevedere che in realtà la *mancipatio* non fosse compiuta in casi in cui mancava la legittimazione formale a compiere la *mancipatio* (per esempio l'alienante non era cittadino romano), ma esisteva la causa consensuale *iuris gentium*; tuttavia in questi casi era necessaria la *causa*, non la *fides*. Quest'ultima si sviluppa come requisito dell'usucapione solo nel momento in cui si ammette che l'usucapione possa procedere anche *a non domino* (Gai 2.43 e 2.51).

Anche secondo il Collinet, peraltro, il tramite attraverso cui si introduce questa rilevanza della buona fede nell'usucapione sarebbe l'analogo concetto già presente alla fine dell'età repubblicana nel campo delle obbligazioni consensuali e, di riflesso, nei *iudicia bonae fidei*. Il quadro complessivo, che così si delinea, è il seguente: nella prima e più antica ipotesi, acquisto di cosa abbandonata, non si richiede né la *iusta causa* né la buona fede; nella seconda, acquisto *a non domino*, si richiede la buona fede; nella terza, *traditio* di *res mancipi*, si richiede invece solo la *iusta causa*.

Ho dato particolare spazio a questa tesi per il fatto che, a parte la ricostruzione dell'ordine cronologico delle varie situazioni, che può forse essere discutibile, mi sembra che vi si colga un elemento che può essere importante: i rapporti fra *iusta causa* e *bona fides* non si pongono in modo complementare ma piuttosto alternativo: quando cioè si indaga sulla buona fede, si suppone già in qualche modo che esista un vizio della causa. Ma su ciò si veda *infra*.

zioni necessarie per il passaggio della proprietà, e cioè il contratto o negozio sottostante sia valido e l'atto traslativo del possesso sia stato compiuto – è garantito dal magistrato, non solo contro possibili spossessamenti dei terzi, ma anche contro colui che – secondo il *ius civile* – è ancora *dominus*.

È evidente che il presupposto di questo particolare tipo di tutela è il fatto che l'acquisto del possesso sia avvenuto non solo senza lesione del possesso altrui, ma anche in base ad una causa ritenuta valida e sufficiente dall'ordinamento per giustificare l'acquisto della proprietà: questa causa viene estesa dalla *emptio venditio*, che ne costituiva l'ipotesi originaria, a tutte le altre ipotesi negoziali e processuali elencate da Paolo e Ulpiano in D. 6.2.2-3-4-5-6-7 (e fra le quali non figura la *derelictio*). Il passaggio seguente era quasi automatico: una volta che l'elemento determinante ai fini della concessione della tutela processuale all'usucapiente, cui la *res mancipi* era stata *tradita ex iusta causa*, era appunto il riconoscimento della 'causa' in base alla quale possedeva, poteva apparire equo tutelare allo stesso modo colui che possedeva in base alla stessa *iusta causa*, anche se non aveva acquistato la proprietà in quanto l'atto traslativo era stato compiuto *a non domino*; in questo modo si aggiunge, ai casi in cui l'*usucapio* protetta dal pretore compie una funzione di 'sanatoria' e di integrazione del *ius civile*, un'altra ipotesi caratteristica: acquisto in buona fede di una *res a non domino*; ovviamente, tuttavia, in questo caso la tutela del pretore mediante l'*actio Publiciana* trova il suo limite nelle pretese del proprietario *ex iure Quiritium* in quanto estraneo al negozio traslativo.

È indubbio che questo riconoscimento della buona fede del soggetto come elemento su cui fondare la tutela dell'*usucapio*, indipendentemente dalla qualità di *dominus* del tradente, poteva indurre, per le stesse ragioni di equità, alcuni giuristi a spostare l'attenzione dalla 'causa' alla buona fede, e a cercare di tutelare l'acquirente che per errore scusabile si fosse ingannato non sulla qualità di *dominus* dell'alienante ma su altri elementi che viziavano la 'causa' in sé[28]; e ciò, ancora una volta, sulla scorta della parti-

---

[28] Ed è a questo punto che il problema della buona fede si interseca con quello della scusabilità dell'errore. Su questo problema cfr. P. Voci, *Errore e buona fede nell'usucapione romana*, in *Studi in memoria di U. Ratti*, Milano, 1934, 369 ss. (ma v. anche, dello stesso autore, *L'errore nel diritto romano*, Milano, 1937, 174 ss.; Id., *Modi di acquisto*, cit., 175 ss.); P. Bonfante, *Essenza della buona fede e suo rapporto con la teorica dell'errore*, in *Scritti*, II, cit., 708 ss. (già pubblicato in *BIDR*, VI, 1893, 85 ss.); U. Zilletti, *La dottrina dell'errore nella storia del diritto romano*, Milano, 1961, 178 ss.; W. Wolodkiewicz, *Alcune osservazioni sull'applicazione del principio 'iuris ignorantiam in usucapione negatur prodesse'*, in *Studi in onore di E. Volterra*, I, cit., 589 ss. (v. ivi per ulteriore letteratura). L'opinione dominante è

colare rilevanza assunta nel contratto di compravendita dalla tutela della buona fede. Questa tendenza tuttavia non prevalse, e la validità oggettiva della causa restò il presupposto fondamentale della protezione dell'*usucapio*.

4. *'Iusta causa' e buona fede nell'evoluzione dei requisiti dell''usucapio'. L''usucapio' della 'res' che in buona fede si ritiene abbandonata.*

L'elemento, che in definitiva resta in ombra nella ricostruzione del Bonfante, come peraltro in gran parte della dottrina tradizionale, è costituito dalla possibilità di distinguere, all'interno dell'evoluzione degli elementi dell'usucapione romana, almeno due tipi di situazioni che continuarono, per un certo tempo, a coesistere: da un lato, la *usucapio ex iusta causa*, tutelata dal pretore con l'*actio Publiciana*, all'interno della quale si deve però distinguere ulteriormente la particolare situazione dell'*in bonis*, la quale viene tutelata anche contro il proprietario *ex iure Quiritium*, e trova la sua causa tipica originaria nella *traditio a domino* di *res mancipi*: dall'altro, la normale *usucapio*, residuo della concezione originaria, che procede indipendentemente dalla *iusta causa*, sulla base del requisito negativo che la cosa sia posseduta *nec vi nec clam nec precario*, e della buona fede al momento dell'acquisto del possesso, che consisterebbe in età classica nella persuasione di non ledere il possesso altrui[29].

Queste considerazioni ci permettono forse di affrontare da un angolo visuale diverso da quello tradizionale il problema dell'*usucapio pro derelic-*

comunque orientata nel senso che, mentre i giuristi che ammettevano il titolo putativo tendevano naturalmente a dare rilievo alla scusabilità dell'errore, la giurisprudenza, che richiedeva il titolo effettivo, «finiva per accentuare il carattere puramente negativo del requisito della buona fede, e faceva perno sulle particolarità delle singole ipotesi per rintracciare tale requisito»: U. ZILLETTI, *La dottrina dell'errore*, cit., 178. Anche su questo problema v. *infra*.

[29] Torniamo così parzialmente all'ipotesi di P. COLLINET, *'Iusta causa'*, cit., *passim*, per cui in età classica sopravvive il caso originario di usucapione, che non richiede né la *bona fides* né la *iusta causa* ma solo la *possessio* di buona fede: ciò spiegherebbe anche il disagio in cui si trovano gli autori quando si cerca di definire il requisito della buona fede in modo univoco: in realtà, al di fuori dell'acquisto *a non domino* e del titolo putativo, la buona fede può essere solo il requisito della *possessio*, equivalendo a *possessio nec vi nec clam nec precario*, e non della usucapione, come convinzione che l'acquisto non arrechi torto al proprietario: in alcuni casi questa convinzione poteva mancare e l'unica conseguenza era che, mancando anche la causa, veniva a mancare l'*actio Publiciana*. Problema del tutto a parte e differente da questo era poi se, ai fini dell'usucapione tutelata dalla *Publiciana*, fosse richiesta una causa effettiva, anche se *a non domino*, o se la buona fede fosse sufficiente ad integrare anche il titolo putativo, nel senso di titolo ritenuto erroneamente esistente.

*to*, che, come si è detto, costituirebbe secondo il Bonfante l'ipotesi che meglio si attaglia alla sua ricostruzione, in quanto la *iusta causa* vi si presenterebbe quasi allo stato puro, consistendo nella possibilità che chiunque ha di affermare il proprio diritto sulla cosa senza ledere altri[30].

Nell'ambito della ricostruzione di questo autore, tuttavia, la *derelictio* può essere *iusta causa usucapionis* solo nelle ipotesi in cui il possesso sia stato lasciato vacuo dal *non dominus*, o sia stata abbandonata una *res mancipi*: l'autore riporta, cioè, la struttura della *iusta causa pro derelicto* alle ipotesi fondamentali di *iusta causa* nell'acquisto per usucapione di una *res tradita*, e ciò in base, come si è visto, alla considerazione di una fondamentale analogia di struttura fra la *traditio in incertam personam* e la fattispecie di *derelictio* cui succeda una *occupatio*. Ne conseguirebbe altresì che la *derelictio a non domino* non potrebbe essere considerata un titolo putativo[31] in quanto, osserva l'autore, a questa stregua verrebbero ad essere titoli putativi tutti i titoli dell'*usucapio a non domino*, ed inoltre ciò sarebbe escluso testualmente proprio da quei passi che, come abbiamo visto, richiedono una *derelictio* effettiva per il procedere dell'*usucapio*.

Mi sembra però che, in primo luogo, si possa rilevare un equivoco di fondo nella considerazione del fondamento della tutela della causa nella *traditio* compiuta *a non domino*: la *ratio* di questa tutela non sta infatti nella *traditio* in sé, ma nell'esigenza di proteggere l'acquirente la cui posizione deriva dalla causa sottostante alla *traditio*: se cioè la legittimazione ad acquistare non derivasse da un negozio antecedente, non si potrebbe giuridicamente configurare che la mera *traditio* di una *res aliena* rappresentasse una *iusta causa usucapionis* protetta dal pretore con l'*actio Publiciana*; potremmo al massimo ritenere che l'accipiente di buona fede usucapisse con la normale protezione interdittale[32]. E con ciò il problema si sposta sulla questione fondamentale: la *derelictio* è effettivamente una *iusta causa usucapionis* nel senso che sinora abbiamo tentato di porre in evidenza? E ancora: la *derelictio* compiuta *a non domino* può prospettare gli stessi pro-

[30] Cfr. in particolare di questo autore, *Le singole 'iustae causae usucapionis' e il titolo putativo*, in *Scritti*, II, cit., 553 ss. (già pubblicato in *RISG*, XVII, 1894, 126 ss.).

[31] Come era stato invece sostenuto da A. Berger, *In tema di derelizione*, cit., 42 ss. *Contra*, v., in particolare, P. Bonfante, *La derelizione e l'apprensione di cose derelitte*, cit., in *Scritti*, II, cit., 346 ss.; Id., *Le singole 'iustae causae'*, cit., in *Scritti*, II, cit., 554 ss.

[32] Ciò ben vede lo stesso P. Bonfante, *Le singole 'iustae causae'*, cit., in *Scritti*, II, cit., 554, quando rileva che ipotizzare, come taluno aveva fatto, che il titolo *pro derelicto* si dovesse in realtà chiamare *pro occupato*, sarebbe come immaginare che vi fosse un unico titolo *pro tradito*, e non diversi *pro emptore*, *pro donato*, ecc.

blemi che si prospettano, per esempio, in caso di *traditio* compiuta *a non domino* in seguito a compravendita, o piuttosto il problema si pone in maniera del tutto differente in quanto l'unica legittimazione ad acquistare, che dovrebbe giustificare la particolare tutela del pretore, verrebbe ad essere la rinuncia compiuta da qualcuno su una cosa che non gli appartiene? Io credo che questo tipo di situazione possa rendere la cosa *vacuae possessionis*, e pertanto l'impossessamento di essa possa portare all'acquisto per usucapione come vi porta qualunque tipo di *possessio* di buona fede, ma non possa essere considerata una *possessio ex iusta causa*, in quanto è proprio la causa, cioè l'effettiva *derelictio*, che verrebbe a mancare, ammettendo che la *derelictio* fosse effettivamente da considerarsi una *iusta causa* nel periodo classico.

Riconsideriamo allora i passi in tema di *usucapio pro derelicto:* va sottolineato, prima di tutto, che degli otto frammenti contenuti nel Digesto sotto il titolo '*pro derelicto*' (41.7) solo quattro attengono al tema dell'usucapione e solo due parlano di *usucapio pro derelicto*. Nessun altro testo classico, per quanto mi risulta, parla del problema dell'usucapione di cosa abbandonata. Nessun testo peraltro tratta di usucapione di *res pro derelicto habita a non domino*.

Il frammento più noto fra questi, quello che viene utilizzato in tutte le trattazioni ad indicare la esclusione del titolo putativo in tema di acquisto della cosa abbandonata è il già citato

D. 41.7.6 (Iul. 3 *ad Urs. Fer.*): *Nemo potest pro derelicto usucapere, qui falso existimaverit rem pro derelicto habitam esse.*

Il passo di Giuliano non può, credo, significare che in assoluto non si compie l'usucapione nel caso che un soggetto si impossessi di una cosa che ritiene derelitta, anche ove la *derelictio* effettiva non ci sia stata: se si ipotizza infatti che un soggetto si immetta in buona fede nel possesso di un fondo *vacuae possessionis*, che peraltro non è stato definitivamente abbandonato dal *dominus*, vi sono tutti gli elementi della normale *possessio ad usucapionem*, e non si vede perché egli non dovrebbe usucapire una volta che il tempo decorra senza l'intervento del *dominus* stesso, o l'interruzione da parte di terzi aventi migliore posizione possessoria (nel caso cioè il fondo non fosse effettivamente *vacuae possessionis*, ma solo apparentemente deserto). Lo stesso discorso vale inevitabilmente per l'ipotesi in cui l'apparente *derelictio* sia stata compiuta *a non domino*, cioè dal possessore: il terzo si immette in buona fede nel fondo apparentemente vacante, ed usucapirà se non viene disturbato dal *dominus* per il tempo necessario all'usucapione. Questo tipo di ragionamento è del resto testimoniato implicitamente dallo stesso Gaio:

Gai 2.51: *Fundi quoque alieni potest aliquis sine vi possessionem nancisci, quae vel ex neglegentia domini vacet, vel quia dominus sine successore decesserit vel longo tempore afuerit; quam si ad alium bona fide accipientem transtulerit, potest usucapere possessor; et quamvis ipse qui vacantem possessionem nactus est, intellegat alienum esse fundum, tamen nihil hoc bonae fidei possessori ad usucapionem nocet, <cum> inprobata sit eorum sententia, qui putaverint furtivum fundum fieri posse*[33].

Il ragionamento di Gaio, quale risulta anche dai paragrafi precedenti, è il seguente: la *possessio* di buona fede non sempre può portare all'usucapione in quanto vi è il divieto di usucapire le cose furtive e le cose *vi possessae*, o i fondi provinciali; per questo motivo è molto raro che si possano usucapire in buona fede le cose mobili in generale, in quanto la vendita e la *traditio* di cosa altrui costituiscono furto e di conseguenza anche l'accipiente è escluso dall'usucapione nonostante la sua buona fede. Per i fondi il discorso è differente in quanto i fondi non possono essere oggetto di furto e può facilmente avvenire che chi entra nel possesso lo faccia senza violenza o clandestinità. Tuttavia, se egli sa che il fondo è altrui, non potrà usucapire in quanto in mala fede, ma se trasferisce il possesso ad un terzo in buona fede (o se il terzo, ignorando la qualità di *non dominus* del possessore, si immette nel fondo da lui derelitto), l'usucapione potrà procedere[34].

Come si vede chiaramente tutto il discorso di Gaio è impostato esclusivamente sul possesso di buona fede, e non sul problema della causa, e questo ben si comprende se si tiene conto che tutta l'elaborazione della rilevanza della causa ai fini della concessione della *Publiciana* si deve essere svolta nell'ambito del commento alle clausole edittali, e che nei riguardi delle innovazioni pretorie la trattazione di Gaio è sempre molto riduttiva. Ma proprio questo prescindere completamente, o quasi, dal problema dell'*in bonis*, permette al giurista di condurre il discorso sull'usucapione in maniera più limpida, ponendo in risalto gli elementi della normale *usuca-*

[33] D. 41.3.37-38.

[34] Solo nel diritto giustinianeo infatti si estese con ogni probabilità il divieto di usucapione anche alle cose degli assenti e agli immobili alienati dai possessori di mala fede: C. 7.35.4 (a. 292); Nov. 119; su cui cfr. P. BONFANTE, *Corso*, II, cit., 320 ss.

*pio*. È vero che in questi passi non si dice niente circa la soluzione che si sarebbe adottata nel caso che chi aveva acquistato il possesso fosse in buona fede, ritenendo che il *dominus*, da lungo tempo assente, avesse il fondo *pro derelicto*, lo avesse cioè abbandonato definitivamente: ma tutto lascia supporre che, esistendo la buona fede e la *possessio nec vi nec clam nec precario*, nulla potesse impedire il procedere dell'*usucapio*, se il *dominus* non si faceva vivo: e del resto proprio questa era la funzione tipica dell'usucapione: *Quod ideo receptum videtur, ne rerum dominia diutius in incerto essent, cum sufficeret domino ad inquirendam rem suam anni aut biennii spatium, quod tempus ad usucapionem possessori tributum est* (Gai 2.44).

Torniamo ora al passo di Giuliano: se si esclude che possa essere inteso, come si è invece sempre ritenuto, nel senso che non si può usucapire una *res* che pure si ritiene in buona fede *pro derelicto habita*, il significato diviene chiaro: l'*usucapio* procede, ma senza titolo: il possessore cioè non rientra nella previsione edittale della concessione dell'*actio Publiciana*, in quanto non esiste la *iusta causa*; il giurista intende cioè negare effettivamente la rilevanza del titolo putativo, ma solo ai fini della particolare protezione processuale concessa per le altre ipotesi in cui invece esisteva una *iusta causa*. Per lo stesso motivo non può avere rilevanza che l'abbandono sia stato compiuto *a non domino*, perché ciò significa solo che non vi è stata *derelictio*, anche se tale abbandono può costituire un elemento per provare la buona fede del possessore.

### 5. *L'‘usucapio' delle ‘res iactae ex nave'*.

Una volta che si è chiarito l'equivoco in cui può essere caduta la dottrina tradizionale, generalizzando la rilevanza del *titulus* a tutte le ipotesi di usucapione, è facile spiegare anche l'altro testo di Giuliano, in tema di usucapione delle *res iactae ex nave*[35]:

> D. 41.7.7 (Iul. 2 *ex Min.*): *Si quis merces ex nave iactatas invenisset, num ideo usucapere non possit, quia non viderentur derelictae, quaeritur. sed verius est eum pro derelicto usucapere non posse.*

---

[35] Su questi problemi mi limito per il momento a richiamare lo studio specifico di C. Arnò, *‘Derelictio' e ‘iactus mercium levandae causa'*, Torino, 1941, 261 ss. (estratto dagli *Atti della Reale Accademia delle Scienze di Torino*, LXXVI, 1940-41, XIX); oltre naturalmente alla letteratura generale sulla *derelictio* ricordata parzialmente alle ntt. 4-7.

Il testo è effettivamente un poco sconnesso, ma credo che il suo significato originario trapeli ancora, pur potendosi ipotizzare che sia stato forse un po' abbreviato e siano stati tagliati il ragionamento e la motivazione di Giuliano.

Prescindendo in questa sede dall'esame delle questioni poste dai giuristi romani a proposito del *iactus mercium*, in relazione ai problemi che si presentavano soprattutto in tema di esperibilità dell'*actio furti* contro colui che si impadroniva di una *res iacta*[36], ci basti rilevare che comunque l'opinione dominante dei giuristi si esprimeva nel senso di negare la configurabilità del furto se mancava l'*animus furandi*, in quanto, per esempio, l'inveniente aveva ritenuto che il *dominus* al momento del gettito avesse date le cose per perdute definitivamente; di conseguenza le *res inventae* non erano in genere *furtivae*. La maggior parte dei giuristi riteneva, peraltro, che le *res iactae* non potessero presupporsi *pro derelicto habitae*, in quanto nella generalità dei casi il *dominus* aveva l'intenzione di recuperarle, ove possibile. In conclusione, chi trova delle cose sul lido del mare e se ne impadronisce, credendole derelitte, non commette furto, ma non ne acquista immediatamente la proprietà, in quanto l'atto del *dominus* non costituisce di per sé un *pro derelicto habere*[37]. Dal passo di Giuliano sembrerebbe a prima vista che non le possa neanche usucapire, il che però, ancora una volta, sarebbe per lo meno strano dal punto di vista pratico: se infatti il *dominus* non si curasse di recuperarle, non si vede perché si dovrebbe negare a colui che le ha trovate di acquistarne la proprietà una volta trascorsi i termini dell'*usucapio*. La soluzione di Giuliano è significativa: «*sed verius est eum pro derelicto usucapere non posse*»: il giurista con il *verius* intende in realtà correggere la soluzione troppo drastica di coloro[38] che negavano l'usucapione a chi si impadroniva delle *res* sapendo che erano state *iactae*, cioè non derelitte, sulla base probabilmente della considerazione che ciò avrebbe potuto far escludere la buona fede. Giuliano intende dire invece che la soluzione più giusta è che l'inveniente possa usucapire, ma non *pro derelicto*, cioè, ancora una volta, senza titolo; con le conseguenze ben note.

Con ciò abbiamo esaurito i testi che parlano di *usucapio pro derelicto*, e

---

[36] Cfr. Ulp. D. 47.2.43.11; Iav. D. 41.1.2.21; Iav. D. 41.1.58; Gai. D. 41.1.88; Paul. D. 14.2.2.7.

[37] Cfr., in particolare, tutta la trattazione di Ulpiano in D. 47.2.43.4-11.

[38] Come, per esempio, Giavoleno: D. 41.2.21.1 (Iav. 7 *ex Cass.*): *Quod ex naufragio expulsum est, usucapi non potest, quoniam non est in derelicto, sed in deperdito. 2. Idem iuris esse existimo in his rebus, quae iactae sunt: quoniam non potest videri id pro derelicto habitum quod salutis causa interim dimissum est.*

può sorgere il dubbio che in realtà la possibilità di configurare un giusto titolo in relazione alla usucapione di cosa che fosse stata *pro derelicto habita* potrebbe anche essere stato un problema circoscritto a Giuliano, forse proprio sulla base dell'idea che l'acquisto di *res pro derelicto habita* fosse in qualche modo assimilabile agli acquisti a titolo derivativo per i quali si configurava una *iusta causa*. Infatti, nell'ambito di questa ricostruzione complessiva acquista effettivamente un senso l'ipotesi che nell'idea di Giuliano, dato il rilievo autonomo che egli attribuiva all'atto di rinuncia del *dominus*, nel senso che questo era sufficiente a fargli perdere la proprietà, lo stesso atto potesse anche eventualmente costituire un titolo, una *iusta causa* all'acquisto del terzo[39]. Un'impostazione di questo genere non avrebbe invece potuto essere accettata da Proculo, per il quale l'atteggiamento del *dominus* non comportava la perdita della proprietà, che era solo una conseguenza dell'acquisto unilaterale del terzo, caso più vicino quindi in un certo senso agli acquisti originari; per cui, direi, se la *possessio* fosse stata in qualche modo qualificata dai giuristi che seguivano l'opinione di Proculo, si sarebbe trattato piuttosto di una *possessio pro suo*[40].

[39] Tesi richiamata di recente, come si è visto (*supra*, nt. 7), da G. FALCHI, *Le controversie*, cit., 56 ss.

[40] Come è noto, è molto discussa in dottrina l'autonomia di un titolo di usucapione *pro suo*: cfr. da ultimi: P. VOCI, *Modi di acquisto*, cit., 192 ss.; TH. MAYER-MALY, *Das Putativtitelproblem*, cit., 127 ss. Sembra tuttavia esatta l'impostazione di Voci, quando rileva che l'*usucapio pro suo* presuppone la nozione di *possessio pro suo*, e *possessio pro suo* è genericamente qualunque possesso di buona fede: «La *possessio pro suo* non ha bisogno in sé, di essere *possessio ex iusta causa*: si può credere di essere proprietario, esista o non esista una *iusta causa*. Ecco perché la *possessio pro suo* si trova menzionata in casi di titolo putativo (D. 23.3.67; D. 41.3.27; D. 41.10.3; D. 4.2.5), senza che, neppur questa volta, i testi possano essere ritenuti tutti interpolati». (A parte naturalmente la considerazione che possiede *pro suo* non solo chi non abbia una *iusta causa usucapionis* nominata, come ipotizza l'autore, ma anche chi ha una causa nominata: Ulp. D. 41.10.1 pr.). In conclusione, secondo il Voci, il titolo *pro suo* fu solo 'un ripiego terminologico' cui ricorsero i giuristi per denominare in qualche modo le ipotesi marginali. Credo però che, mentre colgono nel segno le considerazioni iniziali di questo autore, egli stesso, trascinato dal dogma della necessità della *iusta causa* per l'usucapione, non riesca a trarne le conseguenze necessarie: se la *possessio pro suo* è la semplice *possessio* di buona fede, l'*usucapio pro suo* non era altro, in alcune ipotesi, che l'usucapione senza titolo; così, oltre alle ipotesi che lo stesso Voci enumera (ID., *Modi di acquisto*, cit., 193) e che sono tutte ipotesi di assenza di *iusta causa*, mi sembra che il caso che meglio di tutti potrebbe corrispondere alle definizioni delle fonti (cfr., per esempio, Ner. D. 41.10.5) sia proprio l'ipotesi in cui taluno inizia a possedere credendosi proprietario per il fatto che è convinto vi sia stata una derelizione da parte del *dominus*. Si tratterebbe cioè di uno di quei casi in cui la buona fede è indotta da un errore, per lo più scusabilissimo.

Questo problema non risulta peraltro affrontato dagli altri giuristi che parlano di *usucapio* della *res pro derelicta habita*:

D. 41.7.4 (Paul. 15 *ad Sab.*): *Id quod pro derelicto habitum est et haberi putamus, usucapere possumus, etiam si ignoramus a quo derelictum sit.*

L'enunciazione del testo di per sé non presenta problemi: si tratta di un caso in cui un soggetto acquista il possesso di una *res* ritenendola in buona fede *pro derelicto habita*, anche se non ne ha l'oggettiva certezza, in quanto ignora da chi effettivamente sia stato compiuto l'abbandono, che peraltro era veramente avvenuto: egli quindi usucapisce; Paolo non ci dice se *pro derelicto* o meno. Escluderei comunque la possibilità che il possessore venisse tutelato con la *Publiciana*, proprio per il fatto che si ignorava chi avesse compiuto la *derelictio*, con la conseguenza che la 'causa' non avrebbe potuto essere provata. Ci si chiede piuttosto, e questa è restata sin qui la questione irrisolta, perché mai debba essere richiesta l'usucapione, dato che lo stesso Paolo affermava in D. 41.7.4 «*Pro derelicto rem a domino habitam si sciamus possumus adquirere*», e anche in quel caso vi era sia la *derelictio*, sia, si direbbe, la *scientia*.

Credo che le motivazioni di questa apparente discrepanza delle fonti circa il modo di acquisto della *res* abbandonata vadano ricercate nella differenza dei casi che si prospettavano ai giuristi: questa idea tuttavia non può essere provata in questa sede[41]. Vorrei qui fare solo un rilievo generale: il maggior problema pratico, che si presenta in tema di acquisto di una cosa che ha già avuto un proprietario, e che non è quindi *nullius* in senso proprio, è di stabilire se quel proprietario effettivamente ha voluto disfarsene o piuttosto non se ne sia separato solo provvisoriamente: in alcuni casi la soluzione può essere evidente: qualcuno mi vede gettare via una cosa, ed allora se ne può impossessare tranquillamente, in quanto è certo che la *res*

[41] Nella dottrina moderna direi che molte delle sconnessioni dogmatiche che si creano in tema di acquisto della *res pro derelicto habita* vadano attribuite proprio all'equiparazione della cosa abbandonata alle *res nullius*, che possono essere oggetto di occupazione in quanto non hanno mai avuto un proprietario, e il cui catalogo è oggi molto ristretto, come peraltro lo erano già io credo nel diritto romano classico. Anche su questo punto mi riprometto comunque di tornare nella successiva ricerca. Sulla generalizzazione dell'occupazione come modo di acquisto della proprietà nella dottrina giusnaturalistica cfr. A. ARNAUD, *Reflexions sur l'occupation du droit romain classique au droit moderne*, in *RHDFE*, XLVI, 1968, 183 ss. L'esistenza di un precedente proprietario, la cui rinuncia non sempre è certa, può invece facilmente, come in parte già si è visto, portare a delle incertezze sulla natura originaria o derivativa del titolo di acquisto, con delle conseguenze pratiche spesso assai rilevanti.

sia ormai *nullius*: di conseguenza ne acquista anche la proprietà immediatamente. Ma se invece qualcuno trova una cosa che potrebbe essere stata abbandonata definitivamente, ma potrebbe anche essere stata perduta o smarrita, o lasciata provvisoriamente con l'intenzione di andare poi a recuperarla, e tuttavia si convince che è ormai '*pro derelicto habita*' e se ne impossessa, quindi, in buona fede, ne acquisterà sì la proprietà, ma solo al momento in cui siano decorsi i termini dell'usucapione, perché solo in quel momento si potrà essere sicuri che effettivamente il *dominus* ha cessato di essere tale, o perché aveva effettivamente la *res pro derelicto*, o perché comunque la proprietà è passata al possessore. Ciò permette anche di spiegare perché non poteva in pratica essere utilizzata una protezione processuale analoga a quella che si concedeva nei casi edittali di *possessio ex iusta causa*: se c'era la causa, la proprietà era automaticamente di chi si era impadronito della *res*; diversamente, la buona fede senza causa non era sufficiente a giustificare la tutela dell'*actio Publiciana*.

6. *Pomp. D. 41.7.5 pr. L'intervento generalizzante dei commissari giustinianei nella creazione del titolo dell''usucapio pro derelicto' ha oscurato l'articolazione delle soluzioni giurisprudenziali.*

Anche il caso trattato da Pomponio, in un testo peraltro assai tormentato dalla critica[42], si inserisce perfettamente nella logica dei ragionamenti che abbiamo sinora condotto:

D. 41.7.5 pr. (Pomp. 32 *ad Sab.*): *Si id, quod pro derelicto habitum possidebas, ego sciens in ea causa esse abs te emerim, me usucapturum constat nec obstare, quod in bonis tuis non fuerit: nam et si tibi rem ab uxore donatam sciens emero, quia quasi volente et concedente domino id faceres, idem iuris est.*

Il problema è molto semplice: A possiede *ad usucapionem*, in buona fede, una *res pro derelicto habita*, di cui si ignora tuttavia il derelinquente: non ne ha acquistato quindi ancora la proprietà, né ha la cosa *in bonis*, in quanto, come si è visto, non può avere la *Publiciana*. In pratica quindi tra-

---

[42] Cfr., in particolare, P. Bonfante, *La derelizione e l'apprensione*, cit., in *Scritti*, II, cit., 360 ss. e letteratura ivi citata; A. Berger, *In tema di derelizione*, cit., 42 ss.; K. Czyhlarz, in *Glück*, *Commentario alle Pandette*, XXXXI, cit., 153; S. Perozzi, *Note allo Czyhlarz*, cit., *passim*; S. Romano, *Studi sulla derelizione*, cit., 76 ss.

smette una *res aliena*, che l'acquirente sa essere tale. Tuttavia, proprio perché l'acquirente è al corrente del fatto che A la possiede in buona fede come *res pro derelicto habita*, a sua volta potrà usucapire, poiché possiede con la convinzione che non vi sia lesione dell'interesse del *dominus*, che ciò avvenga cioè '*quasi volente et concedente domino*', analogamente a quanto avviene nel caso si acquisti una cosa donata dalla moglie al marito: nella donazione è infatti implicita la volontà di disfarsi della cosa, analogamente a quanto avviene nel semplice abbandono.

Credo che a questo punto le diverse soluzioni dei giuristi in tema di acquisto e usucapione delle *res pro derelicto habitae* possano apparire guidate da un filo unitario, aderente sia alla costruzione dogmatica dei diversi istituti, sia alle esigenze che essi intendevano tutelare nella pratica.

L'elemento che viene in particolare evidenza è costituito dal fatto che la rilevanza della *iusta causa* si svolge su un terreno parzialmente diverso da quello dell'usucapione, acquista cioè i suoi contorni in relazione all'*interpretatio* dell'ambito di tutela dell'azione *Publiciana*. In questo senso la nozione di causa viene a corrispondere effettivamente all'idea tradizionale, che vi individua il rapporto giuridico che secondo l'ordinamento giustifica il passaggio di proprietà e che, in quanto tale, costituisce il fondamento della tutela del pretore che interviene a garantire tale passaggio. Tutto il discorso si orienta però in modo parzialmente diverso quando la causa, da fondamento della *Publiciana*, diviene essa stessa elemento dell'*usucapio*. In questa sede non posso approfondire ulteriormente il problema in relazione alle singole *causae usucapionis*, ma posso limitarmi a rilevare che anche il problema del c.d. titolo putativo mi sembra falsato nella sua impostazione dalla presupposizione in assoluto che, ove manchi il riconoscimento del titolo *pro emptore*, *pro donato*, *pro soluto*, ecc. per vizio intrinseco della causa, si debba affermare che l'*usucapio* non procede, anche ove vi sia il riconoscimento della buona fede nell'acquisto del possesso [43].

---

[43] In questo senso si potrebbe risolvere forse il problema dell'apparente contraddizione fra i frammenti di Celso e Africano, in cui si nega eplicitamente la possibilità di usucapire *pro emptore*, *pro dote*, ecc. dove sia nullo il titolo (D. 41.3.27; D. 41.4.11) e i testi in cui invece Nerazio, Pomponio e Marcello ammettono l'usucapione (Ner. D. 41.10.5.1; Pomp. D. 41.10.3; D. 41.10.4.2; D. 41.53; Ulp.-Marc. D. 6.2.7.2); nonché le recise affermazioni dei giuristi dell'età dei Severi contro il titolo putativo: Vat. Frag. 294 e 296; Paul. D. 41.6.1.1; D. 41.8.2; Pap. D. 41.8.3; Paul. D. 41.6.1 pr.; Vat. Frag. 111; Ulp. D. 41.9.1; D. 41.9.2; Paul. D. 41.4.2.2; D. 41.4.2 pr.; D. 41.3.48; Paul. D. 41.3.13.1; Paul. D. 41.4.2.16; D. 6.2.7.4; D. 41.4.2.15; il problema del titolo putativo poteva porsi, in altri termini, solo per stabilire se fosse sufficiente, analogamente a quanto era previsto nell'editto per il caso di *emptio venditio* di buona fede *a non domino*, ai fini della concessione dell'*actio Publiciana*.

L'impressione, che si ricava dall'analisi del titolo *pro derelicto*, è di un intervento profondamente generalizzante dei compilatori giustinianei, per i quali era ormai scomparsa la funzione essenzialmente pratica della *usucapio* classica nella sua configurazione più vicina a quella originaria, di acquisto della proprietà mediante *iusta possessio* per porre fine all'incertezza dell'appartenenza. Da ciò la sconnessione nel momento in cui si vuole ricondurre ad un 'titolo' qualunque ipotesi di *usucapio*; in questo senso proprio l'ipotesi dell'acquisto di cosa abbandonata, insieme, probabilmente, ai casi di *possessio pro suo*[44], in cui è ancora più evidente la separazione dell'*usucapio* di buona fede da quella *ex iusta causa*, occupa una posizione di particolare rilievo: se è vero che da alcuni giuristi, sulla base di una configurazione dell'acquisto come derivativo, si era vista la possibilità di estendervi la nozione di *possessio ex iusta causa*, e quindi anche la tutela della *Publiciana*, è anche vero che la possibile incertezza del titolo, unita alla circostanza che, ove tale incertezza non vi fosse, l'acquisto procedeva indipendentemente dall'*usucapio*, rendeva del tutto inconfigurabile l'avvicinamento alle altre ipotesi di acquisto causale. E i giustinianei risolsero definitivamente il problema limitando l'ipotesi di acquisto alle cose sicuramente abbandonate, e quindi occupabili[45].

In conclusione, si potrebbe ipotizzare che la dottrina romanistica si sia lasciata influenzare troppo dall'appiattimento operato dai compilatori giustinianei attraverso la collocazione sistematica dei testi classici relativi ai problemi dell'usucapione e della tutela onoraria agli acquirenti di buona fede, appiattimento che ben si comprende se si tiene conto della circostanza che molti di questi problemi, relativi alla 'duplicità del dominio' di cui parla Gaio per l'età classica, erano invece per gli stessi compilatori assolutamente privi di significato e di portata pratica.

---

In questa sede questa vuole essere solo un'ipotesi di lavoro, richiedendo per la sua dimostrazione l'esegesi dettagliata di tutti i testi.

[44] Nell'ambito della ricostruzione, che ho qui accennato, infatti i casi di *possessio* di buona fede, in cui gli elementi non fossero tuttavia sufficienti per la concessione della *Publiciana*, potevano essere ricondotti alla *possessio pro suo*, come risulta chiaramente per esempio da Ner. D. 41.10.5.1; Pomp. D. 41.10.3; D. 41.10.4.2; Vat. Frag. 111; D. 41.9.1.2; Paul. D. 41.9.2; Paul. D.41.4.2.16. A questi problemi è specificamente dedicato, peraltro, un mio lavoro in corso di stampa negli *Studi in onore di A. Guarino*. [Ora in *'Iusta causa' e 'bona fides' nell''usucapio' romana a proposito del titolo 'pro suo'*, in *'Sodalitas'. Scritti in onore di A. Guarino*, a cura di V. Giuffrè, IV, Napoli, 1985, 1955 ss. – pubblicato anche in questo volume, cap. VII].

[45] Inst. 4.2.48.

Capitolo Settimo

# *IUSTA CAUSA* E *BONA FIDES* NELL'*USUCAPIO* ROMANA A PROPOSITO DEL TITOLO *PRO SUO* *

Sommario: 1. *Possessio ad usucapionem* e *possessio ex iusta causa*: il problema dell'*usucapio pro suo*. – 2. *Possessio* ed *usucapio pro suo*: Ner. D. 41.10.5; Pomp. D. 41.10.3. – 3. La *possessio pro suo*: Paul. D. 41.10.2; Ulp. D. 41.10.1 pr. I limiti all'*usucapio pro suo*: Pomp. D. 41.10.4. – 4. *Iusta causa* e buona fede in relazione ad alcuni casi specifici di *usucapio*: Paul. D. 41.4.2 pr.; D. 41.3.48; Ulp. D. 41.9.1.2. – 5. La discussione fra i giuristi: Ulp.-Cels. D. 41.3.27; Afr. D. 41.4.11; Proc. D. 23.3.67. – 6. L'*usucapio pro suo* nei casi di possesso di buona fede non derivante da una *iusta causa*. – 7. La *possessio pro suo* nel tempo necessario all'usucapione non è tutelata dall'*actio Publiciana*, che fu introdotta a tutela delle *iustae causae* di acquisto della proprietà mediante *traditio* di *res mancipi* o *a non domino*. – 8. *Causae possessionis* e *causae usucapionis*: Paul. D. 41.2.3.21. – 9. *Causae possessionis* e *iustae causae traditionis*: Iul. D. 41.1.36; Ulp. D. 12.1.18 pr.: la *traditio ex iusta causa* costituisce nella generalità dei casi la *iusta causa usucapionis*, ed i suoi effetti traslativi vengono tutelati nel tempo necessario all'acquisto con l'*actio Publiciana*. – 10. Osservazioni conclusive.

## 1. *'Possessio ad usucapionem' e 'possessio ex iusta causa': il problema dell''usucapio pro suo'.*

È affermazione costante e consolidata della dottrina romanistica che elementi essenziali dell'*usucapio* in età classica siano la *iusta causa* e la *bona fides*.

Tuttavia, benché da nessuno si ponga in discussione la necessità di questi requisiti, le difficoltà sorgono nel momento in cui si cercano di spiegare i passaggi storici attraverso cui si è giunti a questa configurazione.

Poiché inoltre si ritiene da tutti che la *possessio ad usucapionem* coincida, per l'età classica, con la *possessio ex iusta causa* tutelata mediante l'*actio*

* Il saggio è pubblicato in *'Sodalitas'. Scritti in onore di Antonio Guarino*, a cura di V. Giuffrè, IV, Napoli, 1985, 1955 ss.

*Publiciana*, il problema si accavalla con quello dell'evoluzione dell'ambito di applicazione di questo editto.

Ulteriore problema, che sorge da questo modo di configurare l'*usucapio*, è il rapporto fra la *possessio bonae fidei* e la *possessio ad usucapionem*, per cui riesce difficile talvolta delineare i rapporti fra *iusta causa* e buona fede, e giustificare alcuni titoli dell'*usucapio* quali compaiono nel Digesto, come per esempio il titolo *pro suo*, soprattutto se si vuole sostenere anche per questo caso la tutela dell'*actio Publiciana*.

Già in altra occasione, a proposito dell'*usucapio pro derelicto*[1], ho cercato di porre in luce le difficoltà cui si va inevitabilmente incontro se si vogliono inquadrare tutte le ipotesi di usucapione in questo schema, prescindendo completamente dall'idea che, ancora in età classica, in alcuni casi l'*usucapio* potesse procedere anche in assenza di *iusta causa* (sulla base unicamente dei presupposti originari, *possessio, tempus, res habilis*, e ove naturalmente l'acquisto del possesso fosse avvenuto con la convinzione, oggettivamente giustificabile, di averne il diritto, nel senso di convinzione di non ledere altri), e che questo acquisto avvenisse indipendentemente dalla applicabilità dell'*actio Publiciana*.

Indubbiamente un'idea di questo genere presuppone la verifica di alcuni presupposti fondamentali che sono stati dati in parte per scontati dalla romanistica a partire da Savigny, ma che peraltro non risultano sempre sostenuti da una sicura base testuale.

Leggendo la letteratura, peraltro vastissima, in tema di possesso e di usucapione si ha infatti l'impressione che si sia partiti dall'accettazione dogmatica di alcune categorie elaborate più concettualmente e astrattamente che con l'appoggio delle fonti, e si sia tentato poi di farvi rientrare le testimonianze dei giuristi, forzandone l'interpretazione oltre il significato originario per farle corrispondere agli schemi sistematici predeterminati. Ciò potrebbe spiegare, per esempio, perché la dottrina non sia in realtà mai venuta a capo in modo soddisfacente delle classificazioni che ha tentato di dare dei vari tipi di *possessio, possessio iusta* o *iniusta, possessio bonae fidei, possessio nec vi nec clam nec precario*, ecc., né sia riuscita a chiarire esattamente i requisiti della *possessio ad usucapionem*.

Va inoltre rilevato che, se si analizza attentamente la sistemazione della materia possessoria operata dal Savigny, si può constatare che nella lettera-

---

[1] L. Vacca, *Osservazioni in tema di 'iusta causa' e 'bona fides' in relazione all''usucapio pro derelicto'*, in *Studi in onore di C. Sanfilippo*, IV, Milano, 1983, 775 ss. [in questo volume, cap. VI].

tura successiva si sono forse persi di vista alcuni spunti che pure lo stesso autore forniva[2].

Conviene prendere le mosse dall'affermata coincidenza fra situazione della cosa *in bonis* e *possessio ad usucapionem*, che costituisce l'elemento cardine di tutta questa costruzione teorica. Nel Bonfante, che è in realtà l'autore italiano cui si è rifatta tutta la letteratura successiva, criticandone singole affermazioni, ma senza scalzare il complesso della sua ricostruzione della proprietà e del possesso, si legge: «L'azione Publiciana era certamente costituita a difesa dell'*in bonis habere* come della *bonae fidei possessio*, le due figure ravvicinate da Gaio precisamente sotto il profilo dell'*usucapio*; in breve si potrebbe dire l'azione a tutela della *possessio ex iusta causa*»[3]. Questa affermazione costituisce il perno di tutta la ricostruzione della dottrina romanistica del sistema dell'*in bonis* e degli elementi dell'*usucapio*.

Si parte dall'idea che l'*in bonis habere* si sia sviluppato nell'ambito della *possessio bonae fidei*, già tutelata con la *Publiciana*: il Bonfante[4] ritiene infatti, in opposizione in particolare alla teoria dell'Appleton[5], che il possesso di buona fede non si riassuma nell'*in bonis*, ma si differenzi da questo, che è individuato dalle *iustae causae* tutelate dal pretore: mentre cioè il proprietario bonitario avrebbe una serie di prerogative, che gli derivano dall'assolutezza del suo dominio tutelato dal pretore in base appunto alle *iustae causae*, il possessore di buona fede avrebbe solo la *Publiciana*.

Nella sua ricostruzione dell'editto Publiciano il Bonfante poi chiarisce ancora meglio la sua posizione, quando ipotizza l'esistenza di due formule, una relativa al possessore di buona fede, che sarebbe in sostanza l'acquirente di buona fede *a non domino*, e di cui Ulpiano nel commentario alla *Publiciana* si occupa da D. 6.2.10.7, e l'altra all'*in bonis ex iusta causa*, di cui si parla in D. 6.2.1 pr. e che avrebbe trovato il suo caso originario nell'ipotesi di *traditio* di *res mancipi*[6].

---

[2] V. *infra*, § 11.

[3] P. BONFANTE, *L'editto Publiciano*, in *Scritti giuridici varii*, II, Torino, 1916-1926, 389 ss.

[4] P. BONFANTE, *Sul cosiddetto dominio bonitario e in particolare sulla denominazione 'in bonis habere'*, in *Scritti*, II, cit., 370 ss., specialmente 387 ss.

[5] CH. APPLETON, *Histoire de la propriété prétorienne et de l'action publicienne*, I, Paris, 1889, 12 ss.

[6] P. BONFANTE, *L'editto Publiciano*, in *Scritti*, II, cit., 389 ss. con ampio panorama della letteratura precedente. Da ultimi, sul problema della *Publiciana* cfr. F. WUBBE, *Quelques remarques sur la fonction et l'origine de l'actio Publicienne*, in *RIDA III S.*, VIII, 1961, 417 ss.; F. STURM, *Zur ursprunglichen Funktion der 'actio Publiciana'*, in *RIDA III S.*, IX, 1962, 415 ss.; sul problema dell'*in bonis*, M. KASER, *'In bonis esse'*, in *ZSS*, LXXVIII, 1961, 173 ss.;

In questo modo l'*usucapio* classica viene ad assumere due funzioni economico-sociali ben definite e tipiche, in cui si scinde la definizione tradizionale dell'*usucapio* che ancora si ritrova nei giuristi classici:

Gai 2.44: *Quod ideo receptum videtur, ne rerum dominia diutius in incerto essent, cum sufficeret domino ad inquirendam rem suam anni aut biennii spatium, quod tempus ad usucapionem possessori tributum est.*

Si trattava cioè di tutelare il possessore o che avesse acquistato in buona fede *a non domino*, o che avesse acquistato *ex iusta causa*: quest'ultima situazione è appunto quella dell'*in bonis*[7].

Questa ricostruzione del Bonfante perde però la nettezza dei suoi contorni quando, da un lato, si presuppone che comunque requisito dell'*usucapio* sia sempre la *iusta causa*, la cui rilevanza in età classica sarebbe passata dalla individuazione dei casi di *in bonis* a tutte le ipotesi tutelate dalla *Publiciana*, quindi anche alla *possessio bonae fidei*, e dall'altro, si riduce la buona fede alla credenza del consenso del *dominus* all'acquisto, sulla quale peraltro non influisce la scusabilità dell'errore, nel senso che quest'ultimo costituisce un requisito indipendente dell'*usucapio*: il titolo putativo cioè non può comunque essere costituito da un rapporto che giuridicamente non è tale, per quanto il possessore per errore lo creda valido[8].

In questo modo dunque si sposta in definitiva tutta l'attenzione sul problema della *iusta causa*, che diviene presupposto irrinunciabile dell'usucapione come della concessione della *Publiciana*, e la *possessio* di buona fede finisce per identificarsi con il possesso *ad usucapionem*, salva la differenza rispetto all'*in bonis* rappresentata dall'assenza di tutela nei confronti del *dominus ex iure Quiritium*.

Questa ricostruzione, nelle sue linee generali, si ritrova costante in tutta la dottrina romanistica; le dispute vertono infatti, più che altro, sulle definizioni di *iusta causa* e *bona fides*, ma non intaccano il presupposto fondamentale che entrambe debbano essere sempre presenti nella *possessio ad usucapionem*, e che questa sia in ogni caso tutelata dall'*actio Publiciana*[9].

---

D. Diòsdi, *'In bonis esse' und 'nudum ius Quiritium'*, in *Studi in onore di E. Volterra*, II, Milano, 1971, 124 ss.

[7] P. Bonfante, *Corso di diritto romano*², II, rist. a cura di G. Bonfante e G. Crifò, Milano, 1968, 284 s.

[8] P. Bonfante, *Corso*, II, cit., 333.

[9] Cfr. per tutti V. Arangio-Ruiz, *Istituzioni di diritto romano*¹⁴, Napoli, 1978, 210 ss.; E. Volterra, *Istituzioni di diritto privato romano*, Roma, 1977, 400 ss.

Così, è molto oscillante nella dottrina la definizione di *iusta possessio*[10], e dei suoi rapporti con la *possessio ex iusta causa* e con la *possessio bonae fidei*[11], ma le diverse ricostruzioni proposte non riescono a superare e a ridurre ad unità le differenti accezioni in cui questa terminologia viene usata nelle fonti[12].

La maggiore difficoltà e l'incrinatura più evidente in questo sistema così logicamente costruito si incontra tuttavia nel momento in cui i vari autori cercano di precisare la nozione di *possessio pro suo*, e di inquadrare l'*usucapio pro suo* nella *possessio ad usucapionem ex iusta causa*. È generalmente accettato, sulla base di testi inoppugnabili su cui torneremo, che *possidere pro suo* significa genericamente possedere con la credenza di essere padrone, e può assumere il significato sia di *possessio* di buona fede sia di *posses-*

---

[10] Cfr. C.A. CANNATA, voce *Possesso (dir. rom.)*, in *Noviss. dig. it.*, XIII, Torino, 1957, 323 ss. con ampia letteratura, fra cui in particolare A. SUMAN, *'Iusta' et 'iniusta possessio'*, in *Atti Ist. Veneto*, LXXVII, 1916-17, p. II, 1607 ss.; G. DONATUTI, *'Iusta possessio'*, 1920-21, ora in *Studi di diritto romano*, Milano, 1976, 1 ss.; G. BESELER, *'Iusta' und 'iniusta possessio'*, in *Beitrage*, IV, Tübingen, 1920, 73 ss.; ID., *Miscellanea critica. 'Iusta possessio'*, in *ZSS*, XLIII, 1922, 421; E. ALBERTARIO, *Distinzioni e qualificazioni in materia di possesso*, in *Studi di diritto romano*, II, Milano, 1941, 204 ss.; S. RICCOBONO, *Vecchi e nuovi problemi intorno alla terminologia del possesso*, in *Scritti in onore di G. Chironi*, I, Torino, 1915, 377 ss.; ID., *Le mie colpe:* VI. *Terminologia del possesso*, in *BIDR*, IL-L, 1947, 40 ss.

[11] La tesi oggi dominante è nel senso che la qualifica di *iusta* attenga alla mancanza di uno dei tre vizi (violenza, clandestinità, precario) nei confronti di una determinata persona, e in relazione alla *possessio ad interdicta*: C.A. CANNATA, voce *Possesso*, cit., 328; E. VOLTERRA, *Istituzioni*, cit., 400. In particolare E. ALBERTARIO, *Distinzioni*, cit., 204 ss., ha criticato la tesi di A. SUMAN, *'Iusta' et 'iniusta possessio'*, cit., *passim* e di G. DONATUTI, *'Iusta possessio'*, cit., *passim*, secondo cui la nozione di *possessio iusta* come *possessio ex iusta causa* nei casi in cui essa può portare all'usucapione sarebbe giustinianea. Lo stesso autore accetta peraltro l'assunto fondamentale del Donatuti, secondo il quale in sostanza la *possessio iusta* in età classica può indicare tanto il possesso *ex iusta causa*, quanto la *possessio bonae fidei*; respinge invece l'idea del Suman, secondo il quale *iusta possessio* in età classica avrebbe significato solo *possessio bonae fidei* e non anche *possessio ex iusta causa*. Anche la nozione di *possessio bonae fidei* è peraltro molto oscillante, in quanto sembra indicare sia il possesso che ha tutti i requisiti atti all'*usucapio* (quindi, secondo la dottrina dominante, anche la *iusta causa*), sia la cosa tenuta in buona fede, ma senza titolo, per cui vi sono sì degli effetti limitati, ma non l'*usucapio*, oltre che evidentemente non dare luogo alla tutela mediante *Publiciana*: cfr. per tutti P. BONFANTE, *Corso*, II, cit., 428 ss.

[12] Il fulcro della buona fede sia nella *possessio bonae fidei*, sia nell'*usucapio* è comunque costituito, secondo la dottrina dominante, dalla «convinzione di non ledere il diritto altrui, di non commettere torto, convinzione che il più delle volte è fondata su errore, o ignoranza della posizione di lesione o del vizio, il che però non è essenziale (ché tipico è il caso di chi acquisti dal proprietario una *res mancipi* mediante *traditio*)»: G. GROSSO, voce *Buona fede (dir. rom.)*, in *Enc. dir.*, V, Milano, 1959, 663.

*sio ad usucapionem*[13]. Tuttavia, anche se non si può sostenere che questo termine, nella sua accezione generale, sia idoneo ad indicare un titolo di *iusta causa usucapionis*, si parla, secondo la dottrina, del titolo *pro suo* quando i giuristi si trovavano di fronte ad una serie marginale di *iustae causae* che non potevano essere inquadrate nelle altre tipicizzate: «Così la *possessio pro suo* ha un duplice significato: è il possesso di buona fede puramente e semplicemente, e può ancora denotare varie ipotesi di possesso *bonae fidei* e *ex iusta causa*»[14].

In questo modo si aggira l'ostacolo rappresentato dal fatto che proprio di *possessio pro suo* si parla in alcuni testi che sembrano accettare la possibilità del titolo putativo, e che mal si conciliano con la rigidità di questa nozione di *possessio ad usucapionem*.

## 2. *'Possessio' ed 'usucapio pro suo': Ner. D. 41.10.5; Pomp. D. 41.10.3.*

Sembra pertanto opportuno partire proprio dai testi in materia di *possessio* ed *usucapio pro suo* per verificare se questa costruzione, che contrappone così nettamente la *usucapio* classica, da un lato, alla *usucapio* quiritaria, dall'altro, alla *praescriptio* giustinianea, non offra invece uno spiraglio che permetta di individuare una *possessio bonae fidei ad usucapionem*, che in alcuni casi prescindeva dalla nozione di *iusta causa*, quale è stata, io credo, generalizzata dai compilatori giustinianei e dalla dottrina moderna.

Il testo più significativo in materia mi sembra un frammento di Nerazio, che, peraltro, è forse uno dei passi di interpretazione più controversa in tutta la dottrina romanistica:

D. 41.10.5 (Ner. 5 *membr.*): *Usucapio rerum, etiam ex aliis causis concessa interim* <*interdum*: Mommsen>, *propter ea, quae nostra existimantes possideremus, constituta est, ut aliquis litium finis esset.* 1. *Sed id, quod quis, cum suum esse existimaret, possederit, usucapiet, etiamsi falsa fuerit eius existimatio quod tamen ita interpretandum est, ut probabilis error possidentis usucapioni non obstet, veluti si ob id aliquid possideam, quod servum meum aut eius, cuius in locum hereditario iure successit, emisse id falso existimem, quia in alieni facti ignorantia tolerabilis error est.*

---

[13] P. Bonfante, *Corso*, II, cit., 339 s.; Id., *Le singole 'iustae causae usucapionis' e il titolo putativo*, in *Scritti*, II, cit., 631 ss.; P. Voci, *Modi di acquisto della proprietà*, Milano, 1952, 192 ss.

[14] P. Voci, *Modi di acquisto*, cit., 193.

Il testo di Nerazio, che è tradizionalmente visto come l'affermazione, rimasta poi minoritaria nella giurisprudenza classica, del titolo putativo [15], in realtà è molto più generico e attiene semmai più al problema della buona fede che a quello del titolo.

La ricostruzione del pensiero di Nerazio più fedele a ciò che il testo effettivamente vuol significare, mi sembra quella del Mayer-Maly [16], seguito sostanzialmente anche dallo Hausmaninger [17]. Il Mayer-Maly infatti intende giustamente il testo quando, da un lato, vede nella prima parte un chiaro riferimento storico alla primitiva *usucapio, constituta «ut aliquis litium finis esset»* in favore del possessore che riteneva di possedere una cosa sua: ed è chiaro che ci si riferisce all'*usus* decemvirale collegato alla *mancipatio*, e che salvaguardava l'accipiente di buona fede *a non domino*. La parte successiva attiene all'*interpretatio* più recente di questo elemento della *existimatio* del possessore, in cui si riassume il concetto di buona fede, e nella quale va ricompresa, secondo Nerazio, l'ipotesi in cui taluno, errando sul fatto altrui [18], stimi di possedere come proprietario. Il testo va quindi interpretato in modo più restrittivo di quanto faccia la dottrina tradizionale, e il problema va visto in connessione con la teoria del *tolerabilis error* ai fini della buona fede, e non come affermazione generica del titolo putativo. Secondo

---

[15] P. Bonfante, *La 'iusta causa' dell'usucapione e il suo rapporto con la 'bona fides'*, in *Scritti*, II, cit., 526 ss. (v. ivi la letteratura meno recente); Id., *Le singole 'iustae causae'*, in *Scritti*, II, cit., 678 ss.; P. Voci, *Modi di acquisto*, cit., 203 ss.; il passo è inoltre esaminato dalla dottrina a proposito del rapporto fra la scusabilità dell'errore e la buona fede: P. Bonfante, *Essenza della 'bona fides' e suo rapporto colla teorica dell'errore*, (1893), in *Scritti*, II, cit., 738 ss.; P. Voci, *L'errore nel diritto romano*, Milano, 1937, 168 ss.; U. Zilletti, *La dottrina dell'errore nella storia del diritto romano*, Milano, 1961, 180 s.; sotto un'ottica diversa il passo è esaminato anche da V. Scarano Ussani, *Valori e storia nella cultura giuridica fra Nerva e Adriano. Studi su Nerazio e Celso*, Napoli, 1979, 11 ss., il quale, sulla base della connessione palingenetica individuata da O. Lenel, *'Palingenesia'*, I, 770 s., fra la chiusa di questo frammento, D. 22.6.2, e D. 24.1.44, ricollega tutto il discorso di Nerazio alla sua particolare posizione nella valutazione dell'elemento soggettivo in rapporto all'oggettività del *ius*. Nerazio sarebbe stato cioè il primo giurista a dare un fondamento teorico (la fallacia dell'*interpretatio facti*) all'ammissibilità di una *usucapio* fondata solo sulla buona fede.

[16] Th. Mayer-Maly, *Das Putativtitelproblem bei der 'Usucapio'*, Graz - Köln, 1962, 54 ss. e letteratura ivi citata, nt. 4.

[17] H. Hausmaninger, *Die 'bona fides' des Ersitzungsbesitzers im klassischen römischen Recht*, Wien - München, 1964, 44 ss.

[18] Proprio questa parte è espunta da U. Zilletti, *La dottrina dell'errore*, cit., 180, che è tuttavia più conservativo di P. Voci, *L'errore*, cit., 168 ss., nella ricostruzione del testo, ritenuto nella sostanza genuino. Peraltro non si tratta di una generalizzazione assoluta, come sembra allo Zilletti, ma piuttosto di un rilievo di tipo casistico, relativo alle ipotesi prese in considerazione nel testo.

lo stesso Mayer-Maly il riferimento iniziale alle *aliae causae* sarebbe da intendersi come relativo all'*usucapio pro herede* ed alle *receptiones*. In questo modo l'affermazione di Nerazio sarebbe nello stesso ordine di idee di Gai 2.43, 2.52, 2.59[19].

Possiamo ancora osservare che tutto l'andamento del testo di Nerazio mostra lo sforzo di individuare, sia pure dando per presupposta la regola generale che l'*usucapio* procede ove vi sia una *iusta causa*, la rilevanza di una falsa *existimatio* del possessore, tipizzando i casi in cui essa non si debba considerare preclusiva dell'*usucapio*. Ed i principi che si invocano sono quelli generali in materia di errore, per cui l'errore di fatto, ove non sia dovuto ad inescusabile trascuratezza, non deve portare pregiudizio a chi vi sia incorso[20]: questo principio si tipizza ulteriormente nell'affermazione più specifica che «*in alieni facti ignorantia tolerabilis error est*», che, come vedremo, è un criterio usato spesso per delimitare il campo dell'*error* scusabile.

Se si tiene presente la concretezza di questa impostazione ispirata alla necessità di distinguere nei diversi casi pratici la soluzione 'giusta' da adottare, contemperando fra loro i principi generali e le regole che si sono affermate all'interno dell'ordinamento, non può sfuggire quanto sia falsante una prospettiva in cui si voglia ricondurre ogni soluzione ad un unico dogma concettuale: necessità di una *iusta causa*, se non effettiva almeno putativa. Il problema è invece per i giuristi romani più articolato e sfaccettato: posta la regola generale che l'*usucapio* procede sulla base di una *iusta causa*, ciò non esclude che l'*interpretatio*, considerando le caratteristiche del caso, possa ammettere il procedere dell'*usucapio* medesima anche indipendentemente da essa. Si apre allora la strada alla ulteriore tipizzazione mediante astrazione delle ipotesi in cui ciò può avvenire, ed in questa ricerca, con-

---

[19] TH. MAYER-MALY, *Das Putativtitelproblem*, cit., 57; H. HAUSMANINGER, *Die 'bona fides'*, cit., 45. Il passo è esaminato anche da H.H. JAKOBS, *'Error falsae causae'*, in *Festschrift W. Flume*, I, Köln, 1978, 63 ss., in connessione con Afr. D. 41.4.11, che pone in luce, sia pure nell'ambito di una ricostruzione non sempre convincente (v. *infra*), l'affiorare in questi testi di uno sforzo interpretativo dei giuristi diretto a superare delle regole ormai consolidate (*quod vulgo traditum est, qui existimat se quid emisse nec emerit, non posse pro emptore usucapere* ...), non sulla base di un riconoscimento o meno del titolo putativo, come vi ha voluto vedere la dogmatica moderna, quanto piuttosto attraverso la individuazione di una serie di casi in cui la fattispecie fosse tale da indurre ad ammettere comunque l'usucapione: e la *iusta causa erroris* o il *tolerabilis error* fanno parte dei criteri che vengono tipizzandosi in questo senso.

[20] Questi principi sono individuati molto più chiaramente che nella dottrina successiva da F.C. SAVIGNY, *Sistema del diritto romano attuale*, III, trad. it., Torino, 1900, 430 ss.

dotta sempre necessariamente caso per caso, o almeno per gruppi uniformi di casi, i giuristi potranno arrivare, attraverso diverse costruzioni 'teoriche', anche a differenti soluzioni pratiche.

La difficoltà per il giurista moderno sta proprio nell'intendere l'armonia di queste diversità: questo, sia per l'appiattimento indubbiamente operato dai compilatori giustinianei con l'inserimento dei diversi frammenti in un contesto estraneo a quello originario e, soprattutto, spesso, con l'amputazione degli esatti termini delle controversie, sia, va ribadito ancora una volta, per la deformazione dei contenuti romani operatasi con la concettualizzazione giusnaturalistica e pandettistica, quando si è voluto ridurre ciò che appariva diversità ad una uniformità che non vi poteva corrispondere.

Tornando, dopo queste considerazioni, al passo di Nerazio, resta da fare una precisazione: benché il frammento sia inserito dai compilatori giustinianei nel titolo '*pro suo*', nel testo non si dice espressamente che la *usucapio*, che proceda sulla base esclusivamente di un convincimento giustificabile del possessore, che ritiene che la cosa gli appartenga, sia da considerarsi fondata su una *possessio pro suo*[21]. Tuttavia ciò si deduce chiaramente dal confronto con un testo di Pomponio, che riferisce il pensiero dello stesso Nerazio:

D. 41.10.3 (Pomp. 22 *ad Sab.*): *Hominem, quem ex stipulatione te mihi debere falso existimabas, tradidisti mihi: si scissem mihi nihil debere, usu eum non capiam: quod si nescio, verius est, ut usucapiam, quia ipsa traditio ex causa, quam veram esse existimo, sufficit ad efficiendum, ut id quod mihi traditum est pro meo possideam, et ita Neratius scripsit idque verum puto*[22].

---

[21] H.H. Jakobs, *'Error falsae causae'*, cit., 63 ss., riporta invece la problematica trattata nel passo all'*usucapio pro emptore*, sulla base dell'analogia della fattispecie con quella descritta in D. 41.4.11 e in D. 41.3.44.4, e della tesi per cui l'idea di rapportare alla *usucapio pro suo* i casi in cui non era possibile identificare una *iusta causa* o si trattava di un titolo putativo, sarebbe stata propria dei giustinianei. In realtà nei due passi citati non si afferma esplicitamente che si ammetta l'*usucapio pro emptore*, che è invece negata espressamente in altri testi, là dove non vi sia effettivamente una *emptio*: su questi problemi v. *infra*.

[22] P. Voci, *Modi di acquisto*, cit., 207, richiama questo testo come prova sia del fatto che Pomponio era fautore del titolo putativo, sia del fatto che il titolo putativo si accompagnava alla *possessio pro suo*: la base dell'argomentazione di Pomponio starebbe nella circostanza che, essendo la *traditio* negozio astratto, ma idoneo in quanto tale a trasmettere la proprietà anche in assenza di causa, l'accipiente deve necessariamente essere posto anche nella condizione di usucapire. Su questo punto v. *infra*. Sul testo v., da ultimo, H. Hausmaninger, *Die 'bona fides'*, cit., 46 ss. e letteratura ivi citata; V. Scarano Ussani, *Valori e storia*, cit., 13 ss.

In questo passo si chiarisce ancora meglio l'articolazione del pensiero di Nerazio, seguito espressamente da Pomponio: il «*cum suum esse existimaret*», con cui il giurista nel frammento 5 faceva riferimento alla *possessio pro suo* come situazione possessoria fondata unicamente su un convincimento soggettivo del possessore, che tuttavia, in quanto giustificato, era rilevante sul piano oggettivo, quale fondamento dell'*usucapio*, si tipizza nel caso esaminato nel frammento 3 in una immissione nel possesso conseguente a *traditio «ex causa quam veram esse existimo»*: l'*existimatio dominii* è anche in questo caso legittimata in un certo senso dall'errore altrui, il tradente che si crede falsamente creditore, ma il fondamento dell'*usucapio* riposa chiaramente su un elemento del tutto obiettivato: immissione nel possesso in seguito a *traditio*, che è sufficiente di per sé a che si configuri la *possessio pro suo*[23].

## 3. *La 'possessio pro suo': Paul. D. 41.10.2; Ulp. D. 41.10.1 pr. I limiti all''usucapio pro suo': Pomp. D. 41.10.4.*

Quest'ultima osservazione sposta necessariamente l'attenzione sulla definizione stessa di *possessio pro suo*, in quanto non si può comprendere il ragionamento seguito dai giuristi nel rapportare alla *usucapio pro suo* alcuni casi che non rientrano nella *possessio ex iusta causa*, se non si assume come punto di partenza il significato attribuito nelle fonti al *possidere pro suo*.

Il caso più ovvio di *possessio pro suo*, in contrapposizione alla *possessio alieno nomine*, si individua nella *possessio* di quelle cose che si acquistano come proprie, direttamente, diremmo noi a titolo originario[24]:

D. 41.10.2 (Paul. 54 *ad ed.*): *Est species possessionis, quae vocatur pro suo. hoc enim modo possidemus omnia, quae mari terra caelo capimus aut quae alluvione fluminum nostra fiunt, item quae ex rebus alieno nomine possessis nata possidemus, veluti partum hereditariae aut emptae ancillae, pro nostro possidemus: similiter fructus rei emptae aut donatae aut quae in hereditate inventa est.*

---

[23] V. *infra*.

[24] Secondo TH. MAYER-MALY, *Das Putativtitelproblem*, cit., 129 ss., questo sarebbe un modo di vedere proprio di Paolo, e su questo punto sarebbe possibile ipotizzare una controversia con Ulpiano, il cui punto di vista sarebbe più vicino a quello della dottrina tradizionale, secondo cui, come si è detto, il titolo *pro suo* sarebbe un titolo che si colloca accanto agli altri, sussidiario rispetto ad essi: Ulp. D. 41.10.1 pr.; D. 41.9.1.2.

Possiede cioè *pro suo* colui che acquista e possiede semplicemente in base ad un suo rapporto con la cosa, e ad una situazione di fatto che implichi un acquisto diretto, non giustificato dunque da un precedente rapporto[25]. Questa nozione non è affatto in contraddizione con quanto afferma Ulpiano in

D. 41.10.1 pr. (Ulp. 15 *ad ed.*): *Pro suo possessio talis est. cum dominium nobis adquiri putamus, et ex ea causa possidemus, ex qua adquiritur, et praeterea pro suo: ut puta ex causa emptionis et pro emptore et pro suo possideo, item donata vel legata vel pro donato vel pro legato etiam pro suo possideo.*

Risulta chiarissima la stessa accezione di *possessio pro suo* utilizzata anche da Nerazio: possiede *pro suo* colui che possiede con la convinzione di avere acquistato la proprietà della cosa: così colui, che ha acquistato in buona fede *ex causa emptionis*, possiede in buona fede in base a questa causa, ma nel contempo, proprio perché è in buona fede, possiede anche *pro suo*. Comincia a delinearsi chiaramente che la *possessio pro suo* non può in nessun caso intendersi come una *iusta causa usucapionis*: si tratta solo di un tipo di possesso in cui, essendovi la convinzione, dovuta a buona fede, di essere proprietario, può comunque seguire l'*usucapio*.

Naturalmente il limite dell'*usucapio* per *possessio pro suo* è innanzi tutto la *possessio vi, clam, precario*:

D. 41.10.4 (Pomp. 32 *ad Sab.*): *Si ancillam furtivam emisti fide bona, ex ea natum et apud te conceptum est ita possedisti, ut intra constitutum*

[25] Cfr. P. Bonfante, *Le singole 'iustae causae'*, cit., 633; v. anche Id., *Corso*, II, cit., 339. Secondo questo autore la *possessio pro suo*, oltre che essere sempre di buona fede, e sotto questo profilo contrapposta alla *possessio pro possessore* (D. 41.3.32 pr.), suppone necessariamente la *iusta causa*, e si cumula perciò con le denominazioni risultanti dai titoli specifici. La ricostruzione di E. Albertario, *Distinzioni*, cit., 185 ss., è invece parzialmente diversa, ma ancora meno accettabile, in quanto deve ricorrere ad ipotesi di rimaneggiamento radicale dei testi fondamentali. Secondo questo Autore sarebbero infatti genuini solo i testi in cui la *possessio pro suo* indica la *possessio* di una *res nullius*, o di una cosa che trae dall'opera nostra la sua esistenza, o dei frutti di una cosa, o di una cosa che è oggetto di possesso e può essere usucapita, ma per una causa diversa da quella per cui è stata acquistata, cioè: Paul. D. 41.2.3.21; D. 41.10.2; D. 41.9.2; Vat. Frag. 111; Ulp. D. 41.9.1.2; Vat. Frag. 260. Sarebbero invece radicalmente interpolati, in quanto corrispondenti alla nuova idea bizantina, tutti i frammenti in cui la *possessio pro suo* si cumula con altri titoli, o comunque indica una *possessio animo domini* o *bonae fidei*.

*usucapioni tempus cognosceres matrem eius furtivam esse, Trebatius omni modo, quod ita possessum esset, usucaptum esse. ego sic puto distinguendum, ut, si nescieris intra statutum tempus, cuius id mancipium esset, aut si scieris neque potueris certiorem dominum facere, aut si potueris quoque et feceris certiorem, usucaperes: sin vero, cum scires et posses, non feceris certiorem, contra esse: tum enim clam possedisse videberis, neque idem et pro suo et clam possidere potest.* 1. *Si pater cum filiis bona quae habebat partitus sit et ex ea causa post mortem patris ea teneant, quod inter eos conveniret, ut ea divisio rata esset: usucapio his procedet pro suo in his rebus, quae alienae in bonis patris inveniuntur.* 2. *Quod legatum non sit, ab herede tamen perperam traditum sit, placet a legatario usucapi, quia pro suo possidet.*

Pomponio è l'altro giurista cui tradizionalmente si attribuisce l'affermazione del titolo putativo, in contrasto con l'opinione dominante[26]. Tuttavia anche questo testo non è così generale quale lo si è voluto intendere, ed ancora una volta attiene ai limiti della buona fede ai fini della possibilità di ammettere una *possessio pro suo* cui possa seguire l'*usucapio*. Direi che Pomponio si muove nell'ambito della stessa ottica di Nerazio, ed attribuisce rilevanza di errore tollerabile, che quindi come tale non esclude la *possessio pro suo*, e di conseguenza l'usucapione, ai casi in cui non vi sia negligenza da parte del possessore, ma piuttosto errore e inattività altrui.

Nel caso ipotizzato nella prima parte del testo si delinea la fattispecie di chi possieda un nato da una schiava di cui inizialmente ignorava la furtività, che invece gli è diventata nota prima del compiersi dell'usucapione. In questa ipotesi, secondo Trebazio, poiché evidentemente vi è la buona fede iniziale, si compie comunque l'*usucapio*.

Pomponio ritiene invece che si debbano distinguere le ipotesi in cui il possessore, essendo venuto a conoscenza della furtività della madre, o non sa chi è il padrone effettivo, o non riesce ad accertarlo, o riesce comunque ad accertarlo, ma il *dominus* evidentemente non interviene, anche se a conoscenza del possesso. In tutte queste ipotesi il comportamento del possessore pone in essere un possesso *nec vi nec clam nec precario*, per cui egli possiede legittimamente *pro suo*, e di conseguenza può usucapire. Viceversa, se il possessore è in grado di accertare chi è il proprietario, ma non lo fa, possiede *clam*, e perciò stesso si esclude la *possessio pro suo*. La *possessio pro suo* idonea all'usucapione non solo quindi comporta, secondo Pompo-

[26] Cfr. P. Bonfante, *La 'iusta causa' dell'usucapione*, cit., in *Scritti*, II, cit., 527 s.

nio, la buona fede, ma anche una sorta di diligenza del possessore. Per lo stesso motivo, la *possessio pro suo* non è esclusa nell'ipotesi che proceda in seguito ad errore altrui, analogamente a quanto aveva sostenuto, come si è visto, Nerazio: secondo questo criterio infatti vengono risolti i casi prospettati al paragrafo 1 e al paragrafo 2 dello stesso frammento: nel primo si tratta dell'errore di un *pater familias* che divide fra i figli dei beni, alcuni dei quali sono alieni: i figli possiedono ignorando questo errore, e, in buona fede, usucapiscono *pro suo*. Lo stesso avviene nel caso in cui un legatario usucapisce *pro suo* anche ciò che non era stato effettivamente legato, ma era stato 'tradito' per errore dall'erede.

Abbiamo con ciò esaurito l'esame di tutti i testi del titolo *pro suo* così come è riportato nel Digesto, e possiamo fare una prima constatazione: in nessun caso il possesso *pro suo* è considerato come un possesso *ex iusta causa*, né la denominazione *pro suo* indica a sua volta un titolo dell'*usucapio*. Tutte le ipotesi esaminate nei casi descritti dai giuristi sono invece relative a un possesso di buona fede, in cui la buona fede si identifica con la convinzione di essere proprietari, o corrispondente al vero, o comunque resa giustificata da un errore, che non deriva dalla falsa configurazione del negozio da parte del possessore, ma piuttosto è dovuto alla negligenza di terzi, ed è, come tale, scusabile.

In realtà, più che parlare di una *possessio* che porta alla *usucapio* sulla base della sola buona fede, indipendentemente dal titolo, mi sembra possibile ricostruire il ragionamento di Nerazio e di Pomponio in questi termini: al di fuori delle ipotesi in cui la *usucapio* si compie sul fondamento di una *possessio ex iusta causa*, si possono verificare dei casi in cui comunque la posizione del possessore è legittimata da una situazione giuridicamente meritevole di riconoscimento, in quanto il suo convincimento di essere divenuto proprietario è non arbitrario o dovuto a colpa o dolo, ma giustificato da una circostanza che ne rende per esempio scusabile l'errore: la soluzione del caso viene allora ricondotta all'idea della *possessio pro suo*, che, in quanto tale, significa solo possedere legittimamente con il convincimento di essere *dominus*, e può pertanto essere idonea a comprendere qualunque situazione in cui la legittimazione del possesso non possa farsi risalire ad una *iusta causa* di tipo negoziale. Tutto ciò non ha niente a che vedere con una costruzione giuridica circa l'ammissibilità o meno del titolo putativo.

### 4. *'Iusta causa' e buona fede in relazione ad alcuni casi specifici di 'usucapio': Paul. D. 41.4.2 pr.; D. 41.3.48; Ulp. D. 41.9.1.2.*

Si tratta ora di verificare sino a che punto questo tipo di soluzioni pratiche prospettate da Nerazio e da Pomponio siano in contrasto con le affermazioni e le soluzioni degli altri giuristi.

Paolo sembrerebbe a prima vista, secondo l'impostazione tradizionale, un reciso assertore della necessità della *iusta causa* effettiva, con la conseguente negazione di un titolo putativo.

D. 41.8.2 (Paul. 54 *ad ed.*): *Si possideam aliquam rem, quam putabam mihi legatam, cum non esset, pro legato non usucapiam.*

D. 41.4.2 pr. (Paul. 54 *ad ed.*): *Pro emptore possidet, qui re vera emit, nec sufficit tantum in ea opinione esse eum, ut putet se pro emptore possidere, sed debet etiam subesse causa emptionis.*

Ma leggiamo tutto il paragrafo:

D. 41.4.2 pr. (Paul. 54 *ad ed.*): *Si tamen existimans me debere tibi ignoranti tradam, usucapies, quare ergo et si putem me vendidisse et tradam, non capies usu? scilicet quia in ceteris contractibus sufficit traditionis tempus, sic denique si sciens stipuler rem alienam, usucapiam, si, cum traditur mihi, existimem illius esse: at in emptione et illud tempus inspicitur, quo contrahitur: igitur et bona fide emisse debet et possessionem bona fide adeptus esse.*

Il passo va confrontato anche con

D. 41.3.48 (Paul. 2 *man.*): *Si existimans debere tibi tradam, ita demum usucapio sequitur, si et tu putes debitum esse. aliud, si putem me ex causa venditi teneri, et ideo tradam: hic enim nisi emptio praecedat, pro emptore usucapio locum non habet. diversitatis causa in illo est, quod in ceteris causis solutionis tempus inspicitur neque interest, cum stipulor, sciam alienum esse nec ne: sufficit enim me putare tuum esse, cum solvis: in emptione autem et contractus tempus inspicitur et quo solvitur: nec potest pro emptore usucapere, qui non emit, nec pro soluto, sicut in ceteris contractibus*[27].

---

[27] Cfr. anche Ulp.-Iul. D. 6.2.7.17.

Negli ultimi due frammenti si delinea una diversa interpretazione del requisito della buona fede in relazione alla *causa emptionis* e alle *traditiones* che seguano altre cause contrattuali: secondo il giurista Paolo infatti, la *causa emptionis* si differenzia dalle altre ipotesi di acquisto in base a *traditio ex iusta causa* per il fatto che, secondo i termini dell'editto relativo al compratore di buona fede, in questa ipotesi la buona fede deve sussistere anche al momento della compravendita e non solo al momento della *traditio*: «*at in emptione et illud tempus inspicitur, quo contrahitur: igitur et bona fide emisse debet et possessionem bona fide adeptus esse*»: la *causa emptionis* si riconosce come valida solo ove vi sia la buona fede del compratore già al momento della conclusione del contratto e non è sufficiente che al momento della *traditio* egli sia convinto che il venditore sia proprietario[28]. Viene invece accettata la stessa soluzione di Pomponio relativa alla *traditio* fatta in adempimento di una *stipulatio*: anche se vi era conoscenza che il promittente prometteva cosa altrui, purché vi sia la buona fede al momento dell'acquisto per *traditio*[29], l'*usucapio* può procedere.

Sembrerebbe invece contrastante la soluzione di Paolo rispetto alla usucapione *pro legato*: credo però che l'apparente contraddizione possa risolversi col supporre che, mentre il caso trattato da Pomponio era un caso di legato *per damnationem*, per cui si considera anche l'effetto della *traditio* in

[28] Questi due testi sono fra i più tormentati dalla critica: cfr. H. HAUSMANINGER, *Die 'bona fides'*, cit., 88 ss. e letteratura ivi citata. I termini della formula relativa alla *Publiciana*, che richiedono l'*emptio venditio* di buona fede, sembrano tuttavia postulare necessariamente che, al fine di *usucapere pro emptore*, con la tutela quindi della *Publiciana*, sia necessaria, da un lato, la buona fede al momento della vendita, che giustifica appunto la concessione dell'azione, ma, dall'altro, anche la buona fede all'inizio della *possessio*, al momento quindi della *traditio*, perché è questo elemento che permette l'usucapione. Sulle implicazioni di questi testi in materia di *iusta causa traditionis* e *iusta causa usucapionis* v. *infra*.

[29] Né d'altra parte vi è contraddizione fra il passo di Paolo e quanto afferma Ulpiano in D. 41.3.10 pr.: *Si aliena res bona fide empta sit, quaeritur, ut usucapio currat, utrum emptionis initium ut bonam fidem habeat exigimus, an traditionis. et optinuit Sabini et Cassii sententia traditionis initium spectandum.* (Sul passo cfr. da ultimo H. HAUSMANINGER, *Die 'bona fides'*, cit., 88 s.). A me sembra che il problema esaminato da Ulpiano in questo testo sia parzialmente diverso da quello posto da Paolo, che atteneva specificamente alla questione dei requisiti della *possessio pro emptore* ai fini della *usucapio ex iusta causa* tutelata mediante *Publiciana*, e concludeva: «*Igitur et bona fide emisse debet, et possessionem bona fide adeptus esse*». Il secondo momento, quello della *adeptio possessionis bonae fidei*, attiene specificamente alla possibilità del procedere dell'*usucapio*, indipendentemente dalla causa sottostante: e la soluzione adottata da Paolo è la stessa, a questo proposito, di quella fatta valere da Sabino, Cassio e seguita dallo stesso Ulpiano: ai fini dell'*usucapio* è al momento della *traditio* o comunque a quello dell'acquisto del possesso che si deve guardare: cfr. anche D. 41.4.7.4 di Giuliano.

sé, indipendentemente dalla 'causa remota', nel passo di Paolo si tratta piuttosto di un legato *per vindicationem*, in cui il legato è l'unica causa che può giustificare l'apprensione come *dominus*, e non è ammissibile l'errore non essendovi interposta la persona dell'erede[30].

Tuttavia, anche se le soluzioni dei due giuristi, Pomponio e Paolo, sembrano in definitiva coincidere nel merito, mi sembra necessario rilevare che per arrivarvi essi paiono seguire princìpi differenti.

Abbiamo visto che Pomponio si rifaceva ai princìpi di Nerazio per quanto riguardava la *existimatio* del possessore, ricollegando la possibilità di usucapire ad una *usucapio pro suo*, fondata unicamente sulla *possessio* che derivava dagli effetti traslativi della *traditio*, ove in quel momento vi fosse il concorso della volontà delle parti. Pomponio si fonda in definitiva unicamente sulla buona fede al momento dell'acquisto della *possessio*, che è legittimata obiettivamente dall'atto stesso della *traditio*, indipendentemente dalla considerazione della *iusta causa*.

Paolo invece, per raggiungere il medesimo risultato – possibilità di usucapire anche quando la *traditio* sia stata compiuta in conseguenza di una *causa debendi* esistente solo nella *existimatio* delle parti – ricorre, nell'ipotesi in cui la *traditio* sia l'esecuzione di un contratto ad effetti meramente obbligatori, vero o supposto, alla creazione di un ulteriore titolo, il *pro soluto*[31]: egli ritiene cioè che per configurarsi una *traditio ex iusta causa*, dalla quale possa discendere una *usucapio* 'titolata', come richiesto dall'editto relativo alla *Publiciana*[32], sia sufficiente che la volontà delle parti converga sull'elemento minimo costituito dal fatto che da uno si ritiene di *tradere* in adempimento di una obbligazione preesistente, dall'altro si ritiene di ricevere per lo stesso motivo, anche se vi è convergenza solo sull'elemento 'adempimento' e non sul negozio da cui questo deriva.

Da ciò discende facilmente anche la necessità di configurare diversamente la *causa emptionis*, poiché qui il trasferimento è connesso più strettamente, dal punto di vista strutturale, al negozio obbligatorio[33].

---

[30] Questa soluzione di per sé presuppone una determinata presa di posizione sulla questione della rilevanza della *iusta causa traditionis* ai fini del procedere dell'*usucapio*, e sul rapporto fra *iusta causa traditionis* e *iusta causa usucapionis*. V. *infra*.

[31] Di titolo *pro soluto* si parla solo in un testo di Paolo D. 41.3.48, e in uno di un giurista più tardo, Ermogeniano: D. 41.3.46. Giuliano parla invece di trasferimento del possesso *solvendi causa* (D. 41.3.33.3) che costituisce una *iusta causa* dell'*usucapio*, ma non vi è cenno della elaborazione di un titolo autonomo *pro soluto*.

[32] Non a caso il passo che include fra le ipotesi di *traditio ex iusta causa*, rilevanti ai fini della *Publiciana*, la *causa solvendi* è dello stesso Paolo: D. 6.2.4.

[33] P. Voci, *Modi di acquisto*, cit., 185 ss., nega l'esistenza di un titolo autonomo *pro solu-*

Ma, come vedremo meglio più oltre, a questa costruzione della *causa solutionis*, come ulteriore *iusta causa*, Paolo è arrivato dopo una faticosa elaborazione della giurisprudenza precedente.

Più vicino all'ottica di Nerazio e Pomponio sembra essere Ulpiano:

D. 41.9.1.2 (Ulp. 31 *ad Sab.*): *Et primum de tempore videamus, quando pro dote quis usucapere possit, utrum post tempora nuptiarum an vero et ante nuptias. est quaestio volgata, an sponsus possit (hoc est qui nondum maritus est) rem pro dote usucapere. et Iulianus inquit, si sponsa sponso ea mente tradiderit res, ut non ante eius fieri vellet, quam nuptiae secutae sint, usu quoque capio cessabit: si tamen non evidenter id actum fuerit, credendum esse id agi Iulianus ait, ut statim res eius fiant et, si alienae sint, usucapi possint: quae sententia mihi probabilis videtur. ante nuptias autem non pro dote usucapit, sed pro suo.*

È evidente che anche Ulpiano ha ben chiara una distinzione fra la *possessio ex iusta causa* e la *possessio pro suo*, nonostante gli si sia voluta attribuire l'opinione secondo la quale la *possessio pro suo* non è altro che una definizione alternativa della *possessio ex iusta causa*[34]. La distinzione intro-

---

*to*, sulla base della considerazione che o esiste il negozio che giustifichi la *solutio*, e allora la *iusta causa* sarà da ricercarsi in questo negozio, o non esiste, ed allora la *solutio* di un negozio inesistente non potrebbe essere ammessa che da chi ammetta il titolo putativo: in particolare, poiché Paolo non è fra questi, deve ritenersi interpolato D. 41.3.48. Io credo che tutta l'impostazione di questo discorso sia falsata dall'esigenza di porre tutte sullo stesso piano le c.d. *iustae causae*, e dal voler ridurre ad unità, sotto un punto di vista moderno, la questione del titolo putativo, che si ammette o non si ammette dai singoli giuristi.

[34] Secondo E. ALBERTARIO, *Distinzioni*, cit., 188, vi sarebbe una contraddizione radicale fra questo testo e D. 41.10.1 pr.; se infatti si ammettesse che secondo Ulpiano la *possessio pro dote* fosse nello stesso tempo *possessio pro suo*, egli non avrebbe potuto poi contrapporle: in realtà non vedo perché, se la possessio *pro suo* è, dal periodo classico, *possessio bonae fidei animo domini*, non potrebbe in alcuni casi coesistere con il giusto titolo, in altri essere presente anche ove questo non vi sia. Altrettanto forzata appare la spiegazione del Voci, per cui, posto che la *traditio*, in quanto astratta, non presuppone la causa – e solo questa idea potrebbe, secondo l'autore, spiegare l'ammissione del passaggio di proprietà nonostante non vi sia la dote (P. VOCI, *Modi di acquisto*, cit., 142) – il passo, che è tuttavia sicuramente classico e genuino (ID., *Modi di acquisto*, cit., 183), sarebbe ciononostante coerente con l'idea che il titolo *pro suo* sarebbe comunque da intendersi come una causa innominata: mancherebbe cioè il titolo *pro dote*, ma ve ne sarebbe un altro indefinito (ID., *Modi di acquisto*, cit., 193); della stessa idea su quest'ultima parte è in definitiva P. BONFANTE, *Corso*, II, cit., 253. Una controversia fra Paolo e Ulpiano sulla definizione di *usucapio pro suo* è ipotizzata anche da TH. MAYER-MALY, *Das Putativtitelproblem*, cit., 132 ss. Secondo questo autore la definizione di Paolo, che ravvicina la *possessio pro suo* al titolo originario, sarebbe più vi-

dotta da Giuliano, ed accettata da Ulpiano, dimostra chiaramente quali erano i termini nei quali i giureconsulti classici si ponevano il problema dell'*usucapio*, e ancora una volta si tratta di problemi inerenti alla buona fede nell'acquisto del possesso, che supera la necessità del titolo[35]. La fattispecie è chiarissima: se la sposa compie la *traditio* di beni dotali con l'intenzione che questi non diventino del marito prima del matrimonio, e lo sposo è a conoscenza di questa condizione, l'*usucapio*, come *usucapio pro dote*, potrà decorrere solo dal momento delle nozze. Ma se lo sposo non è al corrente di questa intenzione della sposa, che peraltro non risulta affatto evidente all'atto della *traditio*, può usucapire, in quanto in buona fede, *pro suo*, indipendentemente dal titolo, che in questo caso certamente non esiste validamente[36].

---

cina alla visione più antica, mentre nel pensiero di Ulpiano si affaccerebbe già la concezione bizantina del titolo putativo.

[35] Sostanzialmente in questo senso l'interpretazione di H. HAUSMANINGER, *Die 'bona fides'*, cit., 50 ss. M. SARGENTI, *'Usucapio pro suo' e costituzione di dote*, in *SDHI*, XIX, 1953, 235 ss., propone una diversa soluzione di questi problemi: secondo questo autore occorre fare una distinzione fra i casi in cui la costituzione di dote sia avvenuta mediante atto solenne, *mancipatio* o *in iure cessio*, o si sia realizzata con una semplice *traditio*. Là dove infatti gli atti solenni, essendo astratti, prescindono dalla causa e quindi, ove non idonei a trasferire la proprietà in quanto trattasi di *res aliena*, possono comunque legittimare l'acquisto del possesso, e portare ad una *usucapio pro suo*, la *traditio*, in quanto negozio causale, non può legittimare tale acquisto in assenza di causa, e quindi non può condurre alla *usucapio*. Da ciò la diversità di regime per l'usucapione di cose dotali trasferite prima delle nozze, ammessa in alcuni casi, in altri negata. A parte i rilievi che possono farsi sul problema del carattere causale della *traditio* e sulla possibilità di configurare una *usucapio pro suo* anche ove manchi una *iusta causa traditionis* (su cui v. *infra*, § 8 ss.), va rilevato che in ogni caso non potrebbe supporsi che D. 41.9.1.2 sia relativo ad un caso di *mancipatio* o di *in iure cessio*, ipotesi nelle quali non sarebbe concepibile che la *sponsa* subordinasse gli effetti acquisitivi alle nozze. Ciò potrebbe assumere rilevanza in un caso di *traditio*, non nel senso evidentemente di subordinare l'acquisto o il decorrere dell'*usucapio* ad una condizione, ma nel senso di rendere possibile l'*usucapio* ove questa volontà del tradente non si sia estrinsecata in maniera chiara, rendendo quindi possibile una *possessio* di buona fede ed una *usucapio pro suo*, ma non *pro dote:* e questa è esattamente l'opinione di Giuliano. È vero che il Sargenti non ricostruisce espressamente in questo senso il passo di Ulpiano, ma se questo non può essere inteso in quel senso viene a mancare qualunque base testuale alla sua ipotesi, che identifica l'*usucapio pro suo* con la situazione di *possessio* acquistata in seguito a *mancipatio* o *in iure cessio a non domino*.

[36] È lo stesso ordine di problemi posto da Proculo in D. 23.6.67, che viene ritenuto tradizionalmente la testimonianza più antica in materia di titolo putativo, e per questo motivo viene da alcuni autori sospettato di forti rimaneggiamenti; cfr. per tutti P. VOCI, *Modi di acquisto*, cit., 203 s. e TH. MAYER-MALY, *Das Putativtitelproblem*, cit., 45 ss. con vasta letteratura, che tuttavia ne difendono la classicità, tranne che per alcune mende formali che non ne alterano il significato sostanziale. Corretta appare, tuttavia, l'interpretazione di H.

## 5. *La discussione fra i giuristi: Ulp.-Cels. D. 41.3.27; Afr. D. 41.4.11; Proc. D. 23.3.67.*

Di più difficile interpretazione è il ben noto frammento in cui Ulpiano riferisce il pensiero di Celso:

D. 41.3.27 (Ulp. 31 *ad Sab.*): *Celsus libro trigensimo quarto errare eos ait, qui existimarent, cuius rei quisque bona fide adeptus sit possessionem, pro suo usucapere eum posse, nihil referre, emerit nec ne, donatum sit nec ne, si modo emptum vel donatum sibi existimaverit, quia neque pro legato neque pro donato neque pro dote usucapio valeat, si nulla donatio, nulla dos, nullum legatum sit. idem et in litis aestimatione placet, ut, nisi vere quis litis aestimationem subierit, usucapere non possit.*

Il testo è stato ovviamente interpretato come la testimonianza di una netta polemica fra Celso e Nerazio circa la rilevanza del titolo putativo[37].

Cerchiamo di intendere esattamente quanto, secondo Ulpiano, asseriva Celso. Va subito precisato che, con l'attuale punteggiatura, in cui l'affermazione «*pro suo eum posse usucapere*» figura come un inciso, il testo sarebbe privo di senso[38]. L'unica possibilità per leggerlo nell'attuale stesura è: ...

---

Hausmaninger, *Die 'bona fides'*, cit., 55 ss., che sposta la questione affrontata e risolta da Proculo dal problema del titolo putativo a quello della buona fede, fondata su una '*falsa existimatio*' al momento della *traditio*, e pone quindi il passo nello stesso ordine di idee di Ulp. D. 41.9.1.2 e dello stesso testo di Nerazio, D. 41.10.5: in altri termini, l'errore giustificabile, che sta alla base della convinzione di avere acquistato la proprietà in base alla *traditio*, è il fondamento della *possessio*, e quindi della *usucapio pro suo*.

[37] Cfr. P. Voci, *Modi di acquisto*, cit., 205 s., seguito da V. Scarano Ussani, *Valori e storia*, cit., 13 ss.; Th. Mayer-Maly, *Das Putativtitelproblem*, cit., 34 ss. (V., ivi, letteratura citata).

[38] Ciò giustifica le interpretazioni divergenti, talvolta opposte, che del passo sono state date: da alcuni infatti la frase «*pro suo usucapere eum posse*» si è attribuita allo stesso Celso, con la conseguenza che il pensiero di Celso diventava per lo meno oscuro, e finiva con il coincidere con quanto affermava lo stesso Ulpiano: così E. Albertario, *Distinzioni*, cit., 189, espunge tutta la frase ritenendola opera di un annotatore postclassico. Così anche P. Bonfante, *Corso*, II, cit., 357; F. Stella Maranca, *Intorno ai frammenti di Celso*, Roma, 1915, 195; L. Lombardi, *Dalla 'fides' alla 'bona fides'*, Milano, 1967, 225, nt. 47; U. Von Lübtow, *Hand wahre Hand*, in *Festschrift 41. deutschen Juristentag in Berlin*, Berlin, 1955, 157. Ma già F. Klein, *Sachbesitz und Ersitzung*, Leipzig, 1891, 306, nt. 61, aveva intuito che l'unico modo per intendere il testo era nel senso che «*pro suo usucapere posse*» fosse non già la dottrina di Celso ma quella che egli combatteva: con ciò viene a mancare quella contraddizione interna che costituisce la base delle ipotesi di interpolazione. Th. Mayer-Maly, *Das Putativtitelproblem*, cit., 43 s., collega l'esegesi di questo testo a quella di D. 41.4.11 (su cui v. *infra*): i due testi dimostrerebbero l'esistenza di una controversia fra Celso e Giuliano, ma i

*«errare eos ait qui existimarent cuius rei quisque bona fide adeptus sit possessionem pro suo usucapere eum posse, nihil referre emerit nec ne, donatum ...».* Celso sembra quindi negare una eventuale (è significativo l'uso del congiuntivo) opinione secondo cui chiunque acquisti il possesso in buona fede possa usucapire *pro suo*, indipendentemente dall'esistenza del titolo. È indubbio che un'affermazione così generale, peraltro, non sarebbe stata condivisa dallo stesso Nerazio, il quale, come abbiamo visto, si limitava ad ipotizzare questa possibilità per alcuni casi in cui vi fosse un *tolerabilis error* dovuto al comportamento di un terzo, che compisse una *traditio* in base ad una *iusta causa* non effettivamente esistente o valida: il passo di Nerazio si riferisce ad una *emptio* che erroneamente si crede compiuta da un servo, che non implica dunque il venir meno della buona fede del compratore sia al momento della *emptio* in sé sia al momento della *traditio*: ed è probabile che proprio a questa ipotesi specificamente fosse relativo tutto il passo, che perde dunque la sua portata generale; lo stesso discorso vale per il passo di Pomponio in cui si fa invece riferimento all'ipotesi di una *traditio* compiuta in base all'erronea credenza, sia da parte del tradente, sia da parte dell'accipiente, dell'esistenza di un debito derivante da *stipulatio*. Ed abbiamo visto altresì come Paolo escluda la possibilità di usucapire solo nell'ipotesi in cui

---

termini della controversia non sono così generali come li si è voluti intendere, su una ammissibilità del titolo putativo, quanto piuttosto vertono su singoli punti e su singole ipotesi: uno di questi doveva essere proprio l'ammissibilità di una *usucapio pro suo* là dove non esisteva il titolo effettivo, un altro la rilevanza della *iusta causa erroris*, ma dato lo stato frammentario delle fonti di cui disponiamo non è possibile ricostruire con certezza tutti gli elementi della disputa. Secondo H. HAUSMANINGER, *Die 'bona fides'*, cit., 49 ss., l'interpretazione di Mayer-Maly non spiega l'illogicità intrinseca del ragionamento di Celso e di Ulpiano, in quanto non risulta comunque chiaro il rapporto che si pone fra l'affermazione di una possibile e discussa *usucapio pro suo* con l'affermazione che dove non vi è titolo valido l'*usucapio* non procede, indipendentemente dalla buona fede dell'acquirente: questo modo di concepire il titolo *pro suo* sarebbe infatti in contraddizione con quella che era la visione di Ulpiano, quale risulta, per esempio, da D. 41.10.1 pr., di un titolo che non ha la sua autonomia concettuale ma si colloca accanto agli altri, come sussidiario. Abbiamo visto però che in realtà è proprio questo modo di interpretare il titolo *pro suo* che falsa la lettura di questi passi: ove si ritenga infatti che il modo di intendere questa qualificazione del possesso sia non contrapposto in Nerazio, Pomponio, Paolo e Ulpiano, ma piuttosto complementare (nel senso che in definitiva tutte queste ipotesi interpretative fanno capo ad un'idea fondamentale di *possessio* qualificata dall'*adprehensio* quale *dominus*, in sostanza ad una *possessio bonae fidei*, ma in cui la buona fede è qualcosa di più della tradizionale convinzione di non arrecare torto ad altri, in quanto implica il convincimento – e non solo l'intenzione – di essere già *dominus*, convincimento che si è formato in seguito a circostanze tali da giustificare un ragionevole errore su di esse), diventa facile comprendere quale fosse il suo naturale collegamento concettuale con tutta la problematica sia della buona fede sia del procedere dell'usucapione in assenza di titolo effettivo.

il compratore al momento della compravendita fosse consapevole dell'alienità della *res*. Nello stesso ordine di idee si muoveva peraltro Giuliano:

D. 41.4.11 (Afr. 7 *quaest.*): *Quod volgo traditum est eum, qui existimat se quid emisse nec emerit, non posse pro emptore usucapere, hactenus verum esse ait, si nullam iustam causam eius erroris emptor habeat: nam si forte servus, vel procurator, cui emendam rem mandasset, persuaserit ei se emisse atque ita tradiderit, magis esse, ut usucapio sequatur.*

Il caso è perfettamente analogo a quello ipotizzato da Nerazio in D. 41.10.5.1, e la soluzione di Giuliano, riferita da Africano, appare conforme allo stesso criterio della scusabilità dell'errore[39]. Nel testo in esame non si

[39] Naturalmente P. Voci, *L'errore*, cit., 171 s., che ritiene interpolato il passo di Nerazio, estende i suoi sospetti al frammento di Africano, con la motivazione: «l'ipotesi è troppo simile a quella di D. 41.10.5 perché l'interpolazione possa essere negata» (Id., *L'errore*, cit., 172) che ovviamente non prova nulla (cfr. anche Id., *Modi di acquisto*, cit., 206); l'argomentazione di maggior peso dovrebbe essere comunque costituita dal fatto che lo stesso Giuliano negherebbe espressamente il titolo putativo a proposito dell'*usucapio pro derelicto*: D. 41.7.6: *Nemo potest pro derelicto usucapere, qui falso existimaverit rem pro derelicto habitam esse*: ma in altra sede ho cercato di dimostrare che l'affermazione di Giuliano va intesa nel senso che si può possedere ed usucapire *pro derelicto* solo una cosa che sia stata effettivamente abbandonata dal *dominus*; ciò non toglie però che lo stesso Giuliano potesse ammettere l'*usucapio pro suo* nel caso di immissione nel possesso di una cosa '*vacuae possessionis*', e in buona fede, in seguito appunto ad errore scusabile. È piuttosto possibile vedere chiaramente in questi testi l'oscillazione continua dell'analisi casistica dei giuristi fra i due poli della *iusta causa*, intesa come titolo che di per sé legittima l'*usucapio* e viene altresì tutelato dal pretore, e la *bona fides* come elemento di cui comunque il giurista è chiamato a tener conto ai fini della valutazione della liceità del procedere dell'*usucapio*. In questa tematica si inserisce giustamente quella della *existimatio* dell'accipiente e la valutazione della sua credenza soggettiva anche sulla base della scusabilità dell'errore: tutta l'analisi si svolge quindi su un piano, che non ha niente a che vedere con un'impostazione in termini di riconoscimento del cosiddetto titolo putativo: da questo equivoco nascono affermazioni drastiche come quella del Voci secondo cui un giurista necessariamente o ammette il titolo putativo, o non lo ammette: il giurista si limita piuttosto ad individuare gli elementi che caso per caso possono portare a stabilire se il possessore può anche usucapire, e se questo possesso *ad usucapionem* è altresì *ex iusta causa*: indubbiamente in questa analisi si serve di categorie che già nell'indagine casistica hanno assunto un certo grado di tipizzazione, per esempio la *iusta causa erroris*: ma da ciò ad assimilare la *iusta causa erroris* ad una *iusta causa* putativa ci corre! La questione non è esaminata da U. Zilletti, *La dottrina dell'errore*, cit., *passim*, forse perché lo stesso autore dà della buona fede la tradizionale nozione riduttiva della «persuasione dell'usucapiente di non ledere il diritto altrui», per cui «la giurisprudenza non si è posto il problema di una concreta specificazione, nel senso della scusabilità, dell'errore indicativo della buona fede» (Id., *La dottrina dell'errore*, cit., 172): un'analisi di questi testi avrebbe forse potuto indurre l'autore a modificare la sua opinione.

precisa se la *usucapio* proceda anche per Giuliano sulla base della *possessio pro suo*, ma alla luce di tutte le soluzioni esaminate la conclusione può essere solo in questo senso [40].

---

[40] Sia TH. MAYER-MALY, *Das Putativtitelproblem*, cit., 30 ss., sia H. HAUSMANINGER, *Die 'bona fides'*, cit., 56 ss., ritengono invece che Giuliano ammettesse l'*usucapio pro emptore*. Il Mayer-Maly arriva a questa conclusione sulla base della considerazione della rilevanza dell'errore ai fini dell'ammissibilità dell'*usucapio* che si propone come particolare nel titolo '*pro emptore*', anche se poi può essere stata estesa dallo stesso Giuliano e da giuristi successivi ad altre ipotesi (D. 41.7.6; D. 41.3.33.1; Vat. Frag. 111): il giurista cioè non intende ammettere in generale la rilevanza del titolo putativo, ma fa riferimento alla soluzione concreta di alcuni casi in materia di compravendita, in cui si può attribuire rilevanza ad un errore obiettivamente giustificabile. L'Hausmaninger, sia pure partendo da premesse differenti, sviluppa in qualche modo questa proposizione del Mayer-Maly: l'autore ricollega la polemica a quella che, secondo lui, esisteva fra i giuristi classici sul titolo *pro suo* come possibile configurazione di un titolo putativo. Posto cioè che la *possessio pro suo* esisteva, secondo alcuni, solo ove esistesse un titolo effettivo (Ulpiano e Celso), secondo altri (Nerazio, Pomponio e Proculo) si ammetteva anche quando il titolo era mancante o invalido, Giuliano, sulla base dell'esigenza concreta di riconoscere in alcune ipotesi il procedere dell'*usucapio* anche ove la causa sia effettivamente insussistente, fa riferimento piuttosto che alla *possessio pro suo*, alla *iusta causa erroris*, la cui rilevanza peraltro sarebbe stata circoscritta alla compravendita: in questo modo il titolo putativo viene piuttosto considerato sotto l'angolo visuale della buona fede. Devo dire che mi riesce piuttosto difficile comprendere la differenza che in questo modo l'autore pone fra la posizione di Pomponio, Nerazio e Proculo, per i quali la *possessio pro suo* si ha quando il titolo effettivo esiste solo nella *existimatio* del possessore – *existimatio*, si badi bene, che deve essere collegata secondo lo stesso Nerazio ad un errore '*tolerabilis*' – e quella di Giuliano: in entrambi i casi il problema è un problema di *bona fides*, né potrebbe essere diversamente visto che il titolo è invalido, il che esclude che la *possessio* sia *ex iusta causa* nel senso previsto dall'editto Publiciano: è pertanto logico che i giuristi dovessero escludere l'*usucapio pro emptore*, come quella *pro dote, pro legato*, ecc.: in alcuni casi particolari ammettevano tuttavia che l'acquirente possedesse e usucapisse, anche se semplicemente *pro suo*, sulla base della sua posizione obiettiva giustificata unicamente da un errore scusabile. Credo pertanto che tutte queste discussioni siano in definitiva indotte da una falsa e restrittiva interpretazione della *possessio pro suo* come *titolo* dell'*usucapio*, quando invece titolo non è per i giuristi classici. Solo la mania di schematizzazione dei compilatori li ha indotti ad inserirlo nel Digesto assieme agli altri. Che d'altra parte questo fosse il punto di vista anche di Giuliano e Ulpiano risulta chiaramente dal già esaminato D. 41.1.9.2, in cui l'*usucapio pro suo*, come si è visto, procede indiscutibilmente là dove non è assolutamente configurabile un titolo *pro dote*. Sia Mayer-Maly sia Hausmaninger risolvono questo caso, come peraltro quello esaminato in Vat. Frag. 111, con l'idea che qui il titolo non sia *pro dote*, ma non manchi comunque un titolo effettivo, anche se non ha una propria denominazione, il che sarebbe coerente con la loro interpretazione del significato del titolo *pro suo*; se un argomentazione di questo genere può sembrare abbastanza logica, non mi sembra però che questo atteggiamento di Giuliano e di Ulpiano risulti effettivamente dai passi: infatti la soluzione di D. 41.9.1.2 è ancora una volta basata fondamentalmente sulla *existimatio* dell'accipiente, cioè in sostanza sulla buona fede, che deriva dal fatto che all'atto della *traditio* non risulta manifesta una volontà della *sponsa* di trasferire i

Se questo è dunque l'orientamento di tutta la giurisprudenza classica, appare possibile interpretare il pensiero di Celso in un senso in certo qual modo più restrittivo.

La base testuale per una diversa interpretazione rispetto a quella tradizionale è offerta dalla semplice constatazione che i titoli riportati nella frase «*emerit nec ne, donatum sit nec ne*» risultano differenti da quelli elencati nella conclusione: «*quia neque pro legato neque pro donato neque pro dote usucapio valeat, si nulla donatio, nulla dos, nullum legatum sit*». Il ragionamento di Celso potrebbe essere cioè il seguente: sbaglierebbe chi affermasse genericamente che chiunque acquisti il possesso in buona fede può comunque usucapire *pro suo*, indipendentemente dalla validità del titolo di acquisto; infatti, non si può usucapire né *pro dote*, né *pro legato*, né *pro donato* se è nulla la donazione, la dote, o il legato. Questa elencazione sembra essere in qualche modo significativa, nel senso che questi dovevano essere per lo meno i casi più discussi, data l'espressa estensione successiva al caso di *litis aestimatio*; ed altrettanto significativa potrebbe essere l'esclusione del titolo *pro emptore*[41].

---

beni dotali solo al momento delle nozze: «*si tamen non evidenter id actum fuerit*». Su questi problemi cfr. F. WUBBE, *Recensione* a TH. MAYER-MALY, *Das Putativtitelproblem*, cit., in *ZSS*, XCIV, 1964, 416 ss.; C.A. CANNATA, *Recensione* a H. HAUSMANINGER, *Die 'bona fides'*, cit., in *Iura*, XVI, 1965, 337 s.; A. MASI, *Recensione* a H. HAUSMANINGER, *Die 'bona fides'*, cit., in *Labeo*, XIV, 1968, 322 (v. ivi per ulteriori citazioni).

[41] Indubbiamente l'andamento generale di questi passi testimonia l'esistenza di alcune controversie fra i giuristi: Pomp. D. 41.10.3: ... *quod si nescio verius est ut usucapiam*; Iul. D. 41.1.36: *Cum in corpus quidem quod traditur consentiamus, in causis vero dissentiamus, non animadverto cur inefficax sit traditio* ...; Ulp. D. 41.9.1.2: ... *est quaestio volgata an sponsus possit rem pro dote usucapere ... et Iulianus inquit ... quae sententia mihi probabilis videtur* ...; D. 41.3.27: *Celsus ... errare eos ait* ..., ecc.; non mi sembra però che la questione o le questioni dibattute fra i giuristi attengano alla configurazione della *possessio pro suo*, come abbiamo visto sostiene l'Hausmaninger, ma piuttosto – chiaramente – al problema della ammissibilità dell'*usucapio* nei casi in cui non vi sia la *iusta causa*; questa ammissibilità non è negata in via di principio, per cui si giunga poi al riconoscimento di alcune ipotesi di titolo putativo, ma i giuristi si pongono, ai fini del riconoscimento della *possessio ad usucapionem*, prevalentemente dall'angolo visuale della buona fede, e cercano di delimitare i criteri cui si possa far riferimento per individuarla, criteri che in definitiva risultano più oggettivi che soggettivi: scusabilità dell'errore in quanto dovuto a fatto del terzo, *iusta causa erroris*, ecc. Le oscillazioni dei giuristi si spiegano facilmente se si considera che in questo campo essi procedono su una strada del tutto nuova, in quanto l'unica regolamentazione normativa, su cui si è consolidata la giurisprudenza precedente, è costituita dalle norme decemvirali, il cui fondamento giuridico-sociale non trova alcuna corrispondenza nella realtà in relazione alla quale essi operano, e perciò si trovano ad utilizzare categorie ed istituti precedenti (in particolare l'*usucapio*) per situazioni del tutto diverse. L'altro elemento 'normativo' è costituito dalle formule del pretore in tema di *Publiciana*, la cui tutela, come abbiamo visto, è ispirata

L'impressione generale che si ricava dal testo è comunque che sia intervenuta un'opera di semplificazione e abbreviazione della stesura originaria, al fine probabilmente di generalizzarne le affermazioni. Questa impressione è confermata dalla circostanza che il passo è tratto dal libro 31 del commentario di Ulpiano *ad Sabinum*, relativo, secondo la Palingenesi del Lenel, al '*de iure dotium*', ed è inserito dallo stesso Lenel subito dopo D. 41.9.1, in cui, come si è visto, Ulpiano riportava il parere di Giuliano, secondo il quale era possibile usucapire le *res dotales* date *ante nuptias*, ove non risultasse all'acquirente la volontà del tradente che queste cose fossero acquistate solo dopo il matrimonio: ed Ulpiano accedeva a questa opinione affermando che «*ante nuptias autem non pro dote usucapit, sed pro suo*»[42].

Ne risulta chiaramente che, se controversia vi era, questa non era fra Celso e Nerazio sull'*usucapio pro emptore*, ma piuttosto fra Celso e Giuliano sull'*usucapio pro dote*: il passo di Celso riportato da Ulpiano doveva essere relativo specificamente a questa questione; ed allora si spiega facilmente il tono polemico dello stesso Celso nel negare che qualunque possesso di buona fede potesse portare all'*usucapio*.

Tuttavia i termini esatti della disputa sfuggono nelle attuali semplificazioni e generalizzazioni dei testi: le discussioni fra i giuristi dovevano vertere infatti non tanto sulla possibilità di usucapire *pro legato, pro dote, pro donato*, ove non esistessero i presupposti validi della donazione, della dote, del legato, quanto sulla possibilità che in questi casi si usucapisse senza titolo, *pro suo*.

Ne fa fede un altro testo molto discusso, in cui si ritiene normalmente che Proculo ammettesse il titolo putativo:

---

a sua volta da esigenze che non sempre coincidono strettamente con il fondamento dell'*usucapio*, o per lo meno lasciano libero uno spazio che può essere delimitato solo casisticamente: questo spazio è proprio quello delle situazioni in cui taluno si immette nel possesso di un bene per l'acquisto della proprietà del quale non ha una *iusta causa*, cioè titolo valido secondo l'ordinamento giuridico, vuoi civile che pretorio, ma ciononostante si trova in una posizione di fatto, *iusta possessio* nella sua accezione più generica, che è equo riconoscere come produttiva di effetti giuridici, sia pure in modo più limitato rispetto alle ipotesi ingenerate da *iusta causa*, ma comunque facendo riferimento ai principi generali in tema di usucapione. È altresì indubbio che le discussioni fra i giuristi a questo proposito dovevano essere molto più numerose ed articolate di quanto è possibile percepire oggi dalla compilazione giustinianea: in questo campo, più che in altri, ha infatti necessariamente influito la risistemazione di questi temi da parte dei postclassici e in particolare di Giustiniano: il risultato è stato che in molti casi la discussione dei giuristi è stata tagliata, riducendo il loro enunciato a delle affermazioni apodittiche, avulse dal contesto originario che solo le giustificava.

[42] Cfr. anche Vat. Frag. 111, su cui, da ultimi, H. HAUSMANINGER, *Die 'bona fides'*, cit., 86 ss.; TH. MAYER-MALY, *Das Putativtitelproblem*, cit., 51 ss., con ulteriore letteratura.

D. 23.3.67 (Proc. 7 *epist.*): *Proculus Nepoti suo salutem. Ancilla quae nupsit dotisque nomine pecuniam viro tradidit, sive sciat se ancillam esse sive ignoret, non poterit eam pecuniam viri facere eaque nihilo minus mansit eius cuius fuerat antequam eo nomine viro traderetur, nisi forte usucapta est. nec postea quam apud eundem virum libera facta est, eius pecuniae causam mutare potuit. itaque nec facto quidem divortio aut dotis iure aut per condictionem repetere recte potest, sed is cuius pecunia est recte vindicat eam. quod si vir eam pecuniam pro suo possidendo usucepit, scilicet quia existimavit mulierem liberam esse, propius est, ut existimen eum lucri fecisse.*

Ne risulta con tutta evidenza che il possesso di buona fede del marito, per cui si esclude ovviamente il titolo *pro dote*, è niente altro che un possesso *pro suo*, sufficiente in quanto tale all'usucapione: anche in questo caso l'usucapione viene inoltre fatta dipendere dalla scusabilità dell'errore[43].

## 6. *L''usucapio pro suo' nei casi di possesso di buona fede non derivante da una 'iusta causa'.*

Le conclusioni, che si possono trarre dal complesso di queste testimonianze, sono in linea generale abbastanza semplici: non possiamo, in questa sede, approfondire il discorso relativo alle singole *iustae causae usucapionis*, in quanto ciò richiederebbe uno studio specifico sull'*usucapio* ben più ampio di quanto si propongano le attuali osservazioni in tema di *usucapio pro suo*; dobbiamo limitarci a constatare che il cosiddetto 'titolo *pro suo*' si delinea in modo abbastanza differente dalla nozione tradizionalmente accettata dalla dottrina al fine di inquadrarlo nella ricostruzione della *iusta causa usucapionis*.

Il primo rilievo che viene in evidenza è costituito dalla circostanza che la denominazione *pro suo* non indica un titolo dell'*usucapio* ma piuttosto una

[43] Giustamente H. Hausmaninger, *Die 'bona fides'*, cit., 51 s., obietta alla interpretazione di Th. Mayer-Maly, *Das Putativtitelproblem*, cit., 55, secondo il quale nel testo si tratta di un'ipotesi particolare di titolo putativo, che in realtà non si può far riferimento ad un titolo putativo *pro dote*, ma solo ad un errore dell'accipiente circa una condizione necessaria, il matrimonio: in sostanza cioè Proculo non fa altro che enunciare, in relazione ad una singola ipotesi, il principio che più tardi verrà espresso e generalizzato da Pomponio in D. 41.10.3: *... quia ipsa traditio, ex causa quam veram esse existimo sufficit ad efficiendum ut id quod mihi traditum est pro meo possideam.*

qualifica della *possessio* che sia considerata idonea a produrla: *possidere pro suo* indica sempre, secondo la felice definizione di Nerazio, il possesso di colui che «*cum suum esse existimaret, possederit*». Si tratta puramente e semplicemente del possesso di chi possiede una cosa che ritiene gli appartenga, ed è appunto questa nozione che indica esplicitamente la semplice denominazione '*pro suo*'.

La rilevanza di questa *possessio pro suo* sta proprio nella circostanza che, anche se è vero che la stessa situazione si ritrova ovviamente in tutti i casi di *possessio ex iusta causa*, che portano all'acquisto immediato del dominio o all'usucapione secondo i termini degli editti relativi all'*actio Publiciana*, da questa *iusta causa* essa di per sé prescinde nella considerazione obiettiva della situazione possessoria, e sotto questo profilo viene in considerazione come ipotesi di *possessio ad usucapionem* nonostante la nullità o la inesistenza della causa.

Non mi sembra però che in queste ipotesi il problema possa essere impostato come problema di un'eventuale rilevanza riconosciuta al cosiddetto titolo putativo: porsi la questione in questi termini significa ancora una volta centrare il discorso tutto sulla *iusta causa*, putativa o meno: il problema della *possessio pro suo* come *possessio ad usucapionem* è invece incentrato prevalentemente sulla buona fede, sul problema cioè se si possa, in assenza di causa del possesso, riportare l'usucapione ad un principio generale della possibilità di usucapire riconosciuta a chi possiede in buona fede, *pro suo*. Già abbiamo visto come il giurista Paolo ripetutamente ribadisca l'idea che il caso tipico di questa *possessio* è quello di chi acquista, diremmo noi, a titolo originario. Così altrettanto originario potrebbe considerarsi l'acquisto di colui che in seguito a *traditio* si immette, senza che vi sia una *iusta causa*, nel possesso di una *res*, con la convinzione, giustificata da un errore scusabile, che la cosa gli appartenga.

Cerchiamo di chiarire ancora meglio questo punto. A differenza che nella *iusta causa* richiesta dall'editto pretorio e dalla giurisprudenza ai fini dell'usucapione tutelata dalla *Publiciana*, nella *possessio pro suo* non si ha riguardo al rapporto intercorrente fra le parti che, in quanto giuridicamente rilevante, giustifica, oltre che l'*usucapio*, la protezione mediante azione da parte del pretore, ma si ha riguardo unicamente alla situazione possessoria di per sé, nella sua obiettività, che, in quanto ingeneratasi in una situazione che non rientra fra le *iustae causae usucapionis*, ma che è pur sempre da considerarsi meritevole di riconoscimento da parte dell'ordinamento, può portare all'acquisto della proprietà mediante *usucapio*, ove non disturbata dal proprietario. I casi, che rientrano in questa categoria, non possono essere ovviamente tipizzati, in quanto spetta alla valutazione del singolo caso il riconoscimento di questa possibilità; tuttavia talvolta i giuristi individuano dei criteri di riferimento, come può essere il caso del *tolerabilis error*.

Ciò spiega agevolmente perché la *possessio pro suo*, oltre che ovviamente alla *possessio pro alieno*, viene contrapposta alla *possessio vi, clam e precario*[44]: proprio perché, essendo una situazione possessoria concretamente idonea alla *usucapio*, non può consistere in una *possessio* viziosa. Sotto lo stesso profilo la *possessio 'pro suo' ad usucapionem* presuppone necessariamente la buona fede[45], che in questo caso, come indica ancora una volta in modo evidente la sua denominazione, non è relativa alla validità del titolo, ma significa semplicemente convinzione di essere proprietario, giustificata, nel caso sia erronea, da errore scusabile.

Può essere significativa, al fine della dimostrazione di questa tesi, la lettura di alcuni testi:

> D. 41.3.4.22 (Paul. 54 *ad ed.*): *Si tu me vi expuleris de fundi possessione nec adprehenderis possessionem, sed Titius in vacuam possessionem intraverit, potest longo tempore capi res: quamvis enim interdictum unde vi locum habeat, quia verum est vi me deiectum, non tamen verum est et vi possessum.*

È vero che il problema posto dal testo attiene semplicemente alla questione della usucapibilità del fondo da cui il *dominus* sia stato *deiectus*, che, se acquistato dal terzo, non è rispetto a questi *vi possessum*, ma è anche vero che in nessun modo si pone una limitazione, che sarebbe stata sponta-

---

[44] Pomp. D. 41.10.4 pr.; Pomp. D. 41.10.4; Paul. D. 41.3.13.2. Tutti questi testi sono ritenuti interpolati da E. ALBERTARIO, *Distinzioni*, cit., 194 ss., cui rimando anche per la letteratura precedente. Va notato però che l'unica argomentazione, su cui si basano queste ipotesi di rimaneggiamento, è costituita da una corrispondenza della nozione di *possessio pro suo* che vi si delinea alla idea giustinianea, e non a quella classica, cui secondo l'autore sarebbe estranea appunto l'idea di *possessio bonae fidei* o di *possessio* non viziosa.

[45] Secondo H. HAUSMANINGER, *Die 'bona fides'*, cit., 70 ss., nella *possessio pro suo*, così come è configurata da quei giuristi che soli, nella sua ricostruzione, vi ricorrono ai fini del riconoscimento del titolo putativo, cioè Proculo, Nerazio, Pomponio, la *bona fides* assume uno dei suoi contenuti tipici, nel senso che corrisponde, nella *existimatio* del possessore, alla convinzione dell'esistenza di una causa valida. Va notato altresì che secondo la sua ricostruzione la buona fede non può essere considerata un convincimento positivo dell'esistenza dei presupposti necessari all'acquisto della proprietà, ma può risolversi nell'ignoranza, dovuta ad errore giustificabile, dei vizi che impediscono l'acquisto della proprietà. Sulle perplessità, che quest'ultima osservazione può suscitare, cfr. C.A. CANNATA, *Recensione*, cit., 338 ss.; A. MASI, *Recensione*, cit., 321 ss.

nea se la *iusta causa* fosse stata sempre necessaria: l'unico requisito che si pone è invece quello della *vacua possessio*, che, peraltro, ovviamente, doveva essere accompagnata dalla buona fede, come si deduce da Gai 2.51[46].

D'altra parte, se si dovesse ricercare un possibile titolo per il possesso ipotizzato da Gaio e Paolo, di colui che in buona fede si immette nella *vacua possessio*, dovremmo necessariamente ricorrere al titolo *pro derelicto*, ma Giuliano esclude recisamente che si possa usucapire *pro derelicto* ciò che derelitto non è stato:

D. 41.7.6 (Iul. 3 *ad Urs. Fer.*): *Nemo potest pro derelicto usucapere, qui falso existimaverit rem pro derelicto habitam esse.*

E nel caso ipotizzato da Paolo non si potrebbe neanche ricorrere alla spiegazione che *derelictio* vi fosse stata, ma *a non domino*[47]. Ne consegue chiaramente che l'unica *possessio* in base alla quale si compie l'usucapione è la *possessio pro suo*, di buona fede.

### 7. *La 'possessio pro suo' nel tempo necessario all'usucapione non è tutelata dall''actio Publiciana', che fu introdotta a tutela delle 'iustae causae' di acquisto della proprietà mediante 'traditio' di 'res mancipi' o 'a non domino'.*

Si pone ora un'ulteriore questione: se la *possessio pro suo* è semplicemente la *possessio* di buona fede riconosciuta atta all'*usucapio* anche se non giustificata da una *iusta causa*, essa dà luogo o no all'*actio Publiciana*?

---

[46] Gai 2.51: *Fundi quoque alieni potest aliquis sine vi possessionem nancisci, quae vel ex neglegentia domini vacet, vel quia dominus sine successore decesserit, vel longo tempore afuerit; quam si ad alium bona fide accipientem transtulerit, poterit usucapere possessor; et quamvis ipse qui vacantem possessionem nactus est, intellegat alienum esse fundum, tamen nihil hoc bonae fidei possessori ad usucapionem nocet, <cum> inprobata sit eorum sententia, qui putaverint furtivum fundum fieri posse.* Cfr. anche D. 31.3.38 e Iul. D. 41.3.33.2. Su questi problemi cfr. anche il mio *Osservazioni*, cit., *passim*.

[47] Una delle spiegazioni tradizionali per dar ragione della contraddizione che sembra vi sia nelle fonti fra testi che richiedono, per l'acquisto della cosa abbandonata, l'*usucapio*, e testi che invece sembrano affermare recisamente l'acquisto immediato, è infatti che l'*usucapio* fosse necessaria solo ove l'abbandono fosse stato compiuto *a non domino*: da ultimo, in questo senso, S. ROMANO, *Studi sulla derelizione nel diritto romano*, Padova, 1933, *passim*. Su questi problemi L. VACCA, *Osservazioni*, cit., *passim*, cui rimando anche per un'accurata esegesi del testo di Giuliano, D. 41.7.6, che secondo la mia ricostruzione non può essere utilizzato come prova del fatto che Giuliano negasse il titolo putativo.

Il problema non è affrontato esplicitamente nelle fonti, se non in due passi, che peraltro danno una testimonianza affatto contrastante:

D. 6.2.7.2 (Ulp. 16 *ad ed.*): *Marcellus libro septimo decimo digestorum scribit eum, qui a furioso ignorans eum furere emit, posse usucapere: ergo et Publicianam habebit.*

D. 41.4.2.16 (Paul. 54 *ad ed.*): *Si a furioso, quem putem sanae mentis, emero, constitit usucapere utilitatis causa me posse, quamvis nulla esset emptio et ideo neque de evictione actio nascitur mihi nec Publiciana competit nec accessio possessionis.*

Lo stesso Paolo, in D. 41.3.13.1 (5 *ad Plaut.*), si limita ad affermare laconicamente: «*Eum, qui a furioso bona fide emit, usucapere posse responsum est*», ma non ci dice niente circa l'esperibilità della *Publiciana*.

Il contrasto fra questi testi ha dato luogo a numerose discussioni in dottrina[48]; la maggioranza si esprime comunque nel senso di ammettere la classicità dell'usucapione, nonostante l'*emptio* sia evidentemente radicalmente nulla, mancando la capacità di agire del *furiosus*. Di conseguenza, data l'opinione unanime che ove vi è *possessio ad usucapionem* vi è *Publiciana*, si espunge quasi concordemente l'ultima parte di D. 41.4.2.16, da '*quamvis*' alla fine[49].

In realtà, però, il ragionamento di Paolo pare troppo consequenziario per essere eliminato tranquillamente. Se infatti la compravendita è nulla, è logico che non si possa dare l'azione di evizione e l'*accessio possessionis* a favore del compratore, né del resto questi possiede *pro emptore*; ritengo quindi che sia logico escludere anche la *Publiciana*[50]: in conformità di quanto abbiamo visto in precedenza appare giustificato supporre che il compratore, in virtù della sua buona fede, possa usucapire *pro suo*, e ne

[48] Cfr. gli autori citati da TH. MAYER-MALY, *Das Putativtitelproblem*, cit., 73 s.; 99 ss., e da H. HAUSMANINGER, *Die 'bona fides'*, cit., 33 ss.

[49] Cfr. per tutti H. HAUSMANINGER, *Die 'bona fides'*, cit., *passim*.

[50] F. WUBBE, *Ungewissheit und Unbehagen in Eigentumsgragen*, in *Gedächtnisschrift Petr Jäggi*, Freiburg, 1977, 101 ss., ritiene invece che vi fosse fra i due giuristi Marcello e Paolo un contrasto nel modo di intendere il caso: mentre Marcello avrebbe ammesso l'applicabilità della *Publiciana* in quanto riconosceva valido il titolo putativo fondato sulla buona fede dell'acquirente, Paolo invece, pure ammettendo '*utilitatis causa*' che l'acquirente potesse usucapire, non ritiene possibile la concessione dell'*actio Publiciana*, non sussistendo il requisito della *iusta causa*.

consegue anche che l'*usucapio pro suo* non è tutelata dalla *Publiciana*. Solo i commissari giustinianei avrebbero dunque generalizzato in tal senso l'*actio Publiciana*, e modificato di conseguenza la chiusa di D. 6.2.7.2[51].

## 8. *'Causae possessionis' e 'causae usucapionis': Paul. D. 41.2.3.21.*

A questo punto mi sembra necessario cercare di chiarire alcuni dati che emergono dalla lettura di questi passi in tema di *possessio pro suo*, collegandoli anche alla problematica dell'azione Publiciana.

Va innanzi tutto sottolineato che questa ricostruzione non urta contro l'affermazione generale di Gaio in:

> D. 6.2.13 pr. (Gai. 7 *ad ed. prov.*): *Quaecumque sunt iustae causae adquirendarum rerum, si ex his causis nacti res amiserimus, dabitur nobis earum rerum persequendarum gratia haec actio.*

Gaio non fa riferimento alle *iustae causae possessionis* ma alle cause idonee all'acquisto della proprietà, e sotto questo profilo non vi è dubbio che, ove esse sussistano validamente, si produce l'effetto della concessione della *Publiciana*. Questa osservazione ci porta sul terreno della *ratio* della concessione della *Publiciana* e dei rapporti che intercorrono fra l'editto relativo alla *traditio ex iusta causa e* la formula a difesa del *bonae fidei emptor*.

La fonte principale è costituita da Gai 4.36:

> *<Item usucapio fingitur in ea actione quae Publiciana>*[52] *vocatur. datur auteum haec actio ei qui ex iusta causa traditam sibi rem nondum usucepit eamque amissa possessione petit. nam quia non potest eam ex iure Quiritium suam esse intendere, fingitur rem usucepisse et ita quasi ex iure Quiritium dominus factus esse intendit, veluti hoc modo: Iudex esto. Si quem hominem A. Agerius emit <et> is ei traditus est, anno possedisset, tum si eum hominem, de quo agitur, eius ex iure Quiritium esse oporteret*[53].

[51] Particolare interesse hanno le osservazioni di M. Talamanca, *Studi sulla legittimazione passiva alla 'hereditatis petitio'*, Milano, 1956, 133 s., nt. 299, secondo il quale l'ammissione in ogni caso dell'*actio Publiciana* corrisponde solo allo stato del diritto giustinianeo.

[52] P. Krüger-G. Studemund, n. 164 s.

[53] Va tuttavia rilevato che Gaio si esprime in modo inesatto quando asserisce che «*fingitur rem usucepisse*»: la vera *fictio*, come peraltro risulta dai termini della formula che egli

Il testo è di per sé chiarissimo e sarebbe sufficiente da solo a delineare l'ambito di applicazione e i requisiti della *Publiciana* nella parte relativa all'ipotesi tipica: *traditio ex iusta causa* di *res mancipi*[54]. L'esposizione si integra completamente con quanto Gaio espone nei paragrafi 2.41 ss. del libro IV. Leggiamo in particolare i paragrafi 43-44:

43: *Ceterum etiam earum rerum usucapio nobis competit, quae non a domino nobis traditae fuerint, sive mancipi sint eae res sive nec mancipi, si modo eas bona fide acceperimus, cum crederemus eum qui traderet dominum esse.* 44. *Quod ideo receptum videtur, ne rerum dominia diutius in incerto essent ...*

Tralasciando in questa sede le diverse ipotesi di ricostruzione dell'editto, e le dispute se sia antecedente la tutela della *iusta causa* (ipotesi di *traditio* di *res mancipi*) o della buona fede (*emptio a non domino*)[55], ci interessa piuttosto sottolineare alcuni punti: l'*actio Publiciana* non appare affatto connessa dogmaticamente a tutte le ipotesi in cui l'ordinamento considera lecita l'usucapione, ma piuttosto appare come un rimedio speciale concesso ove esistano determinati presupposti che conducano a considerare in qualche modo già proprietario (sia pure solo nell'ambito dell'ordinamento pretorio) il possessore, in un caso anche contro lo stesso *dominus ex iure*

stesso riporta, è costituita dall'essere trascorsi i termini dell'*usucapio*: «*Si ... anno possedisset*», né potrebbe essere diversamente, ché non potrebbe costituire oggetto di *fictio* la qualità di *dominus* dell'attore.

[54] Il testo dell'editto è nella compilazione così restituito attraverso un passo di Ulpiano, D. 6.2.1 pr.: *Ait praetor: 'Si quis id quod traditur ex iusta causa non a domino et nondum usucaptum petet, iudicium dabo'*. È generalmente ammesso dalla dottrina che le parole «*non a domino*» non figuravano nella stesura originaria. Il Lenel, dopo alcune oscillazioni, arrivò alla conclusione che l'editto doveva suonare: «*Si quis id quod mancipio datur, traditum ex iusta causa et nondum usucaptum petet, iudicium dabo*»: solo la giurisprudenza dell'età successiva avrebbe esteso l'azione anche all'acquirente di *res nec mancipi* (O. Lenel, *Das 'Edictum Perpetuum'*[2], Paris, 1907). P. Bonfante, *L'editto Publiciano*, cit., 406 ss., si ricollega invece a Gai 4.36 e dà la ricostruzione del testo edittale così: «*Si quis rem ex iusta causa traditam sibi et nondum usucaptam petet, iudicium dabo*», che è anche la ricostruzione più generalmente accettata: cfr. F. Wubbe, *La fonction et l'origine de l'actio Publicienne*, cit., 427 ss., che, pur accettando il testo nella ricostruzione del Bonfante, non ne accetta l'interpretazione nel senso che siano tutelati sin dall'origine, mediante la *Publiciana*, tutti gli acquirenti *ex iusta causa*, mediante *traditio*: ma, data la formulazione generale dell'editto, l'azione andava a vantaggio anche degli acquirenti di *res mancipi traditae a domino* o *a non domino*.

[55] Su questi problemi cfr., in particolare, L. Lombardi, *Dalla 'fides'*, cit., 239 ss.

*Quiritium*, nell'altro con la sola esclusione di quest'ultimo[56].

Ho già in altra sede ipotizzato che l'origine dell'editto relativo all'*actio Publiciana* sia da collegarsi fondamentalmente all'affermarsi del contratto di compravendita come contratto consensuale obbligatorio che in quanto tale non implicava necessariamente la qualità di *dominus* del venditore né il trasferimento della proprietà mediante gli atti idonei a ciò secondo il *ius civile*[57]. Il riconoscimento di un contratto di questo tipo, fondato essenzialmente sulla buona fede, imponeva come immediata l'esigenza pratica di tutelare il compratore possessore sia contro i terzi sia nei confronti dello stesso *dominus* che aveva compiuto la *traditio*, con un tipo di rimedio processuale che di fatto lo ponesse sullo stesso piano di un proprietario, dato che il suo titolo era riconosciuto dall'ordinamento giuridico come causa di acquisto della proprietà e non solo del possesso[58]. Questo tipo di tutela viene poi esteso, come ci dice lo stesso Gaio, a tutte le cause di acquisto del dominio, cui sia seguito un atto ad effetti reali, che tuttavia per un vizio o formale (inidoneità della *traditio* per le *res mancipi*) o di legittimazione ad alienare la proprietà del tradente (che però deve essere ignorato dall'accipiente) trasferisce solo il possesso e non il *dominium*.

È evidente che su questo terreno il discorso si prospetta su un piano del tutto differente da quello della normale *possessio bonae fidei ad usucapionem* o *iusta possessio*, il cui fondamento riposava unicamente sulla necessità di tutelare il possesso *nec vi nec clam nec precario*, che era pur sempre una situazione giuridicamente lecita, cui l'ordinamento ricollegava l'acquisto della proprietà sulla base dell'esigenza della certezza dell'appartenenza, dell'inerzia del proprietario prolungata nel tempo, e della necessità di circo-

[56] D. 6.2.7.6 (Ulp. 16 *ad ed.*): *Publiciana actio ad instar proprietatis, non ad instar possessionis respicit.*

[57] Sotto questo profilo assume particolare rilevanza la prevalenza, già notata da L. LOMBARDI, *Dalla 'fides'*, cit., 237 ss., sulla scia di una dottrina peraltro già affermata (cfr. soprattutto S. PEROZZI, *L'editto Publiciano*, in *BIDR*, V, 1894, 45 ss.; F. GALLO, voce *'Actio Publiciana* (*in rem*)*'*, in *Noviss. dig. it.*, I, Torino, 1958, 267 ss.) del titolo *pro emptore* sia all'interno del titolo del Digesto (D. 6.2) relativo al commento di questo editto, sia fuori di esso.

[58] Sotto questo profilo appare abbastanza convincente l'idea di L. LOMBARDI, *Dalla 'fides'*, cit., *passim*, che, modificando la ricostruzione del Bonfante ed accettando sostanzialmente l'ultima idea di O. LENEL, *Das 'Edictum'*², cit., 169 ss., ricostruisce in questi termini l'editto originario: «*Si quis rem bona fide emptam et traditam sibi et nondum usucaptam petet, iudicium dabo*», che comprende evidentemente anche il caso di *emptio a domino* di *res mancipi*: l'estensione a tutte le altre ipotesi di *traditio ex iusta causa* sarebbe invece dovuta a uno degli interventi unificatori di Giuliano, che si sarebbe limitato ad un'aggiunta «*si quis rem (mancipi) bona fide emptam vel ex alia iusta causa traditam sibi*», ecc.

scrivere nel tempo la possibilità delle liti. Questa è la giustificazione consolidata che viene sempre ripetuta dai giuristi quale fondamento dell'*usucapio*, e non vi è motivo per dubitarne. Ciò spiega anche perché, in ultima analisi, il fondamento dell'acquisto della proprietà per usucapione sta nella legge, indipendentemente dai titoli eventualmente sottostanti[59].

La *iusta causa* e la *bona fides* nel compimento di un negozio traslativo attengono invece al fondamento della protezione di questa usucapione, che, ove ricorrano i presupposti, compete, spetta di diritto al possessore, nel senso che il trascorrere del tempo ha la funzione di perfezionare una situazione, ai fini del *ius civile*, che secondo il *ius honorarium* era già di per sé operante.

Ecco che allora l'analisi degli elementi della *possessio ad usucapionem* si attua da parte dei giuristi classici su vari piani.

Il requisito minimo, anche ai fini della *Publiciana*, è che vi sia una *possessio* che può portare all'usucapione, poiché se l'*usucapio* non può procedere per vizio del possesso, ciò di per sé esclude la possibilità di fingere che l'*usucapio* sia compiuta.

Sotto questo profilo si analizza la *causa possessionis*:

> D. 41.2.3.21 (Paul. 54 *ad ed.*): *Genera possessionum tot sunt, quot et causae adquirendi eius quod nostrum non sit, velut pro emptore; pro donato; pro legato; pro dote; pro herede; pro noxae dedito; pro suo, sicuti in his, quae terra marique vel ex hostibus capimus vel quae ipsi, ut in rerum natura essent, fecimus. et in summa magis unum genus est possidendi, species infinitae.*

La *possessio* può in altri termini essere in qualche modo qualificata dalla *causa adquirendi* al momento della immissione nel possesso stesso, ma ciò non incide sull'essenza del momento possessorio. La *causa possessionis*, così intesa, può riferirsi a qualunque circostanza per cui il soggetto si immetta nel possesso con l'*animus rem sibi habendi*[60].

---

[59] Cic. *pro Caec.* 26.74: *... at usucapio fundi, hoc est finis sollicitudinis ac periculi litium, non a patre relinquitur, sed a legibus ...*: v. E. Costa, *Cicerone giureconsulto*, I, Bologna, 1927, 110; B. Albanese, *La successione ereditaria nell'antico diritto romano*, in *AUPA*, XX, 1949, 369 ss.; P. Noailles, *'Fas' et 'jus'. Etudes de droit romain*, Paris, 1948, 268 ss.; Th. Mayer-Maly, *Studien zur Elementarliteratur aber die 'Usucapio'*, in *Studi in onore di E. Betti*, III, Milano, 1962, 461; Id., *Studien zur Frühgeschichte der 'usucapio'*, II, in *ZSS*, LXXVIII, 1961, 248 ss.; Id., *Das Putativtitelproblem*, cit., 56, nt. 8.

[60] Cfr. M. Talamanca, *Studi sulla legittimazione*, cit., 68 ss., che pone in evidenza che la

Ciò significa che sotto questo profilo la *possessio pro suo* non è altro che il caso dell'acquisto diretto della cosa, indipendente da un qualche rapporto intercorrente con un precedente possessore[61], analogamente agli altri casi elencati da Paolo, che tuttavia sono una categoria aperta, e che avrebbe coinciso di per sé con l'acquisto del dominio, ove non si fosse verificato il difetto di determinate condizioni.

Ciò spiega agevolmente perché il caso di acquisto di *res nullius* sia l'ipotesi più evidente di *possessio pro suo*, in cui tuttavia normalmente l'*adprehensio pro suo* corrisponde immediatamente all'acquisto della proprietà. Il problema si pone sostanzialmente negli stessi termini in caso di *adprehensio* di cosa derelitta: se la cosa è effettivamente *pro derelicto habita* dal *dominus*, colui che compie l'*adprehensio* possiede contemporaneamente *pro derelicto*, in quanto questo atto di disposizione del *dominus* ha reso possibile l'acquisto della *res*, quale *res nullius, pro suo*, in quanto ha acquistato la cosa in buona fede come sua, e nel contempo è proprietario. Se l'effettiva *derelictio* non vi è stata, il possessore acquista, possiede *pro suo*, analogamente a quanto avviene negli altri acquisti 'originari', ma non acquista ovviamente la proprietà poiché la cosa non è *nullius*, né possiede *pro derelicto*, in quanto la cosa non è *pro derelicto habita*.

Il problema è più complesso quando l'immissione nel possesso è conseguente a *traditio*. Si tratta cioè di vedere se sia configurabile un acquisto in un certo senso originario[62] come conseguente ad un'immissione nel possesso, una *adprehensio*, derivante da *traditio*.

---

*causa possessionis* «consiste in un rapporto giuridico, nell'ambito del quale avviene l'acquisto del possesso, che avrebbe prodotto l'acquisto della proprietà in capo al possessore, ove, nella fattispecie, non si fosse verificato il difetto di determinate condizioni ...». Gli ulteriori requisiti che l'ordinamento richiede per il compiersi dell'usucapione non incidono dunque sulla configurazione della *causa possessionis*, che si presenta sempre come un requisito che afferisce al momento dell'acquisto del possesso.

[61] Infatti sia nel caso in cui il possessore si trovi a possedere una *res nullius*, sia comunque nel caso si immetta nel possesso di una *res vacuae possessionis*, volendo e credendo di avere la cosa per sé '*uti dominus*' *(animus rem sibi habendi)*, possiede sempre *pro* suo, oltre che eventualmente *pro emptore, pro herede*, ecc. Ciò si deduce implicitamente dalla stessa impostazione di M. Talamanca, *Studi sulla legittimazione*, cit., *passim*, anche se l'autore non si occupa specificamente di questo tipo di situazione.

[62] R. Sacco, *La buona fede nella teoria dei fatti giuridici di diritto privato*, Torino, 1949, 171 ss., pone in evidenza come anche nella dottrina moderna la qualificazione di un acquisto come originario o derivativo sia estremamente arbitraria ed oscillante: ma se si deve accettare la definizione oggi dominante, secondo cui il titolo originario si ha quando la proprietà dell'acquirente non dipende dal diritto di un'altra persona che gliela trasmette, ne dovremmo dedurre che l'acquisto del possesso di buona fede *a non domino* o in seguito a

### 9. *'Causae possessionis' e 'iustae causae traditionis': Iul. D. 41.1.36; Ulp. D. 12.1.18 pr.: la 'traditio ex iusta causa' costituisce nella generalità dei casi la 'iusta causa usucapionis', ed i suoi effetti traslativi vengono tutelati nel tempo necessario all'acquisto con l''actio Publiciana'.*

Un primo elemento ci viene dalla considerazione che fra le *causae possessionis*, come peraltro fra le *causae usucapionis*, non figurano mai quelli che noi chiameremmo gli atti ad effetti reali, cioè, in altri termini, l'occupazione, la *mancipatio*, l'*in iure cessio* e la *traditio*, ma si fa sempre riferimento, tranne che nel caso della *possessio pro suo*, al rapporto giuridico che in un certo senso costituisce la causa remota[63] dell'atto ad effetti reali[64].

Limitando l'esame del problema alla sola *traditio*, la spiegazione che si dà da alcuni autori è connessa ad un supposto carattere astratto della *traditio* stessa, per cui il passaggio della proprietà deve essere necessariamente giustificato dalla causa concorrente del negozio sottostante: e poiché è questa causa che giustifica l'acquisto della proprietà, e non la *traditio* in sé, ad essa si fa riferimento quando si deve giustificare l'acquisto del dominio, come avviene nell'usucapione[65].

Per chiarire meglio i termini della questione mi sembra opportuno riferire brevemente le due tesi fondamentali che si contrappongono sulla struttura causale della *traditio*, sia pure cercando di angolare la trattazione ai fini degli elementi che possono risultare utili per chiarire il problema centrale di questa ricerca.

Nella ricostruzione, che trova il suo maggiore sostenitore nel Betti[66], «la

titolo inesistente o nullo, cui segua l'acquisto per usucapione, è indubbiamente, nella sistematica moderna, un acquisto originario.

[63] Utilizzo per ora la nozione elaborata dalla dottrina intermedia ed illustrata da E. Volterra, *Istituzioni*, cit., 142, nt. 2. Cfr. E. Cortese, voce *Causa (dir. interm.)*, in *Enc. dir.*, IV, Milano, 1960, 542 ss.

[64] Per un'analisi della dottrina più antica su questi problemi cfr. P. Bonfante, *La 'iusta causa' dell'usucapione*, cit., 535 ss.

[65] G. Grosso, voce *Causa (dir. rom.)*, in *Enc. dir.*, VI, Milano, 1960, 533, pone in evidenza come la *traditio*, trasferimento della cosa che investiva il possesso, non bastasse di per sé a fondare e a determinare l'acquisto della proprietà; occorreva che essa avvenisse «sulla base di una ragione e di un intento pratico che fosse riconosciuto come giustificativo dell'acquisto, cioè sulla base di un elemento causale ...»; ciò non significa però, secondo il Grosso, che la *traditio* fosse un negozio astratto, ma che in essa «la causa era l'elemento mobile, che giustificava l'efficacia della *traditio* stessa, valutata unitariamente come negozio produttivo di acquisto della proprietà».

[66] E. Betti, *Diritto romano. I. Parte generale*, Padova, 1935; Id., *Istituzioni di diritto ro-*

tradizione è un negozio causale nel senso che la causa è un momento organico della sua struttura, ed è quindi necessariamente contestuale al trasferimento della *possessio* ... Ma in quanto elemento necessario di questa, la causa è qualcosa di pensato e voluto attualmente – come scopo pratico tipico del negozio; e trattandosi di negozio bilaterale, è uno scopo che deve essere tenuto presente e voluto concordemente da entrambe le parti all'atto stesso della tradizione»[67].

La qualifica di causale non significa però, secondo lo stesso Betti, che il rapporto giuridico designato dalle parti sia anche sussistente e validamente attuabile fra di loro, ma solo che le parti devono essere d'accordo fra di loro su un certo regolamento di interessi corrispondente «ad un tipo di rapporto economico sociale che il diritto (alla cui obiettiva valutazione allude la qualifica di *iusta*) stima idoneo a giustificare la perdita in capo all'una ed il correlativo acquisto in capo all'altra. Quel che conta insomma non è una volontà delle parti, che non dia ragione di sé, ma l'istanza oggettiva del diritto»[68].

Secondo il Voci[69] invece la *traditio* è un negozio astratto, e la *iusta causa*, per quanto indubbiamente richiesta, non ha un valore causale nel senso moderno del termine: «*Iusta causa traditionis* è solo indizio esteriore che esista la volontà delle parti diretta al trasferimento della proprietà. Nel suo valore di indizio esteriore, non importa che essa sia effettiva o putativa, perché, abbia l'una o l'altra qualifica, significa sempre che una data volontà c'è. Può mancare la causa in senso moderno ed esserci la *iusta causa* in senso romano, la quale ha un senso meramente soggettivo»[70].

A questo punto risulta abbastanza chiaro che il qualificare il negozio *traditio* astratto o causale dipende essenzialmente dalla nozione di causa

---

*mano*, I, Padova, 1942, specialmente 411; Id., *La tradizione*, Padova, s.d., 105 ss.; Id., *Sul carattere causale della 'traditio' classica (a proposito di studi recenti)*, in *Studi in onore di S. Riccobono*, IV, Palermo, 1936, 113 ss.; Id., *Falsa impostazione della questione storica dipendente da erronea diagnosi giuridica*, in *Studi in onore di V. Arangio-Ruiz*, IV, Napoli, 1953. Questa nozione è oggi dominante: cfr. la letteratura citata in M. Kaser, *Das Römische Privatrecht*², I, München, 1971, 416 ss., nt. 27 ss. (che segue questa tesi con qualche riserva: v. *infra*) e v. anche G. Grosso, voce *Causa*, cit., 532 ss.

[67] E. Betti, *Sul carattere*, cit., 117.

[68] E. Betti, *Falsa impostazione*, cit., 99.

[69] P. Voci, *'Iusta causa traditionis' e 'iusta causa usucapionis'*, in *SDHI*, XV, 1949, 141 ss. e Id., *Modi di acquisto*, cit., 143 ss. La tesi dell'astrattezza è stata ripresa di recente da F. Casavola, *'Lex Cincia'. Contributo alla storia delle origini della donazione romana*, Napoli, 1960, su cui v. M. Talamanca, *Donazione possessoria e donazione traslativa*, in *BIDR*, LXIV, 1961, 268 ss.

[70] P. Voci, *'Iusta causa'*, cit., 154.

che si vuole assumere come significativa a questo fine. È fin troppo evidente che i due Autori si contrappongono non tanto sulla struttura concreta del negozio e sui suoi effetti quanto piuttosto su una definizione astratta di *iusta causa traditionis*[71].

Io credo che sia necessario tentare di fare alcune precisazioni: è affermazione chiarissima delle fonti giurisprudenziali che di per sé la *traditio*, non accompagnata da *iusta causa*, non può trasferire il *dominium*:

D. 41.1.31 (Paul. 31 *ad ed.*): *Numquam nuda traditio transfert dominium, sed ita, si venditio aut aliqua iusta causa praecesserit, propter quam traditio sequeretur*[72].

---

[71] M. Kaser, *Zur 'iusta causa'*, in *BIDR*, LXIV, 1961, 61 ss., cerca di evitare i rischi di una sovrapposizione concettuale in termini moderni alla nozione pratica elaborata dai giuristi romani in relazione ai singoli casi, e, pur riconoscendo un carattere di fatto causale della *traditio*, nega che esistesse un concetto generale di *iusta causa traditionis*: «Die causa ist hiernach eine die körperliche Ubergabe begleitende Zwechsetzung, die so beschaffen sein muss, dass sie den Ubergang des Eigentums zu rechtfertigen vermag ... Diese Zwecksetzung erschöpft sich aber nicht in einer wirtschaftlichen und gesellschaftlichen Beziehung, sondern verkörpert sich in einem Rechtsverhältnis: *emptio, venditio, donatio, dotis datio, solutio, creditum* usw.» (Id., *Zur 'iusta causa'*, cit., 94). La sua posizione è dunque in un certo senso intermedia fra quella di Voci e quella di Betti, nel senso che cerca di conciliare l'indubbia rilevanza centrale data dai giureconsulti all'elemento soggettivo, volontaristico, nel momento della trasmissione della cosa, con la concezione che comunque questa volontà deve essere accompagnata da un elemento in un certo senso obiettivo costituito dalla 'Motivation' riconosciuta valida dall'ordinamento giuridico.

[72] Il passo è fra i più discussi della letteratura romanistica: in particolare P. de Francisci, *Il trasferimento della proprietà. Storia e critica di una dottrina*, Padova, 1924, 152 ss. (v., ivi, letteratura più antica, 153, nt. 2) ritiene il testo grossolanamente rimaneggiato, sia in base alla considerazione che «Qui appare un concetto di causa che non è affatto quello classico, perché per i Romani *iusta causa* è il rapporto fra le parti che giustifica la tradizione, è un elemento connesso, contemporaneo alla tradizione (il momento causale di essa), non la convenzione giuridicamente obbligatoria che ha dato origine a quell'elemento causale» (153 s.), sia perché il passo contiene l'espressione '*transferre dominium*' che urta in modo esplicito con la sua teoria fondamentale. Sotto questo profilo è convincente la critica di S. Riccobono, *La formazione della teoria generale del 'contractus' nel periodo della giurisprudenza classica*, in *Studi in onore di P. Bonfante*, I, Milano, 1930, 151 ss., per il quale è del tutto senza fondamento l'idea che i Romani non conobbero la *successio* nei singoli diritti. L'autore collega il testo al frammento di Giavoleno, D. 44.7.55: *In omnibus rebus, quae dominium transferunt, concurrat oportet affectus ex utraque parte contrahentium: nam sive ea venditio sive donatio (sive conductio) sive quaelibet alia causa contrahendi fuit, nisi animus utriusque consentit, perduti ad effectum id quod incohatur non potest*. A parte i rilievi sulla circostanza che il testo manifesta la tendenza a dare risalto all'elemento consensuale anche negli atti formali di trasferimento del *ius civile*, oltre che in quelli *iuris gentium*, mi sembra che il testo dia

L'affermazione è inequivocabile e costituisce la perfetta rispondenza di quanto prevedeva l'editto per concedere la *Publiciana*: «*Si quis id quod mancipio datur, traditum ex iusta causa* ...».

Sotto questo profilo appare inappuntabile l'analisi del Betti, che collega gli effetti della *traditio* non alla mera volontà delle parti, ma alla rilevanza che assume il rapporto che essi intendono attuare nell'ambito dell'ordinamento giuridico: la *iusta causa* è dunque un elemento obiettivo, che qualifica e colora il negozio reale attuato dalle parti.

Che poi questa causa sia effettiva, voluta da entrambe le parti, e possa produrre efficacemente il passaggio della proprietà, è un problema che non attiene alla validità della *traditio* ma ai suoi effetti, come in realtà vi attiene la *iusta causa*.

È proprio su questo passaggio che si può in un certo senso andare oltre l'impostazione del Betti e vedere dove è la causa dell'equivoco in cui cade il Voci; come risulta chiaramente dall'analisi dei passi, la *iusta causa* è l'elemento che viene necessariamente in considerazione nel momento in cui si vogliono valutare gli effetti traslativi del *dominium* nella *traditio*, e perciò non si può che ritenerla elemento inerente, contestuale alla *traditio* stessa.

---

ragione a E. BETTI, *La tradizione*, cit., 237 ss.; ID., *Sul carattere causale*, cit., 118 e nt. 6, che sottolinea che questi testi dimostrano solo la necessità dell'incontro della volontà delle parti, oltre che nel momento della *conventio*, che anzi non è essenziale in quanto è ammesso il dissenso *in causa* (su ciò v. *infra*), anche nel momento del trasferimento effettivo della cosa, come *consensus de dominio transferendo*. Va tuttavia aggiunto che mi sembra possibile sottolineare un differente grado di elaborazione dell'elemento causale della *traditio* nel passo di Giavoleno e nel passo di Paolo: mentre infatti si direbbe che Giavoleno ponga piuttosto l'accento sulla necessità dell'incontro della volontà delle parti al momento dell'atto di trasferimento, identificando in definitiva la *causa contrahendi* con la *causa traditionis*, e di conseguenza, direi, escludendo la possibilità che tale accordo si verifichi ove manchi l'identità di vedute su questa *causa contrahendi* (diversamente dunque da quanto sosteneva Giuliano in D. 41.1.36, su cui v. *infra*), Paolo distingue più chiaramente i due momenti causali, individuando la causa negoziale come '*causa praecedens*'; ciò perché, io credo, alla sua epoca il concetto di causa come *conventio* fra le parti (diretto al trasferimento della proprietà) viene più esplicitamente riferito anche agli atti reali, nei quali in un primo momento prevaleva l'aspetto obiettivo (trasferimento della *res*) accompagnato dal requisito soggettivo: una impostazione di questo genere è ancora presente, per esempio, in Gaio, D. 41.1.9.3, e giustifica l'equivoco in cui è caduta una parte della dottrina quando ha identificato la stessa *iusta causa traditionis* con l'intenzione delle parti di trasmettere e acquistare la proprietà della cosa, posizione assunta, come abbiamo visto, per ultimo da P. VOCI, *'Iusta causa'*, cit.; per una citazione della letteratura meno recente cfr. J.R. CUIGNET, *De la 'iusta causa traditionis' et des fragments 36 D. de adq. rer. dominio, 41.1 et 18 (18.1), D. de reb. cred.*, 12, 1, in *RIDA III S.*, VI, 1959, 297 s., nt. 6-7. Sul testo cfr., da ultimo, M. KASER, *Zur 'iusta causa'*, cit., 66 ss., su cui v. *infra*.

Su questo piano si svolge tutta l'indagine interpretativa dei giureconsulti, per stabilire caso per caso se in mancanza di concorrenza della volontà sulla causa, di errore sulla stessa, o addirittura inesistenza, si debba ritenere ugualmente passato il dominio, e, ove ciò non sia avvenuto, si debba tutelare e in quale misura l'accipente. Ora, un'impostazione di questo genere non sarebbe ammissibile, non sarebbe giuridicamente coerente, se non esistessero in realtà due negozi ben distinti: un negozio ad effetti obbligatori ed uno ad effetti reali che ne costituisce in un certo senso l'attuazione; per un giurista moderno l'attuazione reale, tuttavia, in quanto prestazione del negozio obbligatorio, vi è collegata molto più strettamente, ne dipende in certo senso geneticamente[73].

Il giurista romano considera invece il problema con un'ottica parzialmente diversa: posto che l'ordinamento giuridico tende ad evitare l'ingiusto arricchimento di un soggetto a danno di un altro, il depauperamento di uno che segue all'arricchimento di un altro con il trapasso del dominio di un bene, tale trapasso deve trovare la sua giustificazione in una *causa iusta*, in base alla quale i soggetti si accordano per attuarlo.

La difficoltà successiva nasce però, non già per il fatto che la *traditio* è un negozio astratto, e come tale idoneo a coprire qualunque causa, quanto per il fatto che la *traditio* è un modo tipico di trasferimento della proprietà a struttura possessoria, con la conseguenza che, nel momento in cui le parti di comune accordo realizzano la causa tipica, trasferimento materiale della cosa, la proprietà (ove ne ricorra la legittimazione in capo al tradente), o almeno la *iusta possessio* (se il tradente è *non dominus*), si trasferisce all'accipiente.

In sostanza esistono due momenti negoziali, inscindibili per la mentalità moderna, ma necessariamente distinti, e in certa misura autonomi, per il giurista romano. *Iusta causa* negoziale di tipo obbligatorio: funzione economico-sociale, come tale giuridicamente rilevante, del passaggio di proprietà; tradizione, consegna materiale della cosa in base alla comune volontà di trasferirla e di riceverla, con cui si attua la causa tipica, ancora una volta collegata dall'ordinamento a questo tipo di negozio.

Ciò non significa però collegare gli effetti traslativi in definitiva solo all'*animus* delle parti, come fa il Voci nel punto centrale della sua interpretazione della struttura della *traditio*[74]: a questo proposito avrebbe ragione di obiettare il Betti che quello che conta non è una volontà delle parti che

[73] Cfr. M. GIORGIANNI, voce *Causa (dir. priv.)*, in *Enc. dir.*, VI, Milano, 1960, 547 ss.

[74] P. VOCI, *'Iusta causa'*, cit., 154 ss.

non dia ragione di sé, ma l'istanza oggettiva del diritto[75]: solo che questa istanza oggettiva del diritto non la si ritrova solo nella tutela della *iusta causa traditionis*, ma anche nella tutela della causa obiettiva della *traditio*: trasferimento della *res*: e ove la volontà delle parti concorra su questo elemento minimo, spetta all'ordinamento ricollegarvi gli effetti tipici.

È indubbio peraltro che a queste posizioni i giuristi romani non possono essere giunti senza dubbi e contrasti, tenendo di mira soprattutto il risultato pratico cui volevano arrivare, e spesso trovandosi di fronte al difficile problema di conciliare la struttura del negozio, di cui la *traditio* costituiva adempimento, con quella della *traditio* stessa.

Sotto questo aspetto può forse apparire meno grave il ben noto contrasto fra due testi:

D. 41.1.36 (Iul. 13 *dig.*): *Cum in corpus quidem quod traditur consentiamus, in causis vero dissentiamus, non animadverto cur inefficax sit traditio, veluti si ego credam me ex testamento tibi obligatum esse, ut fundum tradam, tu existimes ex stipulatu tibi eum deberi. nam et si pecuniam numeratam tibi tradam donandi gratia, tu eam quasi creditam accipias, constat proprietatem ad te transire nec impedimento esse, quod circa causam dandi atque accipiendi dissenserimus.*

D. 12.1.18 pr. (Ulp. 7 *disp.*): *Si ego pecuniam tibi quasi donaturus dedero, tu quasi mutuam accipias, Iulianus scribit donationem non esse: sed an mutua sit, videndum. et puto nec mutuam esse magisque nummos accipientis non fieri, cum alia opinione acceperit. quare si eos consumpserit, licet condictione teneatur, tamen doli exceptione uti poterit, quia secundum voluntatem dantis nummi sunt consumpti.* 1. *Si ego quasi deponens tibi dedero, tu quasi mutuam accipias, nec depositum nec mutuum est: idem est et si tu quasi mutuam pecuniam dederis, ego quasi commodatam ostendendi gratia accepi: sed in utroque casu consumptis nummis condictioni sine doli exceptione locus erit.*

Tralasciando in questa sede le innumerevoli ricostruzioni che sono state proposte di questi testi[76], mi sembra che sia necessario partire dalla consi-

[75] P. Voci, *Falsa impostazione*, cit., 99.

[76] Per la letteratura più antica cfr. *'Index Interpolationum'*. La letteratura più recente è citata invece da U. Zilletti, *La dottrina dell'errore*, cit., 140, nt. 116, che aderisce comunque all'ipotesi di un rimaneggiamento compilatorio. Il contributo più significativo è comunque, ancora una volta, quello di E. Betti, *Il dogma bizantino della* φύσις τῆς παραδόσεως *e la irri-*

derazione che nei due frammenti si tratta di un problema differente, e che in primo luogo le due affermazioni di Giuliano non sono affatto contraddittorie: il primo testo verte sull'efficacia traslativa della *traditio* e mostra una concezione della *iusta causa traditionis* conforme a quella che si è delineata allorché si è posta in luce la necessità di distinguere i due momenti causali, quello negoziale in senso stretto, e quello traslativo della *traditio* in quanto tale: è indubbio che i due momenti dovevano essere visti sempre di più, nell'evoluzione della giurisprudenza, come strettamente connessi, tanto da tendere a confondersi: il tono di Giuliano, nell'asserire «*non animdverto cur inefficax sit traditio*», lascia trasparire le perplessità fra i giuristi su questo punto, ma la sua soluzione è ispirata chiaramente ai principi che abbiamo posto in luce: la *traditio* di per sé trasferisce la proprietà ove la volontà delle parti si sia incontrata su quell'elemento minimo che è costituito dalla '*datio*' in senso tecnico.

Su questo terreno opererà successivamente Paolo, il quale però, essendo giunto a compenetrare il momento della *iusta causa traditionis* con la *traditio* stessa[77], deve ricorrere, per ipotesi del tipo di quella prospettata da Giuliano, alla *causa solutionis*, che, pur non essendo una causa negoziale in senso stretto, configura comunque nella *traditio* la attuazione di uno scopo comune minimo riconosciuto sufficiente dall'ordinamento, in relazione al quale le parti intendono realizzare il trasferimento.

Con tutto ciò non è affatto in contraddizione l'affermazione dello stesso Giuliano che, ove un soggetto consegni all'altro una somma di denaro come donazione e l'accipiente la riceva a titolo di mutuo, non si configura una donazione, mentre può essere dubbia la possibilità di configurarvi un

---

*levanza del dissenso nella causa della tradizione*, in *Studi in onore di P. Bonfante*, I, cit., 308 ss.

[77] Paolo è in definitiva il giurista più vicino alla costruzione teorica che E. BETTI, *Il dogma bizantino*, cit., *passim*, attribuisce a tutti i classici, per cui ad essi avrebbe ripugnato lo scindere e astrarre l'atto di trasferire dall'accordo sulla *iusta causa*: ciò significherebbe, secondo il Betti, negare che la *traditio* sia negozio causale, attribuendo alla causa il valore di mero motivo interno: in realtà ciò non tiene conto dell'evoluzione che la stessa nozione di causa ha subito nel corso dell'età classica, e del fatto che, come si è visto, anche in merito alla *traditio* si è per lungo tempo oscillato dall'idea dell'*affectio* delle parti concorrente proprio sul trasferimento del dominio, all'idea che tale *conventio* potesse in definitiva identificarsi con la causa stessa della *traditio*; indubbiamente questi problemi sono il frutto di una lunga evoluzione, e non si possono indagare compiutamente senza ricollegarsi anche al problema dei rapporti generali fra il concetto generale di *causa* e l'affermarsi della *conventio* quale elemento fondamentale degli atti del commercio, il che ovviamente non è possibile approfondire in questa sede.

mutuo: sin qua Giuliano, e il testo non ci dice niente circa la sua opinione sul trasferimento della proprietà: non sarebbe infatti in contraddizione con l'idea che non si configuri né una donazione né un mutuo, l'affermare che comunque la proprietà è passata; sembrerebbe che, applicando i principi seguiti da Giuliano sugli effetti della *traditio*, si dovesse ritenere che la proprietà della *pecunia* sarebbe passata, essendo sufficiente il convergere della volontà delle parti sull'elemento minimo – trasferimento della *res* – che comunque avviene anche nella dazione a mutuo. In questo caso sarebbe stata invece negativa la soluzione secondo i principi elaborati da Paolo, in quanto non si poteva applicare ad un acquisto come mutuo la *causa solutionis*. E sembrerebbe che questa sia anche la soluzione seguita da Ulpiano, anche se indubbiamente l'ultima frase del principio è rimaneggiata[78].

Le conclusioni che si traggono da queste osservazioni mostrano, sia pure solo parzialmente, a causa degli interventi semplificatori dei Compilatori, la strada seguita dalla giurisprudenza nella elaborazione della *iusta causa traditionis*, e, di riflesso, della *iusta causa usucapionis*.

Di per sé, nella generalità dei casi, la *iusta causa usucapionis* non è altro che la *traditio ex iusta causa* di cui parla l'editto relativo alla concessione della *Publiciana*. Al di fuori di questa ipotesi si possono configurare casi in cui non vi è una *traditio*, ma comunque l'immissione nel possesso è giustificata dalla particolare situazione della *res* (*derelictio*), o casi in cui la *traditio* non è accompagnata da una *iusta causa*, perché le parti non erano d'accordo su di essa, o perché il negozio è nullo, o perché non poteva venire in essere, ma tuttavia la situazione del possessore è obiettivamente giustificata dalle circostanze in cui egli ha acquistato tale possesso (*pro suo* e *pro soluto*).

Si trattava allora di stabilire in concreto in quali casi tali elementi obiettivi fossero sufficienti a giustificare l'*usucapio*, considerando quindi valido l'effetto traslativo della *traditio*; ciò tenuto conto anche della struttura del negozio che comunque mediante la *traditio* si voleva attuare o si credeva attuato: e a questo proposito erano necessariamente differenziate le soluzioni che potevano adottarsi, se si trattava di un'*emptio venditio*, di una dote, di una donazione e così via[79].

---

[78] Cfr. E. Betti, *Il dogma bizantino*, cit., 310 s. e letteratura ivi citata.

[79] Con queste precisazioni è da accettarsi l'impostazione di M. Kaser, *Zur 'iusta causa'*, cit., 66 ss. Secondo questo autore infatti la configurazione della *iusta causa* non è astratta o generale, ma nel pensiero dei giuristi si prospetta in relazione al singolo caso (in particolare v. Id., *Zur 'iusta causa'*, cit., 93 ss.), nel senso che si individua in essa il fondamento, la motivazione della *traditio* stessa, e che talvolta poi si materializza, si concretizza in rapporto giuridico esistente fra le parti: se questo è valido, la volontà stessa delle parti è compresa in

Per questa strada la *iusta causa* tende progressivamente a fondersi con il negozio reale – ciò avviene soprattutto per la compravendita – diventando elemento contestuale, tutt'uno con la causa di esso, e di conseguenza anche ad identificarsi con il 'titolo' della usucapione. In questo modo si irrigidisce anche il principio della necessità di questo titolo, come è dimostrato dal fatto che i giuristi più tardi, Ulpiano, Paolo e Ermogeniano, tendono ad escludere l'effetto traslativo della *traditio* e di conseguenza anche l'*usucapio*, ove manchi la causa o l'accordo su di essa. Paolo ricerca nell'accordo almeno su un elemento causale minimo, la *datio solutionis causa*, l'elemento sufficiente ad ammettere questi effetti, il che mostra il prevalere ormai netto dell'idea che la *traditio* deve necessariamente fondarsi su una causa, che costituisca la giustificazione economico-sociale del trasferimento del bene.

## 10. *Osservazioni conclusive.*

Rivediamo, alla luce di queste considerazioni, i passi in materia di *possessio pro suo ad usucapionem*. Si è visto che l'elaborazione sulla rilevanza della *iusta causa* ai fini della legittima trasmissione del dominio pone i giuristi di fronte ad una serie di problemi pratici, in cui si trovano a dover conciliare l'esigenza di tutelare l'accipiente di buona fede con quella che il trapasso del dominio avvenga solo ove ne ricorrano i presupposti economico-sociali che lo giustifichino obiettivamente nell'ambito dell'ordinamento giuridico. È proprio su questo terreno che la *iusta causa* tende progressivamente a spostarsi dall'ambito obbligatorio per diventare elemento integrante del negozio di trasferimento, sino a far sì che i due momenti si sovrappongano. Questa evoluzione, per il tramite della tutela della *Publiciana*, tende a rispecchiarsi anche sugli elementi dell'*usucapio*, ma anche in

essa, se questo non è valido, l'attenzione cade direttamente sull'elemento essenziale, la «*voluntas domini volentis rem suam in alium transferre*» (Gai. D. 41.1.9.3 = Inst. 2.1.40), che tuttavia non ha per i giuristi romani, come invece avviene per i giustinianei, un'autonoma esistenza giuridica, ma è piuttosto un elemento intrinseco alla stessa *traditio* (in questo senso sarebbe da interpretarsi dunque D. 41.1.36) senza cui la *traditio* non può esistere. I classici non si sarebbero posti cioè il problema della *iusta causa traditionis* e della 'causa', nel senso moderno, ponendo la questione della qualificazione di un determinato negozio come causale o astratto, ma piuttosto indagavano volta per volta sugli elementi strutturali della consegna, se motivata o meno dalla volontà di trasferire: ciò però significa che la vera causa della *traditio* sta appunto in questo trasferimento, ed è a questo elemento tipico che la volontà deve essere per lo meno conforme.

questo caso si contende il campo con il problema della tutela della buona fede[80].

Il giurista romano, di fronte a questi problemi, non aveva altra strada che procedere caso per caso, valutando la posizione delle parti e la struttura concreta delle varie situazioni.

È indubbio che ove, per difetto della causa, o mancato accordo su di essa, non si possa giustificare né il passaggio immediato della proprietà né la tutela della *Publiciana*, la *traditio* trasferisca per lo meno una *iusta possessio*, giustificata obiettivamente – per esempio in alcuni casi ove l'errore dell'accipiente sia scusabile – dal convincimento di avere la proprietà, e che di per sé può risultare idonea all'*usucapio*: «*quod tamen ita interpretandum est, ut probabilis error possidentis usucapioni non obstet*»: (Ner. D. 41.10.5); «*quia ipsa traditio ex causa quam veram esse existimo, sufficit ad efficiendum ut id quod mihi traditum est pro meo possideam*» (Pomp. D. 41.10.3).

In definitiva, l'acquisizione del possesso in base ad una *traditio*, che, per vizio o nullità della causa, non sia idonea a trasferire il *dominium*, né a giustificare l'*usucapio ex iusta causa*, può porre tuttavia l'accipiente in una situazione possessoria analoga a quella di colui che acquista una *res* credendola *nullius* in quanto abbandonata dal *dominus*: in entrambi i casi si acquista cioè '*quasi volente et concedente domino*'.

È infatti evidente che, anche ove la *traditio* non spogli il *dominus* della proprietà, lo spoglia sicuramente del possesso, e la cosa diventa perciò *vacuae possessionis*.

La costruzione dei giureconsulti a questo proposito è perfettamente questo elemento tipico che la volontà deve essere per lo meno conforme, coerente e rigorosa: la *iusta causa* è la giustificazione economico-sociale, agli occhi dell'ordinamento giuridico, del passaggio di proprietà, sia che questo sia immediato, sia che sia necessario il compimento dell'usucapione, che proprio sulla base della *iusta causa* sarà tutelato dal magistrato. La *traditio*, tuttavia, per la sua stessa struttura di trasferimento del possesso che avviene con il concorso della volontà delle parti su questo elemento materiale, e nello stesso tempo causale, fa si che l'acquirente si immetta legittimamente nel possesso, se non *ex iusta causa*, *pro suo*, in quanto legittimato a ritenere che la cosa gli appartenga.

Questo acquisto non poteva allora che essere concepito come originario, in quanto prescindeva completamente da un rapporto precedente fra le

[80] Cfr. G. GROSSO, voce *Causa*, cit., 533 ss.

parti idoneo a qualificare la situazione possessoria: la *traditio* veniva a costituire solo la legittimazione sostanziale dell'atto di *adprehensio*.

Queste considerazioni, se sono esatte[81], portano chiaramente ad escludere che la denominazione *pro suo* possa indicare una *iusta causa usucapionis* sullo stesso piano degli altri titoli elaborati dalla giurisprudenza in relazione alle cause negoziali che portavano all'acquisto della proprietà, e tanto meno che possa essere utilizzata per indicare il cosiddetto titolo putativo, almeno nel significato che gli si vuole attribuire dalla dottrina moderna.

*Possidere pro suo* non significa altro che possedere con la convinzione che la cosa ci appartenga, cioè significa esattamente *possessio bonae fidei*, che sia nel contempo *iusta*.

Vorrei a questo punto tornare brevemente sulla ricostruzione di questa materia offerta dal Savigny[82]: posto che *iusta possessio* significa ogni detenzione, che ha incominciato senza violenza, senza clandestinità e senza precario (D. 43.17.1.9 e D. 43.17.2), e che quindi non attiene necessariamente al possesso 'giuridico', ma può essere rilevante solo al fine degli interdetti[83], non sembrerebbe avere alcuna connessione con questa nozione quella di *possessio bonae fidei*, che invece secondo il Savigny fa riferimento alla credenza di avere una *iusta causa possessionis*: «La *bona fides* riferiscesi a qualunque causa possibile della detenzione: chi crede di averne una giusta causa, alla quale appunto tutto riducesi, chiamasi *bonae fidei possessor*. Così nella usucapione, chiunque creda di acquistarne veramente la proprietà per mezzo della sua *iusta possessionis causa*»[84].

Questa idea del Savigny è più diversa da quella tradizionale di quanto appaia a prima vista: l'autore infatti non fa riferimento, si badi bene, alla *iusta causa* come *iusta causa dominii*, quale sarebbe invece da intendersi il titolo nell'usucapione secondo la dottrina, ma piuttosto, come afferma esplicitamente, alla *iusta causa possessionis*: sotto questo profilo il problema è del tutto differente, in quanto, come abbiamo visto, anche il possesso *pro suo* è una *iusta* qualificazione della *possessio* in sé. Ciò significa che la buona fede non riguarda il momento, almeno nella *possessio pro suo*, della causa putativa, ma piuttosto il momento dell'apprensione del possesso, che si

---

[81] Gli spunti proposti necessitano, infatti, evidentemente di una dimostrazione ben più ampia: penso che alcuni elementi fondamentali possano trarsi dall'analisi del titolo *pro emptore*, su cui mi riprometto di tornare in un prossimo lavoro.

[82] F.C. SAVIGNY, *Il diritto del possesso*, trad. it., Firenze, 1839.

[83] F.C. SAVIGNY, *Il diritto del possesso*, cit., 86.

[84] F.C. SAVIGNY, *op. loc. ult. cit.*

ritiene sia tale da condurre alla proprietà: cosicché l'affermazione che la *possessio bonae fidei* è sempre un possesso titolato non è da intendersi nel senso che sia un possesso in cui l'esistenza di un valido titolo negoziale sottostante è idonea a giustificare l'acquisto della proprietà. Questo punto, che non è esplicitamente chiarito dal Savigny, si precisa tuttavia quando l'autore passa a trattare del dominio bonitario[85], e modifica la redazione delle prime due edizioni in cui l'*in bonis* e la *bonae fidei possessio* erano ricomprese sotto il nome comune di «dominio pretorio». Nella nuova redazione il Savigny puntualizza che la *possessio* del proprietario bonitario è sempre una *possessio bonae fidei*, in quanto egli giustamente ritiene di essere proprietario, posto che esiste la *iusta causa* rilevante; tuttavia, sotto il profilo del possesso, in quanto *possessio bonae fidei*, è indubbiamente irrilevante il fatto che vi sia la concessione della *Publiciana*.

Se ne deduce che la *Publiciana* può esservi o non esservi, in quanto questo nulla cambia ai fini della qualificazione della posizione possessoria. Sotto questo profilo, il Savigny precisa di essere stato indotto ad accomunare le due ipotesi dalla considerazione che esse avevano in comune la tutela mediante *Publiciana* e l'effetto dell'usucapione, ma che ciò niente importa ai fini del fatto che in realtà si tratta di due situazioni qualificate diversamente a seconda dell'ottica sotto cui le si guarda, e che infine la tutela della *Publiciana* manca nelle ipotesi di *possessio bonae fidei* seguita ad un acquisto originario.

Purtroppo il Savigny non chiarisce meglio questa sua proposizione, ma queste brevi osservazioni possono forse contribuire a spiegare il facile equivoco in cui è caduta la dottrina nel momento in cui ha rapportato tutta la teoria della *possessio ad usucapionem* all'ambito di applicazione dell'*actio Publiciana*, la cui interpretazione, tuttavia, nel campo dell'elaborazione giurisprudenziale del concetto di *iusta causa usucapionis* e di *iusta causa traditionis* si intrecciava indubbiamente con le tematiche più strettamente possessorie.

---

[85] F.C. SAVIGNY, *Il diritto del possesso*, cit., 96 ss.

Capitolo Ottavo

# LA RIFORMA DI GIUSTINIANO IN MATERIA DI *USUCAPIO* E *LONGI TEMPORIS PRAESCRIPTIO* FRA CONCEZIONI DOMMATICHE CLASSICHE E PRASSI POSTCLASSICA *

Sommario: 1. La costituzione di Giustiniano del 528: un primo tentativo di riformare il regime della *longi temporis praescriptio*. – 2. L'usucapione dell'età classica e la *longi temporis praescriptio*: *iusta causa usucapionis* e *iusta possessio*. – 3. Le costituzioni di Diocleziano e Costantino: C. 7.32.6; C. 7.32.7; C. 7.32.10. – 4. La tutela del possessore *ex iusta causa* nell'ambito del processo *per cognitionem* e il problema dell'onere della prova: C Th. 11.39.1. – 5. La riforma di Giustiniano fra diritto classico e prassi postclassica; l'*actio Publiciana* nel diritto giustinianeo. – 6. Il nuovo 'sistema' giustinianeo: il diverso regime nell'acquisto e circolazione dei beni mobili e dei beni immobili. – 7. Inst. 4.6.4: l'ambito di applicazione dell'*actio Publiciana* risulta necessariamente modificato dalla eliminazione giustinianea della distinzione fra *dominium* e *in bonis*. – 8. Si può avanzare l'ipotesi che l'*actio Publiciana* sia concepita dai commissari giustinianei come utile solo per il recupero delle cose mobili il cui possesso sia stato acquistato in buona fede *ex iusta causa*. – 9. Il diritto giustinianeo, quale risulta dall'insieme delle fonti di origine giurisprudenziale contenute nel Digesto e nelle Istituzioni e delle norme imperiali riportate nel Codice, costituisce un 'nuovo sistema normativo', che, pure recuperando la tradizione scientifica precedente, si pone in rapporto diretto con la prassi e la realtà economico-giuridica del suo tempo.

## 1. *La costituzione di Giustiniano del 528: un primo tentativo di riformare il regime della 'longi temporis praescriptio'.*

Il primo tentativo di Giustiniano di riordinare il regime della *longi temporis praescriptio* [1] si ha, come è noto, nel 528, con una costituzione riportata in C. 7.39.8.

---

* Il saggio è pubblicato in *BIDR*, XXXV-XXXVI, 1998, 147 ss.

[1] Per le linee generali di evoluzione dell'istituto e lo stato della dottrina al riguardo v. L.

Nel primo paragrafo[2] di detta costituzione si sancisce esplicitamente il carattere acquisitivo del possesso di dieci o venti anni, fondato su titolo e buona fede, in quanto si concede al possessore, che abbia acquisito la relativa *exceptio*, anche un'*actio ad vindicandam eandem rem*; si sottolinea, peraltro, come questa regola fosse, a ben vedere, già sancita nelle *veteres leges*, con un evidente richiamo ad un regime già consolidato nel periodo postclassico[3].

Nei paragrafi successivi[4] viene inoltre regolata dettagliatamente la possibilità di tutelare il possessore che avesse acquistato senza titolo e/o buona fede, ma che fosse in condizione di opporre la prescrizione di trenta o quaranta anni, che prescindeva da tali requisiti.

Le disposizioni più importanti possono essere così schematizzate: *a)* il possessore, che avrebbe potuto utilizzare l'*exceptio* dei trenta o quaranta anni ove convenuto dal *dominus*, se perde il possesso può utilizzare anche l'*actio in rem* per il recupero, se era in buona fede[5], indipendentemente

---

VACCA, voce *Usucapione (dir. rom.)*, in *Enc. dir.*, XLV, Milano, 1992, 989 ss. [in questo volume, cap. IV]. In questa sede mi limiterò a richiamare alcuni autori su singoli aspetti della problematica specificamente trattata.

[2] C. 7.39.8 *Imp. Iustinianus A. Menae pp. II.* pr.: *Si quis emptionis vel donationis vel alterius cuiuscumque contractus titulo rem aliquam bona fide per decem vel viginti anni possederit et longi temporis exceptionem contra dominus eius vel creditores hypothecam eius praetendentes sibi adquisierit posteaque fortuito causa possessionem eius rei perdiderit, posse eum etiam actionem ad vindicandam eandem rem habere sancimus. hoc enim et veteres leges, si quis eas recte inspexerit, sanciebant.*

[3] Per l'interpretazione di questo riferimento alle *veteres leges*, si veda per tutti M. AMELOTTI, *La prescrizione delle azioni in diritto romano*, Milano, 1958, 196 e letteratura ivi citata, nt. 266.

[4] C. 7.39.8.1: *Quod si quis eam rem desierit possidere, cuius dominus vel is qui suppositam eam habebat, exceptione triginta vel quadraginta annorum expulsus est, praedictum auxilium non indiscrete sed cum moderata divisione ei praestare censemus, ut, si quidem bona fide ab initio eam rem tenuit, simili possit uti praesidio, sin vero mala fide eam adeptus est, indignus eo videatur, ita tamen ut novus possessor, si quidem ipse rei dominus ab initio fuit vel suppositam eam habebat et memoratae exceptionis necessitate expulsus est commodum detentionis sibi adquirat.* 1*a. Sin vero nullum ius in eadem re quocumque tempore habuit, tunc licentia sit priori domino vel creditori, qui nomine hypothecae rem obligatam habuit, et heredibus eorum ab iniusto detentore eam vindicare, non obsistente ei, qui prior possessor triginta vel quadraginta annorum exceptione eum removerat, nisi ipse iniustus possessor triginta vel quadraginta annorum ex eo tempore computandorum, ex quo prior possessor, qui et vicit ea possessione cecidit, exceptione munitus est.* 2. *Sed haec super illis detentoribus censemus, qui sine violentia eandem rem nancti sunt. nam si quis violenter eam abstulit, omnimodo licebit priori possessori sine ulla distinctione eam vindicare.*

[5] Secondo M. AMELOTTI, *La prescrizione*, cit., 205 ss., la previsione della prescrizione acquisitiva trentennale a vantaggio del possessore di buona fede era diretta a risolvere un pro-

quindi dal titolo; *b*) se invece ha acquistato il possesso in mala fede, non può intentare l'*actio in rem* nei confronti del precedente proprietario, che abbia riacquistato il possesso, o comunque di colui che abbia acquistato il possesso senza violenza; *c*) se infine il possesso è stato acquistato dal proprietario o dal terzo con violenza, il possessore espulso potrà esperire, nei confronti dell'autore della *deiectio*, l'*actio in rem*, indipendentemente dalla buona fede e dal tempo[6]. In altri termini, il possesso di buona fede senza titolo ha effetti acquisitivi trascorso il termine dei trenta o quaranta anni, in quanto munito di azione anche nei confronti del precedente *dominus*; il possesso di mala fede è opponibile solo in via di eccezione, tranne che nel

---

blema conseguente al nuovo carattere della *longi temporis praescriptio* giustinianea: «... se e in quali limiti – nel campo specifico della proprietà – debba operare accanto alla *longi temporis praescriptio*, ma in via estintiva, la prescrizione teodosiana delle azioni. Il problema cioè se nei confronti del *dominus* inerte per il tempo di trenta anni possa essere fatto valere anche un possesso recentissimo, oltre che il possesso di colui che per mancanza dei requisiti richiesti, *iusta causa* e *bona fides*, non abbia potuto acquistare la proprietà». Il problema non si sarebbe posto nel periodo postclassico, almeno per quest'ultimo caso, stante il regime della prescrizione trentennale, che prescindeva da tali requisiti, mentre non abbiamo fonti che attestino se il possessore potesse opporre la prescrizione anche indipendentemente dal tempo del suo possesso; in ogni caso, Giustiniano ribadisce, conformemente alla regolamentazione post-teodosiana, che, nell'ipotesi del possessore trentennale senza buona fede e titolo, l'eccezione resta opponibile, mentre non è attivabile la difesa per il recupero del bene nei confronti del proprietario che riacquisti fortuitamente il possesso del bene. Mi sembra, peraltro, che la prospettiva della costituzione giustinianea sia parzialmente differente da quella ipotizzata dall'Amelotti, in quanto il problema che questa legge tenta di risolvere non è tanto quello, pacifico, della opponibilità dell'eccezione trentennale indipendentemente dai requisiti della buona fede e del titolo, quanto quello dell'effetto acquisitivo di tale possesso, che pure nella prassi postclassica era sicuramente ammesso (come peraltro ritiene lo stesso Amelotti: al riguardo v. *infra*, § 4); si trattava cioè di uniformare 'ufficialmente' la struttura acquisitiva della prescrizione trentennale in materia di proprietà alla struttura della prescrizione di dieci o venti anni, che Giustiniano ripristina quanto ai termini, conformi alla legislazione più antica, ma modifica nel regime, che diviene a sua volta acquisitivo, conformemente a quello della prescrizione trentennale per il possesso di buona fede, Ciò significa che il termine di dieci o venti anni ora configura in realtà un termine 'abbreviato' rispetto al termine 'ordinario' di trenta anni, termine abbreviato che si giustifica per la presenza, oltre che della buona fede, del titolo: il che, come vedremo meglio più avanti, modifica completamente anche sotto questo profilo la configurazione originaria della *longi temporis praescriptio*. Quanto al possesso di mala fede, se ne conferma in sostanza il regime postclassico: vi è la possibilità per il possessore di mala fede di opporre al *dominus* l'eccezione della prescrizione trentennale o quarantennale, ma questa situazione, per un verso, non preclude l'azione di rivendica del *dominus* nei confronti dei terzi, che acquistino il possesso indipendentemente dal primo *iniustus possessor*, e, per altro verso, non comporta l'acquisto dell'azione *in rem* al possessore in mala fede.

[6] V. *infra*, specialmente nt. 61.

caso di espulsione violenta, ipotesi in cui il possessore espulso può comunque recuperare la cosa presso qualsiasi terzo.

Successivamente, nel 531, con la famosa costituzione *De usucapione transformanda et de sublata differentia rerum mancipi et nec mancipi*[7], Giustiniano stabilisce la definitiva fusione dell'usucapione con la *longi temporis praescriptio*[8]; venuta meno da lungo tempo nella prassi – e formalmente ora eliminata da Giustiniano –, elimina altresì la distinzione fra *res mancipi* e *res nec mancipi*, nonché la distinzione fra beni nel suolo italico e beni provinciali: l'unica distinzione rilevante, ai fini della disciplina dell'acquisto del bene, risulta quella fra beni mobili e beni immobili.

Fissato il tempo per l'usucapione dei beni mobili in tre anni, per la 'prescrizione acquisitiva' degli immobili, indipendentemente che siano in suolo o italico meno, in dieci o venti anni, la costituzione ribadisce la necessità, ai fini dell'acquisto sia per usucapione sia per *longi temporis praescriptio* di dieci o venti anni, della buona fede e del titolo.

Questa disposizione coesiste peraltro con la costituzione del 528, che,

---

[7] C. 7.31.1 *Imp. Iustinianus A. Iohanni pp.*: *Cum nostri animi vigilantia ex iure Quiritium nomen et substantiam sustulerit et communes exceptiones in omni loco valeant, id est decem vel viginti vel triginta annorum vel si quae sunt aliae maioris aevi continentes prolixitatem, satis inutile est usucapionem in Italicis quidem solis rebus admittere, in provincialibus autem recludere. sed et si quis res alienas, Italicas tamen, bona fide possidebat per biennium, miseri rerum domini excludebantur et nullus eis ad eas reservabatur regressus. quae et nescientibus dominis procedebant, quo nihil inhumanius erat, si homo absens et ne sciens tam angusto tempore suis cadebat possessionibus.* 1. *Ideo per praesentem legem et in Italicis solis rebus, quae immobiles sunt vel esse intelleguntur, sicut annalem exceptionem, ita et usucapionem transformandam esse censemus, ut et tantummodo et hic decem vel viginti annorum vel triginta et aliarum exceptionum tempora currant, huiusmodis angustiis penitus semotis.* 2. *Cum autem antiqui et in rebus mobilibus vel se moventibus, quae fuerant alienatae vel quocumque modo, bona fide tamen, detentae, usucapionem extendebant, non in Italico solo nexu, sed in omnem orbem terrarum, et hanc annali tempore concludebant, et eam duximus esse corrigendum, ut si quis alienam rem mobilem seu se moventem in quacumque terra sive Italica sive provinciali bona fide per continuum triennium detinuerit, is firmo iure eam possideat, quasi per usucapionem ei adquisitam.* 3. *Hoc tantummodo observando, ut in his omnibus casibus ab initio bona fide eam capiat, secundum quod exigit longi temporis praescriptio, et ut continuetur ei possessio etiam anterioris iusti possessoris et connumeretur in decennium vel viginti annorum spatio vel triennium quod in rebus mobilibus observandum esse censemus, ut in omnibus iusto titulo possessioni antecessoris iusta detentio, quam in re habuit, non interrumpatur ex posteriore forsitan alienae rei scientia, licet ex titulo lucrativo ea coepta est.* 4. *Ita etenim ampliatur quidem longi temporis materia, quae ei subdita est, minuitur autem usucapionum compendiosa dominis iactura et eius iura nocentia.* 5. *Cum etiam res dividi mancipi et nec mancipi sane antiquum est et merito antiquari oportet, sic et rebus et locis omnibus similis ordo, inutilibus ambiguitatibus et differentiis sublatis.*

[8] Cfr. anche Inst. 2.6 pr., su cui v. *infra*, specialmente § 7.

come abbiamo visto, è inserita anche nel nuovo Codice, e restano quindi salve le norme che, oltre che ribadire, decorso il termine trentennale, l'opponibilità delle pretese del *dominus* da parte del possessore di mala fede, sancivano anche, per il possessore di buona fede ma senza titolo, decorso lo stesso termine, la possibilità di agire per il recupero del bene[9].

I problemi, che si pongono in rapporto al sistema della 'prescrizione acquisitiva' così delineato, sono molti e di molteplice natura.

La evidente coesistenza di elementi propri del regime classico dell'*usucapio* e di elementi provenienti dalla normazione e dalla prassi postclassica ha, da un lato, indotto alcuni autori a parlare di «concezioni ibride»[10], da attribuirsi in gran parte ad un maldestro 'classicismo' giustinianeo, dall'altro ha creato molti e difficili problemi agli interpreti, che, come soprattutto i pandettisti, hanno voluto prospettare una costruzione dommatica unitaria dell'istituto, tenendo conto non solo delle costituzioni di Giustiniano, ma dell'insieme della compilazione giustinianea, nel tentativo di coordinane il regime dell'usucapione, quale risultava soprattutto dal Digesto, con il regime della *praescriptio* attestato nel Codice e nelle Istituzioni[11].

Va tuttavia osservato che, in realtà, il problema del rapporto storico e dommatico, che intercorre fra la riforma di Giustiniano e il sistema classico da un lato, la prassi postclassica dall'altro, è forse ancora più complesso di quanto la dottrina abbia sinora evidenziato. Lo schema ricostruttivo di evoluzione storica, che viene tradizionalmente presentato dalla dottrina postpandettistica, si presenta, alla luce della riflessione dottrinaria più moderna, per molti versi troppo rigido e poco attento al sistema complessivo della struttura dei diritti reali e dei modi di acquisto e trasferimento dei beni nelle diverse epoche storiche, in cui necessariamente va inquadrata l'evolu-

---

[9] Va altresì rilevato che non appare improbabile che Giustiniano abbia, al momento della redazione del secondo Codice, interpolato le sue stesse costituzioni che si erano succedute nel tempo, al fine di rendere coerente la riforma complessiva in materia di usucapione e *longi temporis praescriptio*: per un'analisi complessiva della legislazione giustinianea in materia, v. M. AMELOTTI, *La prescrizione*, cit., specialmente 236 s. e letteratura ivi citata, nt. 64.

[10] Così M. AMELOTTI, *La prescrizione*, cit., 208; ma v. anche, per esempio, P. BONFANTE, *Corso di diritto romano*. II. *La proprietà*, pt. II, rist. a cura di G. Bonfante e G. Crifò, Milano, 1968, 288 ss.; E. LEVY, *West Roman Vulgar Law. The Law of Property*, Philadelphia, 1951, 176 ss.; P. VOCI, *Modi di acquisto della proprietà*, Milano, 1952, 222 ss.

[11] Particolarmente significative a questo proposito, per esempio, le osservazioni di C.F. SAVIGNY, *Sistema del diritto romano attuale*, trad. it., IV, Torino, 1889, 360 ss.; V, Torino, 1893, 307 ss.; e la trattazione di B. WINDSCHEID, *Diritto delle Pandette*, trad. it., I, Torino, 1902, 422 ss. Cfr. anche M. AMELOTTI, *La prescrizione*, cit., 237 e nt. 66.

zione di questo istituto [12]. È indubbio, infatti, che i requisiti richiesti dall'ordinamento per riconoscere il prevalere delle ragioni del possessore sulle ragioni del proprietario risultano, sempre e in ogni ordinamento, fortemente condizionati sia dalla concezione e dalla rilevanza del possesso in rapporto al *dominium*, sia dai meccanismi processuali di difesa delle diverse situazioni reali.

Se è vero, peraltro, che, in linea generale, come la dottrina concorde ormai da tempo riconosce, sia la 'prescrizione acquisitiva' sia la 'prescrizione estintiva' si configurano come 'sanatorie', giustificate dal decorso del tempo, di situazioni concretamente rilevanti, nell'esigenza fondamentale di determinare criteri processuali e sostanziali certi per la soluzione delle controversie giudiziarie, il problema storico, e insieme dommatico, che inevitabilmente si pone, risulta quello del mutare dei requisiti richiesti perché tale sanatoria possa operare, e quindi, in altri termini, dei limiti che l'ordinamento stabilisce nel riconoscere il prevalere della situazione di fatto sulla situazione di diritto; tali limiti, nell'evoluzione dell'ordinamento romano sino a Giustiniano, non dipendono, se non in minima parte, da una configurazione astratta o teorica normativamente determinata, ma si fissano prevalentemente nella prassi giudiziaria, nel senso che l'esigenza di tutelare determinate situazioni concrete, affermatasi nella prassi sociale, si traduce in forma giuridica attraverso il consolidarsi di determinate regole [13] circa il prevalere dell'una o dell'altra parte nella contesa processuale, e in particolare circa il prevalere della parte che vanti il prolungarsi nel tempo di una certa situazione di fatto rispetto alla parte che a detta situazione contrapponga una pretesa fondata su elementi di diritto con essa incompatibili.

Anche nel campo specifico che qui rileva, quello cioè del conflitto fra possessore e colui che o vanta miglior 'diritto a possedere', o che comunque opera lo spoglio, la prescrizione rappresenta solo lo strumento per il riconoscimento giudiziario definitivo di una situazione di fatto, tuttavia già rilevante in precedenza nell'ambito dell'ordinamento, ed opera ovviamente

---

[12] Per un'utile prospettiva problematica sul complesso sistema dei diritti reali nel mondo postclassico v. A. BISCARDI, *Studi sulla legislazione nel basso Impero. II. Orientamenti e tendenze del legislatore postclassico nella disciplina dei diritti reali*, in *Studi Senesi*, LIV, 1940, 276 ss.; ID., *Studi sulla legislazione nel Basso Impero. III. La nuova proprietà*, in *Studi Senesi*, LVI, 1942, 275 ss.; ID., *Proprietà e possesso nell'indagine positiva sul diritto del tardo Impero*, in *Studi Senesi*, CIV, 1992, 225 ss. (ora anche in *Atti IX Conv. intern. Accad. roman. Costant.*, Napoli, 1993, 91 ss.).

[13] Regole che incidono direttamente o indirettamente anche sulla ripartizione dell'onere della prova e sull'individuazione del *thema probandum*: si veda *infra*, § 4.

in rapporto alla configurazione di detta situazione; il 'sistema', che si collega ai diversi requisiti richiesti nei differenti casi di *longi temporis praescriptio*, non può quindi essere compiutamente inteso se non con riferimento alla diversa rilevanza e tutela accordata dall'ordinamento già alla situazione possessoria precedente. Infatti, posto che la prescrizione acquisitiva comporta il riconoscimento dell'acquisto definitivo e inattaccabile di un bene mediante il possesso e il decorso del tempo, l'ambito di applicazione dell'istituto e la sua funzione risultano necessariamente differenti a seconda che, nel tempo necessario al compiersi dei termini richiesti, il possessore sia già tutelato attivamente e/o passivamente verso tutti i terzi, ovvero la tutela processuale incontri dei limiti – per esempio nel diritto del proprietario – o, infine, a tale situazione di fatto non sia riconosciuta alcuna tutela diversa da quella meramente possessoria.

Esaminata sotto questo profilo, la 'prescrizione acquisitiva' di Giustiniano contiene, mi sembra, elementi che, al di là di assonanze apparenti, sembrano indicare la creazione di un istituto in cui è netto il distacco sia, per un verso, dal sistema dell'usucapione classica, sia, per altro verso, dai meccanismi delle diverse *praescriptiones* postclassiche.

## 2. *L'usucapione dell'età classica e la 'longi temporis praescriptio': 'iusta causa usucapionis' e 'iusta possessio'.*

Nel diritto classico, la struttura dell'acquisto per usucapione era condizionata, come è ben noto, oltre che dalla distinzione fra *res mancipi* e *res nec mancipi*, correlata alla distinzione fra gli atti idonei a trasferire il *dominium* delle une e delle altre, dal rapporto fra *possessio* di buona fede *ex iusta causa*, tutelata mediante azioni ed eccezioni onorarie[14], e *dominium ex iure Quiritium*, tutelato mediante rivendica. L'elaborazione della giurisprudenza classica, che si era sovrapposta ad una nozione di *usucapio* semplice e concreta – giustificata nell'ambito dell'ordinamento più antico solo dall'esigenza di dare certezza all'appartenenza dei beni[15], e fondata su elementi obiettivi facilmente riscontrabili –, si era esplicata in una serie di articolazioni casistiche, in cui le soluzioni erano peraltro dettate da un'analisi dommatica estremamente raffinata.

---

[14] V. L. VACCA, voce *Usucapione*, cit., *passim*.

[15] Cfr., per esempio, Cic. *pro Caec.* 24; D. 41.10.5 pr. (Ner. 5 *membr.*); Gai 2.44. Cfr. L. VACCA, voce *Usucapione*, cit., *passim*.

Alla fine di questa evoluzione, l'*usucapio* non si presentava più soltanto come modo di acquisto della proprietà fondato sul possesso, il cui acquisto fosse esente da vizi, e sul decorso del tempo, ma rispondeva prevalentemente ad una specifica funzione di 'sanatoria' per i casi in cui, pur in presenza di una *iusta causa*, trattandosi di *res mancipi* o di *res alienae*, la *traditio*, o comunque l'acquisto del possesso, fosse di per sé non sufficiente, secondo il *ius civile*, a produrre l'effetto immediato di acquisto del dominio. La situazione concreta idonea a produrre l'usucapione tende così ad identificarsi con il possesso acquistato senza vizi e in buona fede, intendendosi con ciò sia il possesso acquistato con il giustificato convincimento di avere acquistato *a domino*, con un negozio atto a giustificare, secondo l'ordinamento, l'acquisto definitivo del bene, sia il possesso acquistato *nec vi nec clam nec praecario*, con il convincimento, oggettivamente giustificabile, di non ledere il diritto di altri su quel bene. In questa nozione di *iusta possessio* rientra, quindi, sia l'ipotesi in cui l'acquisto del possesso sia collegato ad un negozio obbligatorio eseguito mediante *traditio*, atto di per sé inidoneo al trasferimento del dominio trattandosi di *res mancipi*, sia il caso in cui vi sia stato acquisto in buona fede *a non domino*. Nella elaborazione dei requisiti dell'acquisto del possesso ai fini dell'usucapione, nei casi in cui tale acquisto derivi da una *traditio*, assume peraltro un'importanza fondamentale l'analisi del rapporto fra la buona fede e l'effettiva esistenza della causa negoziale, in quanto nella *traditio*, per fondare il trasferimento del dominio, il trasferimento del possesso deve essere qualificato appunto da una causa idonea a produrre tale effetto: ciò in precisa connessione con la circostanza che, ove vi sia la *traditio ex iusta causa*, non solo la *possessio* di buona fede così acquistata è idonea a produrre l'*usucapio*, ma, nel tempo necessario al compiersi di essa, il possessore è tutelato dal *ius honorarium* con un'*actio in rem*, come se fossero già decorsi i termini necessari all'acquisto secondo il *ius civile*, ed è tutelato altresì nei confronti del *dominus ex iure Quiritium*, se questi era parte del negozio di trasferimento, o se comunque l'acquisto del possesso discende da una causa rilevante nell'ambito del *ius honorarium*: per esempio *adiudicatio* in un *iudicium imperio continens*.

L'individuazione dei requisiti della *possessio ad usucapionem* si intreccia quindi necessariamente, nella riflessione giurisprudenziale, con l'individuazione dei requisiti dell'acquisto del possesso per la tutela mediante azione pretoria, e l'analisi casistica dei giuristi verte in prevalenza sull'ammissibilità del procedere dell'*usucapio* in rapporto alle diverse *causae possessionis*, ma senza perciò arrivare ad identificare completamente la *iusta causa usu-*

*capionis* – che può individuarsi anche in un acquisto non viziato e in buona fede – con la *iusta causa* rilevante ai fini della tutela del possesso mediante *actio in rem*, prima del compiersi dell'usucapione[16].

È vero che, se si considerano i passi del Digesto, attinenti a casi in cui si ammette l'usucapione, ma non è ammessa, o non sarebbe ammissibile la tutela del possessore mediante azione reale, potrebbe sembrare che i giuristi abbiano riservato solo un'attenzione marginale a questa ipotesi; sono sufficienti, tuttavia, i pochi testi a nostra disposizione per avallare l'idea che, ove l'acquisto del possesso fosse di per sé non viziato e relativo ad un bene soggettivamente usucapibile – come, per esempio, nel caso in cui taluno acquistasse in buona fede il possesso di un fondo divenuto vacante in seguito all'espulsione violenta del *dominus* da parte di un terzo[17] – si ammettesse l'acquisto per usucapione, pur essendo il possessore privo nel tempo intermedio di qualunque tutela diversa da quella meramente possessoria.

Queste brevi osservazioni sull'elaborazione nel periodo classico dei requisiti di *iusta causa* e *bona fides* danno conto del fatto che un'attenta analisi della casistica giurisprudenziale porta in evidenza come fra i requisiti di *iusta causa* e di buona fede intercorra in questo periodo un rapporto molto sfaccettato e parzialmente differente da quello prospettato dalla dottrina prevalente, che sembra, invece, irrigidire in un unico schema i requisiti del possesso idoneo alla tutela mediante *actio in rem* e del possesso idoneo all'usucapione, ritenendo quindi essenziali sia la buona fede sia la *iusta causa* per tutti i casi in cui era ammesso l'acquisto per usucapione, e finendo sostanzialmente per identificare la *possessio ad usucapionem* con i casi di *in bonis*[18].

Se si tiene conto, invece, del coesistere di differenti situazioni possessorie, tutte idonee all'usucapione, ma diversamente rilevanti nel periodo intermedio, in quanto in alcuni casi il possessore ha una protezione processuale assoluta (acquisto *a domino ex iusta causa*), in altri casi, egli, pur essendo tutelato con *actio in rem*, incontra il limite del diritto del *dominus* (acquisto *a non domino ex iusta causa*), in altri casi, infine, gli è accordata la sola protezione interdittale (acquisto del possesso non viziato in buona fe-

[16] Ciò si percepisce con particolare evidenza a proposito dell'*usucapio pro suo* e *pro derelicto*: v. L. VACCA, voce *Usucapione*, cit., *passim*.

[17] Cfr., per esempio, D. 41.3.4.22 (Paul. 54 *ad ed.*), su cui L. VACCA, *'Derelictio' e acquisto delle 'res pro derelicto habitae'. Lettura delle fonti e tradizione sistematica*, Milano, 1984, 148, nt. 84; v. anche, con un'interpretazione diversa, L. SOLIDORO MARUOTTI, *Studi sull'abbandono degli immobili nel diritto romano*, Napoli, 1989, 183 ss.

[18] In questo senso, da ultimo, B. ALBANESE, *Le situazioni possessorie nel diritto privato romano*, Palermo, 1989, 89 ss.

de), risulta anche più agevole comprendere come, nel momento in cui nell'ordinamento romano viene recepito l'istituto della *longi temporis praescriptio*[19], quale eccezione alla rivendica del *dominus* – fondata essenzialmente sul suo *longum silentium*[20] –, la situazione possessoria, che rileva come oggetto di questa particolare forma di tutela, sia quella che coincide con la *iusta possessio* già richiesta per il mero effetto dell'usucapione, e che, come si è detto, non è necessariamente una *possessio ex iusta causa* nel senso di 'possesso giustificato da un titolo'[21]. Le oscillazioni dei pochi testi

[19] La dottrina prevalente ritiene che, nonostante sia indubbia l'origine dell'istituto già nella precedente prassi ellenistica, un rescritto di Settimio Severo e Caracalla, databile nel 199 o 200 d.C. (di cui abbiamo notizia tramite due papiri egizi: *BGH*, 1, 267 e *P. Strassb*, 22) abbia segnato l'introduzione dell'istituto nel diritto romano 'ufficiale', al fine di disciplinare l'acquisto dei fondi provinciali, per i quali era inapplicabile l'*usucapio*: cfr. per tutti M. AMELOTTI, *La prescrizione*, cit., 179 ss.; D. NÖRR, *Die Entstehung der 'longi temporis praescriptio' Studien zum Einfluß der Zeit im Recht und zur Rechtspolitik in der Kaiserzeit*, Köln-Opladen, 1969, 74 ss. e letteratura ivi citata; si veda anche L. VACCA, voce *Usucapione*, cit., *passim*.

[20] La dottrina ha infatti da tempo rilevato come la circostanza che la *longi temporis praescriptio* abbia effetto, inizialmente, su un terreno esclusivamente processuale, nell'ambito degli sviluppi della *extraordinaria cognitio* nell'ambiente provinciale del periodo della fine del II sec., rilevi nella valutazione normativa dei requisiti richiesti per l'operare dell'istituto, requisiti che, a differenza che per l'usucapione, vengono elaborati con riguardo soprattutto alla posizione di inerzia dell'attore, cui è ovviamente collegato in via primaria l'effetto della opponibilità dell'azione, mentre passa in secondo piano l'analisi degli elementi della situazione possessoria necessari ai fini dell'efficace interposizione dell'*exceptio*. Sin dalle origini, quindi, la *praescriptio* viene percepita prevalentemente come una estinzione del diritto del proprietario a far valere le sue pretese, ove al suo lungo silenzio corrisponda una situazione di fatto acquisita in modo non illegittimo e consolidata nel tempo. Questa struttura dell'istituto si rispecchia, per esempio, da un lato nelle norme che limitano tale effetto estintivo, ove il silenzio del *dominus* sia giustificato da particolari situazioni considerate rilevanti (così, oltre l''interruzione civile' del tempo richiesto ai fini della *praescriptio* con la mera interposizione dell'azione, si sancisce la valutazione di situazioni particolari come causa di sospensione del *tempus*) e, da altro lato, nell'introduzione dell'istituto dell'*accessio possessionis*, che comporta la facoltà del possessore attuale di aggiungere al proprio possesso quello del suo dante causa in atti *inter vivos*, nonché, per altro verso, nella ininfluenza ai fini della legittimità del possesso attuale di un possesso precedente viziato: su questi problemi v., in particolare, M. AMELOTTI, *La prescrizione*, cit., 138 ss., e da ultima L. VACCA, voce *Usucapione*, cit., 1012 ss. e letteratura ivi citata.

[21] Secondo la terminogia generalmente usata nelle fonti postclassiche, si richiede infatti un *iustum initium possessionis*, o una *iusta possessio*, espressioni che di per sé potrebbero essere idonee ad indicare sia un possesso acquistato in base ad una *iusta causa*, sia un possesso di buona fede, sia infine il possesso cui si accompagnino entrambi gli elementi: v., per esempio, Paul. Sent. 5.2.3-4 ed Interpretatio ad Paul. Sent. 5.2.4: L. VACCA, voce *Usucapione*, cit., con altre fonti e letteratura. Né, per altro verso, può sorprendere la decisa identifi-

postclassici di cui disponiamo a questo proposito lasciano intravedere, peraltro, un uso delle espressioni *iustum initium* e *iusta possessio* ben lontano dalla precisa elaborazione concettuale della giurisprudenza classica in tema di *iusta causa* e dei suoi rapporti con la *bona fides*[22]. Non è difficile, quindi, ipotizzare che nella prassi dei tribunali provinciali, in cui, come si è detto, l'istituto viene inizialmente riconosciuto, l'espressione *iusta possessio*, che indicava la situazione idonea ad essere opposta mediante *praescriptio*, avesse sostanzialmente il significato di *possessio* non viziata, *possessio* cioè *nec vi nec clam nec precario*, cui peraltro ineriva implicitamente anche l'assenza di mala fede[23].

---

cazione, in alcuni testi postclassici (per esempio l'*Interpretatio* visigotica alle *Pauli Sententiae*), del *iustum initium possessionis* con un titolo negoziale. Nella tradizione della giurisprudenza della fine dell'età classica, cui indubbiamente l'*interpretatio* si collega, infatti, l'ipotesi 'tipica' di acquisto del possesso idoneo ad essere opposto al *dominus* era quella del possesso che derivasse da una *traditio ex iusta causa*, che di per sé, come si è visto, implicava generalmente anche la buona fede. Il solo requisito della buona fede è inoltre esplicitamente menzionato sia in una costituzione di Severo databile al 202 (C. 7.33.1) sia in alcune costituzioni di Diocleziano [C. 7.33.2 (a. 286) e C. 7.33.10 (a. 294)].

[22] D. NÖRR, *Die Entstehung*, cit., 85 ss., sottolinea – in contrasto con la dottrina tradizionale orientata nel senso che, conformemente al regime classico dell'usucapione, sia la *iusta causa* sia la buona fede fossero necessarie ai fini della *longi temporis praescriptio*, e ciò sino alla riforma di Teodosio II (CTh. 4.14.1 pr. su cui v. ancora *infra*, § 4 e nt. 49), che avrebbe unificato il regime della prescrizione delle azioni in prescrizione trentennale, riconoscendo anche nel campo delle azioni reali la prescrizione estintiva, e quindi, nella sostanza, effetto acquisitivo al possesso trentennale, indipendentemente da entrambi i requisiti – come il confronto fra la struttura e la funzione dell'usucapione classica e quella della *longi temporis praescriptio* ponga in evidenza la diversa realtà in cui i due istituti operano e le diverse esigenze pratiche per soddisfare le quali vengono forgiati, in un caso dalla raffinata giurisprudenza che opera all'interno del complesso sistema – sostanziale e processuale – del diritto classico, nell'altro caso dalla prassi dei tribunali provinciali, che, almeno sino ai Severi, si svolge indipendentemente anche da qualsiasi regolamentazione normativa; peraltro, come si è accennato, è evidente che risultavano del tutto inapplicabili alla realtà provinciale istituti che erano stati elaborati in connessione con il rigido dualismo *possessio-dominium*, e in risposta all'esigenza di conciliare le ragioni del possessore di buona fede *ex iusta causa* con le ragioni del *dominus ex iure Quiritium*. Questo dualismo e questo tipo di esigenze sono impensabili nell'ambiente provinciale, e sempre di più lo saranno con l'avanzare dell'età postclassica. Delle soluzioni giurisprudenziali resta solo una pallida eco, che, come meglio vedremo in seguito, in parte ridonda nelle costituzioni imperiali e nelle soluzioni della cancelleria del primo Dominato, ma della *ratio* di esse si è persa consapevolezza.

[23] Cfr., in questo senso, D. NÖRR, *Die Entstehung*, cit., *passim*.

### 3. *Le costituzioni di Diocleziano e Costantino: C. 7.32.6; C. 7.32.7; C. 7.32.10.*

Anche nell'ambito del mondo provinciale e del processo *per cognitionem*, la rilevanza dell'acquisto *ex iusta causa* poteva invece, io credo, venire in considerazione soprattutto in relazione al problema dell'opponibilità della situazione possessoria prima che fossero decorsi i termini necessari per la *praescriptio*, nel senso che la presenza di un *titulus possidendi* poteva, ad esempio, validamente essere opposta al *dominus*, alla cui volontà detto titolo fosse riconducibile, o a chi fosse in grado di dimostrare solo un titolo meno forte.

Ciò mi sembra emergere chiaramente da due rescritti di Diocleziano:

> C. 7.32.6 *Impp. Diocletianus et Maximianus AA. Valerio*: *Si nulla iusta ex causa ingressum agrum sive vineas eum cuius meministi praeses repperit nec ulla praescriptione vestra interpellatur petitio, restituere te possessioni cum omni causa non dubitabit.* (a. 293)
>
> C. 7.32.7 *Impp. Diocletianus et Maximianus AA. Asyncrito*: *Improba possessio firmum titulum possidendi nullum praestare potest. unde ingredientem in vacuam possessionem alieni fundi non consentiente domino vel actore, qui eius rei concedendi potestatem habuit, causam iustam possessionis adipisci non potuisse certum est.* (a. 293)

Le due costituzioni, lungi dal dimostrare la necessità della *iusta causa* ai fini della *praescriptio*[24], propongono una significativa articolazione di possibili situazioni possessorie rilevanti ai fini della tutela processuale: nella prima costituzione è chiarissima l'alternativa fra l'opponibilità all'attore o dell'acquisto *ex iusta causa* o della *praescriptio*: «*si nulla iusta ex causa, ... nec ulla praescriptione vestra interpellatur petitio*»; solo ove non sia stata validamente opposta nessuna di queste due eccezioni, il convenuto dovrà «*restituire*». Mi sembra quindi che non possano esservi dubbi circa l'irrile-

---

[24] Peraltro l'enunciato di C. 7.32.7 è perfettamente coerente con le soluzioni già enunciate dai giureconsulti classici, che negavano la possibilità di usucapire il fondo vacante per assenza del *dominus*, non in considerazione della assenza di *iusta causa*, ma in considerazione della mala fede nell'acquisto del possesso: Gai 2.50-51; D. 41.3.37.1 (Gai. 2 *inst.*) e D. 41.3.38 (Gai. 2 *rer. cott.*) (v. anche Inst. 2.6.6); D. 41.3.4.22 (Paul. 54 *ad ed.*). Su questi testi – con un'interpretazione parzialmente differente – da ultima L. SOLIDORO MARUOTTI, *Studi sull'abbandono*, cit., 180 ss.; 283 s., e letteratura ivi citata.

vanza, secondo il tenore del rescritto, della *iusta causa* ai fini della protezione del possessore in grado di utilizzare la *praescriptio*.

C. 7.32.7 propone una questione differente: nel rescritto si afferma innanzi tutto che l'acquisto del possesso non solo indipendente da *iusta causa*, ma in mala fede (*improba possessio*), in nessun caso può costituire un *firmum titulum possidendi*: da questo principio generale si evince che colui, che acquista (consapevolmente, sia pure senza violenza) il possesso di un fondo alieno senza il consenso del *dominus* o di un suo amministratore, non può acquistare una *iusta possessio*. La soluzione enunciata riguarda, quindi, non il caso della mancanza di *iusta causa*, ma specificamente il caso in cui manca sia il titolo sia la buona fede: il possessore, in questa ipotesi, non può mai acquistare (*adipisci*) la *causa iusta possessionis*, come non potrà mai vantare un *firmum titulum possidendi*, in quanto – si può aggiungere – non potrà neanche opporre la *praescriptio*, che richiede, appunto, la *iusta possessio* iniziale[25].

Come è stato acquisito nei risultati della dottrina più recente[26], infatti, il *firmum titulum possidendi* esprime nella terminologia postclassica un carattere di stabilità del possesso, «stabilità che deriva da una sanzione giuridica che attribuisce al titolare del possesso il diritto a conservare il medesimo, e ciò nei confronti di qualunque terzo»[27]; tale *firmitas* deriva necessariamente da un titolo[28] o dalla *praescriptio*. Seguendo questa ricostruzione, quindi, un possesso di buona fede, ma *sine titulo*, poteva essere opposto, dopo il tempo richiesto, con la *praescriptio*, ma prima di tale termine non poteva essere protetto nei confronti del *dominus* o dei terzi che potessero addurre una *iusta causa*, che è intesa ora non come *iusta causa (adquirendi) dominii*, ma come *ius possidendi*. Il possessore di mala fede, pertanto, non poteva

---

[25] V. anche C. 7.35.4 *Impp. Diocletianus et Maximianus AA. Crispino*: *Si possessio inconcussa sine controversia perseveraverit, firmitatem suam teneat obiecta praescriptio: quam contra absentes vel rei publicae causa vel maxime fortuito casu nequaquam valere decernimus.* (a. 292). Questa costituzione, contrariamente a quanto ritiene la SOLIDORO MARUOTTI, *Studi sull'abbandono*, cit., 180 ss.; 283 ss., dimostra chiaramente che, ancora nell'età di Diocleziano, a parte il requisito della buona fede, l'acquisto del possesso vacante può costituire *iustum initium* e divenire opponibile mediante *praescriptio*, a meno che l'assenza del *dominus* non sia dovuta a causa pubblica o a caso fortuito. In tutti gli altri casi, trascorso il tempo, il possesso acquista la *firmitas*, che gli è conferita dalla *praescriptio*.

[26] V., in particolare, A. BISCARDI, *La nuova proprietà*, cit., specialmente 292 ss.; C.A. CANNATA, *'Possessio' 'Possessor' 'Possidere' nelle fonti giuridiche del basso Impero romano. Contributo allo studio del sistema dei rapporti reali nell'epoca postclassica*, Milano, 1962, 75 ss.

[27] C.A. CANNATA, *'Possessio'*, cit., 76.

[28] Si veda *infra*, nt. 33.

mai acquistare una *iusta possessio* e, quindi, non solo non avrebbe avuto un *titulum possidendi*, ma non avrebbe potuto mai giovarsi della *praescriptio*.

Questi testi propongono, tuttavia, un ulteriore problema: in C. 7.32.6 si afferma l'opponibilità dell'acquisto *ex iusta causa*, indipendentemente dalla *praescriptio*; in C. 7.32.7 si parla di un *firmus titulus possidendi*, che peraltro è escluso nella specie dall'acquisto del possesso viziato da mala fede; si propone la questione se la rilevanza della *iusta causa* nell'acquisto del possesso vada intesa come relativa, essendo cioè il titolo, prima del compiersi del tempo della *praescriptio*, opponibile solo nei confronti del soggetto da cui il possessore vanti la derivazione del suo 'diritto di possedere', o se, invece, la situazione di possesso *ex iusta causa* non sia di per sé considerata tutelabile attivamente e passivamente *erga omnes*, o se, infine, come mi sembra più plausibile, la questione sia non correttamente proponibile in questi termini, che riflettono una contrapposizione concettuale troppo netta – in rapporto alla realtà postclassica – fra possesso e *dominium*, fra azione di rivendica e tutela possessoria, nonché fra la posizione processuale dell'attore e quella del convenuto – con riferimento al contenuto dell'azione e delle eccezioni nonché alla distribuzione dell'onere della prova – nell'ambito del processo reale.

Di grande rilevanza, nella prospettiva di questo problema, è una nota costituzione di Costantino, il cui significato è, peraltro, molto controverso[29]:

C. 7.32.10 *Imp. Constantinus A. ad Maternum*: *Nemo ambigit possessionis duplicem esse rationem, aliam quae iure consistit, aliam quae corpore, utramque autem ita demum esse legitimam, cum omnium adversariorum silentio ac taciturnitate firmetur, interpellatione vero et controversia progressa, non posse eum intellegi possessorem, qui, licet corpore teneat, tamen ex interposita contestatione et causa in iudicium deducta super iure possessionis vacillet ac dubitet.* (a. 314)

Sia il possesso *iure* sia il possesso *corpore* sono legittimi, nel senso che, come la costituzione dice espressamente, se non viene proposta azione il decorso del tempo può trasformarli entrambi in *firma possessio*, e quindi renderli opponibili *erga omnes*[30]; la rilevanza della distinzione si fonda in-

[29] Cfr., per tutti, A. Biscardi, *La nuova proprietà*, cit., specialmente 292 ss.; E. Levy, *Property*, cit., 26 ss.; M. Kaser, *Wesen und Wirkungen der Detention in den antiken Recht*, in *Atti del III Congresso di diritto comparato*, I, Roma, 1953, 290 ss.; C.A. Cannata, *'Possessio'*, cit., 98 ss.; M. Bretone, *Volgarismo e proprietà postclassica*, in *Labeo*, XI, 1965, 202 ss.

[30] Non vi è dubbio che, come è stato sostenuto in particolare da C.A. Cannata, *'Posses-*

vece sulla circostanza che si deve ritenere che possieda solo *corpore* colui che in giudizio (evidentemente prima che la sua *possessio* sia consolidata dal decorso del tempo e dal silenzio dei terzi) non riesce a dimostrare validamente il suo 'diritto di possedere'. Ne consegue, argomentando *a contrario*, che deve ritenersi possedere *iure* colui che invece sia in grado di dimostrare efficacemente il fondamento giuridico del suo possesso e, quindi, in altri termini, che riesca a dare la prova di possedere *ex iusta causa*, cioè con un titolo valido e comunque più forte di quello del suo contendente[31]. Ciò, ovviamente, come si è detto, se la lite è promossa prima del decorrere del tempo della *praescriptio*, perché dopo tale termine per entrambi i tipi di possesso vale l'affermazione «*omnium adversariorum silentio ac taciturnitate firmetur*», e anche la *possessio corpore*, legittima, ma non sorretta da valido titolo, diviene *firma*. Questa affermazione di Costantino è, dunque, perfettamente coerente con quanto affermato da Diocleziano nelle costituzioni dianzi lette: «*si nulla ex iusta causa ingressum agrum sive vinea eum cuius meministi praeses repperit, nec ulla praescriptione vestra interpellatur petitio, restituere te possessioni cum omni causa non dubitabit*».

Dall'insieme di queste testimonianze mi sembra che si possa dedurre che, in presenza di un titolo, il possessore, che fosse in grado di darne la prova, avrebbe potuto resistere all'azione del rivendicante, anche prima della possibilità di opporre la *praescriptio*, in quanto possessore *iure*. Ciò, ovviamente, a meno che l'attore in rivendica non desse la prova di avere a

---

*sio'*, cit., 113 ss., si tratti di un rescritto che riguarda anche la materia della *longi temporis praescriptio*, ma mi sembra che il testo possa essere inteso in senso parzialmente differente da quello attribuitogli dallo stesso autore; mi sembra cioè che il parere di Costantino non si riferisse ad un'ipotesi in cui erano già decorsi i termini necessari all'opponibilità della *praescriptio*, ma che, al contrario, si tratti della distinzione fra *possessio iure* e *possessio corpore* ai fini della sua opponibilità prima che tali termini siano decorsi. Infatti dal testo risulta chiaro che la qualifica di *possessio legitima* non rileva solo ai fini della tutela interdittale (per quest'epoca l'*actio momentaria possessione*) che spetterebbe, prima della *praescriptio*, indifferentemente a chi possiede *iure* e a chi possiede *corpore*, ma rileva anche in ordine alla circostanza che, dopo il compiersi del termine della *praescriptio*, entrambe le situazioni sono tutelate *erga omnes*.

[31] Come rileva M. BRETONE, *Volgarismo*, cit., 202 ss., nella prospettiva costantiniana, trascorso il termine della *praescriptio*, sia la *possessio corpore* sia la *possessio iure* devono la loro legittimità al fatto che nessuno ne contesti o ne abbia contestato il titolo giustificativo: il *silentium adversariorum* integra, si può dire, una presunzione di esistenza del titolo: «in altre parole, mentre la *possessio iure* esiste, per l'effettiva sua fondatezza, oltre l'ambito della legittimità, che è data dal *silentium adversariorum*, la *possessio corpore* non esiste che entro l'ambito della legittimità, non esiste che come *possessio legitima*: fuori di questo ambito, essa scade a una situazione non rigorosamente definibile come *possessio*».

sua volta posseduto con titolo più forte[32]. Come risulta chiaro, già nella prospettiva della normativa imperiale del III e IV secolo, oscuratasi completamente la distinzione fra possesso *e dominium*, come distinzione fra situazione di fatto e situazione di diritto, si afferma una distinzione fra chi possiede di fatto e chi ha un titolo per possedere[33], distinzione che è proposta solo in rapporto alla diversa rilevanza processuale del possesso di chi in giudizio soccombe di fronte al rivendicante che provi il suo diritto di

---

[32] A. BISCARDI, *La nuova proprietà*, cit., 297 ss., ha già da tempo dimostrato come nel periodo postclassico le varie *vindicationes*, persa la loro tipicità, abbiano finito con l'essere sentite come un'unica indifferenziata azione tendente a far valere il diritto al possesso, diritto fondato su di un titolo con efficacia reale. Cfr. anche C.A. CANNATA, *'Possessio'*, cit., 168 ss., sia pure con qualche riserva e precisazione sulla posizione del Biscardi.

[33] Va rilevato che, nell'ambito delle concezioni postclassiche in materia di signoria sulla cosa, anche il concetto di titolo, inteso genericamente come fondamento del potere di disposizione dei beni, fa ovviamente riferimento a rapporti svariati (dalla trasmissione a titolo ereditario o a titolo particolare alle concessioni imperiali a titolo di *ius perpetuum* o di *ius emphyteuticarium*, cui si devono aggiungere anche le situazioni riconducibili al diritto di superficie o di usufrutto), solo parzialmente riconducibili all'idea classica di *iusta causa adquirendi dominii*, quale si configurava, per esempio, nell'elaborazione della giurisprudenza classica in materia di *iusta causa traditionis*: su questi problemi, che non possono essere qui approfonditi, v., in particolare, A. BISCARDI, *Orientamenti e tendenze*, cit., 276 ss. Già in quella sede, peraltro, l'autore (ID., *Orientamenti e tendenze*, cit., specialmente 292 ss.) aveva intuito come nell'ambito della distinzione fra *possessio iure* – da intendersi come *possessio* in grado di resistere agli attacchi dei terzi in quanto giustificata da un titolo – e *possessio corpore* – da individuarsi in qualsiasi situazione di fatto non sorretta dal *ius possidendi*, e quindi tale da dover cedere di fronte all'azione reale legittimamente intentata da altri – un problema particolare si ponesse per la *possessio ad usucapionem*: infatti questa situazione possessoria, pur non essendo tutelabile *erga omnes*, incontrando pur sempre il potenziale limite del diritto del *dominus*, non viene tuttavia considerata dai legislatori come mera *possessio corpore*, in quanto, trattandosi di possesso fondato su un *iustum initium*, si può riconoscere al possessore un *ius possidendi*, analogo, nella prospettiva di quest'epoca, al diritto di chi possiede *iure proprietatis*. In realtà, come rilevava lo stesso A. BISCARDI, *Orientamenti e tendenze*, cit., 293, «... la differenza fra *possessio iure* e *possessio corpore* si apprezza allorquando la *possessio* medesima viene fatta segno ad attacchi da parte di terzi ...». Il problema tuttavia non può essere risolto in termini assoluti: proprio tenendo presente la prospettiva processuale concreta che sottende questa distinzione, che fra l'altro è espressa in un rescritto, cioè in evidente relazione con una situazione specifica, potremmo dire che la medesima situazione di *possessio iusta*, che come tale è idonea a divenire opponibile mediante la *longi temporis praescriptio*, prima del tempo può risultare *iure*, ove sia anche fondata su un titolo di cui si è in grado di fornire la prova e che prevale sulla situazione fatta valere dal terzo, mentre risulterà *corpore*, nell'ipotesi in cui manchi il titolo o esso ceda di fronte a quello fatto valere dalla controparte: così, per esempio, il possessore di buona fede con titolo *a non domino* risulterà possedere *iure* nei confronti del terzo non proprietario e comunque con titolo meno forte, mentre nei confronti del *dominus* estraneo al negozio la sua *possessio* avrà rilevanza di mera *possessio corpore*.

possedere, e di chi invece può efficacemente far valere un titolo o la *praescriptio*.

## 4. *La tutela del possessore 'ex iusta causa' nell'ambito del processo 'per cognitionem' e il problema dell'onere della prova: C Th. 11.39.1.*

Resta il problema di quali strumenti processuali permettessero, nell'ambito della *cognitio*, la tutela del possessore *ex iusta causa* prima che fossero trascorsi i termini della *praescriptio*, e se la sua tutela fosse solo opponibile dal lato passivo, o se, piuttosto, non si configurasse anche per il possessore 'titolato' la possibilità di esperire un'*actio in rem* per il recupero della cosa.

Come abbiamo accennato, la questione non è proponibile in termini omogenei a quelli del diritto classico, in cui peraltro il possessore di buona fede *ex iusta causa* era tutelato sia mediante l'*exceptio rei venditae et traditae*, sia mediante l'*actio Publiciana*, rimedi processuali di cui, come è noto[34], manca qualsiasi menzione nelle fonti postclassiche.

La motivazione di questa scomparsa non è, tuttavia, riconducibile solo alla improponibilità in quest'epoca di una duplicità di azioni reali, rilevanti una nell'ambito del *ius civile*, l'altra nell'ambito del *ius honorarium*, ma va ovviamente ricondotta alla diversa concezione delle situazioni di appartenenza tutelabili processualmente.

Peraltro, l'unico aspetto della struttura del processo reale nell'età postclassica, per il quale abbiamo qualche fonte significativa ai fini del problema che qui rileva, riguarda il problema dell'onere della prova e del *thema probandum*[35]. Ciò, del resto, è abbastanza caratteristico del modo di procedere dei legislatori di quest'epoca, più attenti ai problemi concreti della prassi processuale che ad elaborazioni concettuali e sistematiche degli istituti. Per i giuristi classici, l'elaborazione sostanziale degli istituti, in rappor-

---

[34] V., per tutti, M. KASER, *Das römische Privatrecht*[2], II, München, 1975, 239 ss.

[35] V., per esempio, un rescritto di Diocleziano, in cui si afferma che all'attore in rivendica è sufficiente provare per testimoni l'avvenuta vendita, l'immissione nel possesso del dante causa e, trattandosi di una vendita, il pagamento del prezzo: C. 4.19.12 *Impp. Diocletianus et Maximianus AA. Chroniae*: *Cum res non instrumentis gerantur, sed in haec gestae rei testimonium conferatur, factam emptionem et in vacuam possessionem inductum patrem tuum pretiumque numeratum quibus potes iure proditis probationibus docere debes* (a. 293). Sul testo, in relazione al problema della prova nel processo reale postclassico e giustinianeo, v., in particolare, D. SIMON, *Untersuchungen zum Justinianischen Zivilprozess*, München, 1969, 145 ss.; F. BENEDEK, *Zur Frage des «diabolischen» Beweises*, in *Studi in onore di A. Biscardi*, IV, Milano, 1983, 465 ss.

to diretto con il sistema tipico delle azioni e delle eccezioni del processo formulare, rendeva quasi del tutto superflua la formulazione di una teoria delle prove: ciò che spettava all'attore o al convenuto provare era, in realtà, predeterminato dalla struttura dell'azione o dell'eccezione che essi potevano utilizzare: il proprietario, che agiva in rivendica, doveva provare l'appartenenza del bene secondo il *ius civile*; il possessore di buona fede *ex iusta causa* doveva provare il possesso *ad usucapionem* e il titolo di acquisto, e così via.

Nell'ambito del processo *per cognitionem*, abolito il rigore degli schemi formulari, non solo viene meno la tipicità delle azioni, ma si scolorisce anche la distinzione fra la posizione processuale dell'attore e quella del convenuto, fra *actio* ed *exceptio*[36]; così, anche la regola classica, che stabiliva in generale che l'onere della prova spettasse all'attore, mentre al convenuto spettava solo provare quanto dedotto nella sua *exceptio*, perde il suo valore[37]. In questo quadro complessivo non può dunque sorprendere che venga superata anche la regola che nell'ambito del processo di rivendica comportava che l'onere della prova circa l'appartenenza del bene gravasse interamente sull'attore, che affermava il suo diritto sulla cosa non posseduta, mentre il convenuto non aveva alcuna necessità di provare il titolo del suo possesso[38].

Questa profonda modificazione intervenuta nella struttura del processo reale è attestata, con particolare evidenza, in una famosa costituzione di Costantino:

---

[36] V. da ultimo, al proposito, G. PROVERA, *Lezioni sul processo civile giustinianeo*, Torino, 1989, specialmente 405 ss.

[37] Come nota G. PUGLIESE, *L'onere della prova nel processo 'per formulas'*, in *RIDA III S.*, III, 1956, 351, nt. 4, infatti, «la struttura del processo suole avere una particolare influenza sull'*onus probandi*, in quanto mette in gioco il rapporto fra impulso di parte e iniziativa d'ufficio nello svolgimento del processo e in ispecie nell'istruzione probatoria ... ora non si direbbe che processo *per formulas* e *cognitio* si siano distinti per un diverso peso attribuito all'impulso di parte rispetto all'iniziativa e alle indagini d'ufficio: in entrambi sembra predominare l'impulso di parte. Chi tuttavia voglia scoprire, anche per questo riguardo, una differenza, può trovare concessioni all'indirizzo inquisitorio più facilmente nella *cognitio* [cfr. D. 22.5.3.2 (Call. 4 *cogn.*)] che non nel processo formulare, il che significa che una svalutazione dell'onere della prova è più verosimile nella prima che non nel secondo, ossia proprio il contrario di quanto assume il Levy» (il riferimento è alla diversa tesi sostenuta da E. LEVY, *Die Beweislast im klassischen Recht*, in *IURA*, III, 1952, 155 ss.).

[38] Principio ancora ribadito da Antonino Pio in un rescritto del 215: C. 4.19.2. Sul problema dell'onere della prova nel processo formulare e nella *cognitio*, v., in particolare, G. PUGLIESE, *L'onere della prova*, cit., 349 ss. e si veda ancora *infra*, § 5.

CTh. 11.39.1 *Imp. Constantinus A. Aurelio Helladio*: *Etsi veteris iuris definitio et retro principum rescripta in iudicio petitori eius rei quam petit necessitatem probationis dederunt, tamen nos aequitate et iustitia moti iubemus, ut, si quando talis emerserit causa, in primordio iuxta regulam iuris petitor debeat probare, unde res ad ipsum pertineat; sed, si deficiat pars eius in probationibus, tunc demum possessori necessitas imponatur probandi, unde possideat vel quo iure teneat, ut sic veritas examinaretur.* (a. 325)

Qualora l'attore in rivendica fallisse in tutto o in parte nella prova del suo diritto, spettava dunque al convenuto l'onere di provare «*unde possideat vel quo iure teneat* ...», e a quel punto era compito del giudice decidere quale delle due posizioni dovesse prevalere[39].

Non credo, peraltro, che la disposizione abbia un carattere del tutto innovativo rispetto alle regole processuali precedenti, nonostante, ancora una volta, emerga la nota propensione dell'imperatore Costantino a tener conto più della prassi del suo tempo che dei principi del diritto classico. Il regime probatorio sancito in questa costituzione mostra chiaramente che, nell'ambito del processo reale, era ricorrente la necessità di confrontare, oltre che i titoli di appartenenza, le posizioni possessorie delle parti: già per il periodo di Diocleziano, come abbiamo visto, risulta probabile che l'attore in rivendica avrebbe potuto limitarsi ad affermare e provare di avere posseduto *ex iusta causa* (salvo ovviamente che il convenuto non opponesse altro titolo più forte, per esempio antecedente o da altro dante causa); ora si riconosce espressamente che, se comunque l'attore non riusciva pienamente nella prova del suo diritto, ma se a sua volta il convenuto non era in grado di dimostrare la *iusta causa* del suo possesso o di opporre una *praescriptio*, la causa volgeva a vantaggio della parte che avesse fornito elementi maggiori a suo favore[40]; alcuni indizi inducono inoltre a ritenere che nella prassi giudiziaria fosse invalso l'uso di costringere il convenuto a dichiarare il proprio titolo prima della formulazione della pretesa dell'attore e del suo fondamento, in modo da favorire l'attore, che così avrebbe potuto sapere 'quanto' era necessario provare per vincere la posizione possessoria del convenuto; proprio contro questa prassi sembra infatti emanata la famosa

---

[39] Sul testo v. in particolare A. Biscardi, *La nuova proprietà*, cit., 312 ss., e C.A. Cannata, *'Possessio'*, cit., 100 ss., e letteratura ivi citata.

[40] Del resto questo stesso principio pare implicitamente richiamato anche nel rescritto di Costantino del 315 (C. 7.32.10), in cui viene data rilevanza decisiva all'incerta dichiarazione del possessore sul suo *ius possessionis*: cfr. C.A. Cannata, *'Possessio'*, cit., specialmente 125.

disposizione contenuta in una successiva costituzione di Arcadio ed Onorio[41], che viene peraltro generalmente interpretata come la riaffermazione del principio classico, secondo cui l'onere della prova gravava in ogni caso interamente sull'attore; ma, anche se questo è probabilmente, come vedremo, il senso attribuito alla costituzione di Arcadio e Onorio nell'ambito della compilazione giustinianea, nella quale, a differenza di quella di Costantino, essa viene riprodotta[42], credo che l'interpretazione più corrispondente all'intento originario dei legislatori sia nel senso che la disposizione non eliminasse la necessità – o almeno l'opportunità – per il convenuto di dimostrare, ove possibile, il suo (miglior) titolo[43].

Trova quindi conferma, mi sembra, sia pure da elementi frammentari, la circostanza – rilevata dalla migliore dottrina[44] – che, già nella prima epoca postclassica, il processo per la rivendica di un bene fosse sostanzialmente imperniato sul confronto delle posizioni possessorie dei contendenti, caricando anche il convenuto dell'onere di dichiarare il fondamento del suo possesso, ove volesse contestare la posizione fatta valere dall'attore; il convenuto, cioè, se non avesse provato la sua *iusta causa possessionis* o l'intervenuta *praescriptio*, rischiava di perdere la lite anche se l'attore, pur non dando la prova di un dominio assoluto, avesse semplicemente provato di aver posseduto *ex iusta causa*. È evidente che ciò trasformava profondamente il meccanismo dell'azione reale, che non tutelava più solo il *dominus*, ma anche il possessore *ex iusta causa*, sino al compiersi della *praescrip-*

---

[41] CTh. 11.39.12 *Impp. Arcadius et Honorius AA. Aeternali Asiae: Cogi possessorem ab eo qui expedit titulum suae possessionis edicere, quae tanta erat amentia, ut ratione praepostera petitor ab eo quem pulsat informari suas postula actiones, cum omnem probationem exigi oporteat ab eo qui vindicari nititur, non ab eo, qui se iuste tenere contendit? intentanti namque, non suscipienti probationum necessitas imponenda est, praeter eum, qui edicere cogitur, utrum pro possessore an pro herede possideat* (a. 396?). Sul testo cfr., in particolare, A. Biscardi, *La nuova proprietà*, cit., 312 ss.; G. Pugliese, *L'onere della prova*, cit., 415 ss.; C.A. Cannata, *'Possessio'*, cit., 125.

[42] C. 3.31.11.

[43] C.A. Cannata, *'Possessio'*, cit., 126.

[44] C.A. Cannata, *'Possessio'*, cit., 163 ss.; A. Biscardi, *Proprietà e possesso*, cit., 246: «*possessio iure* corrisponde pertanto a *possessio iure proprietatis*, perché qualsivoglia rapporto del genere attribuisce al suo titolare un *ius possidendi*. Ha invece la *possessio corpore* chiunque debba cedere di fronte all'azione reale intentata da altri. E perciò la *possessio corpore* è qualsiasi rapporto di possesso non sorretto dal *ius possidendi*. Donde la conclusione che la sicurezza del possesso (*firma* o *inconcussa possessio*) è il denominatore comune delle varie forme di quella che è la nuova proprietà postclassica, generalmente e naturalmente concepita». Cfr. anche L. Capogrossi Colognesi, voce *Proprietà (dir. rom.)*, in *Enc. dir.*, XXXVII, Milano, 1988, 217 ss.

*tio*, vanificando anche la distinzione fra azione di rivendica e azione Publiciana[45].

Infatti, le stesse considerazioni legate al regime probatorio, che rendeva la *possessio ex iusta causa* difficilmente attaccabile dal terzo, al quale spettava l'onere di provare un miglior diritto, valgono, capovolte, per la tutela attiva: se chi agiva per il recupero del bene non era in grado di dare la prova certa del dominio, gli era sufficiente provare di aver posseduto in buona fede *ex iusta causa*, salva la necessità di provare un titolo antecedente, o comunque più forte rispetto a quello eventualmente addotto dal convenuto, possessore attuale.

Il meccanismo dell'*actio Publiciana* è, dunque, completamente assorbito dalla nuova struttura delle *actiones in rem*, ormai indifferenti non solo alla distinzione fra *ius civile* e *ius honorarium*, ma anche alla distinzione fra proprietà e possesso, risolvendosi il processo reale in un processo per l'accertamento della situazione possessoria più forte. Nel diritto classico, come si è accennato, esisteva un possessore di buona fede che, se aveva acquistato *ex iusta causa*, aveva il diritto, secondo il *ius honorarium*, di disporre del bene, nonché di mantenerne il possesso, e di recuperarlo presso i terzi, diritto che, sino al compiersi dell'usucapione, coesisteva con quello del *dominus*, il quale, in determinati casi, pur essendo ancora proprietario, non aveva più la disponibilità patrimoniale del bene; ciò aveva riscontro, sul piano processuale, nell'esistenza di un'azione pretoria *in rem* del possessore, che si affiancava all'azione civile di rivendica, nonché nella possibilità, ma solo per il possessore che avesse la cosa *in bonis*, di resistere alla stessa rivendica[46]. Nel diritto postclassico esistono situazioni diversificate di *possessiones*, ma non vi è una distinzione netta, o tanto meno una nitida contrapposizione concettuale fra colui, che possiede in buona fede *ex iusta causa*, e il *dominus*: entrambi hanno una *firma possessio*, che sul piano processuale comporta la possibilità di fare valere *erga omnes* il proprio titolo, che incontra solo il limite concreto di un eventuale titolo più forte, per

[45] Questa conclusione, del resto, è pienamente coerente con l'affievolirsi della distinzione fra *dominium* e *possessio* nella variegata gamma delle forme di appartenenza del mondo postclassico, con una evoluzione che, come abbiamo accennato, porta alla sostanziale coincidenza della nozione di *firma possessio* con il *firmum dominium* (si veda *supra*, nt. 44). Sul piano processuale ciò si manifesta con la circostanza che nell'ambito delle *vindicationes* «l'azione è qualificata unicamente dal fatto che vi è controversia intorno al diritto di possedere una cosa: le parti lotteranno ciascuna per provare di avere un titolo migliore, ma non è neppure detto che all'inizio si sappia quale sarà il tipo di *ius* che la sentenza attribuirà all'uno o all'altro» (C.A. CANNATA, *'Possessio'*, cit., 173).

[46] V. *supra*, § 2.

esempio in quanto antecedente a quello del convenuto, e non paralizzato dalla *praescriptio*. Ne discende che in un contesto di questo tipo veniva necessariamente meno la funzione stessa dell'*actio Publiciana*, che presupponeva come contrapposta la funzione dell'azione di rivendica, fondata, sul piano dommatico, sulla nozione di *dominium* come diritto assoluto.

Dobbiamo ritenere, peraltro, che, trascorso il tempo richiesto per la *praescriptio*, anche il possesso giustificato solo da un *iustum initium* (cioè, come si è detto, acquistato in buona fede, ma non necessariamente sorretto da un titolo) potesse essere fatto valere, oltre che passivamente, attivamente, con un'*actio in rem*. Non abbiamo fonti precise a questo proposito, almeno sino ad una famosa costituzione di Costantino in materia di prescrizione quarantennale[47]; le considerazioni precedenti circa lo svolgimento del processo reale nell'ambito della *cognitio* sembrano, tuttavia, suggerire che la configurazione originaria della *praescriptio* non come modo di acquisto, ma come *exceptio*, non impedisse nell'ambiente provinciale che l'aver posseduto per il tempo richiesto ai fini della *praescriptio* potesse giovare all'attore almeno come mezzo di prova, nel senso che l'attore, ove si trovasse in difficoltà nel dare altrimenti la prova del suo 'diritto di possedere' e nel contrastare le allegazioni del convenuto, avrebbe potuto far valere la circostanza di avere in precedenza posseduto per il tempo necessario ad acquisire il diritto alla *praescriptio*[48].

---

[47] La tendenza, che, come si è visto, è riconoscibile nella disciplina ed applicazione pratica della *longi temporis praescriptio*, alla configurazione di un istituto molto semplice, che, trascorso un certo periodo di tempo, conferisse carattere definitivo ed inattaccabile al semplice possesso (purché non si trattasse di mera detenzione o possesso *nomine alieno*), senza necessità di indagare sul momento acquisitivo, trova indubbiamente conferma nella costituzione di Costantino, databile fra il 326 e il 333 d.C. (di questa costituzione fornisce notizie abbastanza precise un papiro egizio pubblicato per la prima volta nel 1937, riportato nei *Negotia* a cura di Arangio-Ruiz [FIRA, III, 101], che contiene il verbale, sia pure monco e talvolta scorretto, di un processo svoltosi nel 340 d.C. dinanzi al *defensor civitatis* di Antinoe: sul papiro cfr. per tutti M. AMELOTTI, *La prescrizione*, cit., 197 ss. con ampia letteratura e discussione), che sanciva la protezione del possesso quarantennale, indipendentemente dai requisiti della *longi temporis praescriptio*, e quindi anche dalla buona fede, ribadendo nel contempo la *praescriptio* di dieci o venti anni per il possesso giustificato dal titolo.

[48] La struttura stessa cioè del processo *per cognitionem*, sfumando, come si è visto, la distinzione fra le posizioni probatorie dell'attore e del convenuto, comportava anche necessariamente l'affievolirsi della distinzione fra situazione concreta opponibile in via di eccezione e situazione tutelabile attivamente mediante azione; risulta, quindi, del tutto condivisibile l'idea che nella prassi postclassica progressivamente si affermi la concezione della *longi temporis praescriptio* come modo di acquisto di una *possessio* non controvertibile sul piano della difesa sia attiva che passiva (si veda ancora *infra*, nt. 50).

Successivamente, come è noto, Teodosio II, recependo con una celebre legge[49] una prassi consuetudinaria ormai largamente diffusa nel territorio provinciale[50], sancisce la prescrizione trentennale di tutte le azioni, reali e personali, e quindi la protezione del possesso continuato per tale termine, indipendentemente dal titolo e dalla buona fede. Dalle fonti successive scompare, peraltro, qualsiasi menzione della prescrizione costantiniana di quaranta anni, così come sembra trascurata la possibilità di utilizzare la *praescriptio* di dieci o venti anni per i casi di possesso di buona fede e/o *ex iusta causa*[51].

A questo punto, quindi, è compiuto il processo che sembra portare alla completa sostituzione nella pratica dell'usucapione classica con la prescrizione estintiva, fondata esclusivamente sull'inerzia del titolare del diritto di rivendica, ma al tempo stesso non è scomparsa l'idea che il possesso pacifico e prolungato nel tempo dia titolo al mantenimento di tale situazione, e comporti l'acquisizione del diritto alla protezione processuale anche attiva.

[49] CTh. 4.14.1 (a. 424), riportata con modificazioni profonde in C. 7.39.3: si veda in particolare M. Amelotti, *La prescrizione*, cit., 217 ss.; A. Biscardi, *Proprietà e possesso*, cit., 246.

[50] E. Levy, *Die nachklassische Ersitzung*, in *BIDR*, LI-LII, 1948, 352 ss., attraverso un'accurata analisi delle fonti, ritiene che, già prima del V secolo, sia in Oriente sia in Occidente l'usucapione e la *longi temporis praescriptio* decennale o ventennale siano cadute in desuetudine, sostituite nella prassi da una *praescriptio* trentennale acquisitiva e indipendente dai requisiti di *iusta causa* e di buona fede: la prova di ciò sarebbe in particolare costituita dalla circostanza che nessuna compilazione riferisce di costituzioni fra Costantino e Giustiniano, in cui vi sia menzione della *praescriptio* di dieci o venti anni; v. anche E. Levy, *Property*, cit., in particolare 190. La tesi del Levy è ora generalmente accolta: cfr. per esempio A. Biscardi, *Il problema storico del diritto giustinianeo*, in *Atti del Congresso internazionale di diritto romano e storia del diritto (Verona, 27-29 settembre 1948)*, II, Milano, 1951, 244 ss.; M. Amelotti, *La prescrizione*, cit., 200 ss., rileva, tuttavia, come si debba altresì ritenere che il ricordo dell'*usucapio* e della *longi temporis praescriptio* di dieci o venti anni si mantenga a livello delle trattazioni con carattere prevalentemente scolastico.

[51] Né sembra azzardato ipotizzare a questo punto che già nella prassi postclassica, conformemente a quanto sancito definitivamente da Giustiniano nella costituzione del 528 (riportata *supra*, nt. 2 e 4), si sia affermata l'idea che la *praescriptio* di dieci o venti anni fosse utilizzabile *erga omnes*, quindi anche contro il *dominus*, nel caso di acquisto *ex iusta causa a non domino* (ciò almeno secondo le scuole orientali), e che la *praescriptio* trentennale giovasse al possessore che avesse acquistato in buona fede indipendentemente da un titolo valido, mentre il possesso protratto per quaranta anni poteva essere considerato inattaccabile indipendentemente da questi requisiti. Cfr. M. Amelotti, *La prescrizione*, cit., *passim*.

## 5. *La riforma di Giustiniano fra diritto classico e prassi postclassica; l'"actio Publiciana' nel diritto giustinianeo.*

Alla luce delle considerazioni che precedono, il 'sistema' dell'acquisto per usucapione e per prescrizione sancito nelle costituzioni di Giustiniano[52] appare in immediata relazione con la normazione e soprattutto la prassi del mondo postclassico, assai più che riferibile ad un recupero di categorie concettuali e di regole proprie del diritto classico[53].

I problemi interpretativi più complessi in relazione alla riforma giustinianea si pongono tuttavia se si considera che essa va necessariamente inquadrata nella riforma complessiva del sistema dei diritti reali, che sembra portare anche, come è noto, al ripristino – almeno a livello delle categorie concettuali utilizzate nella compilazione – della distinzione fra possesso e *dominium*[54].

L'evoluzione postclassica della *praescriptio longi temporis*, come si è vi-

---

[52] C. 7.39.8 e C. 7.31.1 (riportate *supra*, nt. 2, 3 e 7).

[53] Già M. AMELOTTI, *La prescrizione*, cit., 204 s., criticando le posizioni di LEVY, *Property*, cit., 190, notava come «di fronte ai risultati del diritto postclassico, la posizione di Giustiniano non si può invero definire come un semplice 'classicizing turn'». Si veda anche G.G. ARCHI, *Metodologia e problematica nello studio del periodo postclassico giustinianeo* (*a proposito del volume di Max Kaser, Das römische Privatrecht*, II$^2$), in *SDHI*, XXVI, 1960, 228 ss. (ora in *Scritti di diritto romano*, III, Milano, 1981, 1692 ss.).

[54] In realtà, come nota L. CAPOGROSSI COLOGNESI, voce *Proprietà*, cit., 217 ss., la restaurazione giustinianea non può (e non vuole) far rivivere i modelli 'classici' della proprietà romana. Nella realtà postclassica il dissolversi delle categorie di *dominium* e di *possessio* corrispondeva infatti non – o non solo – ad un impoverimento dei livelli culturali nell'elaborazione del diritto, ma soprattutto a grandi mutamenti economici legati alla centralità della realtà fondiaria del mondo provinciale, ed ad una complessa gamma di rapporti che in essa si organizzano: questa realtà e questi rapporti costituiscono lo sfondo socio-economico in cui si inserisce anche la compilazione di Giustiniano, e di ciò non può non tenersi conto nella interpretazione dei suoi interventi legislativi e sistematori. Peraltro, è fortemente significativa anche la circostanza che, come ha rilevato F. SITZIA, *Il diritto di proprietà nelle 'Novellae' giustinianee*, in *La proprietà e le proprietà. Atti del Convegno della Società Italiana di Storia del diritto (Pontignano, 30 settembre-3 ottobre 1985)*, a cura di E. Cortese, 121 ss., anche da un'analisi delle testimonianze fornite dalle *Novellae* giustinianee risulta che la terminologia utilizzata oscilla talvolta, nella versione latina dell'*Authenticum*, fra *dominium* e *possessio*, e che, pur essendo percepibili in questa legislazione chiari segni di influenze, che possono essere ricondotte alla nozione di proprietà ereditata dalle fonti classiche, «... per ciò che attiene ai problemi economici e sociali connessi al diritto di proprietà, ci presentano – *scil.*, le *Novellae* – una situazione assai simile a quella testimoniata dalle costituzioni di epoca postclassica ... la legislazione giustinianea è, indubbiamente, sotto questo profilo, figlia del suo tempo e sembra riflettere problematiche assai distanti da quelle contemplate nel Digesto» (F. SITZIA, *Il diritto di proprietà*, cit., 139 s.). Si veda ancora *infra*, § 9.

sto, risulta collegata ad una realtà economico-giuridica, che si era allontanata sempre di più da quella nel cui ambito erano stati elaborati dai giuristi classici gli schemi dei rapporti di appartenenza e della circolazione dei beni. Allo schema *dominium-possessio ex iusta causa*, cui, sul piano della tutela processuale, faceva da contrappunto, sino al compiersi dell'usucapione, lo schema rivendica-*actio Publiciana*, si era sostituito lo schema *possessio iure-possessio corpore*, in cui la *possessio iure* era intesa come comprensiva di tutte le situazioni per le quali il *ius possidendi* era tutelabile nell'ambito del processo reale, in contrapposto alla *possessio corpore*, che, pur non potendo di per sé resistere alle pretese dei terzi, poteva tuttavia acquisire la *firmitas* mediante la *praescriptio*, una volta decorso il tempo richiesto.

Questo regime delle situazioni di appartenenza, intese prevalentemente come situazioni possessorie tutelate da azione reale, sembra però a prima vista del tutto incompatibile con il diritto sancito nella compilazione di Giustiniano, in cui, secondo le affermazioni della dottrina concorde[55], ripristinandosi la distinzione fra *dominium* e *possessio*, si ripristina anche la struttura della rivendica come azione tipica a difesa della proprietà; coerentemente, il nuovo regime comporterebbe che all'attore, che affermi l'appartenenza del bene posseduto dal terzo[56], incomba l'onere di provare non il suo «diritto di possedere» ma il *dominium*[57], con tutte le conseguenze legate al rigore della *probatio diabolica*[58].

---

[55] L'opinione è corrente anche a livello dei più recenti manuali istituzionali: cfr. per tutti M. Marrone, *Istituzioni di diritto romano*, Palermo, 1989, 466 ss.; M. Talamanca, *Istituzioni di diritto romano*, Milano, 1990, 402; G. Pugliese-F. Sitzia-L. Vacca, *Istituzioni di diritto romano*³, Torino, 1992, 850 ss.

[56] Inst. 4.6.1: *... quo casu proditae actiones in rem sunt. veluti si rem corporalem possideat quis, quam Titius suam esse affirmet, et possessor dominum se esse dicat: nam si Titius suam esse intendat, in rem actio est.* G. Provera, *Lezioni*, cit., 37 ss., pur accettando l'idea che anche in età giustinanea vigesse il principio secondo cui l'onere della prova grava interamente sull'attore, sottolinea come nell'ambito del processo reale di quest'epoca non si può ritenere che il convenuto potesse limitarsi a contestare la pretesa dell'attore, attendendo in silenzio che costui assolvesse il suo onere probatorio, e che, in coerenza con i principi generali del processo giustinianeo, si debba invece supporre che anche il convenuto fosse tenuto a precisare non solo se effettivamente possedeva la cosa, ma anche il fondamento della propria situazione possessoria. Sul punto si veda ancora *infra*, § 6.

[57] Questa tesi è sostenuta, per esempio, da G. Pugliese, *L'onere della prova*, cit., 417, nt. 96, secondo il quale deve essere considerata significativa la circostanza che i compilatori del Codice giustinianeo, mentre esclusero la costituzione di Costantino riportata in CTh. 11.39.1 (v. *supra*, § 4), vi accolsero invece la costituzione di Arcadio del 396 (C. 3.31.11 corrispondente a CTh. 11.39.12 riportato *supra*, nt. 41).

[58] Quale soprattutto la circostanza che ne risulterebbe ribadito il principio classico se-

Collegando questo regime al meccanismo della prescrizione giustinianea, sembrerebbe anche che, sino al compiersi dei termini necessari per la *praescriptio* o per l'*usucapio* (e quindi, secondo quanto afferma lo stesso Giustiniano nella sua costituzione del 528[59], per l'acquisto dell'*actio in rem*), anche il possessore di buona fede e *ex iusta causa* risultasse – a differenza di quanto, come abbiamo visto, avveniva nella prassi giudiziaria recepita nella normativa postclassica – affatto sprovvisto di tutela (tranne ovviamente la tutela possessoria) non solo nei confronti del *dominus*[60], ma

condo il quale, ove l'attore non riuscisse appieno nella prova assoluta, il convenuto avrebbe mantenuto la cosa senza alcun onere di dimostrare il suo titolo: C. 4.19.2 (a. 215) e C. 2.1.4 (a. 212), costituzioni che potrebbero anzi essere state glossate al fine di ribadire il principio dell'onere della prova a carico dell'attore, oscurato nella costituzione di Costantino: v. G. PUGLIESE, *L'onere della prova*, cit., 421. Si può tuttavia osservare che in realtà queste norme non dicono nulla circa il problema che qui rileva maggiormente, e cioè quello del *thema probandum*. Se è indubbio, infatti, che nella compilazione viene ribadito il principio generale dell'onere della prova a carico dell'attore, ciò di per sé non significa che nell'ambito del processo reale l'attore avesse l'onere di provare non solo la precedente *iusta possessio* e il titolo, ma di risalire nel tempo sino ai termini richiesti per la *praescriptio*.

[59] C. 7.39.8, riportato alle nt. 2 e 4, su cui v. *supra*, § 1.

[60] Va, peraltro, rilevato che nell'ambito della riforma giustinianea appare completamente stravolto, rispetto ai meccanismi del processo classico, anche il rapporto fra tutela possessoria mediante interdetti e tutela mediante azione reale: quanto agli interdetti *uti possidetis* e *utrubi* (v. in particolare Inst. 4.15.4-4*a*), risulta chiaramente la loro funzione di risolvere in via preliminare, rispetto all'azione di rivendica, la questione di quale dei due contendenti sulla proprietà del bene dovesse essere considerato possessore e godere quindi della posizione più vantaggiosa di convenuto; come rileva G. PROVERA, *Lezioni*, cit., 461, «si trattava in definitiva di assegnare i ruoli nel processo di rivendica: al possessore spettava quello più vantaggioso di convenuto, al non possessore quello di attore su cui gravava interamente l'onere della prova. Questo vantaggio era tale che *cum obscura sint utriusque iura, contra petitorem iudicari solet*: tale affermazione si spiega alla luce della concezione giustinianea del processo di rivendica che avrebbe dovuto instaurarsi, se le parti lo affrontavano lealmente, tra due soggetti che ritenevano entrambi di essere proprietari della cosa e che pertanto si impegnavano a fornire al giudice le prove del proprio diritto». Quanto agli interdetti *recuperandae possessionis* (v. in particolare Inst. 4.15.6), sappiamo che, unificati gli interdetti *unde vi* e *de vi armata*, se vi è stato spoglio violento, l'autore della *deiectio* è costretto a restituire il possesso anche se il *deiectus* possedeva *vi, clam* o *praecario*, e nel caso l'autore dello spoglio violento si sia impossessato di un bene che gli apparteneva, egli non solo è tenuto a restituire la cosa, ma ne perde la proprietà. Come è facile vedere, il meccanismo del processo giustinianeo è in realtà molto più vicino alle regole già affermatesi nell'età postclassica che alle strutture del processo classico; si osservi in particolare che, posto questo regime, in cui la controversia possessoria è preliminare rispetto alla azione di rivendica, è facile vedere come il possessore di buona fede, che perde il possesso, in realtà può agire per il recupero presso qualunque terzo, che, se non riesce a chiarire a sua volta la propria situazione possessoria, riuscirà in definitiva soccombente. Ma su ciò si veda ancora *infra*, specialmente nt. 61 e 79.

anche nei confronti dei terzi che avessero acquistato il possesso senza violenza[61].

La dottrina romanistica non pone espressamente il problema della tutela del possessore di buona fede prima che sia decorso il tempo necessario per l'acquisto dell'azione *ad vindicandam rem* in connessione con il nuovo regime della *praescriptio* e della *usucapio*; si direbbe tuttavia che nella ricostruzione tradizionale la risposta implicita a questa questione vada ricercata nella circostanza che nel nuovo sistema andrebbe considerato anche il recupero giustinianeo – limitato all'ipotesi di acquisto in buona fede *a non domino* – dell'*actio Publiciana*, recupero che indubbiamente risulta attestato dalle Istituzioni[62], ed è ulteriormente confermato dalla presenza nel Di-

---

[61] Anche a questo proposito si deve peraltro rilevare che, in relazione agli immobili, l'ipotesi in cui un terzo possessore possa resistere all'azione per il recupero di un bene intentata da un precedente possessore di buona fede, che abbia per esempio acquistato *ex iusta causa, a non domino*, è pressoché inconfigurabile in concreto: abbiamo visto affermato già in alcune costituzioni di Diocleziano riportate nel Codice giustinianeo (C. 7.32.6 e 7, su cui *supra*, § 3), il principio per cui anche colui che abbia acquistato il possesso di un bene *vacuae possessionis*, ma indipendentemente da una *iusta causa* e non *volente et concedente domino*, dovrà restituirlo al richiedente, a meno che non siano decorsi i termini che rendono opponibile la *praescriptio*; peraltro, se si trattava di *improba possessio*, se cioè l'acquisto del possesso era avvenuto in mala fede, il nuovo possessore non avrebbe potuto *causam iustam possessionis adipisci*, cioè non avrebbe potuto nemmeno opporre la *praescriptio* di dieci o venti anni, che richiedeva appunto l'acquisto in buona fede. Come è facile vedere, questa ipotesi dell'ingresso in una *vacua possessio* configurava l'unico caso in cui sarebbe stato possibile che l'acquisto del possesso del terzo avvenisse senza turbativa violenta della precedente situazione possessoria: Giustiniano con una costituzione del 532 (C. 4.11 pr.) rafforza espressamente la tutela del possesso degli assenti nei confronti di qualsiasi occupante non autorizzato da speciali provvedimenti giurisdizionali: l'occupante viene considerato alla stregua di un *praedo*, e cioè di un *iniustus possessor*, con una presunzione assoluta di mala fede, con la conseguenza che il precedente possessore avrà il tempo di trenta anni per esperire l'interdetto *unde vi*, con tutte le conseguenze che vi sono collegate. Su questi problemi v., da ultimo, G. PROVERA, *Lezioni*, cit., 462 ss. Nell'ambito di queste disposizioni, va considerata anche Nov. 119.7 (a. 544), che sancisce espressamente la prescrizione trentennale per gli immobili, che pure siano stati acquistati in buona fede dal possessore attuale, ma con alienazione compiuta da un terzo all'insaputa del *dominus*; anche in questo caso infatti vi è una 'presunzione legale' di mala fede a carico di chi acquista da chi a sua volta è in mala fede: *... non valente dicere eo qui res hoc modo possidet, quia ipse bona fide possidet, quando a mala fide possidente haec accepit*; si veda ancora *infra*, nt. 79.

[62] Inst. 4.6.4: *Namque si cui ex iusta causa res aliqua tradita fuerit, veluti ex causa emptionis aut donationis aut dotis aut legatorum, necdum eius rei dominus effectus est, si eius rei casu possessionem amiserit, nullam habet directam in rem actionem ad eam rem persequendam: quippe ita proditae sunt iure civili actiones, ut quis dominium suum vindicet. sed quia durum erat eo casu deficere actionem, inventa est a praetore actio, in qua dicit is, qui posses-*

gesto di un titolo dedicato espressamente a questa azione[63].

Ciò, peraltro, porterebbe necessariamente a ritenere – forse anche al di là delle intenzioni di alcuni degli autori che propongono questa ricostruzione – che, nell'ambito della riforma complessiva di Giustiniano, per un verso, vi sia stato un ritorno netto e assoluto agli schemi classici della contrapposizione fra *possessio* e *dominium* – ritorno che avrebbe trovato riscontro anche nel ripristino della rigida distinzione fra tutela possessoria e tutela mediante azione reale tipica –, per altro verso, vi sia stata anche la reintroduzione della distinzione, nell'ambito delle situazioni reali, fra *dominium*, tutelato da azione di rivendica, e possesso acquistato in buona fede con titolo idoneo, tutelato da altra azione reale[64].

Questa ipotesi ricostruttiva – che in definitiva si risolve nell'ipotesi di un consapevole tentativo di Giustiniano e dei suoi compilatori di ripristinare non solo le categorie concettuali ma anche i meccanismi processuali e le strutture sostanziali delle situazioni reali proprie del diritto classico – presenta, peraltro, non pochi elementi di perplessità. Va innanzi tutto richiamata la considerazione, già accennata, dell'indubbia continuità fra la realtà economico-giuridica, che Giustiniano vuole regolare attraverso il diritto della compilazione, ed il mondo postclassico, continuità che rende difficilmente proponibile l'idea di una restaurazione così drastica dei modelli di appartenenza propri dell'età classica[65].

---

*sionem amisit, eam rem se usucepisse et ita vindicat suam esse. quae actio Publiciana appellatur, quoniam primum a Publicio praetore in edicto proposita est.*

[63] D. 6.2: *De Publiciana in rem actione.*

[64] Sui problemi della configurazione dell'*actio Publiciana* in rapporto all'azione *directa in rem*, cui fanno riferimento le Istituzioni giustinianee, v. in particolare G. THÜR, *Iustinians 'Publiciana' und 'directa in rem'*, in *ZSS*, LXXXIX, 1972, 362 ss.

[65] Il problema della difficoltà di rapportare un rigido schema *dominium-possessio*, corrispondente allo schema *actio in rem*-interdetti possessori, alle situazioni reali e ai meccanismi processuali dell'età di Giustiniano non risulta posto esplicitamente dalla dottrina, che di solito si arresta alla considerazione che, unificate in una nozione unitaria di proprietà le signorie generali preesistenti dotate di più spiccato contenuto dominicale (situazioni di signoria fra le quali va incluso, oltre al superstite *dominium* quiritario e alla c.d. proprietà provinciale, anche quello che alcune costituzioni chiamano *ius privatum salvo canone* o *iure privato salvo canone possidere*: cfr. G. PUGLIESE-F. SITZIA-L. VACCA, *Istituzioni*³, cit., 850), Giustiniano ravviva anche la distinzione fra *actio in rem* e *actio in personam* e ripristina i principi classici in materia di rivendica e di onere della prova. Questa ricostruzione, che ripropone, nell'ambito della compilazione di Giustiniano e del suo disegno riformatore, una nozione di dominio assoluto contrapposto al possesso di buona fede, con l'utilizzazione di categorie concettuali elaborate in rapporto ad una realtà socio-economica profondamente diversa, non è peraltro coerente con gli schemi proprietari, che indubbiamente l'età bizantina eredi-

Riesce, peraltro, arduo, sul piano della coerenza legislativa dello stesso Giustiniano, conciliare la reintroduzione – in contrasto con la prassi precedente – di un'azione specifica, quale la *Publiciana*, a favore del possessore *ex iusta causa* e in buona fede, sia con il tenore della costituzione dello stesso Imperatore che, come abbiamo visto, limita recisamente la concessione dell'*actio in rem* alla sola ipotesi in cui il possessore abbia già posseduto per il termine necessario alla *praescriptio*, sia, soprattutto, con la costituzione che elimina qualsiasi differenza fra l'*in bonis* e il *dominium*. Sembrerebbe infatti che, una volta eliminata questa distinzione, con l'affermazione che non doveva più riproporsi il dualismo di situazioni proprie dell'antico diritto, secondo cui poteva avvenire che un soggetto avesse il *nudum dominium* ed un altro l'*in bonis*[66], dovesse necessariamente considerarsi eliminata definitivamente anche la dualità dell'azione reale: nel sistema giustinianeo invece – se si accetta la ricostruzione accolta dalla dottrina – con il ripristino della *Publiciana* il possessore di buona fede, che abbia acquistato *a non domino ex iusta causa*, sembrerebbe che venga di nuovo – e proprio in virtù di una riforma dello stesso Giustiniano – a trovarsi in una situazione di tutela attiva del tutto analoga a quella del *dominus*.

La considerazione più ovvia a questo proposito – e che evidentemente sottende il ragionamento dell'opinione corrente – è che l'*actio Publiciana* giustinianea, a differenza dell'*actio ad vindicandam rem* generale, acquisita per esempio dopo il tempo necessario alla *praescriptio*, incontrerebbe comunque il limite del diritto del *dominus* estraneo al negozio di trasferimento e che abbia riacquistato il possesso senza violenza, e che ciò differenzierebbe l'*actio Publiciana* giustinianea dall'*actio Publiciana* classica; infatti, quest'ultima, trovando applicazione anche per l'acquisto *a domino* di *res mancipi* mediante *traditio*, poteva essere fatta valere in quel caso anche contro lo stesso *dominus*; proprio questa circostanza avrebbe giustificato la concezione classica del *duplex dominium*, contro cui si rivolgeva la costitu-

---

ta dal mondo provinciale postclassico, e che, come la dottrina più recente ha ormai evidenziato (si veda specialmente *supra*, nt. 54), sottendono il complesso della legislazione dello stesso Giustiniano.

[66] C. 7.25.1: *Imp. Iustinianus A. Iuliano pp. Antiquae subtilitatis ludibrium per hanc decisionem expellentes nullam esse differentiam patimur inter dominos, apud quos vel nudum ex iure Quiritium vel tantummodo in bonis reperitur; quia nec huiusmodi esse volumus distinctionem nec ex iure Quiritium nomen, quod nihil aenigmate discrepat nec umquam videtur neque in rebus apparet, sed est vacuum et superfluum verbum, per quod animi iuvenum, qui ad primam veniunt legum audientiam, perterriti ex primis eorum cunabulis inutiles legis antiquae dispositiones accipiunt. sed sit plenissimus et legitimus quisque dominus sive servi sui sive aliarum rerum ad se pertinentium.* (a. 530-531)

zione giustinanea[67]. Non vi sarebbe quindi contrasto fra l'eliminazione del dualismo fra proprietà quiritaria e 'proprietà pretoria' e il ripristino del dualismo fra azione di rivendica e azione *Publiciana*, che nel nuovo diritto assolveva ad una funzione parzialmente diversa.

Questo ragionamento, tuttavia, non elimina l'incoerenza di quello che viene ricostruito come 'sistema' giustinianeo; non vi è dubbio, infatti, che, in concreto, sul piano processuale l'*actio Publiciana* avrebbe permesso a qualunque possessore *ex iusta causa*, che non fosse certo di avere acquistato *a domino* o non fosse in grado di darne la prova, di esperire un'azione *in rem*, analoga alla rivendica, anche prima di avere acquistato il diritto di far valere la *praescriptio*, e limitandosi a provare solo di avere acquistato il possesso *ex iusta causa*; veniva in realtà così vanificata completamente la disposizione che limitava la possibilità di esperire l'azione *in rem* al momento successivo al compimento del tempo per la *praescriptio*. In altri termini, anche secondo il diritto sancito nella compilazione di Giustiniano il possessore di buona fede, pur non essendo ancora *dominus*, sarebbe stato tutelato come se lo fosse già divenuto, mediante azione reale, salvi gli eventuali diritti del proprietario estraneo al negozio di trasferimento.

A questo punto, eliminato il dualismo fra *in bonis* e *dominium*, si sarebbe riproposto il dualismo fra possesso di buona fede, acquistato con giusto titolo *a non domino*, e *dominium*, entrambi tutelati mediante azione, e quindi entrambi riconosciuti come situazioni aventi caratteristiche di diritto reale, con una duplicazione, peraltro, ora ovviamente non più riportabile a coerenza nell'ambito del dualismo fra *ius honorarium* e *ius civile*[68].

---

[67] Secondo la concezione della dottrina dominante, infatti, si può parlare propriamente di situazione di *in bonis*, in rapporto alla quale si configurerebbe il *duplex dominium*, cui faceva riferimento anche Gai 1.54, solo per quelle situazioni in cui il possessore, oltre che essere tutelato attivamente con azione *in rem*, che permetteva il recupero del bene presso il terzo, disponeva di mezzi processuali atti ad assicurare la prevalenza nei confronti del *dominus ex iure Quiritium*: su questi problemi cfr. L. VACCA, *Il c.d. 'duplex dominium'*, cit., 39 ss.; cfr. anche, da ultimo, F. GALLO, *SDHI*, LI, 1985, 576 ss.

[68] Le difficoltà di questa ricostruzione complessiva sono nettamente avvertite da G. THÜR, *Iustinians 'Publiciana'*, cit., 362 ss., il quale peraltro ipotizza che nell'ambito della compilazione giustinianea l'*actio Publiciana* sia una *species* dell'*actio in rem*, che in quest'epoca competeva sia al possessore *ad usucapionem* sia al *dominus*. In altri termini, posto che nell'ambito del processo reale *per cognitionem* per la legittimazione attiva non si richiede necessariamente la qualità di *dominus*, ma è sufficiente, come si deduce dal regime probatorio sancito anche in C. 4.19.4 e 4.19.12, addurre il titolo e il precedente possesso, i commissari, influenzati dalle dottrine scolastiche delle scuole bizantine, si limitano a recuperare a livello terminologico l'azione *Publiciana*, quale azione specifica a difesa del possessore *ad usucapionem*, contrapponendola per comodità classificatoria all'*actio directa in rem*

Tenendo conto di queste considerazioni, l'unica spiegazione logica e coerente del ripristino della *Publiciana* potrebbe sembrare in definitiva quella avanzata da alcuni interpreti medioevali, che, avvertendo la contraddizione insanabile fra le nozioni di proprietà e di possesso, quali risultano dalla compilazione di Giustiniano, e la presenza nella stessa compilazione di un'azione specificamente indirizzata a tutelare il possesso di buona fede[69], individuarono il campo concreto di applicazione della *Publiciana* in rapporto al problema dell'onere della prova nel processo reale[70]: la *Publiciana* del diritto della compilazione non avrebbe avuto la funzione di permettere la tutela di un diritto sulla cosa diverso da quello del proprietario, ma la funzione di facilitare la prova del diritto di chi si affermava proprietario, liberandolo dalla *probatio diabolica*, in quanto, esperendo la *Publiciana*, egli non sarebbe stato tenuto a dimostrare di essere *dominus*, ma gli sarebbe stato sufficiente dimostrare di avere acquistato il possesso del bene con un titolo astrattamente valido, e sarebbe comunque risultato vincitore se il convenuto non fosse stato in grado di opporgli e di dimostrare un titolo più forte.

In realtà, però, anche questa ricostruzione, oltre che essere del tutto priva di base testuale, considerato l'assoluto silenzio delle fonti giustinianee al riguardo[71], può apparire il risultato di un appiattimento del diritto del-

che spetta al proprietario: anche in quest'epoca quindi l'*actio Publiciana* non avrebbe avuto alcuna connessione con l'esigenza di alleggerire la prova nell'azione di rivendica (v. *infra*, in questo §), ma si sarebbe giustificata solo per la diversa situazione fatta valere dall'attore.

[69] Questa contraddizione fu infatti pienamente avvertita dagli interpreti medioevali: alcuni di essi si sforzarono di ricondurre il campo di applicazione della *Publiciana* ad una sorta di presunzione del *dominium* a favore del possessore, altri cercarono un collegamento con la nozione di *dominium utile* o di un diritto reale 'innominato', o *quasi dominium*: su questi problemi v., in particolare, R. FEENSTRA, *Action Publicienne et preuve de la propriété, principalement d'après quelques romanistes du Moyen Age*, in *Mélanges Ph. Meylan*, I, Lausanne, 1963, 91 ss.; ID., *Les origines du 'dominium utile' chez les Glossateurs (avec une appendice concernant l'opinion des Ultramontani)*, in *Flores legum H.J. Scheltema*, Gröningen, 1971, 49 ss. (entrambi gli studi sono riportati in *'Fata Iuris Romani'. Etudes d'histoire du droit*, Leyde, 1974, rispettivamente 119 ss.; 215 ss.); v. anche H. COING, *Zur Eigentumslehre des Bartolus*, in *ZSS*, LXX, 1953, 348 ss.

[70] Per le citazioni e l'analisi di queste dottrine v. R. FEENSTRA, *Action Publicienne*, cit., specialmente 95 ss.

[71] Va infatti considerato che, non solo in nessun luogo della compilazione si propone un rapporto fra il regime dell'*actio Publiciana* e il problema della prova in materia di rivendica, ma per di più il Codice, che pure tratta articolatamente della materia dell'onere della prova e del *thema probandum*, non contiene alcun riferimento all'*actio Publiciana*; ciò, se fosse vero che a questo proposito Giustiniano aveva radicalmente innovato le regole della prassi

l'età di Giustiniano sul diritto classico, e non sembra tener conto della realtà storico-giuridica, in cui, come si è detto, la complessiva riforma di Giustiniano in materia di diritti reali e della relativa tutela processuale va necessariamente calata. Il postulato di questa ipotesi ricostruttiva è, infatti, come si è accennato, che il processo di rivendica dell'età giustinianea comportasse per l'attore l'onere della c.d. *probatio diabolica*[72], e che per evitare questa difficoltà i compilatori avessero ripristinato il meccanismo di un'azione ormai completamente caduta in disuso.

A parte la scarsa attendibilità di per sé di un'ipotesi, che vede il giudice di quest'epoca decidere sull'appartenenza di un immobile applicando una 'finzione processuale', che, richiedendo che si dessero comunque per trascorsi i lunghi termini della *praescriptio*, avrebbe, fra l'altro, pressoché vanificato anche la funzione dell'istituto dell'*accessio possessionis*, (la quale è invece, come è noto, dettagliatamente regolamentata nel diritto della compilazione[73]), va rilevato che tutto ciò è impensabile se lo si rapporta, anche su un piano più generale, ai meccanismi del processo reale nell'ambito della *cognitio*.

Anche a questo proposito, le ricerche più recenti hanno posto in luce che il ritorno di Giustiniano alle forme classiche è assai più circoscritto di

---

reintroducendo un istituto classico del tutto desueto, sarebbe inspiegabile. Sul punto ancora *infra*, § 6.

[72] La dottrina è ancora oggi divisa sul problema se la c.d. *probatio diabolica* sia una creazione degli interpreti medioevali, o se invece questa teoria della prova in materia di proprietà fosse già presente nel diritto della compilazione: sul problema cfr., in particolare, H. KIEFNER, *Klassität der 'probatio diabolica'?*, in *ZSS*, LXXXI, 1964, 212 ss., F. STURM, *Zur ursprunglichen Funktion der 'actio Publiciana'*, in *RIDA III S.*, IX, 1962, 357 ss.; D. SIMON, *Untersuchungen*, cit., 135 es., e letteratura ivi citata. Mi sembra peraltro che il problema del *thema probandum* nell'ambito del processo reale si presenti in termini fortemente diversificati in relazione al diritto classico e al processo formulare e in relazione alle situazioni reali del periodo postclassico e giustinianeo, tutelate nell'ambito della *cognitio*: v. *supra*, nt. 35-38.

[73] Va peraltro rilevato che. secondo una tesi, sostenuta con argomenti esegetici in linea di massima ancora oggi convincenti, avanzata da P.P. ZANZUCCHI, *La 'successio' e l''accessio possessionis' nell'usucapione*, in *AG*, LXXII, 1904, 177 ss.; ID., *Sulla storia dell''accessio possessionis' nell'usucapione*, in *AG*, LXXVI, 1906, 3 ss., l'istituto dell'*accessio possessionis* sarebbe stato introdotto solo nel diritto postclassico in relazione alla *longi temporis praescriptio*, ed esteso poi da Giustiniano anche all'*usucapio*, per la quale si applicava in precedenza solo la *successio possessionis*: il che, peraltro, a differenza di quanto ritiene l'autore, significa in concreto che l'*accessio possessionis* non si applica più solo al possesso di immobili, ma anche al possesso di beni mobili (come è detto espressamente da Giustiniano in C. 7.31.1.3), il che è evidentemente in linea con l'esigenza di facilitare la tutela mediante azione del possessore di buona fede di cose mobili, una volta che si riporta in vigore la necessità di usucapione per questo tipo di beni, ove acquistati *a non domino*. Su ciò si vedano *infra*, §§ 6-7.

quanto apparisse nella ricostruzione della dottrina tradizionale[74].

Il processo civile giustinianeo, infatti, così come appare anche attraverso le riforme in questo campo dello stesso Imperatore[75], è indubbiamente erede diretto della prassi postclassica; la legislazione giustinianea tende a legalizzare e a regolamentare questa prassi, sottraendola all'arbitrio dei giudici, ma anche nel processo di quest'epoca permangono i caratteri fondamentali delineatisi nell'età precedente, quali quello della atipicità delle azioni e del carattere sostanziale delle eccezioni.

Con riguardo più specifico al processo reale, e considerato che, come si è accennato, le situazioni di appartenenza, ricondotte anche da Giustiniano alla nozione di *dominium*, sono indubbiamente molto più variegate e sfumate di quelle ricomprese nella nozione classica di dominio quiritario, possiamo ritenere che, anche in quest'epoca, come già nella prassi del processo postclassico, fosse sufficiente a colui che agiva per il recupero del bene addurre a fondamento della sua affermazione di signoria il titolo di acquisto, con l'onere quindi di fornire la prova solo in ordine a tale titolo[76], a meno che il convenuto a sua volta non fosse in grado di opporre un titolo o una circostanza che elidesse la pretesa dell'attore così fondata; il che avrebbe ancora una volta proposto l'esigenza del confronto fra le posizioni possessorie dei due, onerando l'attore della pienezza della prova secondo le regole, già sancite nelle costituzioni imperiali precedenti, e parzialmente, come si è detto, riprodotte nel Codice di Giustiniano, solo nel caso che egli si trovasse nella necessità di contrastare il titolo vantato dal possessore[77].

Se questo è vero, risulta del tutto incomprensibile la reintroduzione dell'*actio Publiciana* nel diritto dell'età di Giustiniano, in quanto agire con l'azione di rivendica o con la *Publiciana* non avrebbe comportato in concreto alcuna differenza, né sotto il profilo della pretesa affermata in giudizio, né sotto il profilo dell'onere della prova e del *thema probandum*.

Peraltro, la teoria, che individua la funzione della *Publiciana* in relazione all'esigenza di facilitare la prova dell'attore nel processo reale, sposta la

---

[74] V., per esempio, U. Zilletti, *Studi sul processo civile giustinianeo*, Milano, 1965, e D. Simon, *Untersuchungen*, cit., con ampia letteratura. Da ultimo, G. Provera, *Lezioni*, cit., *passim*.

[75] Per un'indagine circa alcuni fra gli interventi legislativi più significativi, cfr. U. Zilletti, *Studi*, cit., *passim*.

[76] Così come risulta esplicitamente in C. 4.19.4 e 12, su cui *supra*, nt. 68.

[77] Ciò è peraltro confermato anche dal rapporto che nel processo giustinianeo si delinea fra il regime degli interdetti possessori e il regime della rivendica: si veda *supra*, nt. 60, e *infra*, nt. 79.

giustificazione dell'istituto dal piano dommatico – cui pure va indubbiamente ricondotta, se si tiene conto della trattazione al riguardo nella compilazione giustinianea, che nelle Istituzioni e nel Digesto la configura come azione a protezione del possesso di buona fede – ad un piano pratico-operativo della prassi processuale, del tutto estraneo alla problematica proposta dalle fonti: non vi è dubbio, infatti, che il prevedere normativamente il 'diritto' del possessore di buona fede, avente titolo alla prescrizione 'abbreviata', a recuperare il bene nei confronti di tutti i terzi possessori, prima che siano trascorsi i termini della usucapione o della prescrizione, ha implicazioni nella disciplina sostanziale delle diverse situazioni possessorie ben diverse da quelle che comporta l'ammettere che nel processo di rivendica l'attore, pur essendo tenuto, a rigore, a provare il suo dominio come assoluto, possa nella concreta prassi giudiziaria risultare vincitore anche solo adducendo le prove del suo precedente possesso e del titolo, ove la sua pretesa non sia altrimenti contrastata dal convenuto, che eccepisca e provi un titolo più forte.

In altri termini, spostando il problema della rilevanza della *actio Publiciana* sulla questione della prova, si offusca – e di ciò gli stessi giuristi medioevali erano ben consapevoli[78] – il problema dommatico, che resta quello della qualificazione giuridica della singola situazione sostanziale da cui deriva il diritto ad esperire l'azione, e non si può superare l'idea che, se il possesso di buona fede *a non domino* è tutelato con azione reale, non si tratta più di possesso[79], ma si tratta di una situazione, che, se non è di do-

[78] Cfr. R. Feenstra, *Action Publicienne*, cit., specialmente 131 ss.

[79] La distinzione fra tutela del possesso mediante interdetti e tutela della proprietà (salvi i rilevi già fatti sull'ampiezza che a questo concetto è da attribuirsi nel periodo giustinianeo) mediante azioni è nitidamente proposta anche nelle Istituzioni giustinianee, che peraltro, anche in questo caso, pur ripristinando una distinzione propria del diritto classico, modificano la struttura della tutela interdittale in aderenza alle soluzioni affermatisi nella prassi postclassica: Inst. 4.15.4 ss. Va altresì considerato che, come si è accennato *supra*, nt. 60, la tutela possessoria degli immobili risultava comunque più forte rispetto a quella delle cose mobili: stante il regime giustinianeo degli interdetti *retinendae possessionis*, infatti, per il possessore attuale di bene mobile in buona fede era sufficiente dimostrare di avere il possesso *nec vi nec clam nec praecario* per vincere la contesa possessoria e assumere nell'eventuale processo reale la più agevole veste di convenuto. Il possessore attuale degli immobili sarebbe, invece, risultato perdente non solo nell'ipotesi in cui avesse posseduto *clam*, *vi* o *praecario*, ma anche nel caso avesse occupato il bene apparentemente *vacuae possessionis* o lo avesse ricevuto per alienazione da un terzo non proprietario: in questa ipotesi infatti l'occupante avrebbe dovuto comunque considerarsi come usurpatore violento, in quanto si doveva ritenere che il precedente possessore avesse conservato il possesso *nudo animo*: Inst. 4.15.4 e C. 8.4.11 (a. 532), su cui già *supra*, nt. 60.

minio, in quanto può incontrare il limite del diritto del proprietario, è comunque un diritto il cui contenuto è «quasi» quello della proprietà.

Certo, non si può escludere che il rigore e la coerenza normativa, nell'ambito della compilazione, di Giustiniano e dei suoi commissari non arrivassero a queste 'finezze', e che la *Publiciana* sia stata mantenuta, sia pure modificata nei suoi presupposti, nelle Istituzioni e nel Digesto per puro tradizionalismo scolastico rispetto alla trattazione giurisprudenziale, senza tener conto della circostanza che essa si giustificava rispetto all'ordinamento dell'età classica, ma non trovava più una rispondenza nel 'sistema' delle situazioni reali, una volta eliminata la c.d. duplicità del dominio e la rigida tipicità delle azioni.

Questa ipotesi, che pure è stata avanzata in dottrina [80], parrebbe trovare un forte argomento a suo favore nella circostanza che l'*actio Publiciana*, oltre che nel Digesto, è trattata solo nelle Istituzioni, che al proposito sembrano seguire da vicino la falsariga gaiana, mentre non è mai menzionata né nel Codice né nelle Novelle. Si tratterebbe, in altri termini, del solito classicismo di scuola, predominante nella compilazione delle opere il cui contenuto era modellato sulle trattazioni giurisprudenziali, ma cui non faceva riscontro la regolamentazione pratica effettivamente applicata e sancita, nell'ambito della compilazione, prevalentemente nelle leggi del Codice [81].

## 6. *Il nuovo 'sistema' giustinianeo: il diverso regime nell'acquisto e circolazione dei beni mobili e dei beni immobili.*

Va, tuttavia, rilevato che anche questa ipotesi non sembra del tutto convincente, soprattutto se si tiene conto del fatto che, alla luce degli orienta-

[80] V., per esempio, M. KASER, *Das römische Privatrecht*, II$^2$, cit., 36 ss.

[81] Su questa tendenza di una parte della dottrina, che si occupa del problema del c.d. 'diritto giustinianeo', a privilegiare, nell'ambito del *Corpus iuris*, il diritto del Codice come testimonianza dei nuovi principi normativi posti dall'Imperatore per rispondere alle esigenze del diritto 'vivo', vigente nella prassi dell'epoca, concependo il diritto del Digesto e delle Istituzioni come attestazione in molti casi di principii ormai superati, che presentano solo un interesse storico e didattico, v., in particolare, G.G. ARCHI, *La valutazione critica del 'Corpus iuris'*, in *Giustiniano legislatore*, Bologna, 1970, 203 ss., che sottolinea l'impossibilità sia di rappresentare il diritto della compilazione giustinianea come un tutto unitario e coerente, sia di rappresentare le antitesi in esso presenti esclusivamente come espressione del conflitto fra mentalità pratica della cancelleria burocratica, che si esprime nelle costituzioni, e mentalità teorico-dommatica dei maestri di diritto, che si esprime con le categorie e i metodi derivanti dalla antica tradizione classica. Su questi problemi si veda ancora *infra*, § 9.

menti critici più recenti, si deve ritenere che i redattori delle Istituzioni, pur operando con criteri teorici e sistematici propri della tradizione classica, rielaborarono costantemente i contenuti degli istituti, che da quella tradizione provenivano, in aderenza alle riforme legislative e al diritto vigente nella loro epoca[82].

Dobbiamo quindi ritenere improbabile che i compilatori, non solo del Digesto ma anche delle Istituzioni, abbiano voluto recuperare, per mera fedeltà al modello classico, un istituto che, come abbiamo visto, oltre a non essere stato espressamente ripristinato da Giustiniano, poteva risultare an-

---

[82] Come già sottolineava M. AMELOTTI, *Appunti sulla compilazione giustinianea. Appendice al corso di diritto romano,* a cura di M.G. Bianchini, Torino, 1971, 139 ss., nonostante l'interesse della dottrina recente per una valutazione del problema storico del *Corpus iuris* non solo nel suo rapporto con il diritto classico, ma anche nel suo rapporto con il diritto dell'età postclassica e dell'età bizantina, mancano studi approfonditi sul contenuto delle Istituzioni e sugli orientamenti sostanziali che hanno guidato i redattori. La dottrina tradizionale si è invece largamente occupata della 'storia esterna' dell'opera, della sua cronologia rispetto al Digesto, dei suoi compilatori, e soprattutto delle sue fonti (su ciò si veda la letteratura ricordata dall'AMELOTTI, *Appunti*, cit., *passim*). Lo stesso autore peraltro sottolinea l'importanza storica delle Istituzioni, e, attraverso alcuni esempi concreti, dimostra la rilevanza di questa trattazione, che indubbiamente mostra la capacità dei redattori di rielaborare in forma concettualmente coerente alla tradizione classica le innovazioni introdotte nella legislazione successiva, e in particolare nelle costituzioni riformatrici di Giustiniano. Per quanto concerne il profilo sistematico, anche se è indubbio che i compilatori seguano fondamentalmente lo schema espositivo delle Istituzioni gaiane, essi, di fronte a precise modificazioni intervenute nel diritto della loro epoca, non esitano a ricorrere ad omissioni, per istituti ormai caduti in desuetudine, o a sostituire i nuovi istituti a quelli trattati da Gaio. Nel complesso, queste considerazioni sono in consonanza con le valutazioni di G.G. ARCHI, *La valutazione critica*, cit., *passim*, che ha posto in evidenza come il problema del c.d. classicismo di Giustiniano non possa essere risolto in modo unitario, ma debba essere necessariamente valutato tenendo conto della complessità di elementi, teorici e pratici, che convergono nelle diverse parti della compilazione; così le Istituzioni presentano un divario sia rispetto al diritto espresso nel Codice sia rispetto al diritto espresso nel Digesto; rispetto al Codice «i maestri di diritto ripensano le singole riforme con le categorie e il metodo derivanti dalla antica tradizione classica. La cancelleria si esprime invece con la mentalità corrente nella vita concreta del diritto nella sua epoca» (ID., *La valutazione critica*, cit., 214). Per quanto concerne specificamente il rapporto fra il diritto attestato nel Digesto e il diritto esposto nelle Istituzioni, va altresì rilevato che nella compilazione del Digesto i maestri bizantini erano ben più condizionati dalle soluzioni e dagli schemi argomentativi dei giuristi classici di quanto lo fossero nella compilazione delle Istituzioni: la stessa struttura delle opere 'casistiche' utilizzate nel Digesto impediva infatti interventi innovativi drastici, con la conseguenza che l'adeguamento dei testi al diritto vigente doveva, nella maggior parte dei casi, limitarsi ad interventi 'omissivi' o a modifiche formali di singoli termini, ove essi si riferissero a istituti abrogati o modificati: su ciò v. L. VACCA, *La giurisprudenza nel sistema delle fonti del diritto romano. Corso di lezioni*, Torino, 1989, 177 ss.

che incompatibile con le riforme dello stesso Imperatore sia sotto il profilo concreto della regolamentazione delle situazioni possessorie in materia di *longi temporis praescriptio*, sia sotto il profilo concettuale, in relazione all'affermata unicità del *dominium*.

La circostanza che l'*actio Publiciana* sia diffusamente trattata, oltre che nel Digesto, anche nelle Istituzioni, induce invece ad ipotizzare che i redattori delle due compilazioni ritenessero che nella loro epoca fosse possibile individuare il riproporsi dell'esigenza pratica della tutela processuale del possessore di buona fede, che avesse acquisito la cosa per *traditio a non domino*; i commissari giustinianei hanno cioè effettivamente mantenuto il richiamo all'*actio Publiciana* presente nelle fonti classiche, in quanto la specialità di questa azione rispetto a quella generale di rivendica richiedeva la sua esplicita previsione anche nel sistema delle azioni reali come riordinate da Giustiniano.

Ciò, tuttavia, non significa necessariamente che l'*actio Publiciana* si applicasse a tutti i casi di possesso di buona fede, per cui non era esperibile l'azione di rivendica, ma può anche significare, io credo, che tale azione fosse proposta a tutela specifica di casi che, riguardando il possessore di beni mobili, esigevano una disciplina affatto diversa rispetto alle situazioni possessorie, per le quali, con il faticoso e frammentario processo di evoluzione, di cui abbiamo cercato di individuare alcuni passaggi significativi, era stato forgiato l'istituto della *longa possessio*, in cui solo il lungo decorso del tempo permetteva, sia pure in presenza di *iusta causa* e buona fede, l'acquisto di una situazione reale opponibile *erga omnes* e tutelata mediante azione di rivendica.

Si può quindi supporre, anche sulla scorta dei rilievi svolti precedentemente, che in età giustinianea l'applicazione della *Publiciana* concernesse un ambito molto più ristretto – oltre ad avere ovviamente un fondamento, non solo giuridico ma socio-economico diverso – rispetto a quello dell'azione classica.

Questa ipotesi ricostruttiva trova, mi sembra, vari elementi di sostegno. Come spesso, sia pure solo incidentalmente, è stato notato dalla dottrina romanistica[83], l'elaborazione dei diversi modelli di appartenenza nel mondo postclassico è dominata dall'esigenza di regolamentare il possesso fon-

---

[83] Cfr., per esempio, C.A. CANNATA, *'Possessio'*, cit., *passim*, che nella sua ricerca pone in evidenza come nelle fonti postclassiche i termini *possessio*, *possessor*, *possidere* nel linguaggio tecnico e nelle diverse accezioni che assumono nell'ambito del contesto specifico, sono usati in larghissima prevalenza ad indicare i diritti reali sulle cose immobili.

diario, mentre scarsissimo rilievo è attribuito nelle fonti postdioclezianee alle forme di circolazione e di tutela dei beni mobili. Ed abbiamo anche visto come tutta la normazione in materia di *longi temporis praescriptio*, dei suoi presupposti e dei suoi effetti, si sia delineata in rapporto al regime dei fondi provinciali, che venne esteso poi da Giustiniano ai fondi italici.

Per l'acquisto dei beni mobili, l'usucapione, che, dopo l'editto di Caracalla, era divenuta utilizzabile da tutti gli abitanti dell'impero, nella prima età postclassica sostituisce anche nelle provincie la *longi temporis praescriptio*[84]; peraltro, i riferimenti all'*usucapio* – che non compare affatto nel Codice teodosiano – contenuti nel Codice giustinianeo sono tutti relativi a rescritti dell'età di Diocleziano o immediatamente antecedente e, ovviamente, concernono quasi esclusivamente l'acquisto di cose mobili[85], mentre, come si è detto, in riferimento a questo tipo di beni non sembra avere concreta applicazione la *longi temporis praescriptio*[86].

Ora, tutto ciò può facilmente indurre a supporre che in realtà, nella prassi dell'età postclassica successiva a Diocleziano, l'usucapione delle cose mobili fosse istituto, se non caduto in desuetudine, per lo meno di scarsissima rilevanza pratica: la spiegazione del fenomeno può essere, io credo, cercata nella circostanza che, almeno a partire dall'epoca in cui Costantino

---

[84] L'estensione della cittadinanza ai provinciali operata da Caracalla con la famosa *constitutio Antoniniana* rese infatti superflua la norma precedente dello stesso Caracalla, che rendeva applicabile la *longi temporis praescriptio* anche alle cose mobili: D. 44.3.9 (Marcian. 5 *reg.*): *Rescriptis quibusdam divi Magni Antonini cavetur, ut in rebus mobilibus locus sit praescriptioni diutinae possessionis*. Cfr. anche D. 44.3.3 (Mod. 6 *diff.*). L'usucapione, com'è ovvio, presentava maggiori vantaggi, soprattutto per la brevità del tempo richiesto: v. C. 7.34.2 (a. 293?). L'estensione della cittadinanza fu invece ininfluente ai fini della possibilità di utilizzare l'usucapione sui fondi provinciali, stante l'inapplicabilità della nozione civilistica di *dominium* a questi immobili: da ciò il persistere del divario nel mondo postclassico fra *longi temporis praescriptio*, come istituto applicabile agli immobili, ed usucapione, come istituto relativo esclusivamente ai beni mobili, divario di cui Giustiniano prende atto nella sua riforma definitiva. Su ciò cfr. M. Amelotti, *La prescrizione*, cit., 182 ss. e letteratura ivi citata.

[85] V. C. 2.35.1 (a. 294); C. 3.31.7.1 (a. 294); C. 3.32.4 (a. 238); C. 3.32.24 (a. 294); C. 4.52.1 (?); C. 6.1.1 (a. 286); C. 6.2.8 (a. 231); C. 6.2.10 (a. 293); C. 6.2.12 (a. 293); C. 8.29.2 (a. 222); C. 7.34.2 (a. 293?); C. 8.13.7 (a. 238), oltre le costituzioni riportate nella *sedes materiae* del lb. VII, tit. 26 (*De usucapione pro emptore vel transactione*), 27 (*De usucapione pro donato*), 28 (*De usucapione pro dote*), 29 (*De usucapione pro herede*), 30 (*Communia de usucapionibus*). Come si è detto, nel Codice teodosiano non è mai menzionata l'usucapione: il che significa che l'istituto non fu mai oggetto di regolamentazione legislativa. Anche il Libro Siro-Romano fa menzione esclusivamente della prescrizione di dieci o venti anni relativa agli immobili (I. 66).

[86] Sembrano far riferimento a mobili in relazione alla *longi temporis praescriptio* solo C. 4.26.10 (a. 294); C. 7.33.8 (a. 294); C. 7.34.1-3; 5 (tutti rescritti di Diocleziano, probabilmente del 294 d.C.).

per i trasferimenti immobiliari accolse nelle sue costituzioni il principio, già concretamente applicato nella prassi, '*emptione dominium transfertur*', sancendo nel contempo precisi requisiti formali per i trasferimenti di questo tipo di beni[87], il trasferimento dei beni mobili – che sul piano del diritto 'ufficiale', coerentemente, sarebbe dovuto essere collegato esclusivamente al consenso contrattuale, cui doveva seguire il trasferimento materiale del bene e del prezzo convenuto, se questo non era contestuale al contratto[88] – nella prassi concreta era posto in immediata relazione con l'acquisto del possesso[89], non distinguendosi fra consegna del bene e negozio che giustificava tale trasferimento.

---

[87] Su questi problemi cfr., in particolare, F. GALLO, *Il principio 'emptione dominium transfertur' nel diritto pregiustinianeo*, Milano, 1960, 61 ss., e da ultimo P. CERAMI, *Pubblicità e politica fiscale nel trasferimento della proprietà immobiliare (dall''alienatio censualis' al regime giustinianeo)*, in *Vendita e trasferimento della proprietà nella prospettiva storico-comparatistica. Atti del Congresso Internazionale (Pisa-Viareggio-Lucca, 17-21 aprile 1990)*, a cura di L. Vacca, II, Milano, 1991, 631 ss. e letteratura ivi citata. L'autore pone in evidenza la doppia finalità delle disposizioni degli imperatori da Costantino in poi in materia di trasferimenti immobiliari: l'esigenza della pubblicità e quindi della certezza del diritto dell'alienante, e l'interesse collegato al sistema di imposizione fiscale.

[88] Questo era infatti, dopo Costantino, il regime sancito nel diritto 'ufficiale' per il trasferimento degli immobili, in relazione ai quali, secondo la dottrina dominante, non era richiesta, tranne che in caso di donazione, la *traditio* come elemento necessario al perfezionarsi dell'effetto traslativo: su questi problemi si veda, in particolare, A. BISCARDI, *Il problema storico del diritto giustinianeo*, cit., 236 ss.; F. GALLO, *Il principio*, cit., 73 ss. e letteratura ivi citata; G. PUGLIESE, *Compravendita e trasferimento della proprietà in diritto romano*, in *Vendita e trasferimento*, cit., I, 57 ss.

[89] Di ciò non esistono prove esplicite nelle fonti postclassiche, che, come abbiamo visto, si occupano solo di acquisti immobiliari: proprio questa circostanza, tuttavia, induce legittimamente a ritenere che il trasferimento e l'acquisto delle cose mobili avvenisse in genere al di fuori di qualsiasi formalità (tranne forse per le *res pretiosiores*, per le quali probabilmente si ricorreva nella prassi a documenti scritti che potessero facilitare la prova dell'avvenuto trasferimento: il punto è tuttavia discusso, e in questo senso non offre alcuna base testuale la famosa costituzione di Costantino riportata in Vat. Frag. 35, che si riferisce chiaramente solo ai fondi: cfr. in questo senso P. CERAMI, *Pubblicità*, cit., 636 ss.); ciò in definitiva portava comunque al prevalere processuale della posizione del possessore che avesse perduto la disponibilità del bene mobile posseduto in buona fede e con giusto titolo. Questa idea può essere rafforzata, se si considera che la circolazione dei beni mobili è in genere collegata alle attività commerciali, per cui è evidente che l'acquisto dai mercanti avveniva normalmente con lo scambio diretto di merce contro prezzo; a ciò si aggiunga che la circolazione delle merci nel mondo postclassico, considerate le difficoltà e la scarsa sicurezza dei trasporti, avviene in genere in ambienti molto ristretti. La disponibilità piena del bene, che coincide nella stragrande maggioranza dei casi con il suo possesso, è quindi fra le parti cosa nota, per cui non è sentita l'esigenza che il trasferimento sia circondato da cautele poste dall'ordinamento a tutelare l'affidamento dell'acquirente e il diritto di sequela del *dominus*.

In altri termini, l'esigenza di certezza delle negoziazioni nella circolazione dei beni mobili imponeva di riconoscere a colui che acquistava materialmente il bene, per una causa negoziale, la piena disponibilità di esso; del resto, il meccanismo processuale di quest'epoca[90] avrebbe comunque permesso al possessore *ex iusta causa*, che avesse perso il bene per smarrimento o furto, di rivendicarlo efficacemente presso il terzo, limitandosi a provare il titolo e il precedente possesso[91]. È evidente che in un sistema di questo genere la usucapione di beni mobili perdeva qualunque funzione pratica, in quanto, da un lato, secondo il diritto 'ufficiale', il decorso del tempo non poteva sanare definitivamente l'acquisto *a non domino*, ove la cosa fosse stata rubata o alienata senza il consenso del proprietario, da altro lato, il proprietario, che avesse perso il possesso della cosa, ben difficilmente l'avrebbe potuta rivendicare efficacemente presso il terzo possessore *ex iusta causa*, trovandosi nella necessità di dimostrare un valido titolo antecedente a quello del possessore attuale; il che, in assenza di forme prescritte per l'atto di trasferimento, poteva risultare impresa ardua.

L'usucapione per le cose mobili viene invece, come abbiamo visto, riportata in vigore da precise disposizioni giustinianee. Anche in questo caso è probabile che il parziale ripristino di meccanismi propri del diritto classico sia stato influenzato dal rigore dei maestri bizantini nel recupero della tradizione giuridica giurisprudenziale. È ovviamente impossibile precisare se l'articolata esposizione del Digesto in materia di usucapione sia il risultato della legge di Giustiniano del 531, o se la disposizione di Giustiniano sia conseguente alle esigenze di coerenza sistematica rappresentatesi nel corso della compilazione del Digesto.

Certo è che nel nuovo sistema l'usucapione viene considerata istituto collegato alla necessità di sanatoria dell'acquisto di cose mobili *a non domino*, e il decorso del tempo è quindi requisito necessario per la possibilità di esperire in questi casi la rivendica.

Tuttavia, questo ritorno al rigore dei principi classici riproponeva il problema della sicurezza e agilità dei commerci, esigenza che, da sempre, in materia di beni mobili[92] contrasta il principio, che vuole la coincidenza

---

[90] V. *supra*, § 5, specialmente nt. 79.

[91] Ciò si evince chiaramente anche dalla già citata costituzione di Diocleziano, C. 4.19.12, in cui si afferma esplicitamente che all'attore incombe, in un caso di compravendita, solo di provare il titolo e il precedente possesso.

[92] È evidente che la stessa esigenza non era sentita per il possessore di immobili, in quanto la solennità, che circondava indubbiamente nella prassi questo tipo di trasferimenti, era di per sé, nella generalità dei casi, se l'acquirente era in buona fede, una sufficiente tutela

fra titolarità del diritto e titolarità dell'azione reale per il recupero della disponibilità, e che in molti ordinamenti è stata, e viene tutt'oggi, risolta con l'affermazione del coincidere fra acquisto del possesso in buona fede e acquisto della proprietà. Ed è proprio a questo problema che, io credo, si dà una risposta con il recupero dell'*actio Publiciana.*

7. *Inst. 4.6.4: l'ambito di applicazione dell''actio Publiciana' risulta necessariamente modificato dalla eliminazione giustinianea della distinzione fra 'dominium' e 'in bonis'.*

Queste considerazioni trovano conferma, mi sembra, se si rilegge il testo delle Istituzioni in materia di *Publiciana* in un'ottica parzialmente diversa da quella tradizionale, che non si è mai posta il problema di un eventuale diverso regime della tutela del possessore di buona fede dei beni mobili:

> Inst. 4.6.4: *Namque si cui ex iusta causa res aliqua tradita fuerit, veluti ex causa emptionis aut donationis aut dotis aut legatorum, necdum eius rei dominus effectus est, si eius rei casu possessionem amiserit, nullam habet directam in rem actionem ad eam rem persequendam quippe ita proditae sunt iure civili actiones, ut quis dominium suum vindicet. sed quia sane durum erat eo casu deficere actionem, inventa est a praetore actio, in qua dicit is, qui possessionem amisit, eam rem se usucepisse et ita vindicat suam esse. quae actio Publiciana appellatur, quoniam primum a Publicio praetore in edicto proposita est.*

Se si inserisce questo passo nella realtà giuridica del processo e della tu-

---

contro le alienazioni *a non domino*. Va, peraltro, sottolineato che Giustiniano interviene anche a riformare, oltre che la struttura dei negozi di trasferimento – in relazione ai quali, secondo l'opinione prevalente, ripristina la distinzione fra effetti obbligatori del consenso ed effetti reali dell'atto traslativo – il regime delle forme richieste per il contratto, lasciando in sostanza alla volontà delle parti la scelta fra contratti scritti, in cui, peraltro, la redazione dell'*instrumentum emptionale* assumeva valore costitutivo, e contratti non formali: C. 4.21.17 e Inst. 3.23 pr., su cui v., in particolare, F. GALLO, *Disposizioni di Giustiniano sulla forma delle vendite. Appendice al corso di diritto romano*, Torino, 1964, *passim*, e, da ultimo, M. TALAMANCA, voce *Vendita in generale (dir. rom.)*, in *Enc. dir.*, XLVI, Milano, 1993, 467 ss. (con ulteriore amplissima bibliografia), secondo il quale la *venditio in scriptis* sarebbe stata strutturata come vendita reale immediatamente traslativa, con cui peraltro si ammetteva il coesistere dell'*emptio venditio* consensuale e obbligatoria classica, che trovava applicazione per il caso di *venditio sine scriptis*.

tela delle situazioni reali nel periodo giustinianeo, si ricava l'impressione abbastanza netta che i suoi redattori, pur ricalcando da vicino il corrispondente testo gaiano[93], pensassero, in realtà, ad un ambito di applicazione dell'*actio Publiciana* molto diverso da quello cui faceva riferimento il giurista classico: ciò non solo in rapporto all'ovvia differenza rappresentata dalla diversa struttura dell'*intentio* formulare rispetto alla formulazione della pretesa attrice nel processo *extra ordinem*, ma in rapporto soprattutto alla fattispecie che con tale azione poteva essere protetta (perdita del possesso di una *res tradita ex iusta causa*) e alla *fictio* che l'attore poteva utilizzare (*eam rem se usucepisse*).

In particolare, risulta molto significativo che i compilatori delle Istituzioni giustinianee, a proposito della finzione che doveva essere utilizzata per permettere la rivendica al possessore di buona fede, usino esclusivamente l'espressione «*eam rem se usucepisse*[94]», senza alcun riferimento quindi alla *longi temporis possessio* richiesta per gli immobili, secondo la ben nota costituzione di Giustiniano C. 7.31.1, peraltro a sua volta richiamata espressamente nelle Istituzioni:

> Inst. 2.6 pr.: ... *et ideo constitutionem super hoc promulgavimus, qua cautum est, ut res quidem mobiles per triennium usucapiantur, immobiles vero per longi temporis possessionem, id est inter praesentes decennio, inter absentes viginti annis usucapiantur ...*

È vero che in questo passo delle Istituzioni l'espressione «*usucapiantur*» ricorre anche a proposito della prescrizione decennale o ventennale, e che

[93] Gai 4.36: *<Item usucapio fingitur in ea actione quae Publiciana vocatur>. Datur autem haec actio ei qui ex iusta causa traditam sibi rem nondum usucepit eamque amissa possessione petit. Nam quia non potest eam ex iure Quiritium suam esse intendere, fingitur rem usucepisse et ita quasi ex iure Quiritium dominus esse factus intendit, veluti hoc modo: Iudex esto. Si quem hominem A. Agerius emit <et> is ei traditus est, anno possedisset, tum si eum hominem de quo agitur, ex iure Quiritium eius esse oporteret; et reliqua.*

[94] Ancora più esplicita a questo proposito la Parafrasi di Teofilo, che nel paragrafo corrispondente non solo riferisce la *Publiciana* al possessore *ad usucapionem* acquirente *a non domino*, ma specifica ἐδεόμην ἐγὼ τριετίας εἰς τό *usucapiteûsai* τόδε τό πρᾶγμα (ed. Ferrini: «*triennio mihi opus erat ad rem illam usucapiendam*»), con riferimento espressamente limitato quindi al termine di usucapione per le cose mobili. Il *De actionibus* non contiene, invece, alcuna menzione dell'*actio Publiciana*, mentre si legge un incerto riferimento a questa azione nelle '*Rhopaí*', come azione esperibile dal compratore di buona fede *a non domino*, che abbia posseduto anche per un solo momento (*Rhop.* 1.1.4). Nel tit. 15.2 i Basilici si limitano ad una parafrasi abbastanza fedele dei corrispondenti testi del Digesto.

quindi l'uso della terminologia potrebbe sembrare abbastanza oscillante, nel senso che il termine *usucapere* parrebbe essere idoneo per i compilatori a ricomprendere sia l'acquisto dei beni mobili sia l'acquisto degli immobili; tuttavia, il testo sottolinea con grande risalto che per la riforma giustinianea l'*usucapio* si applica solo alle cose mobili, mentre modo di acquisto degli immobili è la *longi temporis possessio*; la parte conclusiva «*id est ... usucapiantur*» ha chiaramente solo la funzione di riportare la riforma giustinianea nell'ambito dei suoi precedenti classici, e certo non smentisce il carattere tassativo della distinzione fra acquisto per usucapione e acquisto *per longam possessionem*, salva la considerazione che con quest'ultimo istituto, in definitiva, si sancisce che i beni immobili si acquistano in dieci o venti anni, con un meccanismo acquisitivo in tutto simile a quello dell'usucapione classica[95].

Peraltro, nella quasi totalità dei casi in cui nel Digesto o nelle Istituzioni si tratta di acquisto di immobili, i compilatori si preoccupano di sostituire l'espressione *usucapere* con l'espressione *longa possessione capi* o altra equivalente; può risultare allora di grande rilievo la circostanza che, nel trattare una materia di notevole incidenza pratica e dommatica quale la concessione di un'azione al possessore di buona fede acquirente *a non domino*, azione della quale avrebbe avuto quindi grande importanza sottolineare l'applicazione sia al possessore di beni mobili sia al possessore di immobili, la cui situazione era ora peraltro nettamente diversificata nell'ambito del meccanismo acquisitivo tramite decorso del tempo, i redattori delle Istituzioni non si siano preoccupati di integrare l'esposizione gaiana, aggiungendo appunto la menzione della necessità della finzione della trascorsa *longa possessio* per il possessore di immobili, finzione che, come abbiamo visto, avrebbe peraltro comportato il completo stravolgimento della stessa legislazione giustinianea in materia.

Io credo che la ragione di questa omissione possa essere spiegata solo con la considerazione che, in realtà, i compilatori nel trattare della *Publiciana* non pensavano affatto ad un'applicazione di questa azione per il possessore degli immobili, potenziale proprietario una volta maturato il termine della *praescriptio*, ma ritenevano implicito che, scomparsa la distinzione

---

[95] Ciò è confermato anche dalla esposizione successiva, in cui si tiene nettamente distinto il problema dell'acquisto delle cose mobili da quello dell'acquisto degli immobili: solo in relazione a questi ultimi si fa preciso riferimento al regime sancito nelle costituzioni imperiali (Inst. 2.6.7), innovando sia rispetto al dettato di Gai 2.51, sia rispetto al corrispondente testo delle *Res cottidianae*, riportato in D. 41.3.38.

fra modi di trasferimento delle *res mancipi* e delle *res nec mancipi*, fra *dominium* e *in bonis*, questa azione si potesse applicare esclusivamente al possessore di cosa mobile, che avesse appunto acquistato la cosa per *traditio a non domino*, e fosse quindi in condizione di usucapire[96]. Ciò trova ulteriore conferma, se si tiene conto della circostanza che ben difficilmente si può pensare alla *longi temporis praescriptio* come istituto la cui funzione prevalente fosse in quest'epoca quella di una sanatoria per acquisti *a non domino*: a differenza che per l'usucapione immobiliare classica, la cui funzione di sanatoria per l'acquisto di *res mancipi* e per gli acquisti *a non domino* aveva sicuramente rilevanza pratica prevalente, l'ambito di applicazione dell'istituto nell'età postclassica e giustinianea sembra piuttosto collegato in maniera predominante alla certezza dell'appartenenza e alla sua prova processuale.

8. *Si può avanzare l'ipotesi che l''actio Publiciana' sia concepita dai commissari giustinianei come utile solo per il recupero delle cose mobili il cui possesso sia stato acquistato in buona fede 'ex iusta causa'.*

Purtroppo, i dati testuali a nostra diposizione non permettono di andare oltre una mera ipotesi ricostruttiva, e risulta impossibile dare una dimostrazione compiuta dell'idea che l'ambito di applicazione della *Publiciana* nell'età giustinianea si limitasse alle cose mobili.

A parte il testo delle Istituzioni che abbiamo esaminato, come si è visto la *Publiciana* è trattata solo nel Digesto, prevalentemente nel titolo 6.2 (*De Publiciana in rem actione*); questa trattazione è di per sé scarsamente significativa circa il regime giustinianeo, in quanto, anche in questo caso, i compilatori utilizzano abbastanza fedelmente brani tratti quasi esclusivamente dai commentari giurisprudenziali alla relativa clausola edittale, salva ovviamente la omissione di qualunque riferimento all'applicazione dell'azione per i casi di *res mancipi* trasferiti mediante *traditio*[97]. Si può, tuttavia, rilevare che la casistica riportata in materia di *Publiciana* attiene quasi esclusi-

[96] Dobbiamo peraltro ritenere che l'acquisto conseguente a mera *traditio*, non accompagnata da formalità, anche in questo periodo, in concreto riguardasse, come è ovvio, pressoché esclusivamente il trasferimento delle cose mobili, nonostante le riforme di Giustiniano in materia di forme richieste per i contratti di alienazione. Si veda *supra*, nt. 92.

[97] Sul problema della struttura dell'editto originario, e del rapporto in esso fra la clausola relativa all'acquisto per *traditio* di *res mancipi* e la clausola relativa all'acquisto *a non domino*, v. L. VACCA, *Il c.d. 'duplex dominium'*, cit., 40 ss. e letteratura ivi citata, specialmente, nt. 1.

vamente a cose mobili[98], il che potrebbe giustificare l'idea che i compilatori abbiano omesso anche i testi giurisprudenziali che si occupavano specificamente della esperibilità dell'azione da parte del possessore di buona fede di immobili, acquirente *a non domino*. È vero che i fondi italici facevano parte delle *res mancipi*, e che quindi lo stralcio dei relativi testi potrebbe essere giustificato dalla necessità di eliminare tutti i riferimenti all'acquirente di questo tipo di *res* per *traditio*, e che, per altro verso, per questo tipo di beni sia l'acquisto *a non domino*, sia l'acquisto indipendente da *mancipatio* erano, già in età classica, eventualità molto meno frequenti nella pratica, ma l'insieme di queste considerazioni non basta, mi sembra, ad escludere la possibilità che i giureconsulti classici si siano occupati nelle loro opere di alcune fattispecie in cui si trattava appunto di acquisto di fondi, o di *aedes*, *a non domino*, e che questi casi siano stati eliminati dai compilatori, in quanto non più tutelati dalla *Publiciana*.

Un indizio in questo senso può forse individuarsi nella circostanza che gli unici testi giurisprudenziali, che trattano espressamente del trasferimento a *non domino* di un fondo, sono riportati nel Digesto fuori dal titolo relativo alla *Publiciana*, e che in un caso la menzione di questa azione è, con ogni evidenza, intenzionalmente eliminata dai compilatori.

Si tratta di alcuni testi giurisprudenziali molto noti, concernenti il caso particolare della doppia vendita di un fondo da parte della stessa persona, che aliena e trasferisce il possesso ad un primo compratore quando non è proprietario e, successivamente, divenuto proprietario in quanto *heres* del vero *dominus*, aliena una seconda volta a persona diversa: il caso è trattato nel Digesto, in tre luoghi diversi[99].

[98] Alcuni testi, peraltro molto discussi, riferiscono la *Publiciana* anche alla difesa 'utile' di situazioni non tutelabili mediante *actio directa in rem*: così il caso dell'usufrutto e delle servitù costituite per *traditio* [D. 6.2.11.1 (Ulp. 16 *ad ed.*)] degli *agri vectigales* e dell'*insula superficiaria empta a non domino* [D. 6.2.12.2-3 (Paul. 19 *ad ed.*)]. Sulle oscillazioni della terminologia nelle fonti della compilazione a proposito delle azioni reali concesse in via utile v. A. D'ORS, *Sobre las pretendidas acciones reales 'in factum'*, in *Iura*, VII, 1956, 52 ss. e letteratura ivi citata.

[99] D. 21.3.2 (Pomp. 2 *ex Plaut.*) (nel tit. *De exceptione rei venditae et traditae*); D. 44.4.4.32 (Ulp. 76 *ad ed.*) (nel tit. *De doli mali et metus exceptione*); D. 6.1.72 (Ulp. 16 *ad ed.*) (nel tit. *De rei vindicatione*): per l'esegesi di questi testi v. L. VACCA, *Il c.d. 'duplex dominium'*, cit., 65 ss. e letteratura ivi citata. Si può sottolineare che D. 6.1.72 è tratto dal commentario di Ulpiano all'editto Publiciano (cfr. O. LENEL, *'Palingenesia iuris civilis'*, II, Lipsiae, 1889, 511, nt. 564), ma i compilatori lo inseriscono nel titolo *De rei vindicatione*, eliminando qualsiasi riferimento alla *Publiciana* e all'*in bonis habere*. Quest'ultima circostanza attesta, in modo chiarissimo, che questo testo, a differenza degli altri due riportati in

Di particolare interesse, nell'ottica del problema specificamente trattato in questa sede, è il confronto fra i due testi di Ulpiano:

D. 44.4.4.32 (Ulp. 76 *ad ed.*): *Si a Titio fundum emeris qui Sempronii erat isque tibi traditus fuerit praetio soluto, deinde Titius Sempronio heres extiterit et eundem fundum Maevio vendiderit et tradiderit: Iulianus ait aequius te praetorem tueri, quia et, si ipse Titius a te fundum peteret, exceptione in factum comparata vel doli mali summoveretur et, si ipse eum possideret et Publiciana peteres, adversus excipiententem 'si non suus esset', replicatione utereris; ac per hoc intellegeretur eum fundum rursum vendidisse, quem in bonis non haberet.*

D. 6.1.72 (Ulp. 16 *ad ed.*): *Si a Titio fundum emeris Sempronii et tibi traditus sit praetio soluto, deinde Titius Sempronio heres extiterit et eundem alii vendiderit et tradiderit, aequius est, ut tu potior nam et si ipse venditor eam rem a te peteret, exceptione eum summoveres. sed et si ipse possideret et tu peteres, adversus excipientem dominii replicatione utereris.*

Ulpiano nei due testi utilizza manifestamente la stessa tradizione testuale di un responso di Giuliano, ma nel secondo passo è evidente la mano dei compilatori, che semplificano e riassumono la trattazione ulpianea, eliminando anche il riferimento al responso di Giuliano[100]. Ciò che ai nostri fini rileva maggiormente notare è, tuttavia, la circostanza che nella versione giustinianea la soluzione di Ulpiano-Giuliano è completamente stravolta dalla eliminazione del riferimento sia all'*actio Publiciana*, sia alla situazione di *in bonis*: secondo i giuristi classici la prevalenza del primo compratore, al quale fosse stata fatta altresì la *traditio* del bene, era giustificata dalla circostanza che con questo trasferimento egli, possessore *ad usucapionem*, aveva altresì acquisito il diritto, nell'ambito del *ius honorarium*, ad esperire la *Publiciana* nei confronti di tutti i terzi (tranne il *dominus* estraneo al tra-

altra *sedes materiae* (sotto il profilo dell'eccezione), è stato rimaneggiato per conformarlo alle riforme di Giustiniano in materia di distinzione fra *in bonis* e *dominium*, ed è stato altresì intenzionalmente spostato dall'ambito del commentario alla *Publiciana*, entro il quale ne trattava Ulpiano, al titolo relativo alla rivendica.

[100] Lo stesso responso, come si è detto, è riportato da Pomponio, in un testo che evidentemente attinge alla stessa fonte: D. 21.3.2 (Pomp. 2 *ex Plaut.*): *Si a Titio fundum emeris qui Sempronii erat isque tibi traditus fuerit, praetio autem soluto Titius Sempronio heres extiterit et eundem fundum Maevio vendiderit et tradiderit: Iulianus ait aequius esse [priorem] <praetorem> te tueri, quia et si ipse Titius fundum a te peteret, exceptione summoveretur et si ipse Titius eum possideret, Publiciana peteret.*

sferimento) e, quindi, anche contro il venditore *non dominus* ed i suoi aventi causa, nonché a resistere, con l'*exceptio doli* o l'*exceptio rei venditae et traditae*[101], all'azione di rivendica degli stessi. La sua posizione processuale non muta per la circostanza che il venditore divenga successivamente *dominus* secondo il *ius civile*, perché, comunque, nei confronti suoi e dei suoi aventi causa restano esperibili la stessa *actio Publiciana* e la stessa eccezione, in quanto, alienando il bene, il venditore ne ha definitivamente perduto l'*in bonis*, e cioè la disponibilità patrimoniale. I giustinianei mantengono la stessa soluzione, ma, non potendo più fare appello alla dualità fra *dominium ex iure Quiritium* e *in bonis*, non possono neanche ipotizzare che il primo compratore abbia la *Publiciana* nei confronti del proprietario civile e dei suoi aventi causa: ricorrono così all'idea della convalida[102], nel senso che, perfezionatisi nella persona dell'alienante i requisiti necessari alla validità dell'atto traslativo mancanti al momento dell'atto di trasferimento, si perfeziona l'alienazione con tutti i suoi effetti: il primo compratore può esperire la *rei vindicatio* contro tutti i terzi, compresi i successivi aventi causa dall'alienante-*dominus*, come se a sua volta avesse acquistato *a domino*.

Indubbiamente, la particolarità del caso prospettato in questo testo può indurre a pensare che il massiccio intervento dei compilatori, volto ad eliminare il riferimento all'*actio Publiciana*, e il correlativo riferimento all'*in bonis*, vada imputato più all'esigenza di affermare il principio conseguente al nuovo istituto della convalida, che comportava per il primo compratore la possibilità di esperire la rivendica, piuttosto che all'impossibilità assoluta per il compratore di immobile *a non domino* di recuperare il bene presso terzi, per esempio successivi acquirenti *a non domino*, con l'*actio Publiciana*. Mi sembra, tuttavia, che possa comunque essere ritenuta significativa la circostanza che per un'unica fattispecie nel Digesto sia rimasta traccia dell'esperibilità di questa azione per il possessore acquirente *a non domino* di beni immobili, e che, su tre testi che trattavano del problema, uno, quello in cui il giurista classico si occupava del caso nel commentario alla *Publiciana*, sia stato decisamente estrapolato dal contesto originario e spostato in altro titolo, modificandolo per sostituire alla *Publiciana* la rivendica. Può

---

[101] Sul problema posto dalla opponibilità della *exceptio rei venditae et traditae* o della *exceptio doli* in questa fattispecie v., in particolare, P. KOSCHAKER, *Contributo alla storia ed alla dottrina della convalida nel diritto romano*, in *Iura*, IV, 1953, 1 ss. e letteratura ivi citata.

[102] Sull'evoluzione che in età giustinianea porta al riconoscimento del concetto di convalida si veda, in particolare, P. KOSCHAKER, *Contributo*, cit., *passim*.

sorgere, allora, il dubbio che questo testo sia stato mantenuto proprio perché la fattispecie in esso considerata, a differenza che negli altri casi di acquisto di immobile *a non domino*, portava anche secondo i giustinianei la possibilità di tutela del possessore, oltre che mediante eccezione nei confronti dell'alienante *non dominus*, anche mediante azione reale.

A questo punto acquista forse maggiore credibilità l'ipotesi, che pure non è mai stata, a quanto mi risulta, avanzata in dottrina: l'*actio Publiciana* reintrodotta dai commissari giustinianei è effettivamente concepita come utile solo per il possessore *ad usucapionem*, e cioè come utilizzabile solo per il recupero delle cose mobili acquistate in buona fede *ex iusta causa*.

È probabile che ciò, più che ad una riforma consapevole (che, peraltro, sarebbe stata di certo sancita solennemente con una costituzione imperiale), sia dovuto ad una eco della prassi giudiziaria postclassica, in cui il possessore *ex iusta causa* di cosa mobile era equiparato di fatto al proprietario, anche in considerazione delle difficoltà quasi insormontabili che si sarebbero presentate per il recupero della cosa mobile, il cui possesso fosse stato fortuitamente acquistato dal terzo, ove il rivendicante avesse dovuto individuare tutti i trasferimenti precedenti al suo acquisto e dimostrarne la validità; è evidente che anche i compilatori di Giustiniano non potevano non tenere conto della circostanza che, per la più agile circolazione delle cose mobili, si presentava la necessità di assicurare al possessore con giusto titolo uno strumento più semplice per la rivendica, con un'azione che poteva essere validamente opposta solo nel caso il possessore convenuto fosse in grado di eccepire un titolo di acquisto del possesso più forte.

Solo in questo ambito di applicazione pratica limitata poteva risultare coerente al sistema delle situazioni reali, nonostante la riaffermata unicità del dominio e la tipicità dell'azione a sua tutela, la circostanza che il possessore di buona fede fosse assimilato processualmente, mediante azione utile, al *dominus*, pur non essendolo ancora diventato.

Peraltro, la stessa legislazione giustinianea prende chiaramente atto della necessità di regolamentare in modo fortemente differenziato l'acquisto dei beni mobili e degli immobili mediante il possesso nell'introdurre la netta distinzione fra usucapione e prescrizione acquisitiva; l'usucapione delle cose mobili, che esige un tempo breve, è modellata sull'istituto classico e ne mutua facilmente i requisiti ed il regime, anche per ciò che concerne la tutela del possessore di buona fede nel periodo intermedio; tuttavia, tale tutela, come si è più volte rilevato, inserendosi in un contesto normativo affatto differente, assume una fisionomia e una giustificazione giuridica nuove.

La prescrizione è, invece, prevalentemente erede della tradizione postclassica, e il suo regime, anche a livello di tutela processuale della situazione possessoria che vi è connessa, riflette concezioni proprietarie e problematiche diverse da quelle trattate e risolte dalla giurisprudenza classica.

9. *Il diritto giustinianeo, quale risulta dall'insieme delle fonti di origine giurisprudenziale contenute nel Digesto e nelle Istituzioni e delle norme imperiali riportate nel Codice, costituisce un 'nuovo sistema normativo', che, pure recuperando la tradizione scientifica precedente, si pone in rapporto diretto con la prassi e la realtà economico-giuridica del suo tempo.*

Le considerazioni che precedono mi sembra possano anche offrire la possibilità di alcune considerazioni interessanti sul rapporto che intercorre fra il 'diritto giustinianeo' e il diritto giurisprudenziale classico da un lato, e il diritto ufficiale e la prassi postclassica dall'altro.

L'istituto, le cui vicende abbiamo cercato di delineare, infatti, pur essendo di per sé circoscritto, si pone in un collegamento così stretto con tutto il sistema delle situazioni di appartenenza, della loro circolazione e della loro tutela processuale, da risultare particolarmente significativo ai fini della comprensione della attività legislativa di Giustiniano, sia nei suoi specifici interventi innovatori, sia nel tentativo di riordinamento del sistema giuridico vigente, operato attraverso la compilazione del *Corpus iuris*.

Può essere innanzitutto ribadito quanto alcuni autori recenti hanno già rilevato[103]: la valutazione critica della compilazione giustinianea nel suo rapporto con la tradizione giuridica classica non può essere risolta privilegiando una parte della compilazione (nel senso della tradizionale affermazione che il Digesto e le Istituzioni rimangono più fedeli al modello classico, mentre il sistema del nuovo diritto è percepibile soprattutto nel Codice e nelle Novelle), ma deve essere condotta tenendo conto del complesso della compilazione stessa, in quanto fra le diverse parti vi è un rapporto di interazione ben più complesso di quanto possa apparire a prima vista.

L'Imperatore, più volte, ribadisce l'unitarietà dell'intera compilazione anche agli effetti pratici e normativi, e di questo suo intento non si può non tener conto nel valutare le modalità dell'intervento dei compilatori sulle fonti precedenti. Problema affatto diverso è quello dei limiti in cui i com-

---

[103] V., da ultimo, G.G. ARCHI, *Nuovi valori e ambiguità nella legislazione di Giustiniano*, in *Il mondo del diritto nell'epoca giustinianea: caratteri e problematiche*, a cura di G.G. Archi, Ravenna, 1985, 225 ss. e letteratura ivi citata.

missari sono effettivamente riusciti a dare alle diverse parti struttura e contenuti omogenei.

Se si parte da questo assunto, diventano più facilmente spiegabili alcune apparenti incongruenze, e l'intera opera giustinianea si presenta come un'opera di recupero scientifico e normativo di una tradizione ricca e composita, operato però con intenti sempre legati a soluzioni operative corrispondenti alla realtà del tempo, e che si riversa pertanto in un 'sistema' per molti aspetti del tutto nuovo ed originale.

Il meccanismo acquisitivo della usucapione e della prescrizione giustinianea è, come ho cercato di mostrare, ben diverso sia dalla costruzione giurisprudenziale classica, sia dalla regolamentazione normativa e dalla prassi postclassiche, ma ciò che ne risulta non è un ibrido mal congegnato, bensì un tentativo di razionalizzazione, scientificamente coerente, di tradizioni e di esigenze diverse e contrastanti; in altri termini, si utilizza della giurisprudenza classica l'elaborazione concettuale in materia di *iusta causa* e di buona fede come fondamento del modo di acquisto del dominio, che si realizza attraverso la usucapione e la prescrizione, ma, se la mia ipotesi è attendibile, si introduce anche una precisa distinzione fra il regime dell'acquisto e della protezione processuale del possesso delle cose mobili e degli immobili, ben più articolata e complessa di quanto a prima vista possa sembrare, se la si legge solo in termini di differenza di tempo richiesto.

Il sistema giustinianeo sembra, in un certo senso, precorrere gli elementi fondamentali della distinzione nella circolazione e nei modi di acquisto delle cose mobili e immobili che stanno a fondamento delle legislazioni moderne. Ciò non si percepisce, se non si pongono nel giusto rapporto i testi giurisprudenziali contenuti nel Digesto e nelle Istituzioni e le norme imperiali riportate nel Codice: non si tratta di due sistemi diversi, ma di norme che si integrano reciprocamente, nel tentativo di recupero complessivo e unificante di una lunga e composita tradizione giuridica.

Ciò non toglie, ovviamente, che all'interno del *Corpus iuris* siano percepibili, anche in questa materia, discrasie e contraddizioni testuali, dovute alla difficoltà quasi insormontabile di piegare gli articolati testi dei giuristi classici ai nuovi contenuti, elaborati a loro volta nell'età giustinianea con contrasti non indifferenti fra la dottrina scolastica e la cancelleria legislatrice; ma proprio queste contraddizioni permettono ancora di leggere in trasparenza il forte distacco fra le soluzioni elaborate dalla grande giurisprudenza classica e il nuovo sistema normativo voluto da Giustiniano, in rapporto diretto con la realtà del suo tempo.

Capitolo Nono

# *DOMINIUM*, *IN BONIS*, PROPRIETÀ PROVINCIALE(I) *

Sommario: 1. I tre termini presenti nel titolo indicano tre situazioni di appartenenza che corrispondono a fenomeni economico-giuridici molto diversi fra loro. – 2. L'elaborazione del concetto di *dominium ex iure Quiritium*. – 3. L'*in bonis habere* non costituisce un nuovo e diverso assetto del regime proprietario, ma è volto a tutelare processualmente il possesso acquisito in buona fede *ex iusta causa* sino al momento dell'acquisto della proprietà. – 4. Gai 2.7: il *dominium* che Gaio riferisce al popolo o all'Imperatore indica una relazione diversa da quella dell'appartenenza patrimoniale, e fa riferimento ai poteri di supremazia e sovranità che il popolo o il Principe esercitano sulle province. – 5. La trattazione gaiana presenta un sistema di classificazione estrinseco delle 'forme di appartenenza' che fa riferimento soprattutto alla concreta disponibilità e ai modi di acquisto e di trasferimento. Così per esempio si riconduce il regime delle terre provinciali alle tradizionali categorie romane di suddivione delle *res*, includendole fra le *res nec mancipi*, trasferibili mediante *traditio*; ciò però non risulta dommaticamente coerente in quanto la *traditio* delle terre provinciali comporta il mero trasferimento del possesso e non può avere l'effetto del trasferimento del *dominium*, come avviene per le *res nec mancipi*. – 6. La tarda giurisprudenza classica, avvicinando la situazione di piena disponibilità patrimoniale che si configurava nel caso di agri vettigali e provinciali, sembra giunga ad estendere al possessore di queste terre la tutela della *Publiciana*. – 7. Nel periodo imperiale progressivamente si svuota la tradizionale distinzione fra *res mancipi* e *res nec mancipi*, mentre emerge il diverso regime dei beni mobili e dei beni immobili e la rilevanza del godimento delle terre, che si esprime nella formula *possessio vel usufructus*.

* Testo della relazione tenuta al Convegno di Copanello del 2002, dedicato a «Città, territorio, diritto privato nei primi due secoli dell'Impero», di seguito pubblicato in *Città, territorio, diritto privato nei primi due secoli dell'Impero. Atti del Convegno internazionale di diritto romano (Copanello, 5-8 giugno 2002)*, a cura di F. Milazzo, Napoli, 2010, 58 ss., ed anche in L. Vacca, *Appartenenza e circolazione dei beni. Modelli classici e giustinianei*, Padova, 2006, 619 ss.

1. *I tre termini presenti nel titolo indicano tre situazioni di appartenenza che corrispondono a fenomeni economico-giuridici molto diversi fra loro.*

La sequenza dei termini presenti nel titolo di questa relazione non indica, nella prospettiva che intendo qui proporre, un *triplex dominium*, come non indica tre concetti omogenei, e tantomeno momenti di una progressione della nozione di proprietà verso la dissoluzione dell'antico concetto di *dominium*, se si intende quest'ultimo come schema giuridico astratto; notava il Talamanca, nella sua relazione conclusiva al Convegno della Società Italiana di Storia del diritto del 1985, sul tema *La proprietà e le proprietà*[1], che contrapporre la proprietà alle proprietà è ormai divenuto un 'topos' nell'approccio ai problemi delle forme di appartenenza, alla cui base sta spesso una reazione a quella che viene sentita come una ricostruzione dei rapporti proprietari nella dottrina giuridica corrispondente all'ideologia liberale e liberista imperante nel secolo scorso, e che aveva trovato nelle 'Pandektenlehren' dei giuristi di estrazione tedesca il suo luogo di elezione: il livellamento, cioè, in una categoria unitaria di tutte le diverse forme possibili di appartenenza, riducendo alla disciplina astratta e formale, corrispondente alla categoria dommatica della proprietà, la possibile e diversa complessità di situazioni fra di loro fortemente differenziate sul piano degli interessi economici in gioco.

Dal punto di vista sostanziale, i tre concetti indicano indubbiamente, come è stato ben messo in evidenza dalla dottrina più moderna[2], tre situazioni di appartenenza che corrispondono a fenomeni economico-giuridici molto diversi fra loro. Tuttavia, come vedremo, queste differenti realtà vengono rappresentate e tutelate nell'ambito degli stessi schemi giuridici elaborati dai giuristi in rapporto allo schema iniziale, rappresentato dal *dominium ex iure Quiritium*. Va, altresì, subito evidenziato che, mentre la situazione qualificata come *in bonis habere* discende dalla 'scissione' e parziale contrapposizione temporanea della tutela processuale del *dominus* a quella del possessore qualificato, fino al momento in cui quest'ultimo diventa a sua volta *dominus ex iure Quiritium*, e quindi, come ho tentato in altra sede

[1] M. Talamanca, *Considerazioni conclusive*, in *La proprietà e le proprietà. Atti del Convegno della Società Italiana di Storia del diritto (Pontignano, 30 settembre-3 ottobre 1985)*, a cura di E. Cortese, Milano, 1988, 183 ss.

[2] Il carattere di riflessione generale delle osservazioni qui svolte mi esime da una citazione puntuale della sterminata letteratura su questi temi; mi limiterò a fare riferimento ad alcuni contributi specifici, rinviando alla letteratura in essi citata.

di dimostrare[3], in definitiva la situazione di *in bonis* incide non sulla struttura del *dominium* come situazione statica di appartenenza, ma sulla struttura civilistica dei modi di trasferimento dello stesso; la c.d. proprietà provinciale concerne, invece, una situazione la cui specificità è individuata dallo statuto del bene che ne è oggetto, e che è incompatibile con il *dominium ex iure Quiritium* dei privati. Non mi sembra, quindi, possano porsi sullo stesso piano, come forme alternative di proprietà, il regime dell'*in bonis* e quello del *ius in solo provinciali*. La triade proprietà civile, proprietà pretoria e proprietà provinciale, molto frequente sino a qualche tempo fa anche nella manualistica istituzionale, si presenta come inaccettabile sul piano dommatico e forse ancora più ingannatoria, come vedremo, dell'appiattimento su un'unica nozione di proprietà.

Va altresì richiamato, preliminarmente, un elemento, ben noto peraltro alla dottrina, che rende in qualche modo questa triade 'zoppa', nel senso che, mentre i giuristi romani, almeno da quello che possiamo percepire dalle fonti giuridiche giurisprudenziali nella selezione giustinianea, hanno concentrato dapprima l'attenzione sull'elaborazione della struttura del *dominium*, i suoi limiti, i modi di trasferimento e le forme di tutela, nonché l'elaborazione degli *iura in re aliena*, collegandovi poi i meccanismi processuali di tutela del possessore di buona fede *ex iusta causa*, scarsa attenzione sembra essi abbiano dedicato all'analisi della struttura delle situazioni reali nelle province, e ciò nonostante non vi sia alcun dubbio sulla enorme rilevanza economica della disponibilità e del godimento dei beni provinciali.

In realtà, già questa osservazione permette di evidenziare la distanza che intercorre fra due diversi possibili angoli visuali nell'osservazione del fenomeno della proprietà.

Per un verso, nessun altro istituto giuridico si presenta altrettanto flessibile e storicamente mutevole, in connessione non solo con le differenti realtà geografiche ed economiche, ma anche con le scelte politiche ed ideologiche sia coeve, sia proprie degli storici chiamati a leggere ed interpretare il fenomeno. Questa sua 'mutevolezza' concerne, tuttavia, non il concetto ma il suo contenuto concreto.

In altri termini, lo schema astratto, il concetto di proprietà inteso come

[3] L. Vacca, *Il c.d. 'duplex dominium' e l''actio Publiciana'*, in *La proprietà e le proprietà*, cit., 39 ss. [in questo volume, cap. I]; in senso differente v., da ultima, L. Solidoro Maruotti, *Il modello unitario del 'dominium' e la varietà delle forme di appartenenza: dalle prospettive romane alle codificazioni del XX secolo*, in *Esperienze giuridiche a confronto. Aspetti del diritto pubblico e privato dall'età romana alle configurazioni moderne. Lezioni*, Napoli, 2001, 185 ss.

'appartenenza assolutamente esclusiva della cosa al soggetto privato che ne sia titolare', che costituisce uno schema del diritto fondamentalmente unitario in tutta la tradizione giuridica occidentale, può modellarsi diversamente a seconda del suo contenuto economico e politico, e mutare regime, addirittura a seconda della natura del bene che ne costituisce l'oggetto e della sua rilevanza socio-economica.

Così, giustamente, il Talamanca, nella sua relazione conclusiva al convegno di Pontignano della Società Italiana di Storia del diritto sopra citato[4], sottolineava che «Se noi riportiamo il termine 'proprietà' come equivalente alla sfera semantica di *dominium*, è comprensibile come noi non possiamo riportare alla categoria proprietà il diritto *in solo provinciali*. Ma se al contrario vogliamo indicare con il termine in questione soltanto la disponibilità assoluta su una cosa protetta tendenzialmente nei confronti di qualsiasi terzo, allora il riportare ad un'unica categoria concettuale di proprietà sia il *dominium ex iure Quiritium* sia il *ius in solo provinciali* sia l'*in bonis habere* è del tutto ammissibile».

Potremmo cioè ritenere ammissibile l'idea che i giuristi romani, effettivamente, si siano limitati ad inquadrare nel sistema dei diritti reali la realtà della situazione provinciale, utilizzando gli schemi tecnici del diritto romano classico, secondo la nota rappresentazione del *ius in solo provinciali* dello stesso Gaio, su cui dovremo soffermarci in seguito.

Sotto un altro profilo, può altresì risultare comprensibile la circostanza che i giuristi romani non abbiano dedicato particolare attenzione al *ius in solo provinciali*. Dal punto di vista del tecnico del diritto romano, non si presentava in questo caso una particolare esigenza di creare nuovi e diversi schemi giuridici, e di regolare in maniera specifica la circolazione di questi beni, perché, a differenza dei casi tutelati dall'*actio Publiciana*, in età classica, per un verso, non si verificavano interferenze con il *ius civile*, per altro verso, il regime di circolazione e le modalità di trasmissione e godimento potevano essere lasciati alla prassi locale.

Vi sarebbe però da chiarire, a questo proposito, una questione di fondamentale importanza, peraltro di difficile soluzione, considerata la difficoltà di reperire le fonti, soprattutto in relazione al periodo qui di riferimento. Resterebbe, cioè, da stabilire sino a che punto questa rappresentazione corrisponda alla realtà giuridica provinciale.

Dobbiamo essere ben consapevoli del fatto che, se è vero, e cercherò di evidenziarlo nelle prossime osservazioni, che i giuristi preclassici e classici

[4] M. Talamanca, *Considerazioni conclusive*, cit., 185.

hanno costruito il 'sistema dei diritti reali'[5], facendo perno sulla nozione di *dominium* e sul suo regime, e giungendo quindi ad una nozione di proprietà concettualmente unitaria, è altresì vero che questo modello unitario è una costruzione dommatica tutta romana, che può mascherare ed offuscare realtà locali, queste sì differenti e ben lungi dall'essere riconducibili al rigore e alla coerenza del 'sistema romano'.

Sotto questo profilo non si può che condividere l'osservazione di Astuti[6], ribadita da Luzzato[7]: «la teoria del *dominium*, così come è stata elaborata dalla giurisprudenza classica, è insufficiente per una valutazione complessiva del regime della proprietà terriera e delle altre forme di sfruttamento e disposizione del suolo, nella varietà di strutture e situazioni attraverso le quali tali rapporti si manifestano in Italia e particolarmente nelle province».

Questo aspetto del problema, che concerne il problema più generale del rapporto fra il diritto romano ed i diritti locali, esula però dallo specifico profilo ricostruttivo, che tenterò di proporre nelle osservazioni che seguono, ed esula, peraltro, dalle mie conoscenze e competenze in materia di fonti epigrafiche e documentarie.

Una prospettiva di indagine su questi problemi, che passa esclusivamente attraverso il filtro della rappresentazione della realtà provinciale nelle fonti giuridiche classiche, può tuttavia risultare giustificata se si tiene presente che, dalle approfondite indagini di Volterra[8], di Luzzatto[9], di Tibiletti[10], fino alle recenti osservazioni di Talamanca[11], Gallo[12] e Capogrossi[13], emerge un dato

---

[5] Cfr. C.A. CANNATA, *Corso di istituzioni di diritto romano*, I, Torino, 2001, 151 ss.

[6] G. ASTUTI, *La struttura della proprietà fondiaria. Aspetti e problemi storico giuridici*, in *Riv. dir. agrario*, XXXIX, 1960, 47 ss.

[7] G.I. LUZZATTO, *Sul regime del suolo nelle province romane*, in *I diritti locali nelle province romane con particolare riguardo alle condizioni giuridiche del suolo. Atti del Convegno Internazionale della Accademia Nazionale dei Lincei (Roma, 26-28 ottobre 1971)*, Roma, 1974, 9 ss.

[8] E. VOLTERRA, *I diritti locali*, in *I diritti locali nelle province*, cit., 55 ss.

[9] G.I. LUZZATTO, *Sul regime*, cit., *passim*.

[10] G. TIBILETTI, *'Ager publicus' e suolo provinciale*, in *I diritti locali nelle province*, cit., 89 ss.

[11] M. TALAMANCA, *Particolarismo normativo ed unità della cultura giuridica nell'esperienza romana*, in *Diritto generale e diritti particolari nell'esperienza storica. Atti del Congresso Internazionale della Società Italiana di Storia del diritto (Torino, 19-21 novembre 1998)*, Roma, 2001, 9 ss.

[12] F. GALLO, *Le consuetudini locali nell'esperienza romana prima e dopo la concessione della 'civitas romana' ai 'peregrini'*, in *Diritto generale e diritti particolari*, cit., 303 ss.

[13] L. CAPOGROSSI COLOGNESI, *Considerazioni conclusive. Il periodo romano*, in *Diritto generale e diritti particolari*, cit., 461 ss.

sostanzialmente concorde: «Nel territorio geografico di una provincia si ha una stratificazione, un mosaico variopinto di diritti diversi, compreso il diritto romano ... Da un lato dunque, si diffondevano nelle province gli istituti del diritto romano, dall'altro venivano consacrate le condizioni giuridiche del suolo, sia in occidente che in oriente ... Al di sopra di tutte le istituzioni particolari e delle varietà di *status* personale esistenti nelle provincie, riflettenti l'universalismo romano, si collocarono però i principi generali del diritto romano, forse il più saldo fra gli elementi che unificarono l'impero»[14]. Così, anche dopo la *constitutio Antoniniana*, non manca il riconoscimento delle consuetudini locali quali fonti sussidiarie rispetto al diritto romano, consuetudini che permettono di far salvo un insieme di tradizioni giuridiche particolari. Il nuovo ruolo riconosciuto così alla *consuetudo* permetteva di riconoscere tutte quelle consuetudini già riconosciute nei diritti locali, purché non confliggenti con il diritto romano[15]. Ciò non toglie tuttavia, e lo ha dimostrato il Talamanca[16], che il diritto romano abbia avuto un valore assorbente come fattore di omologazione legale delle varie comunità dell'Impero, mentre le tradizioni giuridiche autoctone, pur se capaci di persistere per un certo arco di tempo, hanno finito per cedere di fronte alla forza espansiva del diritto romano e alla razionalità dei suoi schemi.

Va, infatti, rilevato che, se è vero che gli schemi astratti, in quanto necessariamente semplificanti, possono in qualche modo 'livellare' una realtà ben più complessa e varia, questi schemi, se sono il risultato di un'astrazione condotta con metodo scientifico, che permette di filtrare e rappresentare in categorie unitarie la molteplicità degli assetti concreti, indicano il passaggio da un insieme di regole ad un 'sistema' giuridico razionale, allo stesso tempo coerente e flessibile, ed è noto che proprio questa capacità dei *prudentes* ha costituito l'elemento differenziante fra la scienza giuridica romana e gli altri diritti dell'antichità, ed ha costituito altresì il motivo della sua vitalità ben oltre l'ambito spaziale e temporale in cui è stata elaborata.

Per chiarire la prospettiva che ho scelto per svolgere il tema assegnatomi, mi piace utilizzare le parole con cui Grosso apriva la sua relazione al Convegno dell'Accademia dei Lincei[17], che indubbiamente ha costituito un momento fondamentale della riflessione su questi temi: «Questa relazione

---

[14] G. Tibiletti, '*Ager publicus*', cit., 100 ss.

[15] F. Gallo, *Le consuetudini locali*, cit., *passim*.

[16] M. Talamanca, *Particolarismo normativo*, cit., *passim*.

[17] G. Grosso, *La condizione del suolo provinciale negli schemi giuridici della giurisprudenza del Principato*, in *I diritti locali nelle province*, cit., 65 ss.

... investe la prospettiva sistematica e schematica della giurisprudenza del Principato ... nei confronti della complessa varietà che la viva concretezza dei romani aveva creato nella organizzazione della espansione imperiale di Roma e nella evoluzione di essa. Si tratta di un'opera di assestamento che procede attraverso schemi giuridici decantati, aventi carattere tecnico, che se da un lato importano un'astrazione, dall'altro implicano precisi riferimenti e nessi giuridici».

## 2. *L'elaborazione del concetto di 'dominium ex iure Quiritium'*.

Nel primo periodo del Principato, che è l'arco di tempo che rileva in questo Convegno, le forme di appartenenza e disponibilità del bene sono già assestate. L'idea di una proprietà personale del cittadino romano deve, infatti, farsi risalire alle origini della *civitas*, e certo fu la prima che la giurisprudenza pontificale individuò come categoria giuridica del potere diretto di un soggetto su di una cosa; ciò risulta, per esempio, sia dalla formula della *l.a. sacramento in rem* (riprodotta peraltro nella corrispondente formula: Gai 4.16: *Si in rem agebatur ... et ita dicebat HUNC EGO HOMINEM EX IURE QUIRITIUM MEUM ESSE AIO SECUNDUM SUAM CAUSAM ...*; Gai 4.41: *... SI PARET HOMINEM EX IURE QUIRITIUM A.AGERII ESSE*), sia nella formula della *mancipatio*.

Il pieno definirsi del modello classico della proprietà romana, destinato a lasciare una traccia così profonda sulla cultura giuridica europea, come ha dimostrato il Capogrossi[18], può collocarsi nel periodo delle guerre annibaliche, con esiti che si proiettano sino al periodo augusteo. In quel periodo infatti si delinea compiutamente un assetto fondiario organizzato, da una parte, nelle forme del *dominium*, da altra parte nella categoria dell'*ager publicus* associata allo schema della *possessio*.

Del resto, anche quando '*dominium*' e '*proprietas*' avranno assunto la specifica valenza di titolarità tecnica del '*meum esse*', si riscontra una persistente tendenza dei Romani a privilegiare il momento del concreto appropriarsi della cosa rispetto all'astratta immagine della signoria, preferendosi parlare della *res* che è di qualcuno, piuttosto che non del diritto a questi spettante su di essa. Il Pugliese[19], per esempio, sottolineava che il legame

---

[18] V., in particolare, L. CAPOGROSSI COLOGNESI, voce *Proprietà (dir. rom.)*, in *Enc. dir.*, XXXVII, Milano, 1988, specialmente 184 ss. V. anche ivi per un'ampia rassegna critica della letteratura.

[19] G. PUGLIESE-F. SITZIA-L. VACCA, *Istituzioni di diritto romano*³, Torino, 1991, 125.

tra *res* e persona, in cui consisteva l'appartenenza, era talmente stretto che si determinava un'identificazione della *res* con la proprietà della *res*, in quanto si diceva che la persona aveva una determinata *res*, intendendo che essa aveva, acquistava, trasferiva la proprietà di quella *res*.

Come è noto, peraltro, '*dominium*' appare per la prima volta ad esprimere la nozione astratta di proprietà in un passo di Paolo tratto dal IV libro dell'epitome ai *digesta* di Alfeno: D. 8.3.30: *... quaesitum est, utrum dominium loci ad eum pertineat an ut per eum locum accedere possit ...*: il testo è stato analizzato approfonditamente dal Capogrossi[20], che ha dimostrato come sia del tutto verosimile che il termine in questione, come più in generale la struttura del passo, appartenga al dettato originale di Alfeno.

L'idea di questo *dominium* quiritario, cioè di questa proprietà appartenente al *ius civile*, venne dunque isolata, costruita dommaticamente come il modello, infine, in rapporto al quale le altre forme dell'appartenenza trovavano la loro esatta definizione, essendo sempre la loro specificità stabilita come differenziazione dal *dominium* quiritario. A partire da questo punto, il *dominium ex iure Quiritium* potè essere fatto oggetto di un'elaborazione autonoma[21].

Peraltro, il regime di questo istituto nella fase classica venne sempre a costruirsi empiricamente, ed è ben noto che né i *veteres* né i giuristi dell'età del Principato si impegnarono nel campo delle astratte definizioni teoriche; la storia del *dominium* può essere solo enucleata attraverso l'analisi della disciplina relativa ai suoi limiti e attraverso l'analisi degli strumenti che i giuristi vengono apprestando per la sua tutela.

Notava, tuttavia, lo Scialoja[22] che alla mancanza della sua definizione corrispondeva nei giureconsulti romani un'idea ben precisa di tale istituto, talché, quando si sono presentate delle figure giuridiche che avrebbero potuto confondersi con la proprietà, essi hanno distinto molto bene questa dalle figure analoghe ad essa, ma ad un tempo differenti.

Così, alcune delle altre forme di proprietà vennero elaborate allo stesso modo, semplicemente trasferendo ad esse risultati raggiunti elaborando il *dominium* quiritario, sempre però con la precisa coscienza che i nuovi sistemi analoghi che si creavano *dominium* quiritario non erano, e che tutto il sistema che li riguardava, se era stabilito in analogia col sistema dei diritti reali del *ius civile*, non era il sistema dei diritti reali del *ius civile*.

---

[20] L. Capogrossi Colognesi, voce *Proprietà*, cit., 186 s.

[21] Cfr. L. Capogrossi Colognesi, voce *Proprietà*, cit., *passim*; C.A. Cannata, *Corso*, I, cit., specialmente 161 ss.

[22] V. Scialoja, *Teoria della proprietà in diritto romano*, I, Roma, 1928, 263 ss.

3. *L''in bonis habere' non costituisce un nuovo e diverso assetto del regime proprietario, ma è volto a tutelare processualmente il possesso acquisito in buona fede 'ex iusta causa' sino al momento dell'acquisto della proprietà.*

Se si tiene presente questo schema, può risultare più chiaro in che senso anni fa ho posto in dubbio[23] la dottrina tradizionale che identificava nell'*in bonis habere* un dominio pretorio affiancato o addirittura sovrapposto al *dominium* civile, intendendo così alla lettera l'espressione di Gaio che parla al proposito di un *duplex dominium*.

Rileggiamo i famosi testi gaiani:

Gai 1.54: *Ceterum cum apud cives Romanos duplex sit dominium (nam vel in bonis vel ex iure Quiritium vel ex utroque iure cuiusque servus esse intellegitur), ita demum servum in potestate domini esse dicemus, si in bonis eius sit, etiamsi simul ex iure Quiritium eiusdem non sit: nam qui nudum ius Quiritium in servo habet, is potestatem habere non intellegitur.*

Gai 2.40: *Sequitur ut admoneamus apud peregrinos quidem unum esse dominium; nam aut dominus quisque est, aut dominus non intellegitur. Quo iure etiam populus Romanus olim utebatur: aut enim ex iure Quiritium unusquisque dominus erat, aut non intellegebatur dominus. Sed postea divisionem accepit dominium, ut alius possit esse ex iure Quiritium dominus, alius in bonis habere.*

Come ci informa lo stesso Gaio, questo 'sdoppiamento' del *dominium* si sarebbe avuto a seguito dell'introduzione dell'*actio Publiciana*, che permetteva al possessore di buona fede *ex iusta causa*, che avesse perduto il possesso della *res* e non l'avesse ancora acquistata per usucapione, non essendo decorso il tempo utile, di rivendicarla presso il possessore attuale come se tale tempo fosse già trascorso:

Gai 2.41: *Nam si tibi rem mancipi neque in iure cessero, sed tantum tradidero, in bonis quidem tuis res efficitur, ex iure Quiritium vero mea permanebit, donec tu eam possidendo usucapias; semel enim impleta usucapione proinde pleno iure incipit, id est et in bonis et ex iure Quiritium, tua res esse, ac si ea mancipata vel in iure cessa (esset).*

---

[23] L. Vacca, *Il c.d. 'duplex dominium'*, cit., 68 ss.

Gai 4.36: <*Item usucapio fingitur in ea actione quae Publiciana vocatur*>. *Datur autem haec actio ei qui ex iusta causa traditam sibi rem nondum usucepit eamque amissa possessione petit. Nam qui non potest eam ex iure Quiritium suam esse intendere, fingitur rem usucepisse et ita quasi ex iure Quiritium dominus factus esset intendit, veluti hoc modo: IUDEX ESTO. SI QUEM HOMINEM A.AGERIUS EMIT (ET) IS EI TRADITUS EST, ANNO POSSEDISSET, TUM SI EUM HOMINEM DE QUO AGITUR, EIUS EX IURE QUIRITIUM ESSE OPORTERET, et reliqua.*

Il regime, che ne risulta, è indiscusso: il diritto del *dominus* è fondato sul *ius civile* ed è protetto con la *rei vindicatio*; chi ha la cosa *in bonis*, non è *dominus* ma ha una tutela pretoria molto forte finché a sua volta non diviene *dominus* mediante *usucapio*. Il problema del rapporto fra il *dominus* e colui che ha la cosa *in bonis* viene risolto, sul piano del diritto pretorio, con il ricorso allo strumento dell'*exceptio*: infatti, se il *dominus* che ha compiuto la *traditio* agisce con la *rei vindicatio*, soccombe di fronte all'*exceptio doli* o *all'exceptio rei venditae et traditae*; se colui, che ha la cosa *in bonis*, agisce con l'*actio Publiciana* nei confronti del *dominus*, terzo rispetto all'atto di trasferimento, soccombe di fronte all'*exceptio iusti dominii*, perché «*Publiciana actio non ideo comparata est ut res domino auferatur*»:

D. 6.2.17 (Ner. 3 *membr.*): *Publiciana actio non ideo comparata est ut res domino auferatur: eiusque rei argumentum est primo aequitas, deinde exceptio 'si ea res possessoris non sit': sed ut is, qui bona fide emit possessionemque eius ex ea causa nactus est, potius rem habeat.*

La prevalenza fra il *dominus* e colui che ha la cosa *in bonis* è determinata dal rapporto concreto e dalle particolari circostanze di fatto che hanno caratterizzato il negozio di trasferimento. I giuristi dedicano a questa problematica un'ampia casistica, che ho analizzato dettagliatamente in altra sede[24]. Posso qui limitarmi a riportarne le conclusioni: il problema pratico, che doveva essere risolto con l'introduzione degli strumenti pretori a tutela del possessore di buona fede *ex iusta causa*, non era quello della tutela di una nuova e diversa forma di appartenenza '*iure honorario*' che si affiancava al *dominium ex iure Quiritium*, sostanzialmente svuotandolo di contenuto, ma era quello di assicurare effetti acquisitivi e relativa tutela alle forme di circolazione dei beni che nella prassi si andavano affermando in supe-

[24] L. VACCA, *Il c.d. 'duplex dominium'*, cit., *passim*.

ramento dei modi di trasferimento del *ius civile*. A ragione il Capogrossi[25] notava che «... Evidentemente l'importanza della nostra azione riflette un altro non meno significativo fenomeno ... il deperimento dell'arcaico modello di circolazione fondato sul sistema della *mancipatio* e della distinzione fra *res mancipi* e *nec mancipi* ... Proprio tali considerazioni rendono più improbabile l'idea che da questa come da altre forme di tutela pretoria derivasse una forma di proprietà parallela e alternativa al *dominium* ...».

Tutto il sistema dell'*in bonis habere* è volto, infatti, non a configurare un nuovo assetto del regime proprietario, ma a prendere atto di un'esigenza della prassi, che, superando il formalismo della *mancipatio*, ricorre sempre più frequentemente alla semplice *traditio*, e ad assicurare all'acquirente il 'perfezionamento' del suo acquisto, comunque derivato da una *iusta causa*, rilevante nell'ordinamento come atta a giustificare l'acquisto definitivo, con l'acquisizione del *dominum ex iure Quiritium*, ma solo ove il suo titolo non confligga con quello dello stesso *dominus*, estraneo all'atto di trasferimento.

Resta da interpretare il senso dell'espressione *duplex dominium* di Gaio[26]: all'interno del *duplex dominium* di Gaio, infatti, la contrapposizione fra la proprietà quiritaria e quella pretoria correva tutta lungo il discrimine formale del sistema normativo in base al quale veniva approntata una difesa della situazione giuridica considerata. Il regime della proprietà, e correlativamente la funzione economico-sociale dello strumento giuridico, non mutava, in quanto sostanzialmente la regolamentazione della proprietà pretoria veniva ricalcata su quella della proprietà civile; è probabile che proprio questa identità di contenuto e di funzione abbia permesso a Gaio la teorica del *duplex dominium*.

L'unica discrepanza sostanziale si percepiva in tema di proprietà dei servi: infatti, colui che ha lo schiavo *in bonis*, per suo tramite acquista *ex omnibus causis*, mentre in nessun caso gli acquisti vanno a vantaggio del *dominus ex iure Quiritium* (Gai 2.88); colui che ha lo schiavo *in bonis* può manometterlo, rendendolo Latino ma non cittadino romano, mentre il *dominus* che non abbia l'*in bonis* non può manometterlo rendendolo cittadino romano se prima non vi è stata la manomissione da parte di chi l'ha *in bonis*[27]. Non può allora meravigliare che sotto questo profilo Gaio parli di un *duplex dominium*, o più propriamente di un *dominium divisum*: in quel particolare contesto il giurista si limita a rilevare che non sempre la potestà

---

[25] Cfr. L. CAPOGROSSI COLOGNESI, voce *Proprietà*, cit., 197 ss.

[26] V. anche M. TALAMANCA, *Considerazioni conclusive*, cit., 196.

[27] Tit. Ulp. 1.16; Gai 1.35; Frag. Dosith. 9.

sullo schiavo e gli effetti che ne derivano sono inscindibilmente connessi alla titolarità del *dominium ex iure Quiritium*; può avvenire, infatti, che «*alius possit esse ex iure Quiritium dominus, alius in bonis habere*»: e ciò quando una *res mancipi* sia stata trasferita non mediante *mancipatio* o *in iure cessio*, ma solo *tradita*. La portata di queste affermazioni risulta in definitiva più circoscritta e ben diversa dall'affermazione generale di un duplice diritto di proprietà, cioè di una duplice nozione di proprietà con diversa struttura dommatica.

4. *Gai 2.7: il 'dominium' che Gaio riferisce al popolo o all'Imperatore indica una relazione diversa da quella dell'appartenenza patrimoniale, e fa riferimento ai poteri di supremazia e sovranità che il popolo o il Principe esercitano sulle province.*

Nel mondo romano l'alternativa più importante al sistema della proprietà quiritaria è quella del regime dei fondi provinciali; secondo il Cannata «... vi si applicò per analogia l'intero sistema del *dominium ex iure Quiritium* con varianti terminologiche o sostanziali dipendenti unicamente dal fatto che di *dominum ex iure Quiritium* non si trattava perché il suolo provinciale apparteneva allo stato come il suolo inglese appartiene al re»[28].

Il regime dei fondi provinciali viene indicato da Gaio all'interno di una *summa divisio*, che apre il secondo libro del commentario, fra *res divini iuris* e *humani iuris*, *divisio* che peraltro sembra intrecciarsi con il cenno iniziale alla distinzione delle *res* con riferimento ai beni che «*vel in nostro patrimonio sunt vel extra nostro patrimonio habentur*»[29]:

Gai 2.3: *Divini iuris sunt veluti res sacrae et religiosae. ... 7. Sed in provinciali solo placet plerisque solum religiosum non fieri, quia in eo solo dominium populi Romani est vel Caesaris, nos autem possessionem tantum vel usumfructum habere videmur; utique tamen etiamsi non sit religiosum, pro religioso habetur.* 7a. *Item quod in provinciis non ex auctoritate populi Romani consecratum est, proprie sacrum non est, tamen pro sacro habetur.*

---

[28] Cfr. C.A. Cannata, *Corso*, I, cit., 164.

[29] Su questo testo v., in particolare, F. Grelle, *L'appartenenza del suolo provinciale nell'analisi di Gaio, 2.7 e 2.21*, in *Index*, XVIII, 1990, 167 ss.

Nell'esame delle *res divini iuris*, dopo aver indicato quali sono le modalità perché le cose acquistino i caratteri di *sacrae* o *religiosae*, il giurista rileva che nel suolo provinciale, secondo l'opinione dominante, non può costituirsi un suolo religioso «*quia in eo solo dominium populi Romani est vel Caesaris, nos autem possessionem tantum vel usumfructum habere videmur* ...», ma che peraltro il suolo, anche se non può considerarsi a rigore religioso, è considerato come se lo fosse; analogamente, ciò che nelle province non è consacrato «*auctoritate populi Romani*», non è sacro, ma può essere considerato come se lo fosse.

Come è noto, il testo è uno fra i più discussi della letteratura romanistica, anche sotto il profilo della ricostruzione testuale.

Nell'ottica che qui rileva, dobbiamo però soffermarci, in particolare, sul binomio *dominium-possessio vel ususfructus*.

Come si è visto, Gaio estende la disciplina delle *res religiosae* al suolo provinciale, sia pure con il ricorrere all'artificio del luogo che «*pro religioso habetur*». Implicitamente, egli riconosce al privato il necessario potere di disposizione, e ne afferma la compatibilità con il coesistente *dominium* del popolo romano o di Cesare[30]. Per il giurista, cioè, il seppellimento nel suolo provinciale probabilmente è irrilevante sotto il profilo del *ius sacrum*; impone tuttavia di applicare alla sepoltura il regime delle *res divini iuris*, e ne determina così l'esclusione dai beni che '*in nostro patrimonio sunt*', senza peraltro intaccare la signoria del popolo o del Principe. Allo stesso modo il seppellimento non configura per Gaio l'ipotesi dell'immissione di un cadavere *in locum alterius*, ai danni del popolo o dell'Imperatore. In quest'ottica, il '*dominium*', che Gaio riferisce al popolo o all'Imperatore, non può ovviamente consistere nell'appartenenza del suolo provinciale al patrimonio dell'uno o dell'altro, ma indica necessariamente una relazione di tipo diverso, di diritto pubblico, riconducibile ai poteri di supremazia e sovranità che il popolo o il Principe esercitano attraverso il governo delle province.

Una conferma di questa interpretazione è offerta dalla formula con cui Gaio indica l'inerenza delle province all'ambito dell'amministrazione imperiale o a quella del popolo:

> Gai 2.21: *In eadem causa sunt provincialia praedia, quorum alia stipendiaria alia tributaria vocamus. Stipendiaria sunt ea, quae in his provinciis sunt, quae propriae populi Romani esse intelleguntur; tributaria sunt ea, quae in his provinciis sunt, quae propriae Caesaris esse creduntur.*

---

[30] F. Grelle, *L'appartenenza*, cit., 174.

I fondi provinciali, annota Gaio, si dicono gli uni stipendiarii, gli altri tributari, e prendono il nome dall'imposta da cui sono gravati, diversa per le due categorie di province, del popolo e dell'Imperatore. La soggezione all'imposta costituisce l'elemento più significativo per connotare e distinguere le due grandi aeree in cui si articola il dominio.

La signoria del popolo romano o dell'Imperatore non era affatto riconducibile al potere che i privati esercitavano sulle loro cose in proprietà privata, ma era un'appartenza di diritto pubblico, che si manifestava nel diritto di esigere l'imposta fondiaria (*stipendium vel tributum*): affermando che le province sono '*propriae*' del popolo romano o del Principe il giurista si riferisce, come è evidente, alla stessa relazione già qualificata come *dominium*, e la considera dal punto di vista dell'oggetto del potere, che peraltro amplia, dal *solum* alla *provincia* nella sua totalità.

Peraltro, la signoria del popolo o del Principe non limita la concreta disponibilità dei privati sulle terre sulle quali essa si afferma; possesso e usufrutto sono chiaramente utilizzati nel senso tecnico che le leggi sull'*ager publicus* dell'ultima età repubblicana usavano per indicare la piena disponibilità della terra attribuita ad un soggetto, soprattutto a seguito di parcelle assegnate in proprietà privata (*ager divisus et adsignatus*): *habere possidere uti frui*: si tratta cioè di un'indicazione della proprietà fatta enumerando i poteri del proprietario per essere riferibile a qualsiasi proprietà in senso economico, indipendentemente dalla sua specifica struttura giuridica. Lo schema ellenistico, secondo cui il *populus romanus* o il Principe sono i '*domini*' del suolo provinciale, di cui gli effettivi possessori sono solo i concessionari, copre quindi in realtà una situazione ben diversa, dove la titolarità del dominio 'eminente' si estrinseca solo nella riscossione del canone.

Va altresì sottolineato che Gaio introduce il discorso sui *praedia provincialia* nell'ambito della distinzione fra *res mancipi* e *nec mancipi*, e, collocando i *praedia provincialia* fra le *res nec mancipi*, trasferibili mediante *traditio*, riconosce, sia pure indirettamente, che essi sono suscettibili di appartenere '*pleno iure*' ai privati.

Gai 2.18: *Magna autem differentia est inter mancipi res et nec mancipi.* 19. *Nam res nec mancipi ipsa traditione pleno iure alterius fiunt, si modo corporales sunt et ob id recipiunt traditionem.*

Osserva anche il Talamanca[31] che, quando Gaio classifica i *praedia* pro-

---

[31] M. Talamanca, *Considerazioni conclusive*, cit., 173.

vinciali fra le *res nec mancipi*, li include fra le *res* che secondo gli schemi del *ius civile* erano escluse dal trasferimento mediante *mancipatio* o *in iure cessio*, ma non dal dominio quiritario; la contraddizione ci serve per comprendere la crescente astrattezza della formale condizione giuridica delle terre in questione. Per quanto concerne il contenuto dei poteri riconosciuti ai possessori, l'assimilazione alla proprietà quiritaria è ancora più accentuata che nel caso dell'*ager publicus*[32].

5. *La trattazione gaiana presenta un sistema di classificazione estrinseco delle 'forme di appartenenza' che fa riferimento soprattutto alla concreta disponibilità e ai modi di acquisto e di trasferimento. Così per esempio si riconduce il regime delle terre provinciali alle tradizionali categorie romane di suddivione delle 'res', includendole fra le 'res nec mancipi', trasferibili mediante 'traditio'; ciò però non risulta dommaticamente coerente in quanto la 'traditio' delle terre provinciali comporta il mero trasferimento del possesso e non può avere l'effetto del trasferimento del 'dominium', come avviene per le 'res nec mancipi'.*

Il quadro, che emerge dalla trattazione gaiana, è indubbiamente quello di un tentativo di costruzione di un 'sistema' delle forme di appartenenza, che fa perno sulla nozione di *dominium* e sul suo regime, nonché su una classificazione delle *res* condotta avendo come criterio di riferimento soprattutto le conseguenze che l'appartenenza all'una o all'altra categoria comportano circa la disponibilità, i modi di acquisto e di trasferimento. Tuttavia questo sistema estrinseco mostra la difficoltà di inquadrare in schemi unitari e dommaticamente coerenti realtà economico-sociali e mo-

[32] M. TALAMANCA, *Considerazioni conclusive*, cit., 171. L. CAPOGROSSI COLOGNESI, *'Dominium' e 'possessio' nell'Italia romana*, in *La proprietà e le proprietà*, cit., 141 ss., a differenza di C.A. CANNATA, *Corso*, I, cit., 163 ss., tende ad assimilare alle situazioni proprietarie anche la situazione dei concessionari di *ager publicus*, nonostante l'attestazione di Gaio (3.145), che ci informa «*sed magis placuit locationem conductionemque esse*», e ciò in considerazione dell'ampiezza dei poteri del concessionario e della circostanza che il possessore della terra, finché pagava regolarmente il canone, non poteva essere espropriato, e che a tutela di questi tipi di terre l'editto del pretore prevedeva la concessione di *actiones in rem*, salvo le differenze fra le forme civilistiche della tutela e dei negozi relativi ai beni in proprietà quiritaria e le forme su questo modellate ma fondate sulla *iurisdictio* pretoria. Proprio il concentrarsi delle diversità strutturali fra proprietà quiritaria e *possessio* delle terre pubbliche sarà ricco di conseguenze nell'assetto universalistico dell'Impero.

delli giuridici estremamente differenziati, che sono andati evolvendosi, e talvolta sovrapponendosi, talaltra affiancandosi.

Così, lo sforzo di rappresentare la situazione qualificabile nell'ambito del *ius honorarium* quale *in bonis habere* come una forma alternativa di '*dominium*' risulta inaccettabile sul piano dommatico, in quanto concettualizzazione meramente sovrastrutturale rispetto alla disciplina degli istituti presi in considerazione[33]. All'interno del *duplex dominium* di Gaio, infatti, la contrapposizione fra la proprietà quiritaria e l'*in bonis habere* correva tutta lungo il discrimine formale del sistema normativo, in base al quale veniva approntata una difesa della situazione giuridica considerata. Il regime della proprietà, e correlativamente la funzione economico-sociale dello strumento giuridico, non mutavano, in quanto sostanzialmente la regolamentazione della c.d. proprietà pretoria veniva ricalcata su quella della proprietà civile, rispetto alla quale rappresentava semplicemente una situazione transeunte, destinata a sfociare nella stessa, in quanto avente origine da un modo di trasferimento inidoneo quanto all'atto formale, ma idoneo ed omogeneo alle regole del *ius civile* sul piano della causa di trasferimento.

La differenza fra disponibilità e godimento del suolo provinciale e proprietà quiritaria invece non si limita soltanto all'imputazione formale all'uno o all'altro sistema normativo, ma è il regime della 'proprietà provinciale' ad essere diverso, in correlazione alla diversità della funzione economico-sociale; in particolare, risulta diverso il sistema del trasferimento: infatti, già a livello delle fonti del *Corpus iuris*, emerge soprattutto nelle province orientali e nell'Egitto un sistema differente, fondato sulla 'katagraphé' degli ordinamenti ellenistici e sull'istituto della 'bibliothéketon egktéseon'; la disponibilità sui fondi provinciali non può peraltro consolidarsi per usucapione, ma solo per *longi temporis praescriptio*.

A questo proposito risulta ancora più sovrastrutturato, ed anche in qualche modo contraddittorio, il tentativo gaiano di ricondurre il regime di queste terre nell'ambito delle categorie romane, inquadrandone il regime attraverso il riferimento alle distinzioni fra le *res*. Dalla sua classificazione iniziale delle *res* risulta, come abbiamo visto, che al suolo provinciale può applicarsi, per analogia, la *summa divisio* fra *res divini iuris* e *res humani iuris*, poiché anche il suolo che non può essere qualificato religioso o sacro «*quia in eo solo dominium populi Romani est vel Caesaris*», può tuttavia essere considerato, ove ne ricorrano i presupposti di fatto, '*pro religioso*' o '*pro sacro*'. Se ne deduce altresì che le terre provinciali, che non risultino

[33] M. Talamanca, *Considerazioni conclusive*, cit., 196.

assimilabili a quelle sacre o religiose, vanno considerate fra le *res humani iuris*, che a loro volta «*aut publicae sunt aut privatae*»; non rientrando però fra quelle *publicae*, che sono «*nullius in bonis*», rientrano fra quelle *privatae*, «*quae singulorum hominum sunt*» (Gai 2.11). A questo punto, con l'applicazione della distinzione fra *res mancipi* e *nec mancipi*, (ribadita in Gai 2.27) risulta applicabile il trasferimento mediante *traditio*, che però per le *res nec mancipi* è modo di trasferimento del *dominium ex iure Quiritium*. La trasposizione degli schemi del *dominium* nell'ambito di una situazione qualificabile come *in bonis* – beni cioè nel pieno godimento e disponibilità patrimoniale dei privati – appare a questo punto compiuta, anche se non appagante sul piano della coerenza dommatica.

6. *La tarda giurisprudenza classica, avvicinando la situazione di piena disponibilità patrimoniale che si configurava nel caso di agri vettigali e provinciali, sembra giunga ad estendere al possessore di queste terre la tutela della 'Publiciana'.*

Si può, tuttavia, supporre che questa costruzione fosse condivisa dalla tarda giurisprudenza classica, che probabilmente, avvicinando la situazione di piena disponibilità patrimoniale, che si configurava nel caso di agri vettigali e di agri provinciali – il cui regime tendeva ormai ad assimilarsi all'*in bonis habere*, quanto ad estensione dei poteri di disponibilità e ad ampiezza di tutela – sembra giungere ad estendere, mediante un adattamento della *Publiciana*, a colui che in buona fede riceve il bene mediante *traditio*, ma non può usucapire per lo statuto del bene, la tutela per il recupero contro qualsiasi terzo possessore. L'unico limite è che il bene non sia inalienabile per specifici divieti posti da leggi o costituzioni imperiali:

D. 6.2.12.2 (Paul. 18 *ad ed.*): *In vectigalibus et in aliis praediis, quae usucapi non possunt, Publiciana competit, si forte bona fide mihi tradita est.* ... 4. *Si res talis sit, ut eam lex aut constitutio alienari prohibeat, eo casu Publiciana non competit, quia his casibus neminem praetor tuetur, ne contra legem faciat.*

È opinione comune che nel testo originariamente si affermasse il contrario, e cioè che '*Publiciana non competit*' e che l'estensione sia opera dei giustinianei, che avrebbero ripristinato l'*actio Publiciana* dopo un periodo di completa desuetudine. Una supposizione di questo genere urta però radicalmente con il senso di tutta la riforma di Giustinano, che, come ho cercato di dimostrare in altra sede[34], per un verso limita recisamente la concessione dell'*actio in rem* alla sola ipotesi in cui il possessore abbia già posseduto per il termine necessario alla *praescriptio*, per altro verso, eliminando qualsiasi differenza fra l'*in bonis* ed il *dominium*, non poteva nel contempo ripristinare il dualismo delle azioni di rivendica in cui trovava riscontro questa distinzione. La dottrina cerca di superare questa obiezione con la considerazione che la *Publiciana* giustinianea avrebbe assolto ad una funzione diversa, in quanto avrebbe tutelato, ovviamente, non il caso del trasferimento della *res mancipi* mediante *traditio*, ma il caso della *traditio a non domino* ad acquirente di buona fede. A questo punto però si sarebbe riproposto un dualismo fra il possessore di buona fede ed il *dominus*, entrambi muniti di azione reale per il recupero del bene, e per di più con una posizione di maggior vantaggio processuale per il possessore, che ancora non avesse maturato il tempo per la *praescriptio*.

Queste brevissime osservazioni, che peraltro investono una problematica molto ampia, e di cui ovviamente non posso dar conto in questa sede, mi permettono però di sfiorare una questione che fino a questo momento è rimasta in ombra.

7. *Nel periodo imperiale progressivamente si svuota la tradizionale distinzione fra 'res mancipi' e 'res nec mancipi', mentre emerge il diverso regime dei beni mobili e dei beni immobili e la rilevanza del godimento delle terre, che si esprime nella formula 'possessio vel usus fructus'.*

La nozione di proprietà classica è indubbiamente una nozione unitaria, il cui contenuto fondamentale non muta in relazione al tipo di *res* cui si riferisce. La distinzione fra le *res* incide però, sin dal periodo più antico, sui modi di acquisto e di trasferimento, in quanto la disciplina della circolazione dei beni è strettamente collegata alla loro rilevanza economico-sociale. La distinzione originaria fra *res mancipi* e *nec mancipi* rifletteva, come è ben noto, la struttura statica dell'economia agraria intensiva della città-stato.

La rilevanza di questa distinzione ed il suo fondamento sono chiara-

---

[34] Su questi problemi v. L. VACCA, *La riforma di Giustiniano in materia di 'usucapio' e 'longi temporis praescriptio' fra concezioni dommatiche classiche e prassi postclassica*, in *BIDR*, XXXV-XXXVI, Milano, 1998, specialmente 165 ss. e letteratura ivi citata [in questo volume, cap. VIII].

mente entrati in crisi nel momento del nuovo assetto imperiale. A questa distinzione se ne sostituiscono altre e diverse, che, come accennavo all'inizio, sottendono fenomeni economici fra loro molto differenti. Tutto ciò nello schema espositivo gaiano si appiattisce su uno schema estrinseco, che non dà ragione della realtà pratica che vi sottende e da cui ha origine la costruzione giuridica del sistema.

Così, se si legge in profondità il regime dell'*in bonis habere*, emerge una realtà giuridica che imponeva il riconoscimento di forme di circolazione dei beni collegate non più alla distinzione fra *res mancipi* o *nec mancipi* e agli atti formali ad effetti reali, ma all'accordo fra le parti, alla tutela della buona fede e dell'affidamento contrattuale, sia pure in coerenza con i principi della tutela del *dominus* della *res*. In questo caso, la scarna rappresentazione gaiana può essere integrata con l'articolata casistica proposta dei giuristi, che pongono in evidenza la *ratio* dell'istituto ed i meccanismi che regolano la prevalenza processuale dell'uno o dell'altro soggetto che vanta un 'titolo' di appartenenza.

Il contenuto del *dominium* non ne risulta mutato, ma risulta mutato il regime di circolazione delle *res*, e cioè il regime dei trasferimenti che costituiscono il perno della nuova economia commerciale, venendosi a svuotare di fatto, in quanto non più attuale nel suo fondamento economico, la differenziazione fra *res mancipi* e *nec mancipi*. Ciò non significa, ovviamente, che la *mancipatio* scompaia completamente dalla prassi dei trasferimenti, soprattutto degli immobili, ma questo negozio comincia ad assumere indubbiamente in questo contesto un valore differente, soprattutto probatorio e di pubblicità.

Lo schema gaiano delle *res*, imperniato sulla differenziazione fra *res mancipi* e *nec mancipi*, appare superato e scolastico.

Come abbiamo visto, peraltro, questa distinzione appare ancora più incongrua nel momento in cui viene utilizzata dal giurista per inquadrare il regime dei fondi provinciali che, in quanto *nec mancipi*, si dovrebbero trasferire mediante *traditio*.

A parte la circostanza, già rilevata, che per le *res nec mancipi* la *traditio* è modo di trasferimento non del possesso, ma del dominio, effetto che non può realizzarsi per i fondi provinciali, la classificazione gaiana appare inadeguata perché pone in ombra un dato importante: appiattire i diritti *in solo provinciali* sulla categoria delle *res nec mancipi* significa oscurare la circostanza che il regime di questi diritti è imperniato sulla disponibilità e godimento dei fondi e non concerne le cose mobili, la cui circolazione non è in alcun modo regolata in forma specifica.

Emerge, infatti, a questo proposito io credo, in tutta la sua rilevanza, la distinzione di regime fra beni mobili e beni immobili che si è irresistibilmente imposta nella prassi, e sarà poi alla base anche del sistema postclassico e giustinianeo. La formula '*possessio vel ususfructus*' indica lo specifico contenuto della disponibilità dei fondi, non certo delle cose mobili.

È stato detto[35] che tale formula è più capace di descrivere che di qualificare giuridicamente il godimento attribuito ai privati delle terre appartenenti allo stato. È vero che l'estensione del potere così concesso ai privati non appare sostanzialmente minore della piena proprietà civile sul suolo italico, e così il regime di trasferimento, la possibilità di costituire su di essi *iura in re aliena*, le forme di tutela processuale, che si modellano sugli schemi elaborati dai Romani per il suolo italico e in funzione del *dominium ex iure Quiritium*, ma è altresì vero che il regime dei fondi assume in questo quadro autonoma rilevanza, e il modello della proprietà fondiaria, che assimila tendenzialmente il regime dei fondi italici e provinciali nella individuazione dei poteri di godimento e di disponibilità che vi sono connessi, nonché delle relative forme di tutela, tende a diventare centrale, in quanto perno della nuova situazione economica, nella disciplina delle forme di appartenenza, differenziandosi dal regime dei beni mobili.

È ben noto, peraltro, che l'elaborazione dei diversi modelli di appartenenza nel mondo postclassico è dominato dall'esigenza di regolamentare e tutelare il possesso fondiario, mentre scarsissimo rilievo è attribuito nelle fonti postdioclezianee alle forme di circolazione e di tutela dei beni mobili.

La stessa usucapione non risulta in alcun modo applicata alle cose mobili, per le quali il trasferimento pare affidato esclusivamente al momento della negoziazione fra le parti, senza che vi sia alcuna specifica garanzia a favore dell'acquirente di buona fede *a non domino*. Se si tiene conto di tutto ciò, risulta assai plausibile che Giustiniano, nel momento in cui ha ripristinato l'usucapione per l'acquisto dei beni mobili, abbia altresì recuperato la tutela mediante *Publiciana* del possessore in buona fede *ex iusta causa*. Ciò, peraltro, si inquadrerebbe coerentemente nella sua politica di recupero di alcuni istituti classici, ma nell'ambito di una complessiva riforma che teneva conto altresì della specifica realtà e prassi postclassica.

Come ho tentato in altra sede di dimostrare, è proprio in questa linea che si inquadra la distinzione che prevede l'usucapione per le cose mobili, la *longi temporis praescriptio* per gli immobili. Se tutto ciò è attendibile, risulta in definitiva assai improbabile un intervento dei compilatori giustinianei volto ad introdurre la tutela mediante *Publiciana* per fondi vettigali e comunque inusucapibili.

---

[35] L. Capogrossi Colognesi, voce *Proprietà*, cit., 205.

Capitolo Decimo

# LA PROPRIETÀ E LE PROPRIETÀ NELL'ESPERIENZA GIURIDICA ROMANA*

Sommario: 1. Proprietà 'civile', proprietà 'pretoria', proprietà 'provinciale': osservazioni critiche introduttive sulla inammissibilità, nell'esperienza giuridica romana, di una 'triplice' proprietà. – 2. La c.d. proprietà 'civile': la costruzione giurisprudenziale del *dominium ex iure Quiritium* come il 'modello' in rapporto al quale le altre forme di appartenenza trovavano la loro esatta definizione. – 3. La c.d. proprietà 'pretoria': l'*in bonis* tutelato dall'*actio Publiciana* non è una forma di proprietà parallela ed alternativa al *dominium*, dato che incide non sul concetto ed il contenuto del *dominium*, come situazione statica di appartenenza, ma sulla struttura dei suoi modi di trasferimento. – 4. La c.d. proprietà 'provinciale': il regime di appartenenza dei fondi provinciali nell'analisi di Gaio, 2.7 e 2.21. – 5. Segue: Nello schema espositivo gaiano il regime di appartenenza e disponibilità dei fondi provinciali perde la sua concretezza e si appiattisce su uno schema 'estrinseco', che non dà ragione della realtà pratica che vi sottende. – 6. Osservazioni conclusive sull'ammissibilità, nell'ordinamento giuridico romano, di una pluralità non di proprietà, ma di situazioni possessorie.

## 1. *Proprietà 'civile', proprietà 'pretoria', proprietà 'provinciale': osservazioni critiche introduttive sulla inammissibilità, nell'esperienza giuridica romana, di una 'triplice' proprietà.*

Come notava Mario Talamanca nella sua relazione conclusiva al Convegno della Società Italiana di Storia del diritto del 1985, sul tema *La proprietà e le proprietà*, contrapporre 'la proprietà' a 'le proprietà' è ormai divenuto un 'topos' nell'approccio ai problemi delle forme di appartenenza[1], in

---

* Il saggio è pubblicato in *Le proprietà. Dodicesime giornate di studio Roma Tre-Poitiers dedicate alla memoria di J. Beauchard (Roma, 13-14 giugno 2014)*, a cura di L. Vacca, Napoli, 2015, 1 ss.

[1] M. Talamanca, *Considerazioni conclusive*, in *La proprietà e le proprietà. Atti del Convegno della Società Italiana di Storia del diritto (Pontignano, 30 settembre-3 ottobre 1985)*, a cura di E. Cortese, Milano, 1988, 183 ss.

particolare dopo la riflessione di Salvatore Pugliatti, nel famoso saggio del 1954[2].

Alla base di questa idea, che porta la dottrina civilistica ad affermare l'esistenza non di un'unica forma di proprietà, bensì di diverse forme di 'proprietà' e di conseguenza di diversi statuti 'proprietari', sta spesso una reazione a quella corrispondente all'ideologia liberale e liberista imperante nel secolo scorso e che aveva trovato sia nel Code Civil francese sia nelle 'Pandektenlehren' dei giuristi di estrazione tedesca il suo luogo di elezione: il livellamento, cioè, in una categoria dommatica unitaria di tutte le diverse forme possibili di appartenenza, riducendo alla disciplina astratta e formale la possibile e diversa complessità di situazioni fra di loro fortemente differenziate sul piano degli interessi economici in gioco.

La concezione dell'unitarietà della categoria dommatica della 'proprietà' viene peraltro spesso ricondotta, sia dai suoi sostenitori, sia dai suoi critici, alla 'tradizione romanistica' e alle caratteristiche di 'assolutezza ed esclusività', che sarebbero state elaborate dai giuristi romani in relazione al '*dominium ex iure Quiritium*', come forma di 'potere assoluto' del cittadino romano di godere e di disporre dei beni che secondo il *ius civile* erano 'suoi'[3].

La dottrina romanistica del secolo scorso, quale recepita anche nella maggior parte dei manuali istituzionali, giunse peraltro ad elaborare l'idea che nell'ambito dell'esperienza giuridica romana fosse possibile individuare tre diverse 'forme di proprietà': *proprietà civile, proprietà pretoria, proprietà provinciale*; tutte queste situazioni sarebbero infatti caratterizzate dalla tutela processuale *erga omnes*, dal potere assoluto di 'godere e di disporre' *inter vivos* e *mortis causa*. Ciò porterebbe a negare l'unità concettuale della categoria 'proprietà' nel diritto romano, e a confermare l'elaborazione della stessa categoria, come diritto soggettivo assoluto, nelle ideologie che sottendono le codificazioni ottocentesche e la scienza giuridica postrivoluzionaria.

Credo però che questa problematica possa essere affrontata da diverse prospettive, tenendole però ben distinte. Se con l'idea di una pluralità di

---

[2] S. PUGLIATTI, *La proprietà e le proprietà (con riguardo particolare alla proprietà terriera)*, in *La proprietà nel nuovo diritto*, Milano, 1954, 145 ss.

[3] La definizione, che costituisce il modello da cui dipendono quasi tutte le definizioni dei codici civili moderni, non è romana, ma è di Bartolo: BARTOLUS, *Commentaria. Super primam Digesti Novi, De adquirenda possessione comm. ad D. 41.2.17.1*: *... quid ergo est dominium. Respondeo dominium est ius de re corporali perfecte disponendo nisi lege prohibeatur.* Cfr. C.A. CANNATA, *Corso di istituzioni di diritto romano,* I, Torino, 2001, 151 ss.

'proprietà' in un determinato ordinamento giuridico si intende porre in evidenza la molteplicità di 'statuti proprietari', che possono configurarsi in ragione della 'natura del bene', per esempio per le modalità di acquisto e trasferimento o per i limiti che l'ordinamento pone in ordine all'esercizio delle facoltà di disposizione e di godimento[4], ciò non è discutibile: sappiamo, infatti, che le modalità di disposizione, di acquisto e di circolazione dei beni e persino i limiti ai poteri del proprietario sono disciplinati differentemente in correlazione al tipo di bene[5] e variano, necessariamente, nei diversi momenti storici e nei diversi assetti politici.

Questa 'mutevolezza' concerne tuttavia non il concetto ma il suo contenuto concreto, e la disciplina che ne regola l'esercizio e la circolazione in rapporto ad altre situazioni di 'disponibilità materiale'. In altri termini, lo schema astratto, il concetto di proprietà inteso come «appartenenza esclusiva della cosa al soggetto privato che ne sia titolare secondo l'ordinamento giuridico di riferimento», che costituisce uno schema unitario in tutta la tradizione giuridica occidentale, può modellarsi diversamente a seconda del suo contenuto economico e politico, e mutare regime, addirittura a seconda della natura del bene che ne costituisce l'oggetto e della sua rilevanza socio-economica, senza tuttavia mutare la sua struttura fondamentale, che permette di differenziare il *dominium* dalle altre situazioni di 'godimento' e di 'possesso', concetti elaborati dalla scienza giuridica in relazione a situazioni di diritti reali limitati o di 'disponibilità di fatto' non coincidenti con il diritto di proprietà.

Va altresì rilevato che gli schemi concettuali astratti, in quanto necessariamente semplificanti, possono in qualche modo 'livellare' una realtà ben più complessa e varia; tuttavia questi schemi, se sono il risultato di un'astrazione condotta con metodo scientifico, che permette di filtrare e rappresentare in categorie unitarie la molteplicità degli assetti concreti, indicano il passaggio da un insieme di regole ad un sistema giuridico razionale, allo stesso tempo coerente e flessibile, ed è noto che proprio questa capacità dei *prudentes* ha costituito l'elemento differenziante fra la scienza giuridica romana e gli altri diritti dell'antichità, ed ha costituito altresì il

---

[4] La letteratura su questi temi è sterminata. Cfr., per esempio, A. GAMBARO, *La proprietà,* in *Trattato di diritto privato*, a cura di G. Iudica e P. Zatti, Milano, 1990, specialmente 136 ss.

[5] Il nostro codice civile, per esempio, nel libro III 'Della proprietà', dopo aver definito in generale il contenuto del diritto (art. 832), introduce la disciplina analitica dello stesso diritto in relazione alle diverse categorie di beni (beni mobili e immobili, fondi urbani, fondi rustici, ecc.).

motivo della sua vitalità ben oltre l'ambito spaziale e temporale in cui è stata elaborata[6].

Nelle considerazioni che seguono cercherò di dimostrare che *dominium, in bonis habere, possessio* dell'*ager publicus* sono concetti che indicano 'situazioni' tecnicamente ben distinte, che non possono essere tutte qualificate come 'proprietà' e che non corrispondono all'idea di un *triplex dominium*[7]: non indicano infatti tre istituti omogenei, che si differenzierebbero solo per il diverso ordinamento nel cui ambito trovano tutela (*ius civile, ius honorarium* e *ius gentium*), ma indicano tre situazioni di 'disponibilità di un bene', che corrispondono a fenomeni giuridici molto diversi fra loro[8], e la cui rilevanza, peraltro, emerge in corrispondenza di grandi mutamenti economico-sociali.

---

[6] Sotto questo profilo non si può che condividere l'osservazione di G. Astuti, *La struttura della proprietà fondiaria. Aspetti e problemi storico giuridici*, in *Riv. dir. agrario*, XXXIX, 1960, 47 ss., ribadita dal Luzzato: «la teoria del *dominium*, così come è stata elaborata dalla giurisprudenza classica, è insufficiente per una valutazione complessiva del regime della proprietà terriera e delle altre forme di sfruttamento e disposizione del suolo, nella varietà di strutture e situazioni attraverso le quali tali rapporti si manifestano in Italia e particolarmente nelle province». G.I. Luzzatto, *Sul regime del suolo nelle province romane*, in *I diritti locali nelle province romane con particolare riguardo alle condizioni giuridiche del suolo. Atti del Convegno Internazionale della Accademia Nazionale dei Lincei (Roma, 26-28 ottobre 1971)*, Roma, 1974, 9 ss.

[7] Cfr. già L. Vacca, *Il c.d. 'duplex dominium' e l''actio Publiciana'*, in *La proprietà e le proprietà*, cit., 39 ss., di seguito ripubblicato in L. Vacca, *Appartenenza e circolazione dei beni. Modelli classici e giustinianei*, Padova, 2006, 129 ss. [in questo volume, cap. I]; Ead., *'Dominium', 'in bonis', proprietà provinciale(i)*, in *Città, territorio, diritto privato nei primi due secoli dell'Impero. Atti del Convegno internazionale di diritto romano (Copanello, 5-8 giugno 2002)*, a cura di F. Milazzo, Napoli 2010, 58 ss., di seguito ripubblicato in L. Vacca, *Appartenenza e circolazione*, cit., 621 ss. [in questo volume, cap. IX]; v. da ultima, in senso differente, L. Solidoro Maruotti, *Il modello unitario del 'dominium' e la varietà delle forme di appartenenza: dalle prospettive romane alle codificazioni del XX secolo*, in *Esperienze giuridiche a confronto. Aspetti del diritto pubblico e privato dall'età romana alle configurazioni moderne*, Napoli, 2001, 185 ss.

[8] V. L. Vacca, *'Dominium', 'in bonis', proprietà provinciale (i)*, cit. Il carattere di riflessione generale delle osservazioni qui svolte mi esime da una citazione puntuale della sterminata letteratura su questi temi; mi limiterò a fare riferimento ad alcuni contributi specifici, rinviando alla letteratura in essi citata.

## 2. *La c.d. proprietà 'civile': la costruzione giurisprudenziale del 'dominium ex iure Quiritium' come il 'modello' in rapporto al quale le altre forme di appartenenza trovavano la loro esatta definizione.*

L'idea di una proprietà personale del cittadino romano deve farsi risalire alle origini della *civitas* e certo fu la prima che la giurisprudenza pontificale individuò come categoria giuridica del potere diretto di un soggetto su di una cosa, come risulta, per esempio, sia dalla formula della *l.a. sacramento in rem* (riprodotta peraltro nella corrispondente formula): Gai 4.16: *Si in rem agebatur...et ita dicebat HUNC EGO HOMINEM EX IURE QUIRITIUM MEUM ESSE AIO SECUNDUM SUAM CAUSAM...*; Gai 4. 41: *...SI PARET HOMINEM EX IURE QUIRITIUM A. AGERII ESSE*; sia nella formula della *mancipatio*; il pieno definirsi del modello classico della proprietà romana, destinato a lasciare traccia così profonda sulla cultura giuridica europea, può collocarsi nel periodo delle guerre annibaliche, con esiti che si proiettano sino all'età augustea[9]. Nello stesso periodo, come sappiamo, si delinea compiutamente un assetto fondiario organizzato da una parte nelle forme del *dominium*, dall'altra nella categoria dell'*ager publicus* associata allo schema della *possessio*.

Questo *dominium*, proprietà riconosciuta e disciplinata dal *ius civile*, venne dunque isolato, venne costruito dommaticamente come il 'modello' in rapporto al quale le altre forme dell'appartenenza trovavano la loro esatta definizione, essendo sempre la loro specificità stabilita come differenziazione dal *dominium* stesso[10].

Peraltro, il regime di questo istituto nella fase classica venne sempre a costruirsi empiricamente, ed è ben noto che né i *veteres* né i giuristi dell'età del Principato si impegnarono nel campo delle astratte definizioni teoriche: la storia del *dominium* può essere solo enucleata attraverso l'analisi della disciplina relativa ai suoi limiti e attraverso l'analisi degli strumenti che i giuristi vengono apprestando per la sua tutela.

Notava tuttavia lo Scialoja[11] che alla mancanza della sua definizione corrispondeva nei giureconsulti romani un'idea ben precisa di tale istituto,

---

[9] V., in particolare, L. Capogrossi Colognesi, voce *Proprietà (dir. rom.)*, in *Enc. dir.*, XXXVII, Milano, 1988, specialmente 184 ss. V. anche ivi per un'ampia rassegna critica della letteratura.

[10] Cfr. L. Capogrossi Colognesi, *op. loc. ult. cit.*; C.A. Cannata, *Corso*, I, cit., specialmente 161 ss.

[11] V. Scialoja, *Teoria della proprietà in diritto romano*, I, Roma, 1928, 263 s.

talché, quando si sono presentate delle figure giuridiche che avrebbero potuto confondersi con la proprietà, essi hanno distinto molto bene questa dalle figure analoghe ad essa, ma ad un tempo differenti [12].

Va altresì rilevato che, come è noto, la prospettiva costruttiva dei giuristi romani è una prospettiva processuale, nel senso che l'*interpretatio* dei giuristi non si rivolge alla definizione astratta del contenuto di diritti soggettivi, ma elabora gli stessi determinando tecnicamente l'ambito di applicazione delle azioni a tutela di determinate situazioni.

Se si tiene presente questa prospettiva, diviene subito evidente il discrimine fra la situazione giuridica di appartenenza 'assoluta', opponibile potenzialmente a tutti i terzi, tutelata cioè *erga omnes* con la specifica azione civile di rivendica, che per la sua struttura esclude la concorrenza di eguale situazione in capo ad un terzo [13], e la situazione di *possessio*, disponibilità di fatto, che di per sé può essere variamente rilevante per l'ordinamento giuridico ed essere diversamente tutelata in rapporto alla situazione concreta cui corrisponde, e che la qualifica [14].

Come vedremo, mentre il *dominium* mantiene caratteristiche dogmatiche unitarie, l'elaborazione dei giuristi tende ad individuare le diverse 'situazioni possessorie', che per tutto il periodo classico resteranno concettualmente ben distinte dalla proprietà e diversamente tutelate. Tale distinzione si affievolisce e si confonde solo nel periodo postclassico, in cui, abbandonato il rigore tecnico del processo formulare, le situazioni di appartenenza vengono tutelate mediante generiche *actiones in rem*. Ma su questo torneremo a proposito della così detta 'proprietà provinciale'.

---

[12] Del resto, anche quando *dominium* e *proprietas* avranno assunto la specifica valenza di titolarità tecnica del *meum esse,* si riscontra una persistente tendenza dei Romani a privilegiare il momento del concreto appropriarsi della cosa rispetto all'astratta immagine della signoria, preferendosi parlare della *res*, che è di qualcuno, piuttosto che non del diritto a questi spettante su di essa. G. PUGLIESE, *Istituzioni di diritto romano*[3], Torino, 1991, 125, per esempio sottolineava che il legame fra *res* e persona,. in cui consisteva l'appartenenza, era talmente stretto, che si determinava un'identificazione della *res* con la proprietà della *res*, in quanto si diceva che la persona aveva una determinata *res*, intendendo che essa aveva, acquistava, trasferiva la proprietà di quella *res*. Come è noto, peraltro, *dominium* appare per la prima volta ad esprimere la nozione astratta di proprietà in un passo di Paolo tratto dal IV libro dell'epitome ai *digesta* di Alfeno: D. 8.3.30: *...quaesitum est, utrum dominium loci ad eum pertineat an ut per eum locum accedere possit...*

[13] Si fa qui riferimento all'epoca 'matura' dell'evoluzione del diritto romano, epoca che si può fare coincidere con il periodo dell'affermarsi del processo formulare, a partire dal II secolo a.C.

[14] Cfr., in particolare, B. ALBANESE, *Le situazioni possessorie nel diritto privato romano*, Palermo, 1985, *passim*.

Va richiamato, preliminarmente, un elemento, ben noto peraltro alla dottrina, che rende in qualche modo questa triade 'zoppa', nel senso che, mentre i giuristi romani, almeno da quello che possiamo percepire dalle fonti giuridiche giurisprudenziali nella selezione giustinianea, hanno concentrato dapprima l'attenzione sull'elaborazione della struttura del *dominium*, i suoi limiti, le forme di tutela, i modi di acquisto e di trasferimento, in rapporto di analogia e differenza con le diverse situazioni possessorie, i requisiti ed i meccanismi di tutela processuale delle stesse (si pensi all'ampia casistica dedicata alla *possessio ad usucapionem* e alla *possessio ex iusta causa*), scarsa attenzione sembra abbiano dedicato all'analisi della struttura delle situazioni reali nelle province, e ciò nonostante non vi sia alcun dubbio sulla enorme rilevanza economica della disponibilità e del godimento dei fondi provinciali già nella tarda età classica. Possiamo quindi tentare di ricostruire con una certa precisione il rapporto fra *dominium* e *in bonis habere* (*possessio ex iusta causa*), in particolare nel periodo preclassico e classico, mentre molto più complessa è la valutazione del regime giuridico delle 'situazioni di appartenenza' del mondo tardo classico e postclassico, in particolare per quanto riguarda i fondi provinciali[15].

## 3. *La c.d. proprietà 'pretoria': l''in bonis' tutelato dall''actio Publiciana' non è una forma di proprietà parallela ed alternativa al 'dominium', dato che incide non sul concetto ed il contenuto del 'dominium', come situazione statica di appartenenza, ma sulla struttura dei suoi modi di trasferimento.*

La situazione qualificata dai giuristi come *in bonis habere* discende, com'è noto, dalla 'scissione' e parziale contrapposizione temporanea della tutela processuale del *dominus* a quella del possessore qualificato, fino al momento in cui quest'ultimo diventa, a sua volta, *dominus ex iure Quiri-*

---

[15] Come vedremo, il regime di queste terre non può essere inquadrato nel binomio classico *dominium-possessio*, non può cioè essere rapportato alla nozione tecnica di *dominium*, come non può essere equiparato al modello classico del possesso quanto ai requisiti e agli effetti giuridici; la c.d. proprietà provinciale concerne invece una situazione la cui specificità è individuata dallo statuto del bene che ne è oggetto, e che è incompatibile con il *dominium ex iure Quiritium* dei privati. Considerare cioè questa situazione come una forma di proprietà mi sembra fuorviante, perché lo statuto giuridico di queste terre, oltre ad essere variamente diversificato nei territori e nei periodi dell'età tardo classica e postclassica, non corrisponde all'idea tecnica di proprietà, ma semmai rappresenta una particolare forma di *possessio*. V. *infra*, § 4.

*tium*, e quindi, come ho tentato in altra sede di dimostrare[16], in definitiva incide non sul concetto ed il contenuto del *dominium* come situazione statica di appartenenza, ma sulla struttura dei modi di trasferimento dello stesso, in connessione con l'esigenza di dare tutela a modi più agili di circolazione delle *res* impostisi nella prassi. Se si tiene presente questo schema, può risultare più chiaro in che senso anni fa ho posto in dubbio[17] la dottrina tradizionale, che identificava nell'*in bonis habere* un dominio pretorio, affiancato o addirittura sovrapposto al *dominium* civile, intendendo alla lettera l'espressione di Gaio che parla al proposito di un *duplex dominium*[18].

Come ci informa lo stesso Gaio, questo 'sdoppiamento' del *dominium* si sarebbe avuto a seguito dell'introduzione dell'*actio Publiciana*, che permetteva a colui che avesse acquistato il possesso della *res mancipi* mediante *traditio ex iusta causa*, e non l'avesse ancora usucapita, non essendo decorso il tempo utile, di rivendicarla presso il possessore attuale come se tale tempo fosse già trascorso[19].

---

[16] L. Vacca, *Il c.d. 'duplex dominium'*, cit., 39 ss.; Ead., *'Dominium', 'in bonis', proprietà provinciale (i)*, cit.; v., da ultimo, L. Solidoro Maruotti, *Pluralità di forme proprietarie ed 'Abstraktes eigentum': le prospettive dell'esperienza antica e contemporanea*, in Ius antiquum, I, 2000, 209 ss.; Ead., *'Abstraktes eigentum' e forme di appartenenza fondiaria nell'impero romano*, in *SDHI*, LXVII, 2001, 149 ss.; Ead., *Il modello unitario del 'dominium'*, cit., 185 ss.

[17] L. Vacca, *Il c.d. 'duplex dominium'*, cit., 39 ss.

[18] Rileggiamo i famosi testi gaiani: Gai 1.54: *Ceterum cum apud cives Romanos duplex sit dominium (nam vel in bonis vel ex iure Quiritium vel ex utroque iure cuiusque servus esse intellegitur), ita demum servum in potestate domini esse dicemus, si in bonis eius sit, etiamsi simul ex iure Quiritium eiusdem non sit: nam qui nudum ius Quiritium in servo habet, is potestatem habere non intellegitur.* Gai 2.40: *Sequitur ut admoneamus apud peregrinos quidem unum esse dominium; nam aut dominus quisque est, aut dominus non intellegitur. Quo iure etiam populus Romanus olim utebatur: aut enim ex iure Quiritium unusquisque dominus erat, aut non intellegebatur dominus. Sed postea divisionem accepit dominium, ut alius possit esse ex iure Quiritium dominus, alius in bonis habere.*

[19] Gai 2.41: *Nam si tibi rem mancipi neque mancipavero neque in iure cessero, sed tantum tradidero, in bonis quidem tuis res efficitur, ex iure Quiritium vero mea permanebit, donec tu eam possidendo usucapias; semel enim impleta usucapione proinde pleno iure incipit, id est et in bonis et ex iure Quiritium, tua res esse, ac si ea mancipata vel in iure cessa (esset).* Gai 4.36: *<Item usucapio fingitur in ea actione quae Publiciana vocatur>. Datur autem haec actio ei qui ex iusta causa traditam sibi rem nondum usucepit eamque amissa possessione petit. Nam qui non potest eam ex iure Quiritium suam esse intendere, fingitur rem usucepisse et ita quasi ex iure Quiritium dominus factus esset intendit, veluti hoc modo: IUDEX ESTO. SI QUEM HOMINEM A.AGERIUS EMIT (ET) IS EI TRADITUS EST, ANNO POSSEDISSET, TUM SI EUM HOMINEM DE QUO AGITUR, EIUS EX IURE QUIRITIUM ESSE OPORTERET, et reliqua.*

Il regime, che ne risulta, è indiscusso: il diritto del *dominus* è fondato sul *ius civile* ed è protetto con la *rei vindicatio*; chi ha la cosa *in bonis*, non è *dominus* ma ha una specifica tutela nei confronti dei terzi finché a sua volta non diviene *dominus* mediante *usucapio*. Il problema del rapporto fra il *dominus* e colui che ha la cosa *in bonis* viene risolto, sul piano del diritto pretorio, con il ricorso allo strumento dell'*exceptio*: infatti, se il *dominus* che ha compiuto la *tradito* agisce con la *rei vindicatio*, soccombe di fronte all'*exceptio doli* o all'*exceptio rei venditae et traditae*; se colui, che ha la cosa *in bonis*, agisce con l'*actio Publiciana* nei confronti del *dominus*, terzo rispetto all'atto di trasferimento, soccombe di fronte all'*exceptio iusti dominii*, perché «*Publiciana actio non ideo comparata est ut res domino auferatur*»[20]. La prevalenza fra il *dominus* e colui che ha la cosa *in bonis* è determinata dal rapporto giuridico concreto e dalle particolari circostanze di fatto e di diritto, che hanno caratterizzato il negozio di trasferimento[21].

I giuristi dedicano a questa problematica un'ampia casistica, che ho analizzato dettagliatamente in altra sede[22]; posso qui limitarmi a riportarne le conclusioni: il problema pratico, che doveva essere risolto con l'introduzione degli strumenti pretori a tutela del possessore di buona fede *ex iusta causa*, non era quello della tutela di una nuova e diversa forma di appartenenza '*iure honorario*', che si affiancava al *dominium ex iure Quiritium*, sostanzialmente svuotandolo, in determinati casi, di contenuto, ma era quello di assicurare effetti acquisitivi e relativa tutela alle forme di circolazione dei beni che nella prassi si andavano affermando in superamento dei modi di trasferimento del *ius civile*. È evidente che colui, che acquista il bene *ex iusta causa* con atto di trasferimento reale non idoneo, acquista non la proprietà, ma il possesso 'titolato'. Così lo sforzo gaiano di rappresentare la situazione rappresentabile nell'ambito del *ius honorarium* quale *in bonis* come una forma alternativa di *dominium* risulta inaccettabile sul piano

---

[20] D. 6.2.17 (Ner. 3 *membr.*): *Publiciana actio non ideo comparata est ut res domino auferatur: eiusque rei argumentum est primo aequitas, deinde exceptio 'si ea res possessoris non sit': sed ut is, qui bona fide emit possessionemque eius ex ea causa nactus est, potius rem habeat.*

[21] A ragione L. CAPOGROSSI COLOGNESI, voce *Proprietà*, cit., 197 ss., notava che «... Evidentemente l'importanza della nostra azione riflette un altro non meno significativo fenomeno ... il deperimento dell'arcaico modello di circolazione fondato sul sistema della *mancipatio* e della distinzione fra *res mancipi* e *nec mancipi*. ... Proprio tali considerazioni rendono più improbabile l'idea che da questa come da altre forme di tutela pretoria derivasse una forma di proprietà parallela e alternativa al *dominium* ...».

[22] Cfr. L. VACCA, *Il c.d. 'duplex dominium'*, cit., 39 ss.; EAD., *'Dominium', 'in bonis', proprietà provinciale (i)*, cit., 619 ss.

dogmatico, in quanto concettualizzazione sistematica meramente sovrastrutturale rispetto alla disciplina degli istituti presi in considerazione.

Tutto il regime dell'*in bonis habere*, che deriva dall'introduzione dell'*actio Publiciana*, è volto infatti non a configurare un nuovo e diverso assetto del regime proprietario, ma a prendere atto di un'esigenza della prassi, che, superando il formalismo della *mancipatio*, ricorre sempre più frequentemente alla semplice *traditio*, e ad assicurare all'acquirente il 'perfezionamento' del suo acquisto, comunque derivato da una *iusta causa*, rilevante nell'ordinamento come atta a giustificare l'acquisto definitivo con l'acquisizione del *dominum ex iure Quiritium*, ma solo ove il suo titolo non confligga con quello dello stesso *dominus*, estraneo all'atto di trasferimento[23].

## 4. *La c.d. proprietà 'provinciale': il regime di appartenenza dei fondi provinciali nell'analisi di Gaio, 2.7 e 2.21.*

La configurazione del regime di appartenenza dei fondi provinciali[24] viene indicata da Gaio all'interno di una *summa divisio*, che apre il secondo libro del commentario, fra *res divini iuris* e *humani iuris*, che peraltro sembra intrecciarsi con il cenno iniziale alla distinzione delle *res* con riferimento ai beni che «*vel in nostro patrimonio sunt vel extra nostro patrimonio habentur*»[25]. Nell'esame delle *res divini iuris*, dopo aver indicato quali sono le

---

[23] Va rilevato che una problematica affatto differente si pone nel caso dell'acquisto del possesso *a non domino*, che, pur essendo tutelato con l'*actio Publiciana* nei confronti dei terzi, non può resistere alla rivendica del *dominus* estraneo al trasferimento, se questi la esercita prima del decorso dei termini utili per l'usucapione. Questa situazione configura quindi una *possessio ad usucapionem* tutelata nei confronti dei terzi con *actio in rem* ma non opponibile al proprietario, una situazione possessoria differente, quindi, da quella acquisita con trasferimento dal proprietario della *res mancipi* mediante *traditio*; il problema dell'acquisto *a non domino* deve essere quindi studiato a parte rispetto a quello del regime dell'*in bonis habere* tutelato nei confronti del proprietario che ha compiuto il trasferimento. Su questo problema mi riprometto di tornare, infatti, in un prossimo studio, ma v. già L. VACCA, *'Iusta causa' e 'bona fides' nell''usucapio' romana a proposito del titolo 'pro suo'*, in *'Sodalitas'. Studi in onore di A. Guarino*, IV, a cura di V. Giuffrè, Napoli, 1985, 1955 ss., di seguito ripubblicato in L. VACCA, *Appartenenza e circolazione,* cit., 79 ss. [in questo volume, cap. VII].

[24] Su questo problema v. già L. VACCA, *'Dominium', 'in bonis', proprietà provinciale (i),* cit., in L. VACCA, *Appartenenza e circolazione*, cit., 619 ss.; v. anche L. SOLIDORO MARUOTTI, *Il modello unitario del 'dominium'*, cit., 185 ss.; EAD., *'Abstraktes eigentum'*, cit., *passim*, con ampia letteratura.

[25] Gai 2.3: *Divini iuris sunt veluti res sacrae et religiosae. …7. Sed in provinciali solo pla-*

modalità perché le cose acquistino i caratteri di *sacrae* o *religiosae*, il giurista osserva che nel suolo provinciale, secondo l'opinione dominante, non può costituirsi un suolo religioso «*quia in eo solo dominium populi Romani est vel Caesaris, nos autem possessionem tantum vel usumfructum habere videmur;…*», ma che peraltro anche se il suolo non può considerarsi a rigore religioso, è considerato come se lo fosse; analogamente, ciò che nelle province non è consacrato «*ex auctoritate populi Romani*» non è sacro, ma può essere considerato come se lo fosse.

Nell'ottica che qui rileva, dobbiamo però soffermarci in particolare sul binomio *dominium-possessio vel ususfructus*. Come si è visto, Gaio estende la disciplina delle *res religiosae* al suolo provinciale, sia pure con il ricorrere all'artificio del luogo che «*pro religioso habetur*». Implicitamente egli riconosce al privato possessore il necessario potere di disposizione, e ne afferma la compatibilità con il coesistente *dominium* del popolo romano o di Cesare[26]. Per il giurista cioè il seppellimento nel suolo provinciale probabilmente è irrilevante sotto il profilo del *ius sacrum*; impone tuttavia di applicare alla sepoltura il regime delle *res divini iuris*, e ne determina così l'esclusione dai beni che «*in nostro patrimonio sunt*», senza peraltro intaccare la signoria del popolo o del Principe. Allo stesso modo il seppellimento non configura per Gaio l'ipotesi dell'immissione di un cadavere *in locum alterius*, ai danni del popolo o dell'Imperatore.

In quest'ottica il *dominium*, che Gaio riferisce al popolo o all'Imperatore, non può ovviamente consistere nell'appartenenza del suolo provinciale al patrimonio dell'uno o dell'altro, ma indica necessariamente una relazione di tipo diverso, di diritto pubblico, riconducibile ai poteri di supremazia e sovranità che il popolo o il Principe esercitano attraverso il governo delle province[27]. La signoria del popolo romano o dell'Imperatore

*cet plerisque solum religiosum non fieri, quia in eo solo dominium populi Romani est vel Caesaris, nos autem possessionem tantum vel usumfructum habere videmur; utique tamen etiamsi non sit religiosum, pro religioso habetur.* 7a. *Item quod in provinciis non ex auctoritate populi Romani consecratum est, proprie sacrum non est, tamen pro sacro habetur.* Su questo testo v., in particolare, F. Grelle, *L'appartenenza del suolo provinciale nell'analisi di Gaio, 2.7 e 2.21*, in *Index*, XVIII, 1990, 167 ss.

[26] F. Grelle, *L'appartenenza*, cit., 174.

[27] Una conferma di questa interpretazione è offerta dalla formula con cui Gaio indica l'inerenza delle province all'ambito dell'amministrazione imperiale o a quella del popolo. Gai 2.21: *In eadem causa sunt provincialia praedia, quorum alia stipendiaria alia tributaria vocamus. Stipendiaria sunt ea, quae in his provinciis sunt, quae propriae populi Romani esse intelleguntur; tributaria sunt ea, quae in his provinciis sunt, quae propriae Caesaris esse creduntur.* I fondi provinciali, annota Gaio, si dicono gli uni stipendiarii, gli altri tributari, e

non era affatto assimilabile al potere che i privati esercitano sulle loro cose in proprietà privata, ma era un'appartenza di diritto pubblico, che si manifestava nel diritto di esigere l'imposta fondiaria (*stipendium vel tributum*): affermando che le province sono «*propriae*» del popolo romano o del Principe il giurista si riferisce, come è evidente, alla stessa relazione già qualificata come *dominium*, e la considera dal punto di vista dell'oggetto del potere, che peraltro amplia, dal *solum* alla *provincia* nella sua totalità.

Peraltro la signoria del popolo o del Principe non limita la concreta disponibilità dei privati sulle terre sulle quali essa si afferma: possesso e usufrutto sono chiaramente utilizzati nello stesso senso tecnico che le leggi sull'*ager publicus* dell'ultima età repubblicana usavano per indicare la piena disponibilità della terra attribuita ad un soggetto, soprattutto a seguito di assegnazione di parcelle in pieno godimento (*ager divisus et adsignatus*). *Habere posssidere uti frui*: si tratta cioè di un'indicazione della legge fatta enumerando i poteri dell'assegnatario per essere riferibile a qualsiasi 'appartenenza' in senso economico, indipendentemente dalla sua specifica struttura giuridica. Lo schema gaiano, nel riportarsi all'idea ellenistica secondo cui il *populus Romanus* o il Principe sono i '*domini*' del suolo provinciale, di cui gli effettivi possessori sono solo concessionari, utilizza la categoria della *possessio vel usufructus* adattandola ad assetti economico-giuridici ben diversi rispetto a quelli in cui si inseriva la *possessio* dell'*ager publicus*.

Va altresì sottolineato che Gaio introduce il discorso sui *praedia provincialia* nell'ambito della distinzione fra *res mancipi* e *nec mancipi*, e, collocando i *praedia provincialia* fra le *res nec mancipi*, trasferibili mediante *traditio*, sembra riconoscere, sia pure indirettamente, che essi sono suscettibili di appartenere '*pleno iure*' ai privati[28].

---

prendono il nome dall'imposta da cui sono gravati, diversa per le due categorie di province, del popolo e dell'Imperatore. La soggezione all'imposta costituisce l'elemento più significativo per connotare e distinguere le due grandi aree in cui si articola il dominio.

[28] Gai 2.18: *Magna autem differentia est inter mancipi res et nec mancipi.* 19. *Nam res nec mancipi ipsa traditione pleno iure alterius fiunt, si modo corporales sunt et ob id recipiunt traditionem.* Osserva anche M. TALAMANCA, *Considerazioni conclusive*, cit., 173, che, quando Gaio classifica i *praedia* provinciali fra le *res nec mancipi*, li include fra le *res*, che, secondo gli schemi del *ius civile*, erano escluse dal trasferimento mediante *mancipatio* o in *in iure cessio*, ma non dal dominio quiritario: la contraddizione ci serve per comprendere la crescente astrattezza della formale condizione giuridica delle terre in questione. L. CAPOGROSSI COLOGNESI, *'Dominium' e 'possessio' nell'Italia romana*, in *La proprietà e le proprietà*, cit., 141 ss., a differenza di C.A. CANNATA, *Corso*, I, cit., 163 ss., tende ad assimilare alle situazioni proprietarie anche la situazione dei concessionari di *ager publicus*, nonostante l'attestazione di

5. *Segue: Nello schema espositivo gaiano il regime di appartenenza e disponibilità dei fondi provinciali perde la sua concretezza e si appiattisce su uno schema 'estrinseco', che non dà ragione della realtà pratica che vi sottende.*

Il quadro, che emerge dalla trattazione gaiana, è indubbiamente quello di un tentativo di costruzione di un 'sistema', che fa perno sulla nozione di *dominium* e sul suo regime, nonché su una classificazione delle *res* condotta avendo come criterio di riferimento soprattutto le conseguenze che l'appartenenza all'una o all'altra categoria comportano circa la disponibilità, i modi di acquisto e di trasferimento. Tuttavia questo sistema estrinseco mostra la difficoltà di inquadrare in schemi unitari e dommaticamente coerenti realtà economico-sociali e modelli giuridici estremamente differenziati, che sono andati evolvendosi e talvolta sovrapponendosi, talaltra affiancandosi.

La differenza fra possesso e godimento del suolo provinciale e proprietà quiritaria non si limita soltanto all'imputazione formale all'uno o all'altro sistema normativo, ma è il regime giuridico del '*ius in solo provinciali*' ad essere diverso, in correlazione alla diversità della funzione economico-sociale dell'appartenenza e disponibilità di queste terre; in particolare risulta diverso il sistema del trasferimento: infatti già a livello delle fonti del *Corpus iuris* emerge soprattutto nelle province orientali e nell'Egitto un sistema differente fondato sulla 'katagraphé' degli ordinamenti ellenistici e sull'istituto della 'bibliothéke ton egkteseon'; la disponibilità sui fondi provinciali non può peraltro consolidarsi per usucapione, ma solo per *longi temporis praescriptio*, che, com'è noto, per tutto il periodo pregiustinianeo non ha carattere acquisitivo della proprietà, ma consiste nella eccezione di lungo possesso nei confronti del rivendicante.

A questo proposito risulta ancora più sovrastrutturato, ed anche in qualche modo contraddittorio, il tentativo gaiano di ricondurre il regime di queste terre nell'ambito delle categorie romane del diritto classico; inqua-

---

Gaio (3.145), che ci informa «*sed magis placuit locationem conductionemque esse*», e ciò in considerazione dell'ampiezza dei poteri del concessionario e della circostanza che il possessore della terra, finché pagava regolarmente il canone, non poteva essere espropriato, e che a tutela di questi tipi di terre l'editto del pretore prevede la concessione di *actiones in rem*, salvo le differenze fra le forme civilistiche della tutela e dei negozi relativi ai beni in proprietà quiritaria e le forme modellate sul *ius* civile, ma fondate sulla *iurisdictio* pretoria. Proprio il concentrarsi delle diversità strutturali fra proprietà quiritaria e *possessio* delle terre pubbliche sarà ricco di conseguenze nell'assetto universalistico dell'Impero del Principato.

drandone il regime e la tutela per il recupero contro qualsiasi terzo possessore delle *res*, risulta, come abbiamo visto, che al suolo provinciale può applicarsi per analogia la *summa divisio* fra *res divini iuris* e *res humani iuris*, poiché anche il suolo, che non può essere qualificato religioso o sacro «*quia in eo solo dominium populi Romani est vel Caesaris*», può tuttavia essere considerato, ove ne ricorrano i presupposti di fatto, '*pro religioso*' o '*pro sacro*'.

Se ne deduce altresì che le terre provinciali, che non risultino assimilabili a quelle sacre o religiose, vanno considerate fra le *res humani iuris*, che a loro volta «*aut publicae sunt aut privatae*»; non rientrando però fra quelle *publicae*, che sono «*nullius in bonis*», rientrano fra quelle *privatae*, «*quae singulorum hominum sunt*» (Gai 2.11). A questo punto, con l'applicazione della distinzione fra *res mancipi* e *nec mancipi* (ribadita in Gai 2.27), risulta applicabile il trasferimento mediante *traditio*, che però per le *res nec mancipi* è modo di trasferimento del *dominium ex iure Quiritium*.

Lo schema gaiano delle *res*, imperniato sulla differenziazione fra *res mancipi* e *nec mancipi*, appare quindi ancora più incongruo nel momento in cui questa distinzione viene utilizzata per inquadrare il regime dei fondi provinciali che, in quanto *nec mancipi*, si dovrebbero trasferire mediante *traditio*; la classificazione gaiana pone infatti in ombra un dato importante: includere i fondi *in solo provinciali* nella categoria delle *res nec mancipi* significa trascurare la circostanza che per le *res nec mancipi* la *traditio* è modo di trasferimento non del possesso, ma del dominio, effetto che non può realizzarsi per i fondi provinciali[29].

[29] Si è ritenuto (v. L. Capogrossi Colognesi, *'Dominium' e 'possessio'*, cit., 141 ss.; C.A. Cannata, *Corso*, I, cit., 163 ss.) che secondo lo schema di Gaio i fondi provinciali, trasferiti mediante *traditio*, potessero essere inclusi fra i beni *in bonis*, beni cioè che, pur non essendo in proprietà, era come se lo fossero, in quanto erano comunque 'nel patrimonio' dei concessionari e difesi *erga omnes* con l'*actio Publiciana*. Si può supporre che questa costruzione fosse condivisa dalla tarda giurisprudenza classica, che sembra giungere ad estendere la tutela per il recupero del possesso contro qualsiasi terzo, mediante adattamento della *Publiciana*, a colui che in buona fede riceve il fondo mediante *traditio*, ma non può usucapire per lo statuto del bene. L'unico limite è che il bene non sia inalienabile per specifici divieti posti da leggi o costituzioni imperiali. D. 6.2.12.2 (Paul. 18 *ad ed.*): *In vectigalibus et in aliis praedis, quae usucapi non possunt, Publiciana competit, si forte bona fide mihi tradita est. ...* 4. *Si res talis sit, ut eam lex aut constitutio alienari prohibeat, eo casu Publiciana non competit, quia his casibus neminem praetor tuetur, ne contra legem faciat.* È opinione comune che nel testo originariamente si affermasse il contrario, e cioè che '*Publiciana non competit*' e che l'estensione sia opera dei giustinanei, che avrebbero ripristinato l'*actio Publiciana* dopo un periodo di completa desuetudine. Una supposizione di questo genere urta però radicalmente con il senso di tutta la riforma di Giustinano, che, come ho cercato di dimostrare in altra

6. *Osservazioni conclusive sull'ammissibilità, nell'ordinamento giuridico romano, di una pluralità non di proprietà, ma di situazioni possessorie.*

Le diverse forme di 'appartenenza' descritte da Gaio concernono, come si è visto, fenomeni economici fra loro molto differenti, che peraltro nello schema espositivo gaiano perdono la loro concretezza e si appiattiscono su uno schema estrinseco, che non dà ragione della realtà pratica che vi sottende e da cui ha origine la costruzione giuridica del sistema.

Le osservazioni, che precedono, mostrano come possa risultare improprio parlare, con riferimento all'esperienza giuridica romana, di una 'triplice' proprietà. Per tutto il periodo classico resta fermo il concetto di *dominium* come unico modello di appartenenza giuridica individuale, in contrapposizione al concetto di *possessio* come situazione concreta che acquista diversa rilevanza e produce diversi effetti, in particolare come nel caso dell'*in bonis*, in rapporto alle situazioni in cui la relazione di fatto è qualificata da un titolo.

Questo rigore concettuale si attenua fortemente nell'età postclassica. La nuova concezione del Dominato, e i nuovi rapporti fra cittadini-sudditi e il potere imperiale, porta all'affievolimento del concetto quiritario della proprietà individuale[30].

sede, per un verso limita recisamente la concessione dell'*actio in rem* alla sola ipotesi in cui il possessore abbia già posseduto per il termine necessario alla *praescriptio*, per altro verso, eliminando qualsiasi differenza fra l'*in bonis* ed il *dominium*, non poteva nel contempo ripristinare il dualismo delle azioni di rivendica in cui trovava riscontro questa distinzione. La dottrina cerca di superare questa obiezione con la considerazione che la *Publiciana* giustinianea avrebbe assolto ad una funzione diversa, in quanto avrebbe tutelato ovviamente non il caso del trasferimento della *res mancipi* mediante *traditio*, ma il caso della *traditio a non domino* ad acquirente di buona fede. A questo punto però si sarebbe riproposto un dualismo fra il possessore di buona fede ed il *dominus*, entrambi muniti di azione reale per il recupero del bene, e per di più con una posizione di maggior vantaggio processuale per il possessore, che ancora non avesse maturato il tempo per la *praescriptio* Su questi problemi v. L. VACCA, *La riforma di Giustiniano in materia di 'usucapio' e 'longi temporis praescriptio' fra concezioni dommatiche classiche e prassi postclassica*, in *BIDR*, XXXV-XXXVI, Milano, 1998, specialmente 165 ss. e letteratura ivi citata [in questo volume, cap. VIII]; EAD., voce *Usucapione (dir. rom.)*, in *Enc. dir.*, XLV, Milano, 1992, 989 ss. [in questo volume, cap. IV].

[30] È ben noto peraltro che l'elaborazione dei diversi modelli di appartenenza è dominata nel mondo postclassico dall'esigenza di regolamentare e tutelare il possesso fondiario, mentre scarsissimo rilievo è attribuito nelle fonti postdioclezianee alle forme di circolazione e di tutela dei beni mobili. La stessa usucapione non risulta in alcun modo applicata alle cose mobili, per le quali il trasferimento appare affidato esclusivamente al momento della negoziazione fra le parti, senza che vi sia alcuna specifica garanzia a favore dell'acquirente di buona fede *a non domino*.

Il processo evolutivo fu lento e discontinuo. In particolare, già le riforme di Diocleziano mostrano l'affermarsi della nuova concezione in cui le nuove forme appropriative possessorie, le *possessiones* fondiarie, tendono a sopraffare il modello concettuale unitario del *dominium*[31]. Determinante in questo processo fu indubbiamente la sparizione della precisione tecnica del processo *per formulas* sostituito dalla *cognitio extra ordinem*, nell'ambito della quale sfuma la differenza fra azioni a difesa del proprietario e azioni a difesa del possessore, nella previsione di *actiones in rem* e nella estensione, in via utile, al possessore di tutti i rimedi 'tipici' già previsti per il proprietario; ciò comportò il venir meno di ogni consapevolezza circa la distinzione fra il *dominium* e le altre forme di appartenenza a struttura possessoria: in particolare la proprietà fondiaria dell'età postclassica va a identificarsi con le situazioni possessorie qualificate[32].

Si può osservare, in conclusione, che nell'ambito dell'esperienza giuridica romana dell'età classica il concetto tecnico di *dominium* resta rigorosamente unitario, ad indicare la proprietà esclusiva della *res*, acquistata e tutelata *erga omnes* secondo gli schemi elaborati nell'ambito del *ius civile*; la 'proprietà' è distinta sul piano concettuale dalle forme concrete di disponibilità materiale, tutte qualificabili in termini generali come *possessio*, ma corrispondenti a situazioni diversamente rilevanti per l'ordinamento giuridico e come tali individuate e protette in forme differenziate, più o meno ampie.

Ciò significa anche che, mentre non si può tecnicamente parlare di una pluralità di 'proprietà', si deve parlare di una pluralità di 'situazioni possessorie'. Il 'possesso' non corrisponde, cioè, ad un concetto giuridico che possa essere definito unitariamente, ma la sua configurazione, i suoi elementi, i suoi effetti e le forme della sua tutela devono necessariamente essere analizzati in relazione alle diverse figure 'tipiche' di 'disponibilità materiale' cui l'ordinamento attribuisce rilevanza.

---

[31] B. Albanese, *Le situazioni possessorie*, cit., 15: «È notissimo che, invece, in età postclassica (a partire da Costantino e fino alla prima metà del V sec. d.C.), si determinò – specie sotto il profilo terminologico, ma non senza notevoli cause e conseguenze sul piano sostanziale, delle quali però qui non sarebbe opportuno discorrere – una certa confusione tra *possessio* (*possidere, possessor, possidens*) e *dominium* (*proprietas, dominus*, etc.), per cui, ad esempio, si qualificano come *possessio* o come *possidere* (spesso con precisazioni del tipo: *firma, firmiter, inconcusse*, e anche, con riferimento al titolare, *securus*, etc.) situazioni che i classici avrebbero designato con termini allusivi al *dominium* o ad altri diritti di tipo dominicale.

[32] Cfr. L. Solidoro Maruotti, *Pluralità di forme proprietarie*, cit., 219 ss.

# APPENDICE

## Gai Institutiones

### Commentarius Primus

54: *Ceterum cum apud cives Romanos duplex sit dominium (nam vel in bonis vel ex iure Quiritium vel ex utroque iure cuiusque servus esse intellegitur), ita demum servum in potestate domini esse dicemus, si in bonis eius sit, etiamsi simul ex iure Quiritium eiusdem non sit; nam qui nudum ius Quiritium in servo habet, is potestatem habere non intellegitur.*

### Commentarius Secundus

3: *Divini iuris sunt veluti res sacrae et religiosae.*

7: *Sed in provinciali solo placet plerisque solum religiosum non fieri, quia in eo solo dominium populi Romani est vel Caesaris, nos autem possessionem tantum vel usumfructum habere videmur; utique tamen etiamsi non sit religiosum, pro religioso habetur.*

7a: *Item quod in provinciis non ex auctoritate populi Romani consecratum est, proprie sacrum non est, tamen pro sacro habetur.*

## Istituzioni di Gaio

### Libro Primo

54: Per altro, essendo presso i cittadini Romani duplice la proprietà (infatti si può essere schiavo di qualcuno o *in bonis* o per diritto dei Quiriti o per entrambi i titoli), diremo allora che uno schiavo è in potestà del padrone, se di questo è *in bonis*, sebbene non sia contemporaneamente dello stesso per diritto dei Quiriti; infatti chi ha sullo schiavo il nudo diritto dei Quiriti, non si ritiene che ne abbia la potestà.

### Libro Secondo

3: Sono di diritto divino le cose sacre e le cose religiose.

7: Tuttavia i più ritengono che non si possa rendere religioso un luogo in suolo provinciale, poiché su quel suolo la proprietà è del popolo Romano o di Cesare, e risulta che noi possiamo averne soltanto il possesso o l'usufrutto; tuttavia, comunque, sebbene non sia religioso, lo si considera tale.

7a: Analogamente, quello che in provincia non è consacrato dall'autorità del popolo Romano, propriamente sacro non è, e tuttavia lo si considera tale.

18: *Magna autem differentia est inter mancipi res et nec mancipi.*

19: *Nam res nec mancipi ipsa traditione pleno iure alterius fiunt, si modo corporales sunt et ob id recipiunt traditionem.*

20: *Itaque si tibi vestem vel aurum vel argentum tradidero sive ex venditionis causa sive ex donationis sive quavis alia ex causa, statim tua fit ea res, si modo ego eius dominus sim.*

21: *In eadem causa sunt provincialia praedia, quorum alia stipendiaria alia tributaria vocamus. Stipendiaria sunt ea, quae in his provinciis sunt, quae propriae populi Romani esse intelleguntur; tributaria sunt ea, quae in his provinciis sunt, quae propriae Caesaris esse creduntur.*

40: *Sequitur ut admoneamus apud peregrinos quidem unum esse dominium: nam aut dominus quisque est, aut dominus non intellegitur. Quo iure etiam populus Romanus olim utebatur: aut enim ex iure Quiritium unusquisque dominus erat, aut non intellegebatur dominus. Sed postea divisionem accepit dominium, ut alius possit esse ex iure Quiritium dominus, alius in bonis habere.*

41: *Nam si tibi rem mancipi neque mancipavero neque in iure cessero, sed tantum tradidero, in bonis quidem tuis ea res efficitur, ex iure Quiritium vero mea permanebit, donec tu eam possidendo usucapias: semel enim inpleta usucapione proinde pleno iure incipit, id est et in bonis et ex iure Quiritium*

18: Grande è la differenza tra le *res mancipi* e le *res nec mancipi*.

19: Infatti, le *res nec mancipi* diventano a pieno diritto di un altro attraverso la consegna, purché siano corporali e perciò passibili di consegna.

20: E perciò, se ti avrò consegnato una veste, dell'oro o dell'argento, a titolo di vendita o di donazione o per un qualunque altro titolo, immediatamente la cosa diventa tua, purché io ne sia proprietario.

21: Nella stessa situazione si trovano i fondi provinciali, alcuni dei quali chiamiamo stipendiari, altri tributari. Stipendiari sono quei fondi, che si trovano nelle province, che si considerano proprietà del popolo Romano; tributari sono quei fondi, che si trovano nelle province, che si ritengono proprietà di Cesare.

40: Resta da avvertire che presso gli stranieri la proprietà è unica: infatti ciascuno o è proprietario o non è considerato tale. Una volta anche il popolo Romano seguiva tale criterio: ciascuno, infatti, o era proprietario per diritto dei Quiriti o non era considerato tale. Ma poi la proprietà ammise una divisione, per cui uno può essere proprietario per diritto dei Quiriti, un altro avere l'*in bonis*.

41: Infatti se una *res mancipi* non te l'avrò trasferita con *mancipatio* o con *in iure cessio*, sulla cosa tu hai l'*in bonis*, però essa resterà mia per diritto dei Quiriti, finché tu con il possederla non la usucapisca: soltanto ad usucapione compiuta la cosa comincia ad essere tua di pieno diritto, cioè sia *in*

*tua res esse, ac si ea mancipata vel in iure cessa <esset>.*

*bonis* sia per diritto dei Quiriti, come se fosse stata trasferita con *mancipatio* o con *in iure cessio*.

43: *Ceterum etiam earum rerum usucapio nobis competit, quae non a domino nobis traditae fuerint, sive mancipi sint eae res sive nec mancipi, si modo eas bona fide acceperimus, cum crederemus eum qui traderet dominum esse.*

43: Ma ci compete l'usucapione anche di quelle cose, che ci furono consegnate da un non proprietario, siano esse *màncipi* siano *nec màncipi*, purché le abbiamo ricevute in buona fede, credendo che chi le consegnava fosse proprietario.

44: *Quod ideo receptum videtur, ne rerum dominia diutius in incerto essent, cum sufficeret domino ad inquirendam rem suam anni aut biennii spatium, quod tempus ad usucapionem possessori tributum est.*

44: Il che sembra che sia stato ammesso, affinché la proprietà delle cose non rimanesse a lungo incerta, essendo sufficiente al proprietario, per ricercare la cosa propria, il termine di un anno o di due anni, che è il tempo attribuito al possessore per l'usucapione.

49: *Quod ergo vulgo dicitur furtivarum rerum et vi possessarum usucapionem per legem XII tabularum prohibitam esse, non eo pertinet, ut ne ipse fur quive per vim possidet, usucapere possit (nam huic alia ratione usucapio non conpetit, quia scilicet mala fide possidet), sed nec ullus alius, quamquam ab eo bona fide emerit, usucapiendi ius habeat.*

49: Quando si dice, comunemente, che l'usucapione delle cose rubate e di quelle possedute con la violenza fu proibita dalla legge delle XII tavole, ciò non sta a significare che non possa usucapire il ladro o colui che possiede a seguito di un atto di violenza (a costui infatti l'usucapione non spetta per un altro motivo, e cioè perché possiede in mala fede), ma che nessun altro, sebbene abbia acquistato da quello in buona fede, ha il diritto di usucapire.

50: *Unde in rebus mobilibus non facile procedit, ut bonae fidei possessori usucapio competat, quia qui alienam rem vendidit et tradidit, furtum committit; idemque accidit etiam, si ex alia causa tradatur. Sed tamen hoc aliquando aliter se habet; nam si heres rem defuncto commodatam aut locatam vel apud eum depositam existimans eam esse*

50: Quindi nelle cose mobili non accade facilmente che al possessore di buona fede spetti l'usucapione, perché chi vende e consegna una cosa altrui commette furto; e lo stesso succede anche se si consegni ad altro titolo. Tuttavia qualche volta la situazione è diversa; infatti se l'erede abbia venduto o donato una cosa comodata

*hereditariam, vendiderit aut donaverit, furtum non committit; item si is, ad quem ancillae ususfructus pertinet, partum etiam suum esse credens vendiderit aut donaverit, furtum non committit; furtum enim sine affectu furandi non committitur. Aliis quoque modis accidere potest, ut quis sine vitio furti rem alienam ad aliquem transferat et efficiat, ut a possessore usucapiatur.*

o locata al defunto o depositata presso di lui, ritenendola ereditaria, non commette furto; analogamente se colui cui spetta l'usufrutto sulla schiava, abbia venduto o donato anche il nato da lei, credendolo suo, non commette furto; infatti senza la volontà di rubare non si commette furto. Anche in altri modi può accadere che uno trasferisca ad un altro una cosa altrui senza il vizio del furto e faccia sì che dal possessore la si usucapisca.

51: *Fundi quoque alieni potest aliquis sine vi possessionem nancisci, quae vel ex neglegentia domini vacet, vel quia dominus sine successore decesserit vel longo tempore adfuerit; quam si ad alium bona fide accipientem transtulerit, poterit usucapere possessor; et quamvis ipse qui vacantem possessionem nactus est, intellegat alienum esse fundum, tamen nihil hoc bonae fidei possessori ad usucapionem nocet, <cum> inprobata sit eorum sententia qui putaverint furtivum fundum fieri posse.*

51: Può essere acquistato senza violenza anche il possesso di un fondo altrui, che sia rimasto deserto per la negligenza del proprietario, o perché il proprietario è morto senza lasciare eredi o è assente da lungo tempo; e se tale possesso viene trasferito a un terzo che lo acquista in buona fede, quest'ultimo potrà usucapirlo; e, sebbene colui che acquistò il possesso vacante sappia che il fondo è altrui, nondimeno ciò non nuoce all'usucapione del possessore di buona fede, dato che è stata confutata l'opinione di quanti ritenevano che un fondo potesse costituire oggetto di furto.

52: *Rursus ex contrario accidit, ut qui sciat alienam rem se possidere, usucapiat, veluti si rem hereditariam, cuius possessionem heres nondum nactus est, aliquis possederit; nam ei concessum <est usu> capere, si modo ea res est, quae recipit usucapionem; quae species possessionis et usucapionis pro herede vocatur.*

52: Accade poi anche, al contrario, che usucapisca chi sa di possedere una cosa altrui, come se uno abbia posseduto una cosa ereditaria, il cui possesso l'erede non ha ancora ottenuto; gli è infatti concesso di usucapire, purché si tratti di cosa usucapibile. Questa specie di possesso e di usucapione è detta 'al posto d'erede'.

53: *Et in tantum haec usucapio concessa est, ut et res quae solo continentur, anno usucapiantur.*

53: E questa usucapione è concessa di modo che si usucapiscano in un anno anche le cose inerenti al suolo.

54: *Quare autem hoc casu etiam soli rerum annua constituta sit usucapio, illa ratio est, quod olim rerum hereditariarum possessione velut ipsae hereditates usucapi credebantur, scilicet anno. Lex enim XII tabularum soli quidem res biennio usucapi iussit, ceteras vero anno. Ergo hereditas in ceteris rebus videbatur esse, quia soli non est, quia neque corporalis est. Et quamvis postea creditum sit ipsas hereditates usucapi non posse, tamen in omnibus rebus hereditariis, etiam quae solo tenentur, annua usucapio remansit.*

54: Del perché in questo caso si sia stabilita una usucapione annuale anche per le cose del suolo, la ragione è che un tempo si credeva che con il possesso delle cose ereditarie si usucapissero le eredità stesse, s'intende in un anno. Invero la legge delle XII tavole stabilì che le cose del suolo si usucapissero in un biennio, le altre invece in un anno. Ora l'eredità sembrava rientrare tra le altre cose, perché non è una cosa del suolo, non essendo neppure una cosa corporale. E sebbene poi si sia ritenuto che le eredità in sé non si potessero usucapire, tuttavia rimase l'usucapione annuale per tutte le cose ereditarie, anche quelle inerenti al suolo.

86: *Adquiritur autem nobis non solum per nosmet ipsos, sed etiam per eos, quos in potestate manu mancipiove habemus; item per eos servos, in quibus usumfructum habemus; item per homines liberos et servos alienos, quos bona fide possidemus. De quibus singulis diligenter dispiciamus.*

86: Noi acquistiamo non solo per mezzo di noi stessi, ma anche per mezzo di coloro che abbiamo in potestà, mano o mancipio; analogamente per mezzo di quei servi, di cui abbiamo l'usufrutto; analogamente per mezzo degli uomini liberi e degli schiavi altrui, che possediamo in buona fede. Trattiamo specificamente di ciascuna categoria.

87: *Igitur quod liberi nostri, quos in potestate habemus, item quod servi nostri mancipio accipiunt vel ex traditione nanciscuntur, sive quid stipulentur vel ex aliqualibet causa adquirunt, id nobis adquiritur: ipse enim, qui in potestate nostra est, nihil suum habere potest. Et ideo si heres institutus sit, nisi nostro iussu hereditatem adire non potest; et si iubentibus nobis adierit, hereditas nobis adquiritur, proinde atque si nos ipsi heredes instituti essemus; et convenienter scilicet legatum per eos nobis adquiritur.*

87: Dunque ciò che i nostri discendenti, che abbiamo in potestà, e analogamente i nostri schiavi, ricevono in mancipio od ottengono in consegna, o ciò che stipulano, o per qualsivoglia causa acquistano, noi lo acquistiamo; infatti colui, che è in nostra potestà, non può aver nulla di suo. E quindi, se è stato istituito erede, non può adire l'eredità che per ordine nostro; e se abbia adìto per ordine nostro, noi acquistiamo l'eredità, come se noi stessi fossimo istituiti eredi. E corrispondentemente, s'intende, per loro tramite noi acquistiamo il legato.

88: *Dum tamen sciamus, si alterius in bonis sit servus, alterius ex iure Quiritium, ex omnibus causis ei soli per eum adquiri, cuius in bonis est.*

88: Occorre però che sappiamo che, se un servo è *in bonis* di uno, ma nel dominio quiritario di un altro, per suo tramite acquista, per qualunque causa, soltanto quello che lo ha *in bonis*.

89: *Non solum autem proprietas per eos, quos in potestate habemus, adquiritur nobis, sed etiam possessio; cuius enim rei possessionem adepti fuerint, id nos possidere videmur; unde etiam per eos usucapio procedit.*

89: Per mezzo di coloro, che abbiamo in potestà, noi acquistiamo non solo la proprietà, ma anche il possesso; invero, la cosa di cui abbiano acquistato il possesso, risultiamo possederla noi; quindi tramite loro procede anche l'usucapione.

92: *Idem placet de eo qui a nobis bona fide possidetur, sive liber sit sive alienus servus. Quod enim placuit de usufructuario, idem probatur etiam de bonae fidei possessore. Itaque quod extra duas causas adquiritur, id vel ad ipsum pertinet, si liber est, vel ad dominum si servus est.*

92: Lo stesso si ritiene con riferimento a colui che è posseduto da noi in buona fede, sia egli un libero o un servo altrui. Ciò che si ritenne, infatti, per l'usufruttuario, ugualmente si ritiene anche per il possessore di buona fede. E quindi ciò che si acquista al di fuori di codesti due casi, se <chi è posseduto> è un libero, appartiene a lui, oppure al padrone, se è un servo.

95: *Ex his apparet per liberos homines, quos neque iuri nostro subiectos habemus neque bona fide possidemus, item per alienos servos, in quibus neque usumfructum habemus neque iustam possessionem, nulla ex causa nobis adquiri posse. Et hoc est, quod vulgo dicitur per extraneam personam nobis adquiri non posse. Tantum de possessione quaeritur, an per <exstraneam> personam <per procuratorem> nobis adquiratur.*

95: Risulta da ciò, che per mezzo di uomini liberi, né soggetti al nostro potere né posseduti in buona fede, e così per mezzo di servi altrui sui quali non abbiamo né usufrutto né giusto possesso, in nessun caso noi possiamo acquistare. Ed è quello che comunemente si dice: non potersi acquistare da noi per mezzo di un estraneo. Solo del possesso si discute se a noi si acquisti per mezzo di un estraneo <per mezzo di un procuratore>.

## Commentarius Quartus

## Libro Quarto

36: *<Item usucapio fingitur in ea actione quae Publiciana vocatur>. Datur autem haec actio ei qui ex iusta causa traditam sibi rem nondum usucepit*

36: <Analogamente si finge l'usucapione nell'azione che è chiamata Publiciana>. Quest'azione è concessa a colui che non ha ancora usucapito

*eamque amissa possessione petit. Nam quia non potest eam ex iure Quiritium suam esse intendere, fingitur rem usucepisse et ita quasi ex iure Quiritium dominus factus esset intendit, veluti hoc modo: Iudex esto. Si quem hominem A. Agerius emit et is ei traditus est, anno possedisset, tum si eum hominem de quo agitur ex iure Quiritium eius esse oporteret, et reliqua.*

una cosa che gli è stata consegnata per una giusta causa e, avendone perso il possesso, la rivendica. Infatti, dal momento che non può affermare nell'*intentio* che «è sua in base al diritto dei Quiriti», si finge che abbia usucapito la cosa e così formula la sua pretesa come se fosse divenuto *dominus* in base al diritto dei Quiriti, ad esempio in questo modo: «Sia giudice <Tizio>. Se, qualora Aulo Agerio avesse posseduto per un anno lo schiavo che ha comperato e che gli è stato consegnato, risultasse che lo schiavo di cui si tratta è suo in base al diritto dei Quiriti», eccetera.

### Pauli Sententiae

Paul. Sent. 5.2.3: *Longi autem temporis praescriptio inter praesentes continui decennii spatio, inter absentes vicennii comprehenditur. 4. Viginti annorum praescriptio (...) prodest ei, qui iustum initium possessionis habuit nec medio tempore interpellatus est.*

### 'Sentenze' di Paolo

Paul. Sent. 5.2.3: La prescrizione di lungo tempo si compie tra presenti nello spazio continuo di un decennio, tra assenti in un ventennio. 4. La prescrizione di venti anni (...) giova a colui, che ebbe un giusto inizio del possesso e non è stato, in quel lasso di tempo, disturbato.

### Tituli ex Corpore Ulpiani

Tit. Ulp. 19.8: *Usucapione dominium adipiscimur tam mancipii rerum quam nec mancipii. Usucapio est autem dominii adeptio per continuationem possessionis anni vel biennii; rerum mobilium anni, immobilium biennii.*

### Titoli dal 'Corpo' di Ulpiano

Tit. Ulp. 19.8: Tramite l'usucapione acquistiamo la proprietà sia delle *res mancipi* sia delle *nec mancipi*. L'usucapione è infatti l'acquisto della proprietà attraverso il possesso continuato per un anno o per un biennio; per un anno nel caso di beni mobili, per un biennio nel caso di <beni> immobili.

### Codex Theodosianus

C Th. 4.14.1 = C. 7.39.3 Imp. Theodosius A. Asclepiodoto pp.: (...) *Ac-*

### Codice Teodosiano

C Th. 4.14.1 = C. 7.39.3 Imp. Theodosius A. Asclepiodoto pp.: (...) Non *tiones ultra triginta annorum spatium minime protendantur.* (a. 424)

C Th. 11.39.1 Imp. Constantinus A. Aurelio Helladio: *Etsi veteris iuris definitio et retro principum rescripta in iudicio petitori eius rei quam petit necessitatem probationis dederunt, tamen nos aequitate et iustitia moti iubemus, ut, si quando talis emerserit causa, in primordio iuxta regulam iuris petitor debeat probare, unde res ad ipsum pertineat; sed, si deficiat pars eius in probationibus, tunc demum possessori necessitas imponatur probandi, unde possideat vel quo iure teneat, ut sic veritas examinaretur.* (a. 325)

C Th. 11.39.12 Impp. Arcadius et Honorius AA. Aeternali Asiae: *Cogi possessorem ab eo qui expetit titulum suae possessionis edicere, quae tanta erat amentia, ut, ratione praepostera, petitor ab eo, quem pulsat, infirmari suas postulet actiones, cum omnem probationem exigi oporteat ab eo qui vindicari nititur, non ab eo, qui se iuste tenere contendit? intentanti namque, non suscipienti probationum necessitas imponenda est, praeter eum, qui edicere cogitur, utrum pro possessore an pro herede possideat.* (a. 396?)

CORPUS IURIS CIVILIS

INSTITUTIONES

Inst. 2.1.47: ... *Pro derelicto autem ha-*

si esperiscano le azioni dopo il termine di trenta anni. (a. 424)

C Th. 11.39.1 Imp. Constantinus A. Aurelio Helladio: Sebbene un'antica definizione giuridica e i rescritti dei precedenti imperatori abbiano addossato a colui che agisce in rivendica l'onere della prova, tuttavia noi, spinti dall'equità e dalla giustizia, ordiniamo che, quando vi sia una controversia di tal genere, all'inizio, secondo la regola giuridica, spetti all'attore di provare il fondamento della sua pretesa; ma, se la parte attrice sia deficiente in materia di prova, allora venga imposta al possessore la necessità di provare in base a che cosa possieda o quale diritto abbia, in modo che si esamini la verità. (a. 325)

C Th. 11.39.12 Impp. Arcadius et Honorius AA. Aeternali Asiae: Che il possessore sia costretto dall'attore a dichiarare il titolo del proprio possesso, è una follia così grande, che, in base ad un criterio invertito, l'attore chieda che le proprie azioni siano invalidate da colui, contro il quale egli agisce, dal momento che è necessario che ogni prova sia richiesta a colui, che si adopera per rivendicare, non a colui che pretende di possedere in base ad un giusto titolo? Infatti la necessità delle prove va imposta a colui che esercita la pretesa, non a colui che è convenuto, eccetto che colui, che è costretto a dichiarare <il suo titolo>, possieda *pro possessore* o *pro herede*. (a. 369?)

CORPO DEL DIRITTO CIVILE

ISTITUZIONI

Inst. 2.1.47: ... Si ritiene abbandonata,

*betur, quod dominus ea mente abiecerit, ut id rerum suarum esse nollet, ideoque statim dominus esse desinit.*

quella cosa che il proprietario gettò via, con l'intenzione che non facesse più parte del suo patrimonio, e pertanto immediatamente cessò di esserne proprietario.

Inst. 2.6 pr.: *Iure civili constitutum fuerat, ut, qui bona fide ab eo, qui dominus non erat, cum crediderit eum dominum esse, rem emerit vel ex donatione aliave qua iusta causa acceperit, is eam rem, si mobilis erat, anno ubique, si immobilis, biennio tantum in Italico solo usucapiat, ne rerum dominia in incerto essent. et cum hoc placitum erat, putantibus antiquioribus dominis sufficere ad inquirendas res suas praefata tempora, nobis melior sententia resedit, ne domini maturius suis rebus defraudentur neque certo loco beneficium hoc concludatur. et ideo constitutionem super hoc promulgavimus, qua cautum est, ut res quidem mobiles per triennium usucapiantur, immobiles vero per longi temporis possessionem, id est inter praesentes decennio, inter absentes viginti annis usucapiantur, et his modis, non solum in Italia, sed in omni terra, quae nostro imperio gubernatur, dominium rerum iusta causa possessionis praecedente adquiratur.*

Inst. 2.6 pr.: Era stato stabilito dal diritto civile che chi, in buona fede, da uno che non era proprietario, mentre lui l'aveva creduto tale, avesse comprato, oppure ricevuto una cosa in donazione o per qualche altra giusta causa, se la cosa era mobile, la usucapisse dovunque in un anno, se era immobile in due, ma solo in suolo italico, affinché le proprietà non rimanessero incerte. Essendo stato stabilito così, poiché gli antichi ritenevano che ai proprietari bastassero i suddetti termini per ricercare le cose loro, noi abbiamo seguito una soluzione diversa, in modo che i proprietari non siano troppo presto defraudati delle cose loro e il beneficio non sia ristretto a un determinato luogo. Perciò abbiamo promulgato al riguardo una costituzione, in cui è disposto che le cose mobili si usucapiscano in un triennio, le immobili, invece, attraverso il possesso per lungo tempo, cioè di dieci anni tra vicini e di venti anni tra lontani, e che, precedendo una giusta causa di possesso, la proprietà delle cose si acquisti così, non solo in Italia, ma in ogni terra retta dal nostro impero.

Inst. 2.9.5: *Ex his itaque apparet, per liberos homines, quos neque vestro iuri subiectos habetis neque bona fide possidetis, item per alienos servos, in quibus neque usumfructum habetis neque iustam possessionem, nulla ex causa vobis adquiri posse. et hoc est quod di-*

Inst. 2.9.5: Risulta da ciò, che, per mezzo di uomini liberi, non soggetti al vostro potere, né posseduti da voi in buona fede, e così per mezzo di servi altrui, di cui non avete né l'usufrutto né un giusto possesso, non potete acquistare per alcuna causa.

*citur, per extraneam personam nihil adquiri posse: excepto eo quod per liberam personam, veluti per procuratorem, placet non solum scientibus, sed etiam ignorantibus vobis adquiri possessionem secundum divi Severi constitutionem et per hanc possessionem etiam dominium, si dominus fuit qui tradidit, vel per usucapionem aut longi temporis praescriptionem, si dominus non sit.*

Ed è quel che si dice non potersi acquistare nulla per mezzo di un estraneo; senonché per mezzo di una persona libera, ad esempio un procuratore, è ammesso, in base alla costituzione del divino Severo, che voi possiate acquistare il possesso, non solo se ne siete a conoscenza, ma anche se 'ignoranti'; e anche la proprietà attraverso un tale possesso, se chi fece la consegna era il proprietario, oppure attraverso l'usucapione o la prescrizione di lungo periodo, se non lo era.

Inst. 4.6.4: *Namque si cui ex iusta causa res aliqua tradita fuerit, veluti ex causa emptionis aut donationis aut dotis aut legatorum, necdum eius rei dominus effectus sit, si eius rei casu possessionem amiserit, nullam habet directam in rem actionem ad eam rem persequendam: quippe ita proditae sunt iure civili actiones, ut quis dominium suum vindicet. sed quia sane durum erat eo casu deficere actionem, inventa est a praetore actio, in qua dicit is, qui possessionem amisit, eam rem se usu cepisse et ita vindicat suam esse. quae actio Publiciana appellatur, quoniam primum a Publicio praetore in edicto proposita est.*

Inst. 4.6.4: Infatti, se colui al quale una cosa fosse trasferita in base a una giusta causa, come per esempio a titolo di compravendita o di donazione o di dote o di legato, senza esserne stato reso ancora proprietario, se per qualche caso avesse perso il possesso, non aveva alcuna azione reale diretta per perseguirla, poiché allora erano state introdotte dal diritto civile <solo> le azioni, con cui ciascuno rivendicava la proprietà. Ma poiché in quel caso la mancanza di un'azione era cosa grave, fu escogitata dal pretore un'azione, nella quale colui che ha perso il possesso afferma di aver usucapito il bene e, pertanto, rivendica la cosa come propria. La quale azione viene detta Publiciana, perché per la prima volta fu pubblicata nell'editto dal pretore Publicio.

### Digesta

D. 6.1.72 (Ulp. 16 *ad ed.*): *Si a Titio fundum emeris Sempronii et tibi traditus sit praetio soluto, deinde Titius Sempronio heres extiterit et eundem alii vendiderit et tradiderit, aequius est, ut tu potior sis. nam et si ipse ven-*

### Digesto

D. 6.1.72 (Ulp. 16 *ad ed.*): Se hai comprato da Tizio il fondo di Sempronio ed esso ti sia stato trasferito, dopo il pagamento del prezzo, poi Tizio è diventato erede di Sempronio e ha venduto e trasferito a un altro lo

*ditor eam rem a te peteret, exceptione eum summoveres. sed et si ipse possideret et tu peteres, adversus exceptionem dominii replicatione utereris.*

stesso fondo, è più giusto, che tu sia tutelato. Infatti se lo stesso venditore avesse rivendicato a te la cosa, lo avresti respinto con l'eccezione. Ma se egli avesse avuto il possesso <del fondo> e tu lo avessi rivendicato, avresti utilizzato la *replicatio* contro l'eccezione di <giusta> proprietà.

D. 6.2.1 (Ulp. 16 *ad ed.*): *Ait praetor: 'Si quis id quod traditur ex iusta causa non a domino et nondum usucaptum petet, iudicium dabo'.* 1. *Merito praetor ait 'nondum usucaptum': nam si usucaptum est, habet civilem actionem nec desiderat honorariam.*

D. 6.2.1 (Ulp. 16 *ad ed.*): Il pretore afferma: 'Se qualcuno chiede in giudizio ciò che gli è stato consegnato in base ad un giusto titolo dal non proprietario e che non sia stato ancora da lui usucapito, darò azione'. 1. Giustamente il pretore afferma 'che non sia stato ancora usucapito': infatti se la cosa è stata da lui usucapita, <l'attore> ha l'azione civile e non ha bisogno di quella onoraria.

D. 6.2.3.1 (16 *ad ed.*): *Ait praetor: 'ex iusta causa petet'. qui igitur iustam causam traditionis habet, utitur Publiciana: et non solum emptori bonae fidei competit Publiciana, sed et aliis, ...*

D. 6.2.3.1 (Ulp. 16 *ad ed.*): Il pretore afferma: 'chiede in giudizio in base ad un giusto titolo'. Pertanto colui che ha un giusto titolo della consegna, usa la Publiciana; e la Publiciana non solo compete al compratore di buona fede, ma anche ad altri, …

D. 6.2.7.2 (Ulp. 16 *ad ed.*): *Marcellus libro septimo decimo digestorum scribit eum, qui a furioso ignorans eum furere emit, posse usucapere: ergo et Publicianam habebit.*

D. 6.2.7.2 (Ulp. 16 *ad ed.*): Marcello nel diciassettesimo libro dei digesti scrive che colui il quale comprò da un folle, ignorando che era folle, può usucapire: perciò avrà anche l'azione Publiciana.

D. 6.2.7.6 (Ulp. 16 *ad ed.*): *Publiciana actio ad instar proprietatis, non ad instar possessionis respicit.*

D. 6.2.7.6 (Ulp. 16 *ad ed.*): L'azione Publiciana osserva il modello della proprietà e non del possesso.

D. 6.2.7.11 (Ulp. 16 *ad ed.*): *Praetor ait: 'qui bona fide emit'. non igitur omnis emptio proderit, sed ea, quae bonam fidem habet: proinde hoc sufficit me bonae fidei emptorem fuisse, quamvis non a domino emerim, licet*

D. 6.2.7.11 (Ulp. 16 *ad ed.*): Il pretore afferma: 'colui che compra in buona fede'. Quindi non basterà qualsiasi compravendita, ma quella che sia stata fatta in buona fede. Di conseguenza è sufficiente che io sia stato com-

*ille callido consilio vendiderit: neque enim dolus venditoris mihi nocebit.*

pratore di buona fede, sebbene non abbia comprato dal proprietario, ed anche se costui abbia venduto con scaltra intenzione; e infatti il dolo del venditore non mi nuocerà.

D. 6.2.7.17 (Ulp. 16 *ad ed.*): *Iulianus libro septimo digestorum scripsit traditionem rei emptae oportere bona fide fieri: ideoque si sciens alienam possessionem adprehendit, Publiciana eum experiri non posse, quia usucapere non poterit. nec quisquam putet hoc nos existimare sufficere initio traditionis ignorasse rem alienam, uti quis possit Publiciana experiri, sed oportere et tunc bona fide emptorem esse.*

D. 6.2.7.17 (Ulp. 16 *ad ed.*): Giuliano scrisse nel libro settimo dei digesti che la consegna della cosa comprata deve avvenire in buona fede; e, pertanto, se uno prende una cosa sapendo che è posseduta da altri, non potrà esperire la Publiciana, poiché non potrà usucapire. Né qualcuno ritenga che noi riteniamo sufficiente, affinché uno possa esperire la Publiciana, che abbia ignorato, all'inizio della consegna, l'altruità della cosa, ma occorre che il compratore sia in buona fede anche allora.

D. 6.2.8 (Gai. 7 *ad ed. prov.*): *De pretio vero soluto nihil exprimitur: unde potest coniectura capi, quasi nec sententia praetoris ea sit, ut requiratur, an solutum sit pretium.*

D. 6.2.8 (Gai. 7 *ad ed. prov.*): Invero niente è detto riguardo al pagamento del prezzo: quindi si può supporre che quanto disposto dal pretore non sia che si richieda l'avvenuto pagamento del prezzo.

D. 6.2.9.4 (Ulp. 16 *ad ed.*): *Si duobus quis separatim vendiderit bona fide ementibus, videamus, quis magis Publiciana uti possit, utrum is cui priori res tradita est an is qui tantum emit. et Iulianus libro septimo digestorum scripsit, ut, si quidem ab eodem non domino emerint, potior sit cui priori res tradita est, quod si a diversis non dominis, melior causa sit possidentis quam petentis. quae sententia vera est.*

D. 6.2.9.4 (Ulp. 16 *ad ed.*): Se uno avrà venduto <la stessa cosa> separatamente a due compratori di buona fede, vediamo chi debba essere preferito nell'esercizio della Publiciana, se quello a cui per primo la cosa sia stata consegnata, o quello che <per primo> l'ha comprata. E Giuliano, nel libro settimo dei digesti, scrisse che se, invero, <due> abbiano comprato dallo stesso non proprietario, sia preferito colui al quale per primo la cosa è stata consegnata; se, invece, abbiano comprato da non proprietari diversi, sia migliore la posizione di chi possiede rispetto a quella di chi esperisce <la Publiciana>. Tale parere è corretto.

D. 6.2.12.2 (Paul. 19 *ad ed.*): *In vectigalibus et in aliis praediis, quae usucapi non possunt, Publiciana competit, si forte bona fide mihi tradita est.*

D. 6.2.12.2 (Paul. 19 *ad ed.*): Per i fondi vettigali e per gli altri fondi, che non possono essere usucapiti, mi spetta la Publiciana, qualora mi siano stati consegnati in buona fede.

D. 6.2.12.4 (Paul. 19 *ad ed.*): *Si res talis sit, ut eam lex aut constitutio alienari prohibeat, eo casu Publiciana non competit, quia his casibus neminem praetor tuetur, ne contra leges faciat.*

D. 6.2.12.4 (Paul. 19 *ad ed.*): Se il bene è tale, che la legge o una costituzione vieti che sia alienato, in tale caso la Publiciana non spetta, poiché in simili situazioni il pretore non tutela nessuno, per non agire contro le leggi.

D. 6.2.13 pr. (Gai. 7 *ad ed. prov.*): *Quaecumque sunt iustae causae adquirendarum rerum, si ex his causis nacti res amiserimus, dabitur nobis earum rerum persequendarum gratia haec actio.*

D. 6.2.13 pr. (Gai. 7 *ad ed. prov.*): Quante sono le giuste cause di acquisto delle cose, se, avendole conseguite in base a tali cause, le perderemo, ci sarà concessa per recuperarle questa azione.

D. 6.2.17 (Ner. 3 *membr.*): *Publiciana actio non ideo comparata est ut res domino auferatur: eiusque rei argumentum est primo aequitas, deinde exceptio 'si ea res possessoris non sit': sed ut is, qui bona fide emit possessionemque eius ex ea causa nactus est, potius rem habeat.*

D. 6.2.17 (Ner. 3 *membr.*): L'azione Publiciana non è stata apprestata per sottrarre la cosa al proprietario: ed è argomento, a sostegno di ciò, innanzitutto l'equità, inoltre l'eccezione 'se quella cosa non appartenga al possessore'; ma <essa è stata apprestata> perché possa avere la cosa piuttosto colui che l'ha comprata in buona fede ed a tale titolo ne abbia acquistato il possesso.

D. 12.1.18 (Ulp. 7 *disp.*): *Si ego pecuniam tibi quasi donaturus dedero, tu quasi mutuam accipias, Iulianus scribit donationem non esse: sed an mutua sit, videndum. et puto nec mutuam esse magisque nummos accipientis non fieri, cum alia opinione acceperit. quare si eos consumpserit, licet condictione teneatur, tamen doli exceptione uti poterit, quia secundum voluntatem dantis nummi sunt consumpti.* 1. *Si ego quasi deponens tibi dedero, tu quasi mutuam*

D. 12.1.18 (Ulp. 7 *disp.*): Se io ti avrò dato del denaro per donartelo, tu lo avrai ricevuto come dato a credito, Giuliano scrive che non vi è una donazione: ma se ci sia stato un mutuo, bisogna vedere. E io ritengo che non vi sia neanche un mutuo e, per di più, il denaro non diventerà proprietà dell'acciepiente, avendolo costui ricevuto con un'altra idea. Perciò, se l'accipiente avrà speso il denaro, sebbene sia tenuto con la *condictio*, tuttavia

*accipias, nec depositum nec mutuum est: idem est et si tu quasi mutuam pecuniam dederis, ego quasi commodatam ostendendi gratia accepi: sed in utroque casu consumptis nummis condictioni sine doli exceptione locus erit.*

potrà utilizzare l'eccezione di dolo, dal momento che il denaro è stato speso secondo la volontà di colui che lo ha dato. 1. Se io ti avrò dato <del denaro> per depositarlo, e tu l'avrai ricevuto come dato a credito, non vi è né deposito né mutuo: analogamente, se tu avrai dato il denaro a credito e io l'abbia ricevuto in comodato per esibirlo: ma in entrambi i casi, speso il denaro, si farà luogo alla *condictio* senza l'eccezione di dolo.

D. 19.1.31.2 (Ner. 3 *membr.*): *Uterque nostrum eandem rem emit a non domino, cum emptio venditioque sine dolo malo fieret, traditaque est: sive ab eodem emimus sive ab alio atque alio, is ex nobis tuendus est, qui prior ius eius adprehendit, hoc est, cui primum tradita est. si alter ex nobis a domino emisset, is omnimodo tuendus est.*

D.19.1.31.2 (Ner. 3 *membr.*): Entrambi comprammo la stessa cosa da chi non era proprietario, la compravendita è stata conclusa senza dolo e la cosa è stata consegnata: sia che comprammo entrambi dalla medesima persona sia da due venditori differenti, deve essere tutelato quello di noi due, che per primo ha acquistato il diritto sulla cosa, cioè colui, al quale la cosa è stata consegnata per primo. Ma se uno di noi l'avesse comprata *a domino,* egli deve essere tutelato in ogni caso.

D. 19.4.1 pr. (Paul. 32 *ad ed.*): *Sicut aliud est vendere, aliud emere, alius emptor, alius venditor, ita pretium aliud, aliud merx. at in permutatione discerni non potest, uter emptor vel uter venditor sit, multumque differunt praestationes. emptor enim, nisi nummos accipientis fecerit, tenetur ex vendito, venditori sufficit ob evictionem se obligare possessionem tradere et purgari dolo malo, itaque, si evicta res non sit, nihil debet: ...*

D. 19.4.1 pr. (Paul. 32 *ad ed.*): Come una cosa è vendere e l'altra comprare, uno è venditore e l'altro compratore, così una cosa è il prezzo e un'altra la merce. Per contro, nella permuta non è possibile distinguere quale <dei due contraenti> sia il compratore e quale il venditore e le prestazioni sono molto diverse. Il compratore, infatti, se non avrà reso proprietario del denaro colui che lo riceve, è tenuto con l'azione da vendita, mentre al venditore basta obbligarsi per l'evizione, trasferire il possesso ed essere esente da dolo; cosicché, se la cosa non sia stata evitta, non deve nulla; ...

D. 21.1.51 (Afr. 8 *quaest.*): *Cum mancipium morbosum vel vitiosum servus emat et redhibitoria vel ex empto dominus experiatur, omnimodo scientiam servi, non domini spectandam esse ait, ut nihil intersit, peculiari an domini nomine emerit et certum incertumve mandante eo emerit, quia tunc et illud ex bona fide est servum, cum quo negotium sit gestum, deceptum non esse, et rursus delictum eiusdem, quod in contrahendo admiserit, domino nocere debet. sed si servus mandatu domini hominem emerit, quem dominus vitiosum esse sciret, non tenetur venditor.* 1. *Circa procuratoris personam, cum quidem ipse scierit morbosum vitiosum esse, non dubitandum, quin, quamvis ipse domino mandati vel negotiorum gestorum actione sit obstrictus, nihilo magis eo nomine agere possit: at cum ipse ignorans esse vitiosum mandatu domini qui id sciret emerit et redhibitoria agat, ex persona domini utilem exceptionem ei non putabat opponendam.*

D. 21.1.51 (Afr. 8 *quaest.*): Quando un servo compri un servo ammalato o con vizi e il padrone esperisca l'azione redibitoria o l'azione da compera, <Giuliano> afferma che si deve comunque aver riguardo alla *scientia* del servo, non del padrone, così che non rileva se abbia comprato a titolo peculiare oppure a nome del padrone e se abbia comprato, su mandato di quello, un servo determinato o indeterminato, perché era conforme alla buona fede che il servo, con cui si era concluso l'affare, in quel momento non fosse stato ingannato e che, viceversa, il fatto illecito del medesimo, che abbia commesso nel concludere il contratto dovesse nuocere al padrone. Se poi il servo abbia comprato, su mandato del padrone, un uomo, che il padrone sapeva essere viziato, il venditore non è tenuto. 1. A proposito della persona del procuratore, quando costui sapesse che il <servo> era malato o viziato, non vi è da dubitare che, nonostante egli fosse vincolato verso l'interessato con l'azione di mandato o di gestione di affari altrui, ugualmente non possa agire a tale titolo; se però, ignorando egli stesso che fosse viziato, lo ha comprato dietro mandato dell'interessato, che ne era a conoscenza, ed agisca con l'azione redibitoria, <Giuliano> non riteneva che gli si dovesse opporre un'eccezione in via utile con riferimento alla persona dell'interessato.

D. 21.3.2 (Pomp. 2 *ex Plaut.*): *Si a Titio fundum emeris qui Sempronii erat isque tibi traditus fuerit, pretio autem soluto Titius Sempronio heres extiterit et eundem fundum Maevio vendiderit et tradiderit: Iulianus ait aequius esse*

D. 21.3.2 (Pomp. 2 *ex Plaut.*): Se tu abbia comprato da Tizio il fondo, che era di Sempronio, e ti sia stato consegnato e poi, una volta pagato il prezzo, Tizio sia divenuto erede di Sempronio, ed abbia venduto lo stesso

*priorem* <*praetorem:* Mommsen> *te tueri, quia et si ipse Titius fundum a te peteret, exceptione summoveretur et si ipse Titius eum possideret, Publiciana peteres.*

fondo a Mevio e glielo abbia consegnato, Giuliano afferma che è più equo che il pretore tuteli te, perché, anche se lo stesso Tizio avesse rivendicato il fondo contro di te, sarebbe stato respinto dall'eccezione, e, se lo stesso Tizio lo avesse posseduto, lo avresti potuto chiedere in giudizio con la Publiciana.

D. 23.3.67 (Proc. 7 *epist.*): *Proculus Nepoti suo salutem. ancilla quae nupsit dotisque nomine pecuniam viro tradidit, sive sciat se ancillam esse sive ignoret, non poterit eam pecuniam viri facere aeque nihilo minus mansit eius cuius fuerat antequam viro traderetur, nisi forte usucapta est. nec postea quam apud eundem virum libera facta est, eius pecuniae causam mutare potuit. itaque nec facto quidem divortio aut dotis iure aut per condictionem repetere recte potest, sed is cuius pecunia est recte vindicat eam. quod si vir eam pecuniam pro suo possidendo usucepit, scilicet quia existimavit mulierem liberam esse, propius est, ut existimem eum lucri fecisse, ...*

D. 23.3.67 (Proc. 7 *epist.*): Proculo saluta Nepote. La schiava che si sposò e che trasferì del danaro al marito a titolo di dote, sia che sappia di essere schiava, sia che lo ignori, non potrà rendere il marito proprietario di tale denaro, che resterà, perciò, in proprietà di chi lo aveva prima che fosse trasferito al marito, a meno che non sia stato usucapito. Né dopo che la schiava sia stata liberata dall'uomo che l'aveva in sposa, potrà mutare la sorte di quel denaro: e, pertanto, neppure in seguito a divorzio <il marito> potrà ripetere il denaro per diritto di dote o attraverso la *condictio*, ma soltanto chi è proprietario può legittimamente rivendicare il denaro. Ma se il marito usucapirà quel denaro possedendolo *pro suo*, ovviamente poiché riteneva che la donna fosse libera, ritengo più corretto, che egli se ne sia appropriato, ...

D. 41.1.9.7 (Gai. 2 *rer. cott.*): *Hoc amplius interdum et in incertam personam collocata voluntas domini transfert rei proprietatem: ut ecce qui missilia iactat in vulgus, ignorat enim, quid eorum quisque excepturus sit, et tamen quia vult quod quisque exceperit eius esse, statim eum dominum efficit.* 8. *Alia causa est earum rerum, quae in tempestate maris levandae navis causa*

D. 41.1.9.7 (Gai. 2 *rer. cott.*): E, più in generale, talvolta anche la volontà del proprietario rivolta a una persona indeterminata trasferisce la proprietà della cosa: come per esempio colui che getta sulla folla delle monete, ignora chi le raccoglierà, e, tuttavia, poiché vuole che chi le raccoglie ne diventi proprietario, immediatamente lo rende proprietario. 8. Diverso è il

*eiciuntur: hae enim dominorum permanent, quia non eo animo eiciuntur, quod quis eas habere non vult, sed quo magis cum ipsa nave periculum maris effugiat. qua de causa si quis eas fluctibus expulsas vel etiam in ipso mari nanctus lucrandi animo abstulerit, furtum committit.*

caso di quelle cose, che vengono gettate in mare durante una tempesta, per alleggerire la nave: queste, infatti, restano del proprietario, poiché non vengono gettate con l'intenzione di privarsene, ma piuttosto per permettere a se stessi e alla nave di sfuggire alla tempesta. Perciò, colui che avrà sottratto con intenzione di trarne profitto le cose portate a riva dalle onde, o le avrà recuperate in mare, commetterà furto.

D. 41.1.31 pr. (Paul. 31 *ad ed.*): *Numquam nuda traditio transfert dominium sed ita, si venditio aut aliqua iusta causa praecesserit, propter quam traditio sequeretur.*

D. 41.1.31 pr. (Paul. 31 *ad ed.*): Mai la semplice consegna trasferisce la proprietà, ma solo se sia stata preceduta da una compravendita o da un'altra giusta causa, per la quale la consegna viene effettuata.

D. 41.1.36. (Iul. 13 *dig.*): *Cum in corpus quidem quod traditur consentiamus, in causis vero dissentiamus, non animadverto cur inefficax sit traditio, veluti si ego credam me ex testamento obligatum esse, ut fundum tradam, tu existimes ex stipulatu tibi eum deberi. nam et si pecuniam numeratam tibi tradam donandi gratia, tu eam quasi creditam accipias, constat proprietatem ad te transire nec impedimento esse, quod circa causam dandi atque accipiendi dissenserimus.*

D. 41.1.36. (Iul. 13 *dig.*): Quando siamo d'accordo sull'oggetto da trasferire, ma siamo in disaccordo sulle cause <del trasferimento>, non capisco perché debba essere considerato inefficace il trasferimento: come nel caso in cui io creda di essere obbligato nei tuoi confronti in base al testamento a trasferirti il fondo, e tu invece ritenga che esso ti sia dovuto in base a una stipulazione. Infatti, anche se ti avrò trasferito una somma di danaro a titolo di donazione, e tu la riceverai come data a credito, la proprietà risulta a te trasferita, né è di impedimento il nostro dissenso relativo alla causa della dazione e della ricezione.

D. 41.2.1.5 (Paul. 54 *ad ed.*): *Item adquirimus possessionem per servum aut filium, qui in potestate est, et quidem earum rerum, quas peculiariter tenent, etiam ignorantes, sicut Sabino et Cassio et Iuliano placuit, quia nostra voluntate intellegantur possidere, qui eis*

D. 41.2.1.5 (Paul. 54 *ad ed.*): Analogamente acquistiamo, anche se 'ignoranti', il possesso tramite il servo o il figlio, che è in potestà, e certamente di quelle cose, che essi tengono *peculiariter*, secondo il parere di Sabino, Cassio e Giuliano, poiché, coloro ai quali ab-

*peculium habere permiserimus. igitur ex causa peculiari et infans et furiosus adquirunt possessionem et usucapiunt, et heres, si hereditarius servus emat.*

D. 41.2.1.9 (Paul. 54 *ad ed.*): *Ceterum et ille, per quem volumus possidere, talis esse debet, ut habeat intellectum possidendi.*

D. 41.2.1.10 (Paul. 54 *ad ed.*): *Et ideo si furiosum servum miseris, ut possideas, nequaquam videris adprehendisse possessionem.*

D. 41.2.1.20 (Paul. 54 *ad ed.*): *Per procuratorem tutorem curatoremve possessio nobis adquiritur. cum autem suo nomine nacti fuerint possessionem, non cum ea mente, ut operam dumtaxat suam accommodarent, nobis non possunt adquirere. alioquin si dicamus per eos non adquiri nobis possessionem, qui nostro nomine accipiunt, futurum, ut neque is possideat cui res tradita sit, quia non habeat animum possidentis, neque is qui tradiderit, quoniam cesserit possessione.*

D. 41.2.3.12 (Paul. 54 *ad ed.*): *Ceterum animo nostro, corpore etiam alieno possidemus, sicut diximus per colonum et servum, nec movere nos debet, quod quasdam etiam ignorantes possidemus, id est quas servi peculiariter paraverunt: nam videmur eas eorundem et animo et corpore possidere.*

biamo concesso di avere il peculio, si ritiene che possiedano per nostra volontà. Quindi *ex causa peculiari* sia l'infante sia il pazzo acquistano il possesso ed usucapiscono, ed anche l'erede, se il servo ereditario compra.

D. 41.2.1.9 (Paul. 54 *ad ed.*): Peraltro anche colui, tramite il quale vogliamo possedere, deve essere tale da avere la consapevolezza di possedere.

D. 41.2.1.10 (Paul. 54 *ad ed.*): E quindi se avrai mandato un servo pazzo a possedere, non si riterrà affatto che tu abbia acquistato il possesso.

D. 41.2.1.20 (Paul. 54 *ad ed.*): Tramite il procuratore, il tutore o il curatore acquistiamo il possesso. Invece non possiamo acquistarlo per loro tramite, se essi lo hanno acquistato in nome proprio, anziché con l'intenzione di rivolgere a noi la loro attività. Diversamente, se si dicesse che non acquistiamo il possesso tramite coloro, che lo prendono a nostro nome, accadrebbe che la cosa non sarebbe posseduta né da colui, al quale la cosa è stata consegnata, poiché non ha l'*animus* del possessore, né da colui che l'ha consegnata, poiché ha cessato di esserne possessore.

D. 41.2.3.12 (Paul. 54 *ad ed.*): In altri casi possediamo *animo nostro,* anche se *corpore alieno*, come abbiamo detto <quando possediamo> tramite il colono e il servo, e non contrasta con ciò il fatto che possediamo, anche se non consapevoli, ciò che i servi hanno acquistato *peculiariter*: infatti <in tale caso> riteniamo di possedere tramite l'*animus* e il *corpus* di costoro.

D. 41.2.3.21 (Paul. 54 *ad ed.*): *Genera possessionum tot sunt, quot et causae adquirendi eius quod nostrum non sit, velut pro emptore; pro donato; pro legato; pro dote; pro herede; pro noxae dedito; pro suo, sicut in his, quae terra marique vel ex hostibus capimus vel quae ipsi, ut in rerum natura essent, fecimus. et in summa magis unum genus est possidendi, species infinitae.*

D. 41.2.3.21 (Paul. 54 *ad ed.*): I generi del possesso sono tanti, quante le cause di acquisto di ciò che non è nostro, come *pro emptore*; *pro donato*; *pro legato*; *pro dote*; *pro herede*; *pro noxae dedito*; *pro suo*, come per le cose, che prendiamo in terra, in mare o ai nemici, o che noi stessi abbiamo prodotto. E, in definitiva, il genere del possesso è uno, infinite, invece, le specie.

D. 41.2.24 (Iav. 14 *epist.*): *Quod servus tuus ignorante te vi possidet, id tu non possides, quoniam is, qui in tua potestate est, ignoranti tibi non corporalem possessionem, sed iustam potest adquirere: sicut id, quod ex peculio ad eum pervenerit, possidet. nam tum per servum dominus quoque possidere dicitur, summa scilicet cum ratione, quia, quod ex iusta causa corporaliter a servo tenetur, id in peculio servi est et peculium, quod servus civiliter quidem possidere non posset, sed naturaliter tenet, dominus creditur possidere. quod vero ex maleficiis adprehenditur, id ad domini possessionem ideo non pertinet, quia nec peculii causam adprehendit.*

D. 41.2.24 (Iav. 14 *epist.*): Ciò che il tuo schiavo possiede con la violenza a tua insaputa, tu <cioè il padrone> non lo possiedi, poiché colui, che è in tua potestà, può acquistare a te 'ignorante' non un possesso materiale, ma un possesso giusto; come nel caso in cui <il padrone> possiede ciò che gli è pervenuto dal peculio. Infatti, quando si dice che in quel caso il padrone possiede tramite lo schiavo, lo si dice assai ragionevolmente, poiché, ciò che è posseduto dallo schiavo materialmente in base ad un giusto titolo, è nel peculio dello schiavo, ed il padrone si ritiene che possieda <giuridicamente> il peculio, che lo schiavo non può possedere agli effetti del diritto civile, ma tiene solo materialmente. Ciò che è acquistato <dallo schiavo> a seguito di atti illeciti non rientra nel possesso del padrone, in quanto non comprende la causa peculiare.

D. 41.2.34.1 (Ulp. 7 *disp.*): *Sed si non mihi, sed procuratori meo possessionem tradas, videndum est, si ego errem, procurator meus non erret, an mihi possessio adquiratur. et cum placeat ignoranti adquiri, poterit et erranti. sed si procurator meus erret, ego non errem, magis est, ut adquiram possessionem.*

D. 41.2.34.1 (Ulp. 7 *disp.*): Nel caso tu trasferisca il possesso non a me, ma al mio procuratore, occorre vedere se io acquisti il possesso, essendo io in errore, mentre il mio procuratore non lo è. E dato che si ammette che il possesso possa essere acquistato dal *dominus* 'ignorante', potrà essere acquistato da costui anche se in errore. Ma

D. 41.2.34.2 (Ulp. 7 *disp.*): *Servus quoque meus ignoranti mihi adquiret possessionem. nam et servus alienus, ut Celsus scribit, sive a me sive a nemine possideatur, potest mihi adquirere possessionem, si nomine meo eam adipiscatur: quod et ipsum admittendum est.*

D. 41.2.42.1 (Ulp. 4 *reg.*): *Procurator si quidem mandante domino rem emerit, protinus illi adquirit possessionem: quod si sua sponte emerit, non nisi ratam habuerit dominus emptionem.*

D. 41.2.44.1 (Pap. 23 *quaest.*): *Quaesitum est, cur ex peculii causa per servum ignorantibus possessio quaereretur. dixi utilitatis causa iure singulari receptum, ne cogerentur domini per momenta species et causas peculiorum inquirere. nec tamen eo pertinere speciem istam, ut animo videatur adquiri possessio: nam si non ex causa peculiari quaeratur aliquid, scientiam quidem domini esse necessariam, sed corpore servi quaeri possessionem.*

D. 41.2.49.2 (Pap. 2 *def.*): *Etsi possessio per procuratorem ignoranti quaeritur, usucapio vero scienti competit, ta-*

se è il mio procuratore ad essere in errore, mentre io non sono in errore, è preferibile ritenere che io acquisti il possesso.

D. 41.2.34.2 (Ulp. 7 *disp.*): Sebbene 'ignorante', acquisto il possesso anche tramite il mio servo. Infatti anche lo schiavo altrui, come scrive Celso, sia che sia posseduto da me che da nessuno altro, può acquistare il possesso per me, a condizione che lo acquisti in mio nome; il che si deve pure ammettere.

D. 41.2.42.1 (Ulp. 4 *reg.*): Se il procuratore ha comprato una cosa dietro mandato dell'interessato, costui direttamente acquista il possesso; non lo acquista se <il procuratore> ha comprato di sua propria iniziativa, a meno che l'interessato non abbia ratificato la compravendita.

D. 41.2.44.1 (Pap. 23 *quaest.*): Si è posto il problema perché il possesso si acquistasse tramite il servo ai padroni 'ignoranti' *ex peculii causa*. Ho 'risposto' che questo principio è stato introdotto per un principio di utilità e *iure singolari*, affinché i padroni non fossero costretti in ogni momento a indagare sulle specie e le cause della gestione peculiare. Tuttavia questa fattispecie non implica che il possesso si debba ritenere acquistato *animo*: infatti, se l'acquisto <dello schiavo> avviene non *ex causa peculiari*, è necessaria la consapevolezza del padrone, anche se costui acquista il possesso *corpore servi*.

D. 41.2.49.2 (Pap. 2 *def.*): Benché il possesso si acquisti tramite il procuratore al <*dominus*> '*ignorans*', e l'usu-

*men evictionis actio domino contra venditorem invito procuratore non datur, sed per actionem mandati ea cedere cogitur.*

capione spetti, invece, al <*dominus*> *'sciens'*, tuttavia, l'azione per l'evizione non è concessa al *dominus negotii* contro il venditore senza il consenso del procuratore, ma costui è costretto a cederla <al *dominus negotii*> con l'*actio mandati*.

D. 41.3.4.22 (Paul. 54 *ad ed.*): *Si tu me vi expulseris de fundi possessione, nec adprehenderis possessionem, sed Titius in vacuam possessionem intraverit, potest longo tempore capi res: quamvis enim interdictum unde vi locum habeat, quia verum est vi me deiectum, non tamen verum est et vi possessum.*

D. 41.3.4.22 (Paul. 54 *ad ed.*): Se tu mi avrai espulso con violenza dal possesso del fondo, senza prenderne possesso, mentre sarà Tizio a immettersi nel possesso, il fondo potrà essere usucapito: infatti, sebbene abbia luogo l'interdetto *unde vi*, dato che è vero che io sono stato scacciato con violenza, non è però vero che il fondo sia stato posseduto con violenza.

D. 41.3.8 (Paul. 12 *ad ed.*): *Labeo Neratius responderunt ea, quae servi peculiariter nancti sunt, usucapi posse, quia haec etiam ignorantes domini usucapiunt: idem Iulianus scribit.*

D. 41.3.8 (Paul. 12 *ad ed.*): Labeone e Nerazio hanno 'risposto' che le cose, che i servi hanno acquistato *peculiariter*, possono essere usucapite, dato che queste cose le possono usucapire anche i padroni 'ignoranti': e lo stesso ritiene Giuliano.

D. 41.3.10 pr. (Ulp. 16 *ad ed.*): *Si aliena res bona fide empta sit, quaeritur, ut usucapio currat, utrum emptionis initium ut bonam fidem habeat exigimus, an traditionis. et obtinuit Sabini et Cassii sententia traditionis initium spectandum.*

D. 41.3.10 pr. (Ulp. 16 *ad ed.*): Se una cosa altrui è stata comprata in buona fede, si discute, se, affinché si compia l'usucapione, richiediamo che <il compratore> sia in buona fede al momento della compravendita, oppure al momento della consegna. Prevalse il parere di Sabino e di Cassio, secondo il quale si deve fare riferimento al momento della consegna.

D. 41.3.27 (Ulp. 31 *ad Sab.*): *Celsus libro trigensimo quarto errare eos ait, qui existimarent, cuius rei quisque bona fide adeptus sit possessionem, pro suo usucapere eum posse, nihil referre, emerit nec ne, donatum sit nec ne, si modo emptum vel donatum sibi exi-*

D. 41.3.27 (Ulp. 31 *ad Sab.*): Celso, nel trentaquattresimo libro <dei digesti> dice che errano coloro i quali ritengono che chi abbia conseguito il possesso in buona fede di una cosa, possa usucapirla *pro suo*, senza che abbia alcun rilievo se costui abbia o

*stimaverit, quia neque pro legato neque pro donato neque pro dote usucapio valeat, si nulla donatio, nulla dos, nullum legatum sit. idem et in litis aestimatione placet, ut, nisi vere quis litis aestimationem subierit, usucapere non possit.*

meno comprato, abbia o meno donato, essendo sufficiente la convinzione di aver comprato o di aver ricevuto in donazione: <per Celso> non vi può essere usucapione né *pro legato* né *pro donato* né *pro dote*, se non vi è alcuna donazione, alcuna <costituzione di> dote, alcun legato. E lo stesso risulta nella stima della lite, ove non può usucapire chi non subì effettivamente la stima della lite.

D. 41.3.28 (Pomp. 17 *ad Sab.*): *Si servo furiosi vel infantis res tradita sit, usu per eum eas personas capere posse constat.*

D. 41.3.28 (Pomp. 17 *ad Sab.*): Se la cosa è stata consegnata al servo del pazzo o dell'infante, è noto che queste persone possono per suo tramite usucapire.

D. 41.3.47 (Paul. 3 *ad Ner.*): *Si emptam rem mihi procurator ignorante me meo nomine adprehenderit, quamvis possideam, eam non usucapiam, quia ut ignorantes usuceperimus, in peculiaribus tantum rebus receptum est.*

D. 41.3.47 (Paul. 3 *ad Ner.*): Se il mio procuratore si è impossessato in mio nome, ma a mia insaputa, di una cosa comperata per me, sebbene io la possieda, non la usucapirò, poiché è principio consolidato che noi usucapiamo, anche se 'ignoranti', soltanto le cose del peculio.

D. 41.3.48 (Paul. 2 *man.*): *Si existimans debere tibi tradam, ita demum usucapio sequitur, si et tu putes debitum esse. aliud, si putem me ex causa venditi teneri, et ideo tradam: hic enim nisi emptio praecedat, pro emptore usucapio locum non habet. diversitatis causa in illo est, quod in ceteris causis solutionis tempus inspicitur neque interest, cum stipulor, sciam alienum esse nec ne: sufficit enim me putare tuum esse, cum solvis: in emptione autem et contractus tempus inspicitur et quo solvitur: nec potest pro emptore usucapere, qui non emit, nec pro soluto, sicut in ceteris contractibus.*

D. 41.3.48 (Paul. 2 *man.*): Se, ritenendo di esserti debitore, ti faccio la consegna <di una cosa>, l'usucapione si compie, solo se anche tu ritenga che la cosa ti sia dovuta. Diversamente, se ritengo di essere tenuto in base a una compravendita e perciò faccio la consegna: qui, infatti, se la compravendita non è avvenuta, l'usucapione *pro emptore* non ha luogo. La causa della diversità sta in ciò, che negli altri contratti si guarda al tempo dell'adempimento, e non fa differenza se, quando concludo una stipulazione, io sappia o meno che la cosa <che mi faccio promettere> sia altrui, essendo sufficiente che, quando tu adempi, io ritenga che la cosa sia tua; nella compravendita, invece, si guarda sia il tempo <della conclusione> del contratto sia il tempo dell'adempimento, né può usucapire *pro emptore*, chi non compra, e neanche *pro soluto*, come negli altri contratti.

D. 41.4.2 pr. (Paul. 54 *ad ed.*): *Pro emptore possidet, qui re vera emit, nec sufficit tantum in ea opinione esse eum, ut putet se pro emptore possidere, sed debet etiam subesse causa emptionis. si tamen existimans me debere, tibi ignoranti tradam, usucapies. quare ergo, et si putem me vendidisse, et tradam, non capies usu? scilicet quia in ceteris contractibus sufficit traditionis tempus, sic denique si sciens stipuler rem alienam, usucapiam, si, cum traditur mihi, existimem illius esse: at in emptione et illud tempus inspicitur, quo contrahitur: igitur et bona fide emisse debet et possessionem bona fide adeptus esse.*

D. 41.4.2 pr. (Paul. 54 *ad ed.*): Possiede *pro emptore*, colui che ha effettivamente comprato una cosa, né è sufficiente ritenere di possedere *pro emptore*, ma deve anche sussistere la causa della compravendita. Se, tuttavia, ritenendo di esserti debitore, ho consegnato una cosa a te, che ignoravi la circostanza, tu acquisterai per usucapione. Perché, allora, anche se io, ritenendo di averti venduto un bene, te ne faccio la consegna, non usucapirai? Naturalmente, perché negli altri contratti è sufficiente guardare al tempo della consegna – cosicché quando mi faccio consapevolmente promettere una cosa altrui, la usucapisco, se, nel momento in cui mi viene consegnata, ritengo che sia di chi me la consegna – mentre nella compravendita bisogna guardare anche al momento in cui si conclude il contratto: perciò è necessario che il compratore abbia comprato in buona fede e abbia acquistato il possesso in buona fede.

D. 41.4.2.10 (Paul. 54 *ad ed.*): *Si servus tuus peculiari nomine emat rem, quam scit alienam, licet tu ignores alienam esse, tamen usu non capies.*

D. 41.4.2.10 (Paul. 54 *ad ed.*): Se il tuo schiavo compra '*peculiari nomine*' una cosa, che sa essere altrui, sebbene tu ignori che è altrui, tuttavia non usucapirai.

D. 41.4.2.11 (Paul. 54 *ad ed.*): *Celsus scribit, si servus meus peculiari nomine apiscatur possessionem, id etiam ignorantem me usucapere: quod si non pe-*

D. 41.4.2.11 (Paul. 54 *ad ed.*): Celso scrive che, se il mio schiavo acquista il possesso *ex causa peculiari*, io, anche se 'ignorante', usucapisco; se l'acqui-

*culiari nomine, non nisi scientem me: et si vitiose coeperit possidere, meam vitiosam esse possessionem.*

sto non è *ex causa peculiari* non usucapisco, a meno che non sia consapevole: e se lo schiavo ha iniziato a possedere viziosamente, anche il mio possesso sarà viziato.

D. 41.4.2.12 (Paul. 54 *ad ed.*): *Pomponius quoque in his, quae nomine domini possideantur, domini potius quam servi voluntatem spectandam ait: quod si peculiari, tunc mentem servi quaerendam. et si servus mala fide possideat eaque dominus nanctus sit, ut suo nomine possideat, adempto puta peculio, dicendum est, ut eadem causa sit possessionis et ideo usucapio ei non magis procedat.*

D. 41.4.2.12 (Paul. 54 *ad ed.*): Anche Pomponio ritiene che relativamente alle cose, che sono possedute in nome del padrone, si deve aver riguardo alla volontà del padrone piuttosto che a quella dello schiavo; se invece il possesso è *ex peculii causa*, allora occorre guardare all'intenzione dello schiavo. Se lo schiavo possiede in mala fede ciò che il padrone ha acquistato per possedere in nome proprio, avendo ad esempio tolto il peculio <allo schiavo>, si deve ritenere che il titolo del possesso resti invariato e che quindi l'usucapione non proceda <a favore del padrone>.

D. 41.4.2.13 (Paul. 54 *ad ed.*): *Si servus bona fide emerit peculiari nomine, ego ubi primum cognovi sciam alienam, processuram usucapionem Celsus ait: initium enim possessionis sine vitio fuisse: sed si eo tempore quo emit, quamquam id bona fide faciat, ego alienam rem esse sciam, usu me non capturum.*

D. 41.4.2.13 (Paul. 54 *ad ed.*): Se lo schiavo ha comprato in buona fede *peculiari nomine*, ed io, quando ne sono venuto a conoscenza, sapevo dell'altruità della cosa, Celso ritiene che l'usucapione procederà: infatti l'inizio del possesso <da parte dello schiavo> non è stato viziato; se invece io ero a conoscenza dell'alienità della cosa, nel momento in cui <lo schiavo> acquista, sebbene egli lo faccia in buona fede, io non usucapirò.

D. 41.4.2.16 (Paul. 54 *ad ed.*): *Si a furioso, quem putem sanae mentis, emero, constitit usucapere utilitatis causa me posse, quamvis nulla esset emptio et ideo neque de evictione actio nascitur mihi nec Publiciana competit nec accessio possessionis.*

D. 41.4.2.16 (Paul. 54 *ad ed.*): Se comprerò da un folle, che ritengo sano di mente, risulta che potrò usucapire per il principio di utilità, sebbene non vi sia alcuna compravendita e perciò non avrò né l'azione per l'evizione, né l'azione Publiciana e neanche la possibilità di sommare il possesso.

D. 41.4.11 (Afr. 7 *quaest.*): *Quod volgo traditum est eum, qui existimat se quid emisse nec emerit, non posse pro emptore usucapere, hactenus verum esse ait, si nullam iustam causam eius erroris emptor habeat: nam si forte servus, vel procurator, cui emendam rem mandasset, persuaserit ei se emisse atque ita tradiderit, magis esse, ut usucapio sequatur.*

D. 41.4.11 (Afr. 7 *quaest.*): Ciò che si tramanda comunemente – non può usucapire *pro emptore* chi ritiene di aver comprato, senza averlo fatto – dice <Giuliano> esser vero, nella misura in cui il compratore non abbia alcuna giusta causa del proprio errore: infatti se il servo, o il procuratore, al quale fu dato mandato di comprare, persuase il mandante di aver comprato e gli consegnò il bene, è più giusto, che l'usucapione abbia luogo.

D. 41.7.1 (Ulp. 12 *ad ed.*): *Si res pro derelicto habita sit, statim nostra esse desinit et occupantis statim fit, quia isdem modis res desinunt esse nostrae, quibus adquiruntur.*

D. 41.7.1 (Ulp. 12 *ad ed.*): Se la cosa sia stata abbandonata, cessa immediatamente di essere nostra e immediatamente diventa di colui che la occupa, poiché le cose cessano di essere nostre negli stessi modi con cui si acquistano.

D. 41.7.2 (Paul. 54 *ad ed.*): *Pro derelicto rem a domino habitam si sciamus, possumus adquirere.* 1. *Sed Proculus non desinere eam rem domini esse, nisi ab alio possessa fuerit: Iulianus desinere quidem omittentis esse, non fieri autem alterius, nisi possessa fuerit, et recte.*

D. 41.7.2 (Paul. 54 *ad ed.*): Se sappiamo che la cosa è stata abbandonata dal proprietario, possiamo acquistarla. 1. Ma Proculo dice che quella cosa non cessa di appartenere al proprietario se non quando è posseduta da un altro. Giuliano, invece, dice che colui che ha abbandonato una cosa cessa di esserne proprietario, ma la cosa non diventa proprietà di altri se non quando viene posseduta da altri: e giustamente.

D. 41.7.4 (Paul. 15 *ad Sab.*): *Id, quod pro derelicto habitum est et haberi putamus, usucapere possumus, etiam si ignoramus, a quo derelictum sit.*

D. 41.7.4 (Paul. 15 *ad Sab.*): Quella cosa che è stata abbandonata, e che crediamo di possedere, può essere da noi acquistata per usucapione, anche se ignoriamo, da chi sia stata abbandonata.

D. 41.7.5 (Pomp. 32 *ad Sab.*): *Si id, quod pro derelicto habitum possidebas, ego sciens in ea causa esse abs te emerim, me usucapturum constat nec*

D. 41.7.5 (Pomp. 32 *ad Sab.*): Se io comprai da te una cosa che sapevo essere da te posseduta come abbandonata, risulta che potrò usucapirla, né è

*obstare, quod in bonis tuis non fuerit: nam et si tibi rem ab uxore donatam sciens emero, quia quasi volente et concedente domino id faceres, idem iuris est.* 1. *Id, quod quis pro derelicto habuerit, continuo meum fit: sicuti cum quis aes sparserit aut aves amiserit, quamvis incertae personae voluerit eas esse, tamen eius fierent, cui casus tulerit ea, quae, cum quis pro derelicto habeat, simul intelligitur voluisse alicuius fieri.*

di ostacolo che la cosa stessa non fosse nel tuo patrimonio; infatti, se comprerò da te ciò che sapevo esserti stato donato da tua moglie, varrà lo stesso principio giuridico <cioè: potrò ugualmente usucapire>, dal momento che tu hai venduto la cosa secondo la volontà e il consenso del proprietario. 1. La cosa che taluno ritiene abbandonata, diventa immediatamente mia occupandola: come quando qualcuno abbia gettato del denaro o liberato degli uccelli, sebbene avesse intenzione che tali cose appartenessero a persona incerta, tuttavia esse diventano di colui, al quale le porta il caso; le cose, che taluno abbandona, si deve ritenere che <il proprietario> volesse che diventassero di un altro.

D. 41.7.6 (Iul. 3 *ad Urs. Fer.*): *Nemo potest pro derelicto usucapere, qui falso existimaverit rem pro derelicto habitam esse.*

D. 41.7.6 (Iul. 3 *ad Urs. Fer.*): Non può usucapire *pro derelicto* chi abbia ritenuto erroneamente che la cosa sia stata abbandonata.

D. 41.7.7 (Iul. 2 *ex Min.*): *Si quis merces ex nave iactatas invenisset, num ideo usucapere non possit, quia non viderentur derelictae, quaeritur. sed verius est eum pro derelicto usucapere non posse.*

D. 41.7.7 (Iul. 2 *ex Min.*): Se qualcuno trovò delle merci gettate dalla nave, si discute se le possa o meno usucapire, dal momento che non sembrano abbandonate. Ma è più vero che egli non possa usucapirle come cose abbandonate.

D. 41.8.2 (Paul. 54 *ad ed.*): *Si possideam aliquam rem, quam putabam mihi legatam, cum non esset, pro legato non usucapiam:*

D. 41.8.2 (Paul. 54 *ad ed.*): Se possiedo una cosa, che ritenevo essermi stata lasciata in legato, mentre non lo era, non usucapirò *pro legato:*

D. 41.9.1.2 (Ulp. 31 *ad Sab.*): *Et primum de tempore videamus, quando pro dote quis usucapere possit, utrum post tempora nuptiarum an vero et ante nuptias. est quaestio volgata, an sponsus possit (hoc est qui nondum*

D. 41.9.1.2 (Ulp. 31 *ad Sab.*): E, per prima cosa, vediamo quando si può usucapire *pro dote*, se dopo il tempo delle nozze o anche prima. È una questione dibattuta, se il fidanzato (cioè colui che non è ancora marito)

*maritus est) rem pro dote usucapere. et Iulianus inquit, si sponsa sponso ea mente tradiderit res, ut non ante eius fieri vellet, quam nuptiae secutae sint, usu quoque capio cessabit: si tamen non evidenter id actum fuerit, credendum esse id agi Iulianus ait, ut statim res eius fiant et, si alienae sint, usucapi possint: quae sententia mihi prababilis videtur. ante nuptias autem non pro dote usucapit, sed pro suo.*

possa usucapire *pro dote*. Giuliano dice, che, se la fidanzata trasferì al fidanzato una cosa, con l'intenzione che costui ne diventasse proprietario solo a seguito delle nozze, l'usucapione non si compie: ma se ciò non fu reso palese al momento dell'atto, per Giuliano bisogna credere che le cose diventino immediatamente del fidanzato e, se sono altrui, possono essere usucapite; soluzione che a me sembra più probabile. Prima delle nozze, infatti, <il fidanzato> non usucapisce *pro dote*, ma *pro suo*.

D. 41.10.1 pr. (Ulp. 15 *ad ed.*): *Pro suo possessio talis est. cum dominium nobis adquiri putamus, et ex ea causa possidemus, ex qua adquiritur, et praeterea pro suo: ut puta ex causa emptionis et pro emptore et pro suo possideo, item donata vel legata vel pro donato vel pro legato etiam pro suo possideo.*

D. 41.10.1 pr. (Ulp. 15 *ad ed.*): Il possesso *pro suo* è questo: quando riteniano di acquistare la proprietà, possediamo per una causa idonea a trasferirla e, inoltre, *pro suo*; come per esempio, a titolo di compravendita io possiedo *pro emptore* e *pro suo*; analogamente, la cosa donata o legata, io la possiedo *pro donato* o *pro legato* e anche *pro suo*.

D. 41.10.2 (Paul. 54 *ad ed.*): *Est species possessionis, quae vocatur pro suo. hoc enim modo possidemus omnia, quae mari terra caelo capimus aut quae alluvione fluminum nostra fiunt. item quae ex rebus alieno nomine possessis nata possidemus, veluti partum hereditariae aut emptae ancillae, pro nostro possidemus: similiter fructus rei emptae aut donatae aut quae in hereditate inventa est.*

D. 41.10.2 (Paul. 54 *ad ed.*): Vi è una specie di possesso, che si chiama *pro suo*. In questo modo, infatti, possediamo tutte le cose, che prendiamo in mare, in terra e in cielo o che per alluvione dei fiumi diventano nostre. Così pure possediamo ciò che è nato dalle cose possedute in nome altrui, come il parto di una serva ereditaria o comprata, <che> possediamo come nostro: similmente il frutto della cosa comprata o donata o che è stata ritrovata nell'eredità.

D. 41.10.3 (Pomp. 22 *ad Sab.*): *Hominem, quem ex stipulatione te mihi debere falso existimabas, tradidisti mihi: si scissem mihi nihil debere, usu eum non capiam: quod si nescio, verius est,*

D. 41.10.3 (Pomp. 22 *ad Sab.*): Mi hai consegnato uno schiavo, ritenendo di essermi debitore da stipulazione: se io avessi saputo che tu non mi eri debitore, non lo avrei usucapito; ma se non lo

*ut usucapiam, quia ipsa traditio ex causa, quam veram esse existimo, sufficit ad efficiendum, ut id quod mihi traditum est pro meo possideam, et ita Neratius scripsit idque verum puto*

so, è più esatto che io lo usucapisca, perché la consegna fatta per una causa, che io credo vera, basta a far sì che ciò, che mi è stato consegnato, io lo possieda come mio: così scrisse Nerazio e io lo ritengo esatto.

D. 41.10.4 (Pomp. 32 *ad Sab.*): *Si ancillam furtivam emisti fide bona, ex ea natum et apud te conceptum est ita possedisti, ut intra constitutum usucapioni tempus cognoscere matrem eius furtivam esse, Trebatius omni modo, quod ita possessum esset, usucaptum esse. ego sic puto distinguendum, ut, si nescieris intra statutum tempus, cuius id mancipium esset, aut si scieris neque potueris certiorem dominum facere, aut si potueris quoque et feceris certiorem, contra esse: tum enim clam possedisse videberis, neque idem et pro suo et clam possidere potest.* 1. *Si pater cum filiis bona quae habebat partitus sit et ex ea causa post mortem patris ea teneant, quod inter eos conveniret, ut ea divisio rata esset: usucapio his procedet pro suo in his rebus, quae alienae in bonis patris inveniuntur.* 2. *Quod legatum non sit, ab herede tamen perperam traditum sit, placet a legatario usucapi, quia pro suo possidet.*

D. 41.10.4 (Pomp. 32 *ad Sab.*): Se comperasti in buona fede una schiava furtiva, la quale abbia concepito e partorito mentre era presso di te, possedendola così durante il tempo richiesto per l'usucapione, ma in questo intervallo hai saputo che la madre di quel parto è furtiva, Trebazio pensa che ciò che hai così posseduto sia stato in ogni caso da te acquistato per usucapione. Io credo, invece, che si debba fare una distinzione: se, durante il tempo dell'usucapione, hai ignorato a chi la schiava appartenesse, o se lo hai saputo, ma senza poterne avvertire il proprietario, oppure se lo hai potuto e l'hai fatto, tu hai acquistato per usucapione. Se, poi, sapendolo e potendolo, non hai avvertito il proprietario, non hai acquistato per usucapione, perché il tuo possesso sarebbe stato clandestino, e non si può possedere una cosa *pro suo* clandestinamente. 1. Se un padre divise con i figli i beni che aveva, e a tale titolo essi li detennero dopo la morte del padre, avendo convenuto che quella divisione fosse valida, a loro vantaggio si compirà l'usucapione *pro suo* relativamente a quei beni compresi nel patrimonio paterno e non appartenenti al padre. 2. Si decide che ciò che non è stato legato, ma è stato consegnato per errore dall'erede, sia usucapito dal legatario, poiché egli lo possiede *pro suo*.

D. 41.10.5 (Ner. 5 *membr.*): *Usucapio rerum, etiam ex aliis causis concessa interim <interdum*: Mommsen>, *propter ea, quae nostra existimantes possideremus, constituta est, ut aliquis litium finis esset.* 1. *Sed id, quod quis, cum suum esse existimaret, possederit, usucapiet, etiamsi falsa fuerit eius existimatio. quod tamen ita interpretandum est, ut probabilis error possidentis usucapioni non obstet, veluti si ob id aliquid possideam, quod servum meum aut eius, cuius in locum hereditario iure successit, emisse id falso existimem, quia in alieni facti ignorantia tolerabilis error est.*

D. 41.10.5 (Ner. 5 *membr.*): L'usucapione ha luogo altresì per altre cause – e talvolta per le cose che possediamo credendo che siano nostre – allo scopo che abbiano termine le liti. 1. Ma taluno acquisterà per usucapione ciò che egli aveva posseduto credendo di esserne il proprietario, sebbene questa sua convinzione sia falsa. E ciò peraltro deve essere interpretato così a condizione che la probabilità del suo errore giustifichi l'usucapione; come, per esempio, se io possiedo qualche cosa che possa credere essere stata acquistata da un mio servo o da un servo di colui al quale io sono succeduto come erede, sebbene questo sia un errore, perché l'ignoranza di un fatto altrui è scusabile.

D. 44.4.4.32 (Ulp. 76 *ad ed.*): *Si a Titio fundum emeris qui Sempronii erat isque traditus fuerit praetio soluto, deinde Titius Sempronio heres extiterit et eundem fundum Maevio vendiderit et tradiderit: Iulianus ait aequius te praetorem tueri, quia et, si ipse Titius a te fundum peteret, exceptione in factum comparata vel doli mali summoveretur et, si ipse eum possideret et Publiciana peteres, adversus excipientem 'si non suus esset', replicatione utereris; ac per hoc intellegeretur eum fundum rursum vendidisse, quem in bonis non haberet.*

D. 44.4.4.32 (Ulp. 76 *ad ed.*): Se hai comprato da Tizio il fondo che era di Sempronio ed esso ti sia stato trasferito, dopo averne pagato il prezzo, poi Tizio divenne erede di Sempronio e vendette lo stesso fondo a Mevio, trasferendoglielo, Giuliano dice che è più equo che il pretore tuteli te, perché, se Tizio avesse rivendicato da te il fondo, sarebbe stato respinto da un'eccezione *in factum* o dall'eccezione di dolo e, se egli lo avesse posseduto e tu avessi agito con la Publiciana, contro colui che eccepisce 'se il bene non è suo', avresti utilizzato la *replicatio*; e per questo si deve intendere che egli abbia venduto nuovamente il fondo, che non aveva *in bonis*.

D. 44.6.2 (Ulp. 6 *fideic.*): *Si servus cum emerit scit, ignoravit autem dominus, vel contra, videndum est, cuius potius spectanda sit scientia. et magis est, ut scientia inspicienda sit eius qui*

D. 44.6.2 (Ulp. 6 *fideic.*): Se lo schiavo, quando ha comprato, sapeva, il padrone invece ignorava, o viceversa, occorre chiedersi alla *scientia* di chi si debba avere piuttosto riguardo. Ed è

*comparavit, non eius, cui adquiretur, et ideo poena litigiosi competit, sic tamen, si non mandatu domini emit: nam si mandatu, etiamsi scit servus, dominus autem ignoravit, scientia non nocet: et ita Iulianus in re litigiosa scribit.*

preferibile che si debba aver riguardo alla *scientia* di colui, che comperò, non di colui, al quale è acquistato, e perciò spetta la pena della cosa litigiosa, se peraltro non ha comprato dietro mandato del padrone: infatti, se ha comprato dietro mandato, sebbene lo schiavo sia *sciens*, il padrone invece *ignorans*, la *scientia* non nuoce: così scrive Giuliano a proposito della cosa litigiosa.

D. 47.2.43.5 (Ulp. 41 *ad Sab.*): *Quod si dominus id dereliquit, furtum non fit eius, etiamsi ego furandi animo habuero: nec enim furtum fit nisi sit cui fiat: in proposito autem nulli fit, quippe cum placeat Sabini et Cassii sententia existimantium statim nostram esse desinere rem, quam derelinquimus.*

D. 47.2.43.5 (Ulp. 41 *ad Sab.*): Che se il proprietario l'abbandonò, non si commette furto, ancorché io abbia avuto intenzione di rubare: infatti, non si commette furto, se non esiste la persona, contro cui si possa commetterlo. Nel caso proposto, non si commette alcun furto, dal momento che è stata adottata l'opinione di Sabino e Cassio, i quali ritenevano che la cosa da noi abbandonata cessa immediatamente di essere nostra.

D. 47.2.43.11 (Ulp. 41 *ad Sab.*): *Si iactum ex nave factum alius tulerit, an furti teneatur? quaestio in eo est, an pro derelicto habitum sit. et si quidem derelinquentis animo iactavit, quod plerumque credendum est, cum sciat periturum, qui invenit, suum fecit nec furti tenetur. si vero non hoc animo, sed hoc, ut, si salvum fuerit, haberet: ei qui invenit auferendum est, et si scit hoc qui invenit et animo furandi tenet, furti tenetur ...*

D. 47.2.43.11 (Ulp. 41 *ad Sab.*): È perseguibile con l'azione di furto colui che si impossessa delle cose gettate dalla nave? Il problema consiste in ciò: se tali cose siano state abbandonate. E se taluno le gettò con l'intenzione di abbandonarle – il che si deve presumere – in quanto sa che comunque esse sarebbero andate perdute, colui che le ritrova se ne appropria senza commettere furto. Se, invece, non le gettò con questa intenzione, ma con l'idea di recuperarle, qualora fosse rimasto vivo, colui che le ritrova deve restituirle, e se, conoscendo questa situazione, le trattiene con l'intenzione di rubare, è tenuto all'azione di furto ...

CODEX

C. 7.25.1 Imp. Iustinianus A. Iuliano pp.: *Antiquae subtilitatis ludibrium per hanc decisionem expellentes nullam esse differentiam patimur inter dominos, apud quos vel nudum ex iure Quiritium vel tantummodo in bonis reperitur, quia nec huiusmodi esse volumus distinctionem nec ex iure Quiritium nomen, quod nihil aenigmate discrepat nec umquam videtur neque in rebus apparet, sed est vacuum et superfluum verbum, per quod animi iuvenum, qui ad primam veniunt legum audientiam, perterriti ex primis eorum cunabulis inutiles legis antiquae dispositiones accipiunt. sed sit plenissimus et legitimus quisque dominus sive servi sui sive aliarum rerum ad se pertinentium.* (a. 530-531)

C. 7.31.1 Imp. Iustinianus A. Iohanni pp.: *Cum nostri animi vigilantia ex iure Quiritium nomen et substantiam sustulerit et communes exceptiones in omni loco valeant, id est decem vel viginti vel triginta annorum vel si quae sunt aliae maioris aevi continentes prolixitatem, satis inutile est usucapionem in Italicis quidem solis rebus admittere, in provincialibus autem recludere. sed et si quis res alienas, Italicas tamen, bona fide possidebat per biennium, miseri rerum domini excludebantur et nullus eis ad eas reservabatur regressus. quae et nescientibus dominis procedebant: quo nihil inhumanius erat, si homo absens et nesciens tam angusto tempore suis cadebat possessionibus. 1. Ideo per praesentem legem et in Italicis solis rebus, quae immobiles sunt vel esse intelleguntur, sicut annalem exceptionem, ita et usucapio-*

CODICE

C. 7.25.1 Imp. Iustinianus A. Iuliano pp.: Togliendo di mezzo il ludibrio delle antiche sottigliezze, non tolleriamo che vi sia alcuna differenza tra i proprietari, che avevano solo il nome nudo di *ius Quiritium*, e quelli, che avevano la cosa *in bonis:* poiché vogliamo che non vi sia più questa distinzione, né il nome di *ius Quiritium*, il quale equivale ad un enigma e non sta nelle cose, ma è solo un termine vuoto e superfluo, causa di confusione per i giovani, che si accingono allo studio delle leggi, e che si applicano alle inutili disposizioni delle antiche leggi. Sia pertanto ciascuno proprietario plenissimo e legittimo, sia che si tratti di servi, sia che si tratti di altre cose. (a. 530-531)

C. 7.31.1 Imp. Iustinianus A. Iohanni pp.: Avendo noi avuto cura di abolire il nome e la sostanza del *ius Quiritium*, ed essendo in ogni luogo in vigore le comuni eccezioni di dieci, venti, trenta o più anni, è cosa del tutto inutile ammettere l'usucapione dei fondi italici e non di quelli provinciali. Che se qualcuno possedeva in buona fede cose altrui per un biennio, ne escludeva il malcapitato proprietario, il quale non aveva alcun regresso, e ciò avveniva anche all'insaputa di quest'ultimo: cosa assolutamente inumana questa, che un uomo assente e all'oscuro di tutto decadeva dal diritto di proprietà col decorso di un breve spazio. 1. E perciò con la presente legge crediamo bene di riformare, anche riguardo ai beni immobili italici, l'usucapione e l'eccezione annale, di modo che anche per questi abbia luo-

*nem transformandam esse censemus, ut tantummodo et hic decem vel viginti annorum vel triginta et aliarum exceptionem tempora currant, huiusmodi angustiis penitus semotis.* 2. *Cum autem antiqui et in rebus mobilibus vel se moventinbus, quae fuerant alienatae vel quocumque modo, bona fide tamen, detentae, usucapionem extendebant, non in Italico solo nexu, sed in omnem orbem terrarum, et hanc annali tempore concludebant, et eam duximus esse corrigendam, ut, si quis alienam rem mobilem seu se moventem in quacumque terra sive Italica sive provinciali bona fide per continuum triennium detinuerit, is firmo iure eam possideat, quasi per usucapionem ei adquisitam.* 3. *Hoc tantummodo observando, ut in his omnibus casibus ab initio bona fide eam capiat, secundum quod exigit longi temporis praescriptio, et ut continuetur ei possessio etiam anterioris iusti possessoris et connumeretur in decennium vel viginti annorum spatium vel triennium, quod in rebus mobilibus observandum esse censemus, ut in omnibus iusto titulo possessionis antecessoris iusta detentio, quam in re habuit, non interrumpatur ex posteriore forsitan alienae rei scientia, licet ex titulo lucrativo ea coepta est.* 4. *Ita etenim ampliatur quidem longi temporis materia, quae ei subdita est, minuitur autem usucapionum compendiosa dominis iactura et eius iura nocentia.* 5. *Cum etiam res dividi mancipi et nec mancipi sane antiquum est et merito antiquari oportet, sit et rebus et locis omnibus similis ordo, inutilibus ambiguitatibus et differentiis sublatis.* (a. 531)

go soltanto la prescrizione di dieci, venti o trenta anni, tolti di mezzo i precedenti angusti termini di tempo. 2. Applicando poi gli antichi l'usucapione di un anno alle cose mobili o semoventi alienate o in qualsiasi modo detenute in buona fede – e ciò non solo in territorio italico, ma dovunque – noi riteniamo di riformare anche tale usucapione, in modo che se qualcuno – sia in territorio italico, sia in qualunque altro territorio – detenne per un triennio una cosa altrui mobile o semovente, egli la possiederà legittimamente come acquistata per usucapione. 3. Tenendo presente che, in tutti questi casi, il possessore dovrà conseguire la cosa in buona fede, secondo ciò che esige la prescrizione di lungo tempo, e che il tempo del possesso del precedente giusto possessore dovrà essere computato nei dieci anni o nei venti o nei tre del possessore attuale: la qual cosa dovrà essere osservata anche con riguardo alle cose mobili, in modo che la legittima detenzione del possesso a giusto titolo del precedente possessore non venga interrotta dalla successiva conoscenza dell'altruità del bene, neanche se la cosa sia stata ottenuta a titolo gratuito. 4. In tal modo, infatti, si viene ad ampliare il termine della prescrizione di lungo tempo, riducendo la disgrazia delle usucapioni brevi a danno del diritto dei proprietari. 5. Ed essendo pure antiquata la distinzione tra *res mancipi* e *res nec mancipi*, essa dovrà essere abolita, in modo che vi sia uno stesso ordine riguardo ai luoghi e alle cose, tolte di mezzo le ambiguità e le differenze inutili. (a. 531)

C. 7.32.1 Impp. Severus et Antoninus

C. 7.32.1 Impp. Severus et Antoninus

AA. Attico: *Per liberam personam <per procuratorem> ignoranti quoque adquiri possessionem et, postquam scientia intervenerit, usucapionis condicionem inchoari posse tam ratione utilitatis quam iuris pridem receptum est.* (a. 196)

AA. Attico: Per la *'ratio'* dell'utilità e del diritto da molto tempo è pacifico che tramite una persona libera <tramite il procuratore> possa essere acquistato anche il possesso ad insaputa dell'interessato, e che, se successivamente sia intervenuta la sua *scientia,* possa essere prodotta l'eccezione della usucapione. (a. 196)

C. 7.32.6 Impp. Diocletianus et Maximianus AA. Valerio: *Si nulla iusta ex causa ingressum agrum sive vineas eum cuius meministi praeses reppererit nec ulla praescriptione vestra interpellatur petitio, restituere te possessioni cum omni causa non dubitabit.* (a. 293)

C. 7.32.6 Impp. Diocletianus et Maximianus AA. Valerio: Se il governatore avrà accertato che colui, che tu hai ricordato, è entrato nel fondo o nei vigneti in assenza di una giusta causa, né alla pretesa attrice è opposta alcuna prescrizione, non si dubiterà che tu debba restituire il possesso con ogni accessorio. (a. 293)

C. 7.32.7 Impp. Diocletianus et Maximianus AA. Asyncrito: *Improba possessio firmum titulum possidendi nullum praestare potest. unde ingredientem in vacuam possessionem alieni fundi non consentiente domino vel actore, qui eius rei concedendi potestatem habuit, causam iustam possessionis adipisci non potuisse certum est.* (a. 293)

C. 7.32.7 Impp. Diocletianus et Maximianus AA. Asyncrito: Il possesso acquistato in mala fede non può mai costituire un possesso stabile. Quindi è sicuro che colui che acquista il possesso vacante di un fondo altrui senza il consenso del proprietario o di colui, che aveva il potere di concedere tale cosa, non può acquistare un possesso 'giusto'. (a. 293)

C. 7.32.8 Impp. Diocletianus et Maximianus AA. Cyrillo: *Per procuratorem utilitatis causa possessionem et, si proprietas ab hac separari non possit, dominium etiam quaeri placuit.* (a. 294)

C. 7.32.8 Impp. Diocletianus et Maximianus AA. Cyrillo: Fu deciso, *utilitatis causa*, che tramite il procuratore si acquista il possesso e, se la proprietà non può essere separata da questo, anche il dominio.

C. 7.32.10 Imp. Constantinus A. ad Maternum: *Nemo ambigit possessionis duplicem esse rationem, aliam quae iure consistit, aliam quae corpore, utramque autem ita demum esse legitimam, cum omnium adversariorum*

C. 7.32.10 Imp. Constantinus A. ad Maternum: Nessuno dubita che la ragione del possesso sia duplice: una, che consiste nel diritto <del possesso>, l'altra nella detenzione; l'una e l'altra legittima, nella misura in cui il

*silentio ac taciturnitate firmetur, interpellatione vero et controversia progressa, non posse eum intellegi possessorem, qui, licet corpore teneat, tamen ex interposita contestatione et causa in iudicium deducta super iure possessionis vacillet ac dubitet.* (a. 314)

possesso viene legittimato dal silenzio e dal contegno passivo di tutti gli altri contendenti; ma, in caso di contestazione e di processo, non può essere considerato possessore colui il quale, sebbene abbia la detenzione, tuttavia nella controversia giudiziaria vacilli e si mostri titubante quanto al diritto del possesso. (a. 314)

C. 7.39.8 Imp. Iustinianus A. Menae pp. II: *Si quis emptionis vel donationis vel alterius cuiuscumque contractus titulo rem aliquam bona fide per decem vel viginti annos possederit et longi temporis exceptionem contra dominos eius vel creditores hypothecam eius praetendentes sibi adquisierit posteaque fortuito casu possessionem eius rei perdiderit, posse eum etiam actionem ad vindicandam eandem rem habere sancimus. hoc enim et veteres leges, si quis eas recte inspexerit, sanciebant.* 1. *Quod si quis eam rem desierit possidere, cuius dominus vel is qui suppositam eam habebat exceptione triginta vel quadraginta annorum expulsus est, praedictum auxilium non indiscrete, sed cum moderata divisione ei praestare censemus, ut, si quidem bona fide ab initio eam rem tenuit, simili possit uti praesidio, sin vere mala fide eam adeptus est, indignus eo videatur,* ... (a. 528)

C. 7.39.8 Imp. Iustinianus A. Menae pp. II: Se colui che, in base a un contratto di compravendita o di donazione o per altro titolo, possedette per dieci o venti anni in buona fede una cosa, acquistandone, contro i proprietari o i creditori ipotecari, l’eccezione di lungo tempo, ma poi successivamente, per un qualche caso fortuito, perse il possesso della cosa stessa, stabiliamo che abbia anche un’azione per rivendicarla; ciò che stabilivano anche le antiche leggi, se le si esamina con attenzione. 1. Che se, invece, perse il possesso della cosa colui che ne aveva respinto il proprietario per mezzo dell’eccezione di trenta o quaranta anni, riteniamo che detto ausilio <cioè: l’azione di rivendicazione> non debba essere concesso in ogni caso, ma solo sulla base di un’attenta distinzione: se egli dall’inizio acquistò il possesso in buona fede, potrà esperire tale azione, mentre, se lo acquistò in mala fede, dovrà esserne considerato indegno, ... (a. 528)

Finito di stampare nel mese di ottobre 2015
nella Stampatre s.r.l. di Torino
via Bologna, 220

# IL GIURISTA EUROPEO

Collana diretta da Luigi Garofalo

## PERCORSI FORMATIVI

1. V. Mannino (a cura di), *Strutture e forme di tutela contrattuali*, 2004.
2. L. Garofalo, *Fondamenti e svolgimenti della scienza giuridica. Saggi*, 2005.
3. P. Lambrini, *La novazione. Lineamenti romanistici e dottrine attuali*, 2006.
4. L. Vacca, *Metodo casistico e sistema prudenziale. Ricerche*, 2006.
5. C.A. Cannata, *L'inadempimento delle obbligazioni*, 2008.
6. L. Garofalo, *Giurisprudenza romana e diritto privato europeo*, 2008.
7. L. Vacca, *Garanzia e responsabilità. Concetti romani e dogmatiche attuali*, 2010; nuova edizione ampliata a cura di B. Cortese, 2015.
8. P. Lambrini, *Dolo generale e regole di correttezza*, 2010.
9. L. Garofalo (a cura di), *Scambio e gratuità. Confini e contenuti dell'area contrattuale*, 2011.
10. N. D'Amati, *Teoria e critica del diritto tributario. Istituzioni, dottrina, norme*, 2012.
11. L. Vacca, *Possesso e tempo nell'acquisto della proprietà. Saggi romanistici*, 2012.
12. M. Nardozza, *Codificazione civile e cultura giuridica in Italia. Linee di una storia della storiografia*, 2013.
13. L. Vacca, *Possesso e acquisto della proprietà. Saggi romanistici*, a cura di G. Rossetti, 2015.
14. L. Garofalo (a cura di), *Tutele rimediali in tema di rapporti obbligatori. Archetipi romani e modelli attuali*, 2015.
15. L. Garofalo, *Fondamenti e svolgimenti della scienza giuridica. Nuovi saggi*, 2015.

## APPROFONDIMENTI TEMATICI

1. A. Rodeghiero, *L'imputazione del pagamento. Fondamenti e disciplina*, 2005.
2. L. Manna, *La disciplina del commercio elettronico*, 2005.
3. L. Garofalo (a cura di), *L'eccezione di dolo generale. Applicazioni giurisprudenziali e teoriche dottrinali*, 2006.
4. A. Burdese, *Le servitù prediali. Linee teoriche e questioni pratiche*, 2007.
5. L. Manna, *Le obbligazioni 'propter rem'*, 2007.
6. E. Bilotti, *La confusione di debito e di credito*, 2008.
7. C. Cicero (a cura di), *Contratto pubblico e princìpi di diritto privato*, 2011.
8. T. dalla Massara, *Obbligazioni pecuniarie. Struttura e disciplina dei debiti di valuta*, 2012.
9. S. Patti, *Possesso e prescrizione. Le nuove problematiche*, 2012.
10. S. Cherti, *La risoluzione mediante caparra*, 2012.
11. S. Tagliapietra, *La prestazione. Struttura e contenuti dell'obbligazione*, 2013.